语言战略研究丛书

# 家庭语言规划研究

主　编　李宇明

副主编　李英姿　许静荣

商务印书馆
创于1897　The Commercial Press

**图书在版编目(CIP)数据**

家庭语言规划研究/李宇明主编.—北京:商务印书馆,
2022
(语言战略研究丛书)
ISBN 978-7-100-20481-1

Ⅰ.①家… Ⅱ.①李… Ⅲ.①家庭教育—语言规
划—中国—文集 Ⅳ.①H002-53

中国版本图书馆 CIP 数据核字(2021)第 230118 号

语言战略研究丛书
**家庭语言规划研究**
李宇明 主编

商 务 印 书 馆 出 版
(北京王府井大街 36 号 邮政编码 100710)
商 务 印 书 馆 发 行
北京中科印刷有限公司印刷
ISBN 978-7-100-20481-1

2022 年 4 月第 1 版 开本 710×1000 1/16
2022 年 4 月北京第 1 次印刷 印张 27¼
定价:128.00 元

# 中国家庭语言规划问题
## ——序《家庭语言规划研究》

李宇明

近十几年来，家庭语言规划（或曰"家庭语言政策"）已成为语言政策与规划研究的新热点。这与语言规划越来越关注自下而上的路向有关，也与全球化、城市化进程中的移民语言传承危机、移民身份认同危机相关。

家庭语言规划研究，可以追溯到1913年朗沙（Ronjat）的研究，他与妻子约定，教其子路易（Louis）学习双语，一人教法语，一人教德语，使路易自幼就成功掌握了法、德两种语言。这种"一人一语"（One Parent, One Language）的家庭语言策略，成为以后儿童双语习得研究的中枢框架。此后，家庭语言规划研究经历了双语儿童培养、移民语言问题、语言复兴、阻止濒危语言转用的家庭语言管理等几个阶段，逐渐形成了较为完备的研究体系。1996年，希夫曼（Schiffman）正式提出家庭语言政策（Family Language Policy）的概念，用这一概念指称家庭语言、家庭成员之间语言使用的管理行为及意识。2008年，金（King）、福格尔（Fogle）和洛根-特丽（Logan-Terry）提出，家庭语言政策应该根植于语言政策和儿童语言习得两大领域，研究家庭语言及家庭成员之间的语言使用关系。斯波斯基（Spolsky）也提出，要把"语言意识、语言实践与语言管理"的研究模式应用到家庭领域中。

家庭语言规划研究在中国起步较晚，但早年也有一些文章涉及相关内容，比如：少数民族语言的传承、三峡移民的语言问题、农民工家庭子女的语言教育、儿童的外语教育、特殊儿童的语言康复、海外华语的传承等。随着中国城市化进程的加快，人口政策的变迁，中国家庭的语言教育正发生着巨大变化。随着中外学术交往的日趋密切，中国学人也越来越注意到家庭语言规划的重要性。2017 年和 2019 年，《语言战略研究》杂志就设置了两期家庭语言生活专题，掀起了中国家庭语言规划研究的第一波热潮；2018 年 6 月，武汉大学举办"多语与家庭"学术研讨会暨青年学者工作坊，百余位中外学者参会，旨在通过跨学科跨文化的思想碰撞寻找解决当代家庭语言规划问题的新途径；《中国语言政策研究报告》（蓝皮书）在 2018 年、2020 年两次将"家庭语言规划"作为专章进行梳理。可以说，家庭语言规划也正成为中国学界的热门话题。

目前，中国家庭的语言规划有许多问题值得关注，例如：城市家庭的语言生活，正处在地方语言、国家通用语言（普通话）及外语（主要是英语）的多元竞争中。子女是传承乡音还是积极融入城市语言？是以普通话为第一语言，还是积极地成为双言双语人或多语人？这些问题也常常困扰着家长。家庭的语言选择与子女的语言教育，关系到儿童的语言能力、认知能力及社会化发展，关系到儿童未来的活动半径。近些年虽然有"逆全球化"的思潮出现，但全球化仍是主流，移民海外的华人仍在增多。华人华裔家庭在海外如何传承华语、延续华语身份认同？此外，一些患有语言疾病的儿童，如听障、盲、自闭、智障、语言发育迟缓儿童，更需要特殊的家庭语言规划。

家庭语言规划，关系到家庭语言的和谐，特别是祖孙两辈人的交流；关系到孩子的多语能力培养，包括文化的传承和对家乡、对民族、对国家的认同；关系到国家语言资源的保护、国家语言政策的实施和国家语言能力的提升。因此，需要研究家庭语言规划问题，需要对各类家庭的语言规划给以咨询、做出指导。

## 一、了解家庭语言规划现状

了解家庭的语言使用情况，了解家庭的语言规划现状，是家庭语规划研究的基础性工作。家庭是十分复杂的社会末端组织，必须分类认识。分类可从内外两个方面考察：内部看，可以根据家庭语言种类分为单语家庭和多语家庭，多语家庭需要处理的语言矛盾相对复杂，需要对祖辈、父辈、孙辈及其相互之间语言使用状况逐一了解，以便发现家庭及其成员的语言意识形态和使用策略。外部看，是看家庭所处的外部语言环境，社区、城市、区域等通用的语言都会直接或间接影响家庭的语言选择。家庭语言与其外部语言环境一致时，家庭语言规划的难度一般不大；如果家庭语言与其外部语言环境不一致，家庭语言规划的难度就比较大，家庭如何与其外部语言环境相适应、家庭语言如何维持，就特别值得观察。现在，由于人口大规模的流动，多语家庭增多，家庭与其外部语言环境不一致的情况增多，语言矛盾就会特别凸显。

观察子女的语言教育状况，也是了解家庭语言规划的重要切入点。在孩子牙牙学语阶段，选择以何种语言作为孩子的第一语言，反映了家长的语言态度，也为子女涂上了身份认同的底色。儿童入学（包括幼儿园）学习国家通用语言，以后还要学习外语。当前中国儿童语言学习的实际情况，也许有些家庭是要加强国家通用语言学习，有些家庭是要创造外语学习条件，但整体而言，是对于汉语方言和民族语言的学习积极性不高，这将导致国家语言资源的流失。

## 二、认识中国家庭语言教育的突出特点

1. 祖辈深度参与的育儿传统。在中国，很多家庭养育后代都需要依靠祖父母辈。城市中年轻父母需要上班，需要祖辈帮助理家和照管孩子；农村的年轻父母多数都进城务工，留守子女需要祖辈照管。中国本就有祖辈参与育儿的传统，而今祖辈参与育儿几乎成了中国家庭的重要特征。祖辈的语言一般都是"老式"的，在农村，这种育儿方式联通了祖孙语言传承的纽带，虽然也可能与孩子的学校语言稍有冲突；但在城市，祖辈多来自外地，所操语言可能与儿孙所在城市的语言不同，与儿童的学校教育语言不同，这样，家庭就会出现多语或多语码。多语或多语码家庭，从一个角度看对儿童的语言发展有利，在

语言习得关键期内，儿童可以习得他所接触的语码，从小形成多语能力。从另外的角度看，许多年轻父母都希望儿童自幼就能学好普通话，担心祖辈所操的方言、民族语言或"老式语码"影响孩子的语言发展，因而形成家庭语言矛盾。

在中国的育儿传统中，不只是祖辈深度参与，任何接触儿童者，如保姆、亲属、邻居等，都与儿童说话逗乐。这种传统使得儿童只要睁开眼睛就能听到话语，具有优越的语言发展环境。经验性观察告诉我们，这种育儿环境中成长的中国儿童，说话要早于西方儿童。

2. 独生子女。许多家庭语言政策的研究表明，哥哥姐姐在年幼同胞的语言社会化过程中扮演关键角色。斯波斯基认为，年长的孩子把社会上的强势语言带到家里，并经常使用该语言与父母及年幼的弟弟妹妹交流。而从 20 世纪 80 年代至 2015 年，中国实行"独生子女"政策，提倡一对夫妇只生一个孩子，形成了人类特有的"独生子女"现象。单子女现象并不稀奇，但全社会儿童多是独生子女，便是人类奇迹。

独生子女的语言发展和人格形成是在"同胞剥夺"的环境下进行的，他们受到了充足的甚至是"过量"的照顾、教育和爱，他们有很多长处，但在吃苦耐劳、责任担当、合作互助等方面可能存在短板。而今，这些独生子女都成长为社会骨干，并已为人父母，可以对其语言能力和社会能力进行全面评价了。就我自己的观察而言，独生子女这一代并没有当年那么多的令人担忧之处。

3. "二孩"。2016 年，中国全面放开"二孩"，很多家庭的人口结构随之发生重大变化。"二孩"家庭与一般两个或多个孩子家庭的不同，在于这种"二孩"家庭是从独生子女家庭发展而来，大孩与二孩的年龄距离较大，其语言既像玩伴又似长辈，大孩还需要从"独生子女"的心态中逐渐走出来，不嫉妒、不争宠。而父母对二孩可能会更为娇宠一些，两个孩子有争端，父母批评大孩居多，这也可能会带来大孩心理上的阴影，从而影响家庭未来的和睦。二孩的语言发展也必然具有不同于自然二孩、不同于独生子女的特点，这是值得研究的。

祖辈深度参与育儿、独生子女家庭、"二孩"家庭，都是中国育儿传统和中国特殊时期造就的难得的"语言实验室",独生子女家庭、"二孩"家庭甚至是不可复得的"语言实验室",对于研究语言输入与儿童语言发展的关系,验证乔姆斯基的大脑语言习得机制假说,具有独特的学术价值。

### 三、帮助家长做好家庭语言规划

家庭语言规划,既取决于家庭条件,更取决于家长的语言意识。当前,子女语言教育开始由"自然"走向自觉,多数家庭都比较关心子女的语言教育,且倾向于让子女学习较有地位的语言,如普通话和英语。关键是需要弄清楚,是谁在影响家长的语言意识?是传统的自然影响,还是当今的大众传媒?是早教机构、孩子的学校,还是家长之间?目前看来,早教机构和家长之间是影响家长语言意识的主要渠道。

帮助家长做好语言规划,首先要帮助家长树立"语言资源"观念,认识到当代社会应当培养儿童的多语能力:通过家庭和社区培养儿童的汉语方言或民族语言的能力;入学后主要培养儿童的国家通用语言能力;一些语言较为发达、具有民族教育传统的民族,还需要进一步培养儿童的民族语言使用能力;有条件的还要在小学三年级开始培养儿童的外语能力。通过多语能力的培养,满足下一代在情感维系、文化传承、认知发展方面的需要,同时也是国家拥有丰富的语言资源和充实的语言能力的必由之路。

在帮助家长树立"语言资源"观念的同时,也需要畅通和扩大影响家长语言意识的渠道。当地学校、社会媒体、语言文字工作部门、相关专家,要认识到家庭语言规划关系到家庭语言生活、公民语言素养和国家语言政策与规划,要看到家家有语言投资、家家亦有语言焦虑的现实,负起社会责任,帮助家长树立合时的语言意识,做好家庭语言规划。

本论文集将研究中国家庭语言规划的论文编选成集,目的有二:其一,学术上是为了对中国家庭语言规划的研究成果进行系统的梳理汇总,在与国际同行研究的比较中明其长短,在中国家庭语言规划的现实需求中凝练问题、明其方向，进而推进中国的家庭语言规划研究。其二，实践上也是为了了解中国家庭语言规划的现状，有效帮助数亿家庭做好语言规划，特别是避免家庭语言规划与国家语言规划的脱节。

本论文集从国内中文期刊中精选出 26 篇论文，分为理论与方法、家庭与儿童语言发展、少数民族家庭的语言选择、城市移民家庭的方言保持、华裔家庭与祖语传承等 5 个专题。这些专题涵盖了家庭语言意识研究、家庭语言管理研究、家庭语言的社会化研究等内容，代表着中国家庭语言规划研究的主要领域，具有中国研究的特色。

这 26 篇论文，时间跨度上分为 3 个时期：约 12% 的文章发表于 20 世纪 90 年代末，属于开创性研究，是家庭语言规划思想的萌芽；约 15% 的文章发表于 2000~2015 年，主要讨论中国语言生活变化带来的家庭语言问题；约 73% 的文章来源于近 5 年。这些文章有些是中国研究传统的继承发展，也有不少是利用国际通行的理论和方法来研究中国的家庭语言规划，反映了中外学术的融合发展。这种情况也反映了中国的家庭语言规划研究的发展脉络。

文集最后还有一个附录《家庭语言规划研究中英文目录索引》，提供了近些年发表在中英文核心期刊上的近 250 篇文献目录，由此可窥近年来国内外家庭语言规划的研究面貌。

2021 年 1 月 9 日
序于北京惧闲聊斋

# 目　　录

# 一、理论与方法

# 家庭语言政策研究之过去、现在与未来

## 张晓兰

近年来，随着国际交流与人口移动的频繁和加剧，社会语言文化日益多元，甚至家庭多语现象也渐趋平常。为帮助大家更好地适应如此多元的社会文化生活，很多国家都在积极思考、改革调整现行语言政策，特别是教育政策。反过来，这些政策改革又进一步影响原有的家庭语言生态。面对这些全球性的语言、政治变化新局势，本期专题"家庭语言问题"研究从家庭语言政策规划入手，重点关注多语家庭日常生活中的语言选择问题。例如：如何选择保留传承某种语言，而放弃另一种语言？为什么有些多语言家庭能很好地保留使用他们的语言，而有些家庭却不能？为什么不能？为什么有些成长于单语社会环境的孩子会变成双语使用者，而有些成长于双语环境的孩子却变成了单语使用者？为什么有些语言社会地位高，有些语言社会地位低？父母是如何在家庭生活中促进或抑制某些语言使用与实践的？他们的这些语言政策和规划与语言实践是如何互相协调，共同构建家庭话语体系的？同时，这些语言政策和语言实践与宏观的社会语言意识形态和语言教育政策又有什么关系？本期专题不仅会向大家展示家庭成员日常交流中语言选择的根本动因，而且会深入剖析影响父母对子女语言发展决策和规划背后的深层语言意识形态。

所谓家庭语言政策，指家庭成员对家庭语言使用和启蒙文化教育读写实践所做的明确公开的规划。它可以是明确、可观察的，也可以是受意识形态、信念等影响而无意识产生的。它的形成多受家庭成员语言意识形态或信念的影响，即语言决策是否可以提高家庭社会地位，是否能最大限度地服务和支持家庭成员达成人生目标。

家庭语言政策的构成体系与斯波斯基（Spolsky）语言政策理论一样由三部分组成：语言意识形态、语言实践和语言管理。语言意识形态泛指语言政策背后的理念或不同语言所赋予的价值。语言实践指的是有规律的、可预知的语言行为，即不同环境下为达到不同交流目的而实际使用的语言。语言管理则指对语言实践或语言意识形态进行干预、影响或修正的具体行为。下面简要阐述在家庭语言政策中，这三部分的具体构成，他们与外界宏观政治、意识形态等因素，以及与微观家庭具体情况是如何结合起来的。

语言意识形态是家庭语言政策的原动力，因为任何家庭语言政策都是"建立在对不同语言的价值、权力和用途的认识基础上的"。斯波斯基指出，在家庭外部，存在4种与家庭语言政策共生的语言或非语言因素，而且这些因素相互关联、相互作用。它们具体为：社会语言因素、社会文化因素、社会经济因素和社会政治因素。

社会语言因素是语言观念形成的依据，大家对社会上哪种语言具有优势/被接受，哪种语言不具备优势/不被接受的认识均与社会语言因素有关。例如在中国，以北京方言为基础的普通话被看作是"合乎社会需求的"现代汉语标准语。在这种社会语言环境下，带南方口音的普通话有可能被看成是"不恰当""不纯正"的，因为他们"不够标准""不够地道"。社会文化因素为赋予不同语言象征性价值提供参照。比如我们常说的身份认同，无论是国家层面还是民族层面的身份认同问题，通常是由我们使用的语言决定的。社会经济因素则与语言的使用价值有关。全球化使得英语获取了相当的权力，成为经济上相对优越的上层社会流动的工具。于是，世界各国政府纷纷将英语列为必修科目，或是将英语作为教学语言，这些都是社会经济因素给语言价值带来的影响。社会政治因素对个体语言行为最具影响力，因为语言政策（特别是教育语言政策）的制定，直接决定或限制了个体对教育或政治权力的获取。决定哪种语言应该被赋予官方地位、哪种方言（语言变体）应该被当作"标准语"，以及哪种语言被确定为教学媒介语等问题背后的意识形态，直接反映了我们在语言问题上存在的各种有意识或无意识的假设，即我们到底是把一门语言看作是一个问题，还是一种权力或资源。正是这些关于语言的假设，决定了语言到底具有什么样的象征意义和使用价值，进而在宏观层面上直接作用于其他因素并被其他因素所影响。

　　为探讨这些因素对语言意识形态的影响，研究者采用了多种科研方法。宏观研究方面，在针对英美等国家移民群体的调查中，研究者发现政治和社会经济因素是驱动父母决定小孩应该学习和使用哪些语言的重要因素。父母对政治强势语言既崇尚又抵触的矛盾心理往往会带来强制同化的效果。因为他们一方面担心使用少数族群语言会阻碍他们获得社会和教育上的公平，另一方面又笃信强势语言说得好会促进个体进一步的经济发展。微观层面关于父母语言意识形态的研究则进一步表明，父母的语言学习经历、情感／教育期望和教育背景对其家庭语言政策的形成发挥着极其重要的作用。金（King）和福格尔（Fogle）在《家庭语言政策》中通过对 24 个双语家庭的调查发现，影响父母语言选择的主要因素包括两点：通过阅读文献了解到的双语在认知上的优势和家长自身语言学习的经历。在对位于蒙特利尔的英语、汉语两个截然不同的社区的研究中，里奇斯（Riches）和张晓兰（X. L. Curdt-Christiansen）在《儿童语言发展和知识能力培养：来自蒙特利尔社区父母的研究》一文中发现，父母的期望和教育背景在他们对孩子的语言教育决定中起着至关重要的作用。

　　语言实践是指在不同环境下为不同用途所进行的有规律可预测的实际语言使用。实际语言使用区别于语言信念的地方在于，前者是"人们实际上做的"，后者是"人们认为应该做的"。它可以跟人们实际做的相同，也可以不同。家庭语言实践，包括平时家庭成员间日常生活交流，也包括长期形成的家庭成员间相互交流的语言使用模式，都可以反映出家庭代际交流中的社会文化变迁。

　　这方面的研究在了解父母日常生活中家庭语言决策过程和语言选择时，重点关注家庭日常交流中父母的话语策略和家庭语言模式（例如，一人一语，即在家里每个家庭成员仅使用自己的母语或第一语言）。有些学者，结合家庭所处的社会环境，探讨父母和孩子是如何将他们的家庭语言政策转化成日常的具体语言交流的。比如兰扎（Lanza）归纳出 5 种家庭日常交流话语策略（参见《语言战略研究》同期文章《家庭与多语发展》）。加法朗加（Gafaranga）在《家庭交流中的语言迁移》一文中对比利时的卢旺达移民家庭语言迁移问题研究中发现，卢旺达语－法语双语儿童经常使用"媒介请求"策略来协商家庭语言政策并对成人的语言使用产生影响。张晓兰在《家庭语言政策协商之家庭作业》一文中也通过分析父母辅导孩子家庭作业时的语言互动，具体展示了孩子是如何遵守或抵制父母的话语策略和语言输入的。

虽然斯波斯基的《语言管理》中的理论模型在识别影响语言实践和在家庭范畴内语言管理的根本因素上见解精辟，但他对家庭语言管理所采取的具体措施没有给予深一步解读。为此，研究人员开始将家庭启蒙文化教育作为语言管理措施的一部分纳入家庭语言政策的理论体系中。

家庭启蒙文化领域的研究着重从家庭环境、父母参与以及父母受教育程度等方面，诠释对多语儿童发展有意义的家庭启蒙教育实践。该领域研究把家庭启蒙教育看成一种社会实践，因此家庭启蒙教育不仅受社会意识形态观念支配，同时也反映了家庭成员的价值观念、生活态度和文化取向。家庭环境包括与多语学习相关的资源；父母参与包括获取孩子正规教育大纲信息，辅导家庭作业，为孩子阅读或亲子阅读，与孩子讨论学校学习和生活情况；等等。

量化和质性两大类研究均有证据表明孩子的家庭环境对其读写能力发展起着重要作用。例如，定量研究表明父母或其他家庭成员与儿童一起阅读或为孩子提供丰富的识读素材，会促进儿童的读写发展。定性研究显示兄弟姐妹和其他家庭成员也在家庭语言政策设置中起到很关键的作用。还有研究探讨遗产语言学校对多语家庭语言政策的推动作用。

这个广泛的框架尝试从社会政治意识形态、经济影响的宏观层面和家庭读写实践的微观层面对家庭语言政策的形成进行阐释。宏观及微观因素之间的关联持续地为家庭语言政策的形成提供动力并产生影响。

发表于《语言战略研究》2017 年第 6 期

# 语言意识与家庭语言规划

王　玲

## 一、引言

### （一）家庭语言规划

在社会流动不太频繁的时期，家庭语言规划（Family Language Planning）作用较小，很多家庭用语就是父母的母语。但在全球化的时代，家庭语言规划的作用日益凸显。所谓家庭语言规划，指的是影响家庭内部成员语言使用的相关计划、理念等，它主要在家庭内部为儿童语言发展设定基本的框架，这一框架既可以反映父母的语言意识（language ideology），也可以反映出整个社会对儿童语言习得和发展的基本态度和意识（Shohamy 2006；Schiffman 1996）。这一领域的研究成果会对语言规划研究产生影响。语言规划研究，总体涵盖的内容包括：语言意识和理念的阐释（如何看待语言）、语言实践研究（如何使用语言）和相关理念会影响或干涉那些语言的规划和管理（如何影响语言）（Spolsky 2004）。从现有的成果来看，几乎大部分的语言规划着重点都在公共领域中的语言使用或者语言问题，家庭内部的语言状况常常被忽略（Wiley & Wright 2004；Ricento 2000；Robinson 2006）。家庭语言规划研究可以为语言规划研究提供有意义的实证支持。

### （二）语言意识

何谓语言意识？语言意识是人们对于语言本质以及语言在人类生活中所起作用的敏感和自觉的意识（James & Garrett 1991），它是人们对某种语言和普通语言的认知，对一种语言能做什么和应当怎样使用语言的认知（Li & Moyer 2008）。Kroskrity（2000）等学者认为一种语言的不同形式能够标识不同的社会群体。语言形式作为日常生活的一部分可以标识社会认同和讲话人的典型行为。发话人（和听话人）会注意到、推理并判断这些标识项，从而创造不同的语言意识来帮助解释语言之间的差异及其意义所在，换句话说，语言特征是广义上的人的文化形象和活动的反映与表征。语言意识不是一种抽象的概念，它强调个人和群体对语言的功能、语言形式等的感悟和意识，在语言生活中可以直接影响人们的语言行为。20 世纪 80 年代开始，西方有不少学者开始使用语言意识概念去思考和解释语言习得过程中的规律和特征，其中包括：Grillo（1985）、Hill（1985）、Hidalgo（1986）、Reagan（1986）、Heath（1989）、Joseph & Taylor（1990）、Gal（1993）、Jaffe（1993）、Kroskrity（1994）等。相关的研究显示，不同个体或者群体，其语言意识是存在差异的，它取决于人们对语言资源的认识和了解（Fine & Sandstrom 1993）。

## 二、理论基础与假设

中国目前正处在城市化的高速发展过程中，在这一过程中，最明显的变化是城镇人口和流动人口的大幅度增加。2012 年国家统计局统计数字显示，中国城镇人口超过 6.9 亿，流动人口约 2.6 亿，流动人口占总人口的比例为 16.53%。[①]由此可知，中国城市家庭结构和人员构成日趋复杂。语言既具有相对的稳定性，又具有与社会共变的可变性特点。城市居民结构的变化，必然会引起城市语言生活尤其是家庭内部语言状况的变化。

在国际语言学界，对家庭语言规划的研究，主要热点是家庭语言规划对移民家庭继承语（heritage language）的影响。这一研究可以追溯到 20 世纪 60 年代，继承语是移民社会的特有现象。西方语言学家主要用来考察移民群体的语言维持（language maintenance）和语言转用（language shift）（Extra & Verhoeven 1993；Ferguson & Brice-Heath 1981；Fishman 1989；McKay & Wong 1998）。近年来，很多中国学者也开始关注城市移民群体继承语的使用状况。不过由于是从不同角度研究继承语，中国学界常用的概念，主要包括"母语、家庭用语、地区强势方言、社区通用语"等称呼。比如，伍巍（2003）以两个家庭20年来的语言生活为调查对象，分析了家庭语言变化的特点；邬美丽（2008）以家庭语言使用模式为考察对象，分析了在京少数民族大学生家庭语言使用模式的代际差异；俞玮奇（2011）的研究发现，苏州外来人口家庭第二代母语开始转用普通话；王立（2008）分析了家长语言期望与中小学生语言成长的关系。学者们也从不同的角度分析了变化的原因：伍巍（2003）认为家庭语言变化的内部原因是家庭语言成员的变动，外部原因是家庭大环境的改变；王立（2008）认为父母的语言期望影响了中小学生的语言成长；俞玮奇（2011）认为外来人口家庭第二代转用普通话的主要原因与普通话推广有关。可是，我们认为还有一个重要的因素会直接影响家庭内部语言的维持和语言的转用，即语言意识。语言意识是人们对一种语言能做什么和应当怎样使用语言的认知。为什么有些家庭成员会转用普通话？有些家长为什么会有某种语言期望？为什么会形成某种语言态度或者语言认同？这些都基于人们对某种语言的理解和认知。我们认为家庭内部语言生活的开展需要进行语言意识活动，即对语言资源与功能的思考与分析。在上述理论基础之上我们提出如下假设：（1）家庭语言规划与父母的语言意识有关，而父母的语言实践会影响儿童语言的使用状况；（2）父母语言意识的影响力会发生改变，到了一定的阶段，儿童的语言使用会由于其语言意识的形成和发展而出现变化。

## 三、调查方法

本调查在南京市区展开，调查时间为 2011 年 6 月~2012 年 6 月。调查方法以问卷调查为主，同时结合访谈法来搜集语料。问卷分为父母卷和子女卷。父母卷在南京鼓楼区、玄武区、白下区、秦淮区和下关区展开，总发放问卷 310 份，有效问卷 305 份。所选样本男女基本均衡，本地人和外地人几乎各占一半；年龄基本在 30~40 岁、41~50 岁、51 岁以上各年龄段平均分布；家庭成员的职业复杂，包括大学教师、公务员、管理人员、无业人员以及农民工等等；受教育程度分为高中（或大专）及以下、大学本科及以上；在宁居住年限分为 10 年以下、10~29 年以及 30~59 年 3 类。所有上述样本的共同点就是都有子女。具体情况见表 1。

表 1　南京市区调查样本情况表（N=305）

| 类别 | | 人数 |
|---|---|---|
| 性别 | 男 | 157 |
| | 女 | 148 |
| 年龄 | 30~40 岁 | 101 |
| | 41~50 岁 | 102 |
| | 51 岁以上 | 102 |
| 来源地 | 南京市及其郊县 | 154 |
| | 外地 | 151 |
| 教育程度 | 大学及以上 | 156 |
| | 高中及以下 | 149 |
| 在宁居住时间 | 10 年以下 | 87 |
| | 10~29 年 | 110 |
| | 30~59 年 | 108 |

　　父母问卷的内容包括：（1）调查者的背景信息。比如年龄、教育程度、性别和在南京的居住情况。（2）语言使用信息。比如语言能力，母语情况，在家与子女、与配偶等的交谈用语，工作场所用语等信息。（3）语言意识方面的信息。10 个关于语言意识的问题包括 2 个方面：语言意识概况——对不同语言资源特征的理解和分析，它决定了被调查者语言的选用标准；社会语言意识活动——不同语言资源使用语域的理解和分析，它决定了被调查者语言使用的差异。

　　子女卷同样在南京鼓楼区、玄武区、白下区、秦淮区和下关区展开，通过学校班级发放问卷，分别对小学、初中、高中的学生进行了问卷调查。总发放问卷 339 份，有效问卷 338 份，其中小学生 101 名，初中生 100 名，高中生 137 名。在这 338 个样本中，男女性别均衡。子女卷的内容包括：（1）家庭背景信息。比如父母年龄、职业、教育程度等。（2）语言使用信息。比如，"在家里说什么话"及"在学校说什么话""父母分别对你说什么话""自己会不会讲南京话"等。（3）其他信息。如语言态度方面"南京话是否好听""是否要说南京话""如何学会说南京话"等等。

# 四、调查结果与数据分析

## （一）父母语言实践

根据早期在南京的调查，在城市公共场所中，主要使用的语言变体有普通话、南京话和外地话 3 类。那么，在家庭环境下，父母对这 3 类语言变体的使用呈现什么样的特点呢？

表 2　父母的语言实践情况表（N=305）

| 父母及其属地 | | 交谈对象 | 普通话 | 普+南京话 | 普+其他方言 | 南京话 | 其他方言 |
|---|---|---|---|---|---|---|---|
| 父亲157 人 | 南京本地 71 人 | 配偶 | 21 人 /29.6% | 3 人 /4.2% | 0 | 46 人 /64.8% | 1 人 /1.4% |
| | | 孩子 | 41 人 /57.7% | 3 人 /4.2% | 0 | 27 人 /38.1% | 0 |
| | 外地人86 人 | 配偶 | 44 人 /51.2% | 0 | 3 人 /3.5% | 5 人 /5.8% | 34 人 /39.5% |
| | | 孩子 | 62 人 /72.1% | 0 | 2 人 /2.3% | 5 人 /5.8% | 17 人 /19.8% |
| 母亲148 人 | 南京本地 83 人 | 配偶 | 21 人 /25.3% | 0 | 6 人 /7.2% | 55 人 /66.3% | 1 人 /1.2% |
| | | 孩子 | 38 人 /45.8% | 9 人 /10.8% | 1 人 /1.2% | 34 人 /41.0% | 1 人 /1.2% |
| | 外地人65 人 | 配偶 | 34 人 /52.3% | 2 人 /3.1% | 0 | 6 人 /9.2% | 23 人 /35.4% |
| | | 孩子 | 41 人 /63.1% | 1 人 /1.4% | 4 人 /6.2% | 7 人 /10.8% | 12 人 /18.5% |

调查结果显示，南京家庭成员之间，语码使用情况复杂。比如，配偶之间使用的语码和对孩子使用的语码存在差异。表 2 显示，如果同为南京本地人，配偶之间使用普通话的比率较低，略低于 30%，而使用南京话的比率较高，不论男性还是女性，其南京话的使用率都高于 60%；如果是同为外地人，配偶之间使用普通话的比率较高，约在50% 以上。可不管是本地父母还是外地父母，在与孩子交谈的时候，使用普通话的比率都较高，平均使用率约为 50%。具体来看，父亲若为南京人，其用普通话与配偶交谈的比率为 29.6%，但交谈对象变为孩子的话，普通话比率上升为 57.7%，愿意用南京话和孩子交流的比率下降到 38.1%；同样的情况也发生在母亲的身上，如果是南京本地人，其对配偶使用南京话的比率为 25.3%，可与孩子交谈时，普通话的比率同样上升，也接近 50%。如果父亲、母亲是外地人的话，其用普通话与孩子交谈的比率更高，分别为 72.1% 和 63.1%；即使身为外地人，

父亲、母亲愿意使用自己的母语（即外地方言）和孩子交谈的比率也较低，分别只有 19.8% 和 18.5%。

上述结果显示，南京话和普通话是当前南京居民的主要家庭用语，外地方言占有的比例较少，不过，在与孩子交谈的时候，普通话的使用比率远远高于南京话和其他方言。访谈的结果显示，这是父母有意为之的结果。他们认为，即使自己平时不说普通话，可在面对孩子的时候，一定要多用普通话。也就是，在家庭用语方面，目前已经分化出一种专门面对孩子使用的语言，我们称之为教育语言。目前对于教育语言并没有一个统一的概念，我们认为家庭教育语言指的是父母在特定场合下与孩子交流或对孩子进行教育时选用的语言。不管父母是刻意还是无意地选用其他方言或者普通话跟子女交流，子女的语言状态在某种程度上都会受到影响。

在这里，我们有必要明确家庭用语与教育语言的区别。家庭教育语言是家庭内部语言的一部分，但是教育语言是相对独立的，它们的形成机制不同。内部语言使用的目的在于家庭成员之间交流，它具有较大的随意性、非规定性。家庭教育语言的对象主要是孩子，而且对于部分家长来说，它的目的不仅仅在于与孩子进行交流，更重要的目的在于通过创造语言环境促使孩子学习、掌握该语言，并以此作为与外界交流的工具。

## （二）父母语言意识

为什么父母家庭语言实践会出现语码的转化呢？这可能与他们的语言意识有关。在此之前，我们先来了解一下语言意识是否真的会影响人们对语言的理解和认知。事实上，在南京的多次调查中，我们发现有些被调查者缺乏对语言资源和语言信息的观察和了解，因此在访谈中常常不能给出合适的答案。比如：

（1）"请问您平时跟子女讲哪里话？"

——"就是这个话。"（说话人说方言）

调查员再进一步用普通话问他：

"那你觉得咱俩讲话有区别没有？"

——"好像不一样。"

"那你跟孩子会像我这样讲话吗？"

——"啥话不都一样嘛！我就说这话。"

（2）"您觉得南京话好听？"

——"不知道。"

"您觉得普通话和南京话相比，哪个更好听？"

——"什么好听、难听的，不清楚。"

　　这样的对话不是孤立存在的，我们发现有不少人分不清楚普通话和方言的差异，对普通话、南京话或者家乡话等不同语码的界限认知模糊。在 2002~2012 年间南京语言调查中，我们都发现了选择"不知道、不清楚"这类答案的说话人，具体情况见表3。

表3　2002、2005、2006、2008、2009、2010 年南京调查中
选择"不知道、不清楚"的说话人情况

| 年份 | 2002 年 | 2005 年 | 2006 年 | 2008 年 | 2009 年 | 2010 年 |
|---|---|---|---|---|---|---|
| 人数及占比 | 29 人 /22.7% | 21 人 /15.8% | 18 人 /13.9% | 25 人 /20.1% | 19 人 /14.3% | 18 人 /13.5% |

　　除此之外，对某些具体问题的回答也可以看出不同人之间语言意识的差异。比如，在考察人们对普通话和南京话的认知状况的时候，我们发现不同人所给出的答案存在差异。我们把普通话和南京话的差别分为 4 个等级进行测量，测量的结果如表4。

表4　南京话和普通话的认知差异

| 居民类别 | 差别很大 | 有些差别 | 没有差别 | 不知道 |
|---|---|---|---|---|
| 南京人（154 人） | 12 人 /7.7% | 89 人 /57.8% | 30 人 /19.5% | 23 人 /15.0% |
| 外地人（151 人） | 51 人 /33.8% | 67 人 /44.4% | 14 人 /9.3% | 19 人 /12.5% |

　　通过表4可以发现，南京本地人和外地人对南京话和普通话差别的认知状况存在差异。154 名南京本地人中，认为普通话和南京话差异不太大的比率最高，约为 57.8%；认为差异很大的比率最低，只有 7.7%；19.5% 的人认为两者没有差别；另外 15% 的人不知道答案。和南京本地人相比，33.8% 的外地人认为普通话和南京话差别很大；44.4% 的人认为差异不太大；认为没有差别的比率最低，为 9.3%。通过访谈我们

发现，南京人和本地人选择"差异很大、不太大"的人都有比较清晰的语言意识，对南京话和普通话的认知清楚，即使这种认知存在偏差，但至少反映了他们对某种语言变体的理解和认识。认为南京话和普通话差异较大的南京人，他们比较的是老南京话或者"地道的南京话"与普通话；认为差异不太大的人认为他们所说的是新南京话，而且有一部分人认为自己说的是"南京普通话"，受普通话的影响较大，因而与普通话差异不大。新老南京话的确差异很大：老南京话保存入声系统，分尖团音；新南京话中，大量入声字已派入平、上、去等调，不分尖团。与这部分人相比，选择"没有差别""不知道"的人对南京话和普通话的认知模糊或者存在理解障碍。由此可知，人们对语言及其相关问题的理解是存在差异的。

为了详细了解南京市父母语言意识特征，我们的调查内容包括10个方面（见表5），同时采用李克特量表（Likert Scale）对其问答进行测量，每一个问题分为五级选项，即"4= 非常满意、3= 满意、2= 无所谓、1= 不同意、0= 非常不同意"，从305位调查者中随机抽取70位父母进行了调查。测量结果如表5。

表5 父母语言意识测量表（N=70）

| 测量内容 | 完全同意 | 同意 | 没感觉 | 不同意 | 非常不同意 |
|---|---|---|---|---|---|
| 1. 父母有必要使用自己的母语与孩子交谈 | 3人 /4.3% | 6人 /8.6% | 4人 /5.7% | 21人 /30% | 36人 /51.4% |
| 2. 在家说两种话，孩子会糊涂，什么都说不好 | 2人 /2.9% | 4人 /5.7% | 8人 /11.4% | 10人 /14.3% | 46人 /65.7% |
| 3. 孩子在学校很容易学好普通话 | 43人 /61.4% | 16人 /22.9% | 4人 /5.7% | 6人 /8.6% | 1人 /1.4% |
| 4. 在家常说方言会影响孩子说普通话 | 43人 /61.4% | 10人 /14.3% | 10人 /14.3% | 5人 /7.1% | 2人 /2.9% |
| 5. 孩子小的时候经常对其说普通话很重要 | 24人 /34.3% | 14人 /20% | 13人 /18.6% | 11人 /15.7% | 8人 /11.4% |
| 6. 小孩同时说2种及以上话的，结果会都说不好 | 0 | 4人 /5.7% | 4人 /5.7% | 3人 /4.3% | 59人 /84.3% |
| 7. 在学校，小孩子学好英语和学好普通话一样重要 | 36人 /51.4% | 14人 /20% | 13人 /18.6% | 6人 /8.6% | 1人 /1.4% |
| 8. 小时候学好英语和普通话的小孩将来在学校更容易获得好成绩 | 46人 /65.7% | 10人 /14.3% | 8人 /11.4% | 2人 /2.9% | 4人 /5.7% |

续表

| 测量内容 | 完全同意 | 同意 | 没感觉 | 不同意 | 非常不同意 |
|---|---|---|---|---|---|
| 9. 要想孩子学好某种话，家里环境很重要 | 53 人/75.7% | 10 人/14.3% | 2 人/2.9% | 4 人/5.7% | 1 人/1.4% |
| 10. 除了普通话，小孩多掌握一门语言（比如英语、日语等）对其未来发展有好处 | 57 人/81.5% | 8 人/11.4% | 4 人/5.7% | 0 | 1 人/1.4% |

　　表 5 显示调查者对 10 个问题的理解与认识存在差异。比如，通过了解父母对"使用母语与孩子交谈"这一观点的看法，来分析他们对普通话、方言的认知状况。问卷统计数据显示，这些父母的母语主要是方言，对 305 位居民的问卷调查显示 80.9% 的人最先掌握的语码（即母语）是自己的方言。也因为自己的母语是方言，在回答是否使用自己的母语与孩子交流时，81.4% 的人选择"不同意"和"非常不同意"。不同意的原因是什么呢？问题 4 显示有 75.7% 的人认为"在家常说方言会影响孩子的普通话"。

　　与此同时，很多人认识到语言（包括普通话、英语等）对孩子成长的重要意义。当被问及除了普通话，年轻人（尤其是自己的孩子）还应该优先掌握哪一种或哪些语言（答案不仅仅限于汉语，也包括英语等外语）时，81.5% 的说话人表示有条件的年轻人应该优先掌握英语和普通话，给出的理由是普通话可以走遍全国都不怕，英语则可以为自身增值，有助于扩大就业机会、获得较多的社会经济利益等等。65.7% 的人非常同意孩子小的时候学好普通话和英语在学校更容易获得好成绩，长大后对其未来的发展也很有好处。

　　另一方面，我们发现，许多人逐渐意识到环境对学习某一语言的重要性。超过 80% 的人认同"孩子在学校很容易学好普通话"这一说法，这表明多数人很清楚中国城市当前的语言环境。2000 年 10 月，我国人大常委会通过并颁布《国家通用语言文字法》，该法首次确定了普通话作为国家通用语言的法律地位，并且对教师、大中专学生、国家公务员、播音员、节目主持人和公共服务行业从业人员的普通话做出了要求。自此之后，在学校等公共场所，使用普通话已经成为共识，也因此学校成为很容易学习好普通话的场所。此外，75.7% 的人非常同意家庭环境也非常重要，会影响孩子语言的使用和培养。42%的说话人表示会在家里刻意营造学习某种语言的机会或者氛围。比如，从小的时候，全家人刻意使用普通话与孩子交流，用普通话给孩子朗读故事等等，即使说不标准的普通话也会努力坚持。还有人表示，为了培养孩子的英语能力，会给孩子选择带英文的动画片，听英文儿歌，播放英文原版电影、电视剧，参加英语培训班以及送孩子上双语幼儿园等等。

最后，我们考察了被调查者对双语码的看法，主要通过这两个问题进行测量："在家说两种话，孩子会糊涂，什么都说不好"和"小孩同时说2种及以上话的，结果会都说不好。"结果显示，对上述两种说法持反对态度的人都占多数，有80%左右的人认为这一说法是没有道理的，有部分人明确表示孩子能够说两种及以上的语言变体对其能力的提高是有好处的，不过如前所述，在众多说话人心目中最希望孩子掌握的两种语码分别是英语和汉语普通话。当被问及"孩子是否有必要掌握方言（比如南京话）"的问题时，41%的人认为孩子需要掌握南京话或其他方言，38%的人表示无所谓，21%的人明确表示不需要。

## （三）父母语言意识与子女语言使用

通过对父母语言意识的调查可以发现，目前多数父母对于子女应该优先掌握何种语言或者语言变体认识清楚，而且非常重视环境尤其是家庭环境对孩子语言使用的影响。父母的这种语言意识是否会对孩子的语言使用产生影响呢？我们来看子女卷的调查结果。

表6　子女的语言实践情况表　　　　　　　单位：%

| 类别 | 在学校 | | | 在家庭 | | |
|---|---|---|---|---|---|---|
| | 普通话 | 南京话 | 其他方言 | 普通话 | 南京话 | 其他方言 |
| 小学组（N=101） | 93.2 | 6.8 | 0 | 78.4 | 14.8 | 6.8 |
| 初中组（N=100） | 87.9 | 7.3 | 0 | 46.5 | 43.2 | 10.3 |
| 高中组（N=137） | 85.4 | 17.7 | 0 | 40.1 | 53.7 | 6.2 |

通过表6可以发现，中小学生在不同场所中的语言使用状况存在差

异。在学校环境中，中小学生的主要常用语都是普通话，使用率高达90%左右。这从另一方面验证了父母判断的准确性，学校的确是使用普通话最多的场所，同时也是最容易学习好普通话的场所。在家庭内部，可以发现，不管是南京话还是外地话，其使用率都有所增加。另外，我们发现了一个有意思的现象，即随着子女年龄的增加，其方言使用率也在增加。和外地方言相比，南京话的使用增长更为明显。俞玮奇（2011）对苏州中小学生语言生活状况的调查也发现了同样的规律，他认为主要原因与中小学生对苏州话所持的强烈的语言态度有关。我们认为除了语言态度之外，还有一个更重要的原因在发挥作用，那就是学生自身的语言意识。比如，在考察中小学生对南京话的态度时，我们发现认为南京话好听和亲切的比例并不高，约有26%的女生认为南京话好听、亲切，男生中比率略高一些，但也只有32%的人持这一观点。对南京话积极认同率较低的主要原因，与学生对南京话的理解和认识密切相关。有一部分人明确表示南京人说南京话时，语调高，语气硬，不温柔、不好听，而且南京话有很多脏话，听起来不舒服。正因此，中小学生对南京话的情感认同率并不高，但这并不意味着他们全盘否定了南京话。在问及是否需要掌握南京话时，约有44%的学生认为应该要掌握南京话，对这一问题的回答出现了性别差异，男生中约有50.2%的人表示虽然南京话不好听，可还是应该要掌握南京话，女生的比例略低，有38.7%的女生表示应该要掌握南京话。那么，会说南京话的中小学生是通过何种途径来学习的呢？数据显示，39.0%的人是在家庭里学说南京话，34.3%的人是跟周围同学、朋友，19.7%的人是跟邻居学习，还有7.0%的人是通过媒体或者其他渠道学习。至于学习的动机和原因，访谈的结果进一步证实与中小学生语言意识的提高有关。拉波夫（Labov 2001）曾将人们习得标准变式、土语和区域变体等的过程分为6个阶段：孩提阶段、5~12岁阶段、14或15岁阶段、语体变异阶段、标准一致阶段和全方位习得阶段。他指出在语体变异阶段（大约开始于14岁），这时期的人会在和同龄人交往过程中，调整自己在特定语境中使用某种变式的频率。钱伯斯（Chambers 1995）在拉波夫的6个阶段划分的基础上，将习得宽泛地分为3个阶段：孩提阶段、青春期阶段和成年早期阶段。他指出在青春期阶段，随着社会交往的增多，土语规范加速发展甚至超过先辈的规范体系。南京的中小学生，随着年龄的增加，对各方面知识的掌握也在增多，而且其社会交往逐渐增多，尤其和同龄人接触增多，接触南京话的机会也同步增多。最主要的是，他们开始意识到除了情感功能之外，南京话还有其他社会功能。比如，南京话的娱乐功能："有些南京同学说南京话特别逗，就想学学，好玩""有时候用南京话开玩笑、讲笑话，挺有意思"；南京话的地方认同功能："南京人嘛，总该会说点南京话吧""如果大多数南京人都会说南京话，就自己不会太……"；等等。这些意识的形成就是中小学生学习和使用南京话的内在动机。为什么在学校环境下，中学生使用南京话的比率较低呢？这也与他们的语言意识有关。对普通话功能和作用的了解，让他们很清楚地认识到当面对正式场合或公众时应该使用标准形式（即普通话）这一规范。因此，他们倾向于在家庭内部使用南京话，而在学校等公共场所中使用普通话。

## 五、总结

本文主要关注的是父母语言意识、家庭语言规划与儿童语言使用之间的关系。南京调查显示，父母语言意识在家庭语言规划和家庭语言实践中发挥重要作用，语言意识是语言实践和语言规划的基础力量。家庭内部父母语言行为的开展与其语言意识密切相关，下面的模式可以说明家庭环境下，父母的语言意识、语言实践和儿童最终语言习得的关系（见图1）。

父母的语言意识和态度
⇩
父母的语言选择和交际策略
⇩
儿童的语言使用

**图1　家庭环境下父母语言意识、语言实践和儿童语言使用关系图**

首先，父母根据各种途径构建自己的语言意识和态度。在当前的社会环境下，为中国父母熟悉的有 3 种语码：普通话、方言和英语。南京的调查显示，多数父母很清楚地理解和认识到这 3 种语码的功能和差异。81.5% 的父母对普通话和英语持非常积极的认同态度，明确表示希望孩子可以优先掌握这两种语言。

随后，这种语言意识和态度影响了父母在家庭内部语言上的选择和实践。调查显示，在家庭内部已分化出一种专门对孩子使用的家庭教育语言。以普通话的使用情况为例，多数家庭为了让孩子更好地掌握普通话，他们会有意进行语码转换。也就是说，父母语言使用因交际对象的不同而出现差异。比如，南京本地人为主的家庭内部，配偶之间普通话使用率较低，60% 左右的夫妻之间使用南京话交流；外地人为主的家庭内部，其普通话的使用率虽然略有提高，但仍有 50% 左右的配偶使用方言交流；可不管是本地父母还是外地父母，在与孩子交流的时候，其普通话使用率均大幅提高。父母若为南京人，以父亲一方是南京人为例，配偶交谈时普通话的使用率为 29.6%，但交谈对象变为孩子时，普通话比率上升为 57.7%，愿意用南京话和孩子交流的只有38.1%；父亲和母亲同为外地人的话，其用普通话与孩子交谈的比率更高，分别为 72.1% 和 63.1%，父亲、母亲愿意使用自己的母语（即外地方言）和孩子交谈的比率非常低，分别只有 19.8% 和 18.5%。调查也显示，虽然多数父母不能够使用英语与孩子交流，但由于清楚了解英语在当今社会中的重要地位与作用，多数家长表示会尽力在家庭内部为孩子营造学习英语的环境，比如播放双语动画片、听英文歌曲等，这些考虑多数出于工具性动机，看中的是英语在未来可能为孩子带来的社会经济效益和好处。

最后，我们看到父母的语言实践对孩子最终语言习得的影响。对小学、初中和高中学生的调查显示，普通话成为大多数学生的主要交际语言，78.4% 的小学生即使在家庭内部也主要使用普通话，初中和高中生中普通话的使用率略有下降，但普通话的使用率也分别达到 46.5%和 40.1%。如果按照这一趋势发展，可以预测在不久的将来，除了普通话，所有的方言都可能会处于一种濒危的状态。但对青少年的调查表明，父母语言意识对儿童语言使用状况的影响在儿童社会化程度增高的过程中逐步削弱，儿童自身的语言意识会逐渐增强并促使他们调整自己在特定语境中使用某种语码的比率。比如，对南京中小学生的调查显示，随着其年龄的增加，其南京话的使用也在逐渐增加。而出现这一变化的主要原因是青少年自身语言意识的形成和发展；虽然不少人对南京话的情感认同不高，但他们逐渐认识到南京话的地方认同功能、娱乐功能等，这一意识的形成促使他们努力去学习并掌握南京话。通过南京的研究可以发现，正是由于儿童自身语言意识的形成与发展，才保证了除普通话之外，其他语码的代际传承。

## 注释

① 国家统计局《中华人民共和国 2011 年国民经济和社会发展统计公报》，2012 年。

## 参考文献

王　立 2008 语言期望与中小学生的语言成长，《语言文字应用》第 4 期。

邬美丽 2008 家庭语言使用的代际差异及思考，《语言文字应用》第 4 期。

伍　巍 2003 家庭语言交际格局的动态研究，《语言文字应用》第 1 期。

俞玮奇 2011 苏州市外来人口第二代的语言转用考察，《语言教学与研究》第 1 期。

Chambers. J. 1995. *Sociolinguistics Theory: Linguistic Variation and Its Social Significance*. Malden, MA: Blackwell Publishing.

Extra, G. & Verhoeven, L. 1993. *Immigrant Languages in Europe.* Clevedon: Multilingual Matters LTD.

Ferguson, C. A. & Brice-Heath, S. 1981. *Languages in the USA.* Cambridge: Cambridge University Press.

Fine, G. A. & Sandstrom, K. 1993. Ideology in action: A pragmatic approach to a contested concept. *Sociological Theory* 11(1).

Fishman, J. A. 1989. *Language and Ethnicity in Minority Sociolinguistic Perspective.* Clevedon: Multilingual Matters LTD.

Gal, S. 1993. Diversity and contestation in linguistic ideologies: German speakers in Hungary. *Language in Society* 22(3).

Grillo, R. D. 1985. *Ideologies & Institutions in Urban France: The Representation of Immigrants.* Cambridge: Cambridge University Press.

Heath, S. B. 1989. Language ideology. In *International Encyclopedia of Communications* 2, 393-395. New York: Oxford University Press.

Hidalgo, M. 1986. Language contact, language loyalty, and language prejudice on the Mexican border. *Language in Society* 15(2).

Hill, J. H. 1985. The grammar of consciousness and the consciousness of grammar. *American Ethnologist* 12(4).

Jaffe, A. 1993. Obligation, error, and authenticity: Competing cultural principles in the teaching of Corsican. *Journal of Linguistic Anthropology* 3(1).

James, C. & Garrett, P. 1991. *Language Awareness in the Classroom.* London: Longman.

Joseph, J. E & Taylor, T. J. 1990. *Ideologies of Language.* New York: Routledge.

Kroskrity, P. V. 1994. Arizona Tewa public announcements: Form, function, linguistic ideology. *Anthropological Linguistics* 3(4).

Kroskrity, P. V. 2000. *Regimes of Language: Ideologies, Polities and Identities.* San Fe: School of Amercian Research Press, Beijing: Beijing Language and Culture University.

Labov. W. 2001. *Studies in Sociolinguistics: Selected Papers by William Labov.* BLCU.

Li, W. & Moyer, M. 2008. *The Blackwell Guide to Research Methods in Bilingualism and Multilingualism.* Oxford: Blackwell Publishing.

McKay, S. L. & Wong, S. C. 1998. *Language Diversity: Problem or Resource?* New York: Newbury House.

Reagan, T. G. 1986. 'Language ideology' in the language planning process: Two African case studies. *South African Journal of African Languages* 6(2).

Ricento, T. 2000. Historical and theoretical perspectives in language policy and planning. *Journal of Sociolinguistics* 4(2).

Robinson, J., William, R. & Brecht, R. 2006. Demographic and sociopolitical predictors of American attitudes towards foreign language policy. *Language Policy* 5.

Schiffman, H. 1996. *Linguistic Culture and Language Policy.* New York, NY:

Routledge.

Shohamy, E. 2006. *Language Policy: Hidden Agendas and New Approaches.* New York, NY: Routledge.

Spolsky, B. 2004. *Language Policy.* Cambridge, UK: Cambridge University Press.

Wiley, T. G. & Wright, W. E. 2004. Against the undertow: Language minority educational policy and politics in the age of accountability. *Educational Policy* 18.

发表于《语言研究》2016 年第 1 期

# 家庭语言规划和语言关系

## 刘　群

斯波斯基在构建语言政策框架的同时，也划定了语言政策研究的7个领域，即家庭、学校、宗教及宗教组织、工作场所、当地政府、超国家群体以及国家组织。自此，家庭语言政策作为语言政策研究的微观领域开始引起研究者的注意。毋庸置疑，家庭是语言延续和保存的最后营垒。随着全球化、城镇化、信息化时代的到来，随着家庭语言教育的多元化和儿童教育投资的低龄化，几乎每一个家庭都普遍存在双言双语现象，甚至多言多语现象，所以每个家庭都有必要依照语言发展规律和社会发展需求，做好既符合国家语言政策导向，又促进家庭成员语言能力健康提升的语言规划。

一个独立家庭的语言规划首先面临的问题是究竟选择哪一种或哪几种语言作为交际工具。Mackey 认为：“可选择的语言越多，问题就越复杂。”的确，当多言多语成为语言生活的新常态时，家庭语言规划过程中的语言类型就显得很复杂，与之相关的语言选择也应当慎重。“中国正在形成‘多言多语’社会，儿童刚一出生，父母也许就要考虑是让孩子学习普通话，还是方言，还是民族语，考虑让孩子何时接触外语，开始制定家庭语言规划。”（李宇明 2012）李宇明所提到的普通话（即国家通用语言）、方言、民族语和外语正是家庭语言规划涉及的主要语言类型。由此也产生了以国家通用语言为焦点的 3 组语言关系，即国家通用语言和民族语的关系、国家通用语言和方言的关系、国家通用语言和外语的关系。因此，在进行家庭语言规划时，首先要处理好这 3 种语言关系。

在此需要说明的是，我们使用了“语言关系”的说法，回避了“语言矛盾”的说法。所谓“关系”是指事物之间相互作用、相互影响的状态；所谓“矛盾”是指言语或行为自相抵触的现象。从语义上看，

"矛盾"尽管有调和的渠道和途径，但其"对立性""冲突性"是不容忽视的；"关系"强调的是某种性质的联系，语义相对柔和。

# 一、家庭语言关系现状

## （一）国家通用语言是核心语言

在我国，国家通用语言不完全等同于汉语。汉语，是汉民族的通用语。从共时的角度看，汉语包括各区域的语言变体，即地域方言（geographical dialect）；也包括各阶级各阶层的语言变体，即社会方言（social dialect）。从历时的角度看，汉语经历了古代汉语、近代汉语、现代汉语 3 个历史发展阶段。所以，汉语是一个义域相对宽泛的概念。中华人民共和国成立后，在学术研究的基础上，确立了现代汉民族共同语的标准形式，即"以北京语音为标准音，以北方方言为基础方言，以典范的现代白话文著作为语法规范的普通话"。大力推广普通话也成为我国几十年坚持执行的国家语言政策之一。随后，《中华人民共和国宪法》第 19 条规定：国家推广全国通用的普通话。普通话的"通用性"特质、族际间交际工具的作用首次凸显。2001 年 1 月 1 日开始施行的《中华人民共和国国家通用语言文字法》，第一次以法律的形式确定了普通话和规范汉字作为国家通用语言文字的地位。我国一贯坚持的主体性语言政策和多样性语言政策相统一的思想，使得"汉语普通话是汉族不同方言区之间的共同语，也是全国各民族之间相互沟通的交际语"（周庆生 2016）。

因此，家庭语言规划以及其他言语社区的语言规划中，国家通用语言都是核心语言，影响、辐射并衔接着其他 3 种不同性质的家庭语言。

## （二）国家通用语言和民族语：语言相处的和谐关系

在少数民族家庭，国家通用语言和民族语的和谐相处，已成为正常的语言生态。

　　由于中国政府开放、宽容的少数民族语言政策，少数民族家庭对国家通用语言的认可度、接受度越来越高，双语甚至多语已成为少数民族家庭的语言常态。周炜（2003）指出："从民族社会学的角度看，某个少数民族对国家主体民族的语言即宪法规定的国家共同语的接受度，可以作为衡量这个少数民族与主体民族之间民族关系融合与否的一个指标。另外，民族接触和交往越频繁的民族地区，人们对国家共同语的接受度越高。"他从社会学的角度，以家庭成员的语言能力、公共场所的语言选择、家庭场景的语言选择、媒体语言选择等方面为观测点，调查了拉萨城镇居民和农村居民的家庭语言使用现状，其结论是：家庭成员都能不同程度地使用双语，具体比率和家庭成员的年龄、受教育程度有很大的关系，80%以上的家庭希望孩子汉藏语兼通。申慧淑（2011）从社会语言学的角度调查北京市朝鲜族流动人口语言适应现象时，也涉及家庭语言的选择和使用，其结论和周炜相似。王浩宇（2015）通过调查也发现：由于外部语言环境的干扰和家长语言态度的影响，民族语言在家庭语域中，既有衰微与传承的断裂，也有复活与传承的延续，同时，民族语言和国家通用语言的并存也是不争的事实。当然，双语并存现象在民族家庭内部呈现比较明显的阶梯式代际差异，家庭成员年龄越小，双语化程度越高，老年群体则更多地倾向于使用民族语言。

　　语言是民族的重要特征之一，是民族的构成要素之一，也是民族间的区别性特征之一。正如德国语言学家洪堡特所说："民族的语言即民族的精神，民族的精神即民族的语言。"因而，在少数民族家庭，家庭成员学习和使用国家通用语言已成为家庭语言规划的重要内容之一；另一方面，他们对本民族语言也具有较高的语言忠诚度和语言情感价值的认同感。

## （三）国家通用语言和方言：语言使用的不对等

　　在汉民族家庭和以汉语为母语的少数民族家庭中，国家通用语言和方言这组语言关系比较突出。

　　语言没有优劣之分，只有雅俗之别。就其本质来讲，任何语言只要可流传、可使用，就可存在。所以，方言和普通话的地位是平等的。从 20 世纪 50 年代开始的推普工作至今还在以各种形式如火如荼地进行着。从"大力提倡、重点推行、逐步普及"到"大力推行、积极普及、逐步提高"，推普工作作为一项国家层面积极的语言政策已取得了预期的成效。各类调查问卷及数据显示，80% 以上的受访者会使用普通话（胡蓉，蒋于花 2008；吴燕萍 2015；左秀兰，吕雯钰 2016）。家庭内部语码选择中，特别是与孩子交流时，普通话的使用率远远高于方言，绝大多数儿童幼年在家庭中接触到的语言是普通话（王玲 2016）。与之相反的是，方言的使用水平和使用能力大大降低，并呈现非常明显的老龄化趋势，年轻人在家庭之外的场合，都主动放弃了方言。随着城市化进程的加快和人口迁移的便捷，只会讲普通话不会讲方言的无方言族人群逐渐增多，由部队、高等院校、大型企业、专区级或省级以上机关、大城市，逐步向中等城市蔓延。特别是移民家庭的第二代，由于远离具有特质语言环境的母方言区，又缺少学习所在区域方言的条件、动机和兴趣，最终也演变为无方言族。也有学者发现另一个逆向的现象：随着孩子年龄的增长，他们在家庭内部使用方言的比例也在提高，比如小学生提高了 8%，初中组和高中组提高了近 36%（王玲 2016）。但是，这样的并不乐观的数据无法提升方言在家庭语言中的地位。

尽管家庭是使用方言频率最高的场所（左秀兰，吕雯钰 2016），近九成的父母属于双言人（既使用普通话又使用方言）（胡蓉，蒋于花 2008）。但是，在家庭语言竞争中，方言的劣势地位显而易见，方言濒危和方言趋同于普通话也是客观存在的。或者说，家庭内部语言交际格局由单言（方言）转向双言（方言和普通话），又恢复到单言（普通话）。

## （四）国家通用语言和外语：语言教育的不平衡

我国的外语教育语种单一，英语成了外语事实上的代名词。2001 年，教育部制定了《全日制义务教育及普通高级中学英语课程标准》。标准的出台其实已经暗示了我国英语教育的开始时间。就目前的研究来看，英语学习呈现低龄化趋势，幼儿园开设学前英语教育已经很普遍。比如，南昌85%以上的幼儿园开设了英语教育（周俊平2013）。种种数据显示，中小学阶段，家长对孩子英语的关注度相当高，一般都会以积极的态度和方式支持孩子学习英语。对于学前孩子的英语教育，家长既有强烈的需求，又对幼儿园的英语教育，如师资、教材等教学硬件环境不太满意。大多数家长还会在家庭中对学前孩子进行英语教育（夏丝丝2015）。这说明，家长，尤其是年轻的家长认识到语言教育，特别是英语教育对孩子成长的重要意义。比如，学好英语可以为自身增值，有助于扩大就业机会、获得较多的社会经济利益等等（王玲2016）。但是，由于家长自身条件的限制，英语仅仅是家庭选择的语言教育对象，而非使用对象。

从小学、中学、大学的一贯制英语教育，硕士研究生、博士研究生入学英语成绩的单独划线，出国留学必备的托福、雅思、（美国）研究生入学资格考试（GRE），等等，英语学习的"帝国主义"倾向是任何小语种无法比拟的。与之相比，国家通用语言的教育时长、评估机制显得略微单薄。至少从形式上看，国家通用语言教育随着高考的结束，基本上就终止了。备受争议的"大学语文"教学还不能算是国家通用语言在高等教育阶段的延续。在国家语言教育体系中，如此生态失衡的语言教育应该说是不正常的。英语的世界学术通用语的霸主地位和英语教育对国家通用语言教育的严重挤压也影响着家庭第二语言教育和学习的选择以及对英语学习的成本投入。在孩子第二语言教育方面，大多数家长还是很功利性地倾向于选择英语。据了解，在一线城市，小语种学习有一定的需求，但是无法与英语学习需求相抗衡。

总的来说，在以上3组家庭语言关系中，国家通用语言和所对应的语言之间的联系度、亲密度不尽相同。国家通用语言和民族的和谐相处局面在家庭语境中已慢慢形成，国家通用语言的强势地位使得方言在家庭语言中的使用地位急剧下降，家长对英语教育的重视程度挑战着国家通用语言在家庭语言教育中的权威。

# 二、语言态度与语言选择

　　"对某种语言持什么态度、什么情感往往影响对这种语言的使用，语言态度包括了对母语的态度（是否忠诚）、对其他语言的态度以及双语态度等。"（冯广艺 2013）所谓语言态度，指的是"不同语言（或变体）的说话人对自己的语言和彼此的语言的态度。对一种语言表示正面或反面的情绪有可能反映一个人对语言的难度、语言的重要性和语言的社会地位的看法。也可以表现出人们对说某一种语言的人的态度"（劳允栋 2005）。简而言之，语言态度是人们对语言的价值评估或价值判断的外在表露。当然，语言的价值评估不等同于语言的价值。前者是主观的，是客观存在的语言价值在人们意识中的反映。

　　家庭语言使用中，家庭权威成员（即家长）对语言价值的评断，影响或决定了自身的语言选择，这种选择又投射在家庭其他成员的语言使用上。家长的语言态度来自国家的宏观语言政策。因此，这就形成了一条隐性的传输链条：国家语言政策→家长自我构建价值判断→家庭成员的语言选择。

　　显然，在这个传输链条中，家长的语言态度和语言意识极为重要，上承国家层面的政策导向，下启具体家庭的语言实践。当然，理想的传输结果是，传输链条上的 3 个环节相对吻合。但是，事实情况是，传输过程往往会出现一些不可预知的偏差。家长通过各种媒介了解国家的语言政策，但对其认知、解读和接受却不尽相同，所以，家长对语言的价值判断实际上是自我构建的。

　　比如，推广普通话是不是要消灭方言？推广普通话是我国很重要的语言政策。半个多世纪的推普工作，不仅成效显著，而且深入人心。声势浩大的推普工作并不意味着要消灭方言。普通话，对内，是民族间的交际工具；对外，是国家形象的名片之一。方言，有其厚重的社会基础和文化基础。普通话与方言承担着不同的社会功能。普通话代表的是公共文化，即所谓的"雅"；方言代表的是地域文化，即所谓的"俗"。两者并非对立关系。比如意大利，很早就普及了共同语，但亚平宁半岛上的意大利语方言至今仍然多达 3000 种。家庭语言生活中，家长主动放弃方言，是对推普工作的误解，更是忽略了双言（普通话和方言）生活的客观存在。"双言生活已经成为我国的基本语言生活。""而今的双言生活是'理性双言生活'，是通过语言统一的社会语言规划形成的，是通过学校教育形成的，普通话在双言中占主导地位，双言生活遍及全国。"（李宇明 2015）在家庭语言生活中，要有效调节普通话与方言的雅俗功效，既互补通用，又互通双赢。

再比如，重视外语教育是否意味着要放弃或忽视母语教育？在全球化浪潮中，学习和使用外语，既体现了国家的开放程度和与国际接轨的程度，也是考量国民语言能力的重要指标之一。相比较而言，外语教育所获得的职业效用、社会效益及其对个人发展的影响高于母语教育，这也是家长漠视母语教育的原因之一。外语教育和母语教育同等重要，都是个体语言资本的组成要素。我国"汉族双言双语""少数民族三语"的教育实践也印证了外语教育和母语教育都是语言教育的内容。

## 三、如何有效平衡家庭语言规划中的语言关系

斯波斯基认为"在家庭域中，语言管理在一定程度上要受到家庭成员的控制，但它的目标也经常受到外部力量的影响"（博纳德·斯波斯基 2016）。具体而言，"影响家庭语言选择的因素有家庭内外的社会语言生态状况以及父母亲对最佳语言学习策略的语言信仰"（博纳德·斯波斯基 2016：24）。因此，要有效地平衡家庭中的各种语言关系，也应该考虑家庭的内部因素和外部因素。

### （一）语言关系的平衡需要语言工作者提供相应的家庭语言规划指导

家庭在选择家庭语言、实施语言教育时，更多的是对语言以及语言社会功能、社会地位的感性认识，所以，有失偏颇也是很正常的。因此，语言工作者提供相应的专业指导就显得非常重要。指导的前提是先要研究清楚。"在国际语言学界，对家庭语言规划的研究，主要热点是家庭语言规划对移民家庭继承语（heritage language）的影响。"（王

玲 2016）并且在实证调查的前提下，取得了一系列理论性和实践性成果。相比较而言，我国的家庭语言规划研究相对比较滞后，碎片化散存于社会学、教育学、民族学的研究成果里，特别是系统性的理论成果较少，因而面临繁杂的家庭语言问题时，感性多于理性，缺乏强有力的理论支撑。这样的缺失和困境也为语言规划研究者催生出"接地气"的研究思路。

### （二）语言关系的平衡需要社会和政府的积极引导

家长的语言意识、语言信仰以及由此带来的语言选择、语言教育等诸类信息，主要来自社会，特别是政府对某种语言的态度及其制定的某些措施。比如，普通话水平测试工作和城市语言文字工作评估，强调了国家通用语言的推广还要重视标准度和普及面。中国语言资源工程的全面铺开、方言进课堂、地方戏进校园等和方言相关的活动，说明方言不仅是地域文化的载体，也是不可再生的资源，在保护的同时还要通过代际传承以保持其生命和活力。高考中，语文分值的提升和英语分值的降低，既肯定了英语作为第二语言在国民教育体系中的地位，又区分了国家通用语言教育和外语教育的孰轻孰重，等等。语言政策有显性和隐性之分，两者之间是相辅相成的。尽管家长可以以显性指令要求家庭成员说什么和学什么，但是，国家层面不可能以法律条文或政府文件等显性方式直接干预家庭语言生活，最恰当的做法是以语言实践活动体现出一定的语言倾向，将"政府推动与社会演进合力进行"（陈小红，易花萍 2015），以此引导家庭语言生活。

### （三）语言关系的平衡需要家庭语言使用者（特别是家长）理性的配合

斯波斯基反复强调家长在家庭语言生活中的主导性作用，比如，"在绝大多数的文化背景中，人们还是认为父母有责任教育和管理好儿童的语言使用"（博纳德·斯波斯基 2016：22）；"要实现语言的自然代际传承，其关键是家长对语言环境的掌控"（博纳德·斯波斯基 2016：

23）；等等。毋庸置疑，家庭语言的规划者和执行者是家长。张晓兰（Curdt-Christiansen）曾研究了 3 个在新加坡的中国双语家庭，发现其家庭语言规划相距甚远：有的家庭制定了高强度的家庭语言规划，只允许家庭成员在家中使用本民族语；有的家庭，儿童的语言习得在很大程度上影响家庭语言规划；有的家庭则是放任自流的语言规划，即家长不干涉儿童的语言选择和语言使用。可见，大多数家长并不具备科学规划孩子或家庭其他成员语言发展和语言选择的能力，其规划的结果，或者过于感性，或者带有一定的盲从性。家长作为不可缺位的角色，一方面，自身的语言知识、对语言关系的处理能力和判断能力都有待于借助一定的形式提升；另一方面，也需理性配合语言工作者和社会、政府的语言规划理念，选择正确的语言规划路径和方法。根植于家长科学语言观之上的家庭语言规划才具有现实意义和推广价值。

卡尔韦（Calvet）在论述"语言战争"时，把家庭描述为"语言战场"。这个隐喻的确反映了家庭多种语言之间博弈与撕扯的真实状态。探讨家庭语言关系，我们既要认识到 3 类语言关系内部彼此之间的辩证联系、社会功能及其在家庭的功能分配，又要在厘清 3 类语言关系的基础上，追求语言的生态性，即家庭语言多语共存。

**参考文献**

博纳德·斯波斯基 2016《语言管理》，张治国译，北京：商务印书馆。

陈小红，易花萍 2015 民国时期语言文学规范实施与得失镜鉴，《江西社会科学》第 8 期。

冯广艺 2013 论语言态度的三种表现，《语言研究》第 4 期。

胡　蓉，蒋于花 2008 对怀化市鹤城区中小学学生语言使用状况的调查与思考，《怀化学院学报》第 6 期。

劳允栋 2005《英汉语言学词典》，北京：商务印书馆。

李宇明 2012 论语言生活的层级，《语言教学与研究》第 5 期。

李宇明 2015《中国语言规划三论》，北京：商务印书馆。

申慧淑 2011 城市朝鲜族语言适应研究，中央民族大学博士学位论文。

王浩宇 2015 论民族语言在家庭语域中的使用与传承——以民族语言衰微地区的调查材料为例，《西藏研究》第 3 期。

王　玲 2016 语言意识与家庭语言规划,《语言研究》第 1 期。

吴燕萍 2015 多语环境下义乌人的语言态度及语言使用的调查,《现代语文（语言研究版）》第 4 期。

夏丝丝 2015 上海多语言环境下 4—6 岁学前儿童的英语学习现状研究，华东师范大学硕士学位论文。

周俊平 2013 南昌市 3、4 岁幼儿英语教育环境现状调查的研究，内蒙古师范大学硕士学位论文。

周庆生 2016 主体性和多样性：中国语言政策的发展，载李宇明主编《中法语言政策研究》，北京：商务印书馆。

周　炜 2003《西藏的语言与社会》，北京：中国藏学出版社。

左秀兰，吕雯钰 2016 关于方言使用及态度的调查研究——以威海地区胶东方言为例,《北京第二外国语学院学报》第 1 期。

发表于《江西师范大学学报（哲学社会科学版）》2017 年第 6 期

# 从家庭语言规划到社区语言规划

## 方小兵

## 一、引言

最近 20 年来，语言规划研究出现了微观转向，更加注重自下而上的基层作用（赵守辉 2008）。在"凡是有语言交流的地方就有语言规划"（Tollefson 2017）这一思想的导引下，语言规划研究不再局限于国家和地方政府等宏观领域，而是关注小型化、草根化和地方化的语言规划实践，将家庭、学校、社区、企业等主体纳入研究范畴。

家庭语言规划和社区语言规划是微观语言规划的两个典型，国家语言规划的成功很大程度上取决于家庭和社区层面的参与和支持（Kaplan & Baldauf 2003）。然而，尽管同样是微观语言规划，家庭语言规划已经成为当前国内外研究的热点话题，而关于社区语言规划的研究仍显寂寥。虽然世界各地的社区语言规划实践从未停息，但是关于社区语言规划的意义、性质、方法、内容等方面的探讨还远远不够。

为此，本文首先分析家庭语言规划研究兴起的原因，以及影响家庭语言规划研究的外部因素，然后探讨基于社区的语言规划的研究价值。在此基础上，论证将家庭语言规划和社区语言规划结合的必要性，并在言语社区理论的指导下，通过国内外案例，探析社区语言规划的核心问题，以期深化对社区语言规划的认识，弥补当前微观语言规划研究中社区的缺位，并为开展相关工作提供政策性建议。

## 二、家庭语言规划研究的兴起

随着语言规划研究的微观转向，学界逐渐开始关注家庭语言规划，这一点可以从国外近年来的权威综述性文献看出。例如，2012 年出版的《剑桥语言政策手册》收录了卡尔达斯（Caldas）的"家庭中的语言政策"研究综述，介绍了家庭语言政策研究的缘起、现状与未来发展前景（Caldas 2012）。2017 年出版的《语言与教育百科全书（第三版）》特邀家庭语言规划研究的两位国际权威学者福格尔和金（Fogle and King）评介本领域的研究现状，他们对家庭语言规划的定义获得了学界广泛认可，即"在家庭范围内，对家庭成员之间的语言使用进行明确和公开的规划"（King & Fogle 2017）。2018 年最新出版的《牛津语言政策与规划手册》也收入了华裔学者张晓兰（Curdt-Christiansen）关于家庭语言规划研究的综述（Curdt-Christiansen 2018）。

在国内，家庭语言规划研究也成为社会语言学和语言规划学的热点话题。《语言战略研究》杂志在 2017 年刊发专栏讨论家庭语言问题；2018 年 6 月，武汉大学外国语言文学学院和武汉大学中国语情与社会发展研究中心联合举办"多语与家庭"学术研讨会，研讨多语环境下的家庭语言规划问题，成为国内第一次家庭语言专题研讨会。

## （一）家庭语言规划研究兴起的原因

家庭语言规划之所以成为热点，最关键的原因是在城市化、移民潮等因素的影响下，当今家庭内部的语言生活发生了巨大变化。跨语言或跨方言婚姻家庭越来越多，跨国收养、重组家庭、祖父母作为主要照顾者等家庭类型时时见于报端，家庭"多言多语"现象越来越普遍。这些为儿童语言社会化、家庭语言意识形态、语言实践和语言管理等领域提供了新的研究内容和研究视角。因此，库珀（Cooper 1989）、斯波斯基（Spolsky 2009）、福格尔和金（King et al. 2008）等学者都大力提倡家庭语言规划研究。

在全球化的今天，大多数国家都出现了方言或语言濒危现象，人们逐渐认识到家庭语言管理对社会弱势语言维持和语言传承的重大意义（Smith-Christmas 2016）。罗曼（Romaine）呼吁全社会重视家庭语言规划，认为家庭是传承母语的最佳场所，而指望通过官方（如宣布某语言为官方语言）或学校（如指定某语言为教学媒介语）等途径来保证语言传承，就会"像在灯柱下找钥匙，只因为那儿是灯光最亮的地方，而不是钥匙丢失的地方"，是完全行不通的（Romaine 2007）。同时，家庭是社会细胞，家庭域是人类语言生活的起点与终点，国家和社会中存在的各种语言竞争和语言冲突现象常常会在家庭层面生动地呈现出来。因此，家庭可以成为观察政府濒危语言保护、语言权利保障等规划措施实际落实情况的有效场所，它"既可反映其他更高层级语言政策在家庭层面的实施及影响情况，也可为其他更高层级语言政策的制定与修订提供参考数据"（张治国，邵蒙蒙 2018）。因此，许多濒危语言研究学者和语言权利活动人士也开始提倡家庭语言规划研究。

在中国，家庭语言规划之所以成为一个热点，还因为中国特殊的语言生活状况。李宇明归纳出 3 种情形：（1）中国家庭文化中"祖孙深度接触"的育儿模式对儿童语言发展产生了重大影响；（2）独生子女在家中缺少玩伴，其语言发展之路可能不同于多子女家庭的儿童；（3）最新二孩政策下的家庭子女年龄距离较大，大哥哥（姐姐）对年幼弟妹的语言发展路径会产生微妙的影响。后两者是天然的且人类历史很难再建的"语言实验室"（李宇明 2018）。因此，研究家庭语言规划在中国有着特殊的学术意义。

## （二）影响家庭语言规划研究的外部因素

当下家庭语言规划研究的主要路径是依据斯波斯基的语言管理框架，包括 3 个方面的内容：（1）家庭语言意识形态，即语言规划者（主要是家长）对家庭使用语言所持的理念和态度；（2）家庭语言实践，即家庭成员的语言使用模式和选择偏好；（3）家庭语言管理，即为改变或影响家庭语言意识或语言实践而采取的具体措施。然而，在讨论这 3 个方面的问题时，人们常常就事论事，并没有考虑宏观语言政策和社会环境等外部因素对家庭语言规划的影响。其实，在家庭外部存在 4 种与家庭语言政策共生的因素：社会语言、社会文化、社会政治和社会经济因素，它们相互关联、相互作用（张晓兰 2017）。卡纳加拉贾（Canagarajah）也指出，家庭并非一个自给自足的独立机构，在观察家庭语言时，既要考虑来自社会、政治、经济方面的压力，也要重视体现在语言文化中的社会语言意识形态的影响（Canagarajah 2008）。

　　社会因素是家庭语言意识形态形成的依据，家庭语言管理者会不由自主地接受那些来自外部的语言理念和语言态度，尤其是语言社会地位和经济价值、主流文化吸引力、国家教育政策、社会对民族文化的偏见和歧视、社区公共语言资源的可得性等等。其中，对语言经济价值的判断是家庭选择语言的关键因素。例如，全球化使得英语在国际上广泛使用，许多家长将其视为孩子向上流动的工具，为孩子报各种英语辅导班；中国的快速崛起大大提升了汉语的预期经济价值，因此，纽约的一些家长愿意花 6 万~10 万美元的年薪，雇用说汉语的保姆，目的是让孩子可以习得纯正的汉语（博纳德·斯波斯基 2016：23~24）。

　　笔者在对进城务工家庭的调查研究中发现，社会公共话语对家庭语言意识形态产生了巨大影响。许多进城务工父母非常想成为"优秀父母""合格家长"，经常看一些"如何成为好父母"的媒体推送信息，阅读移动网络上的各种"心灵鸡汤"。一位家长说，她看到"双语和多语能力会促进儿童智力发展"的网络推文后，才知道语言就是资源，给孩子多学一门语言就像给孩子提供钢琴课程、夏令营体验或奥数辅导一样有价值，因此就鼓励孩子在家里用老家话与爷爷奶奶对话，还希望孩子以后能多学几门外语。

　　家庭语言实践模式的研究也不能仅限于家庭内部的言语互动过程，而应该超越语言本身，去往社会文化之中寻根，因为语言顺应和文化适应是同一过程的不同部分。例如，儿童通过参与家庭晚餐场合的口头互动，不但能够获得语言知识和话语策略，还可以在特定文化格局的熏陶中熟悉感性主题，成为该社区合格的文化成员。实际上，受文化背景的影响，不同家庭有着不同的晚餐话题。例如，瑞典父母注重对道德行为和社会规范的评论，家庭会话中的评价性话语较多；美国家庭晚餐话题常涉及社会政策问题，家庭会话中的批判性话语较多；以色列家庭的晚餐会话则呈现出强烈的语言意识形态，使用英语还是希伯来语以及如何正确使用语言都成为该时间段的谈资（Blum-Kulka 2017）。可见，家庭语言实践不完全是父母显性规划的结果，它永远无法摆脱社会文化的影响。

　　总而言之，家庭语言规划不是孤立的行为，不是在真空中发展或实践的，而是在顺应更广泛的社会、政治、经济、文化、教育等外部社会力量的过程中制定的。对于大多数家庭来说，尽管父母在进行语言规划时可以表现出主观能动性，但这些因素太强大了，家庭往往只能向外部势力投降。可以说，不同家庭的语言规划之所以表征为不同的形式，除了家庭结构、父母经历等内部因素外，还有千差万别的社区环境和社会因素在起作用。

## 三、社区语言规划的价值

在家庭语言规划日益成为显学的同时，一些学者注意到社区在当前微观语言规划研究中的缺位，开始倡导基于社区的语言规划，主张在社区中观察家庭语言政策，强调社区融入动机对家庭语言规划的影响，深化学界对社区语言规划价值的认知。

### （一）基于社区的语言规划

一些学者不满当前研究中将家庭从语言规划中凸显出来，呼吁重视社区的作用。例如，格林（Grin）认为，家庭语言规划是对语言政策的过度延伸，语言规划应局限于更大层面的社会行动者的活动，即试图影响整个社区语言环境的那些活动（Grin 2003）。刘易斯和西蒙斯（Lewis and Simons）则强调，为了更好地体现语言规划的实践性、整体性和系统性，语言规划必须基于社区，不能因为关注狭小的家庭空间而忽视了对整个社区语言生态和语言生活特征的研究（Lewis & Simons 2016：53）。麦卡蒂（McCarty）在《基于社区的语言规划》一文中论证说，语言规划就是一种社区规划，目的是解决社区语言生活的所有问题，包括语言生态、语言传承和语言权利等。保障语言权利必须依赖社区的力量，因为单个家庭很难争取到其所诉求的语言权利（McCarty 2018）。

兰扎（Lanza）调查发现，儿童社会化过程中，在家庭内部和在社区有着不同的双语使用情形，而家庭外部环境对儿童语言发展的影响比家庭内部环境更为重要（Lanza 2007）。例如，如果社区内存在语言歧视，则会严重妨碍儿童的双语发展。这时候，尽管儿童在家庭里表现出学习母语的愿望，但由于在社区经常因语言问题而受到嘲笑，他们便会对该语言产生恐惧心理，敬而远之。相反，如果社区是一个和谐的多语环境，则儿童可以借助社区语言资源，自主塑造语言学习环境，积极展现家庭言语互动方式。

家庭对祖传语（heritage language）维持尽管有很大影响力，但是没有社区的支持，无论家长多么努力，儿童的语言维持都难以成功（Fishman 2005）。移民社区尤其如此。例如，苏联解体后，许多自苏联迁入以色列的犹太人家庭希望孩子能够传承俄语，成为双语和双文化人。但由于社区中英语和希伯来语占据强势地位，俄语受到排挤，因此尽管家长为孩子学习俄语费尽周折，弄来俄语书籍或音像资料，或者送孩子去俄语补习班，但是孩子们一点都不领情，家长们也无可奈何。与此相对照的是另外一些犹太人，他们从西欧移居美国，为了传承意第绪语（希伯来语的一个变种），特地为孩子选择恰当的语言环境，搬迁到有利于家庭语言传承的居住小区。著名语言学家费什曼（Fishman）就和众多意第绪语推广运动成员相约，在纽约的同一条街上购买房子，以便大家可以相互影响，加强各自的家庭语言管理（博纳德·斯波斯基 2016：33）。因为他们都知道，没有社区支持的家庭语言是难以传承的。

家庭和社区都是语言竞争的场所，但是社区的影响力要远远大于家庭。在社区语言变化面前，家庭语言难以独善其身，常常随之变迁。库利克（Kulick）在巴布亚新几内亚调查时发现，一个与外界隔绝的小村庄世世代代说泰艾普语（Taiap），但是村子里 10 岁以下的儿童就不再使用这种地方语言了，取而代之的是托克皮辛语（Tok Pisin）。这是一种从新几内亚英语演变而来的克里奥尔语，是由在遥远的种植园工作过的年轻人带回到村庄的，具有较高社会地位和交际价值。甚至连父母也没有意识到孩子的语言改变，当他们发现自己的孩子不会说祖传语时，都感到吃惊不已（Kulick 1992）。这种变化与家庭语言规划毫无关系，而是社区语言环境改变所引起的。

一些家庭语言规划的结果在家庭内部是体现不出来的，必须在社区层面，经过比较才能发现。比如，英国社会学家伯恩斯坦指出，中产阶级家庭的儿童在家习得精致语码（elaborated codes），使用复杂概念、抽象词汇和复杂句子结构，这与学校里的教育语言类似，有助于这些孩子在学校取得成功；而工人阶级家庭儿童在家习得的是受限语码（restricted codes），反映的是低层次知识，属于需要特定背景信息的高语境话语结构，与学校的话语模式不同，从而影响和制约了他们对世界的认知（Bernstein 2003）。类似地，布尔迪厄也认为，家庭的语言交流惯习（habitus）使儿童后天获得教育和文化资本的能力存在差异，也导致了不同家庭儿童之间的"语言差距"（language gap）（Bourdieu 1985）。因此，只有结合社区语言规划，才能更深刻更全面地观察家庭语言现象。

总之，社区综合了语言互动、语言认同、语言声望、语言资源等有效因素，具有实践性和整体性，能够映射社会语言冲突，反映国家语言政策，影响家庭语言规划，因此，应该大力倡导基于社区的语言规划研究。当前的家庭语言规划研究应该考虑家庭-社区之间的联系和互动，因为脱离社区的家庭语言规划研究，肯定是不完整不全面的，既缺乏广度，又缺乏深度。

## （二）社区语言规划的研究价值

社区是连接家庭和整个社会的纽带，为孩子的语言发展提供了实践环境，为语言复兴提供了社会经济基础，为语言传承提供了社会网络，为语言活力的保持提供了社会场所，在语言规划中具有其他主体所无法替代的作用。

玩伴效应（peer effect）在儿童语言社会化过程中扮演着非常重要的角色。儿童走出家庭，与同龄玩伴一道在社区中建立各种小团体，在互相交往中形成各类实践社区（community of practice）。儿童与玩伴在装扮游戏中通过口头和肢体语言建构各类想象的身份，如警察、老板、驾驶员、老师等等，从而习得语言能力和交际能力，获得"在有文化意义的情境之中进行有效交际需要知道的东西"（Hymes 1972）。在侨居社区中，玩伴除了为儿童提供以祖传语讲话人身份的交往机会外，还为儿童提供了重要的非语言功能，如文化寻根和民族自尊感（方小兵 2017）。家庭语言规划研究常常考察儿童在"父母双人，一人一语"的模式中习得双语，但儿童在"不同情景，不同语言"的情况下也可以习得双语。"不同情景，不同语言"既涉及家庭，又涉及社区，实际上是一种更为普遍的情况（Qi 2011）。

语言复兴需要依赖社区的支持。"在分析语言转用时，人们往往把社会因素和经济因素作为背景提出来，然而这些恰恰是最重要的因素。"（博纳德·斯波斯基 2011：242；徐大明 2013）存在于社区中的语言群体既是社会群体又是经济群体，语言复兴规划不能与社会规划和经济规划分开。因此，要想拯救语言，就必须拯救语言市场，因为社区语言使用模式必然有其社会经济基础（Bourdieu 1991：57）。威尔士语言委员会就曾经建议"将语言推广与社区发展的经济原则结合起来"（Williams & Morris 2000：188）。城乡规划政策看似与语言无关却会对语言产生深刻影响，因此一些学者呼吁将语言复兴与城乡规划结合起来，也正因为如此，社区语言规划被称作为整体性规划，这是家庭语言规划所不及的。

社区的交际网络为语言传承提供了有效保障。语言存在于社区中并由其维持，因此社区交际网络的变化必然会影响语言传承。例如，一千多年来，爱尔兰地区的小农经济为爱尔兰语的维持提供了密集牢固的社会网络。但 20 世纪 50 年代以后，该地区城乡互通变得频繁，非农业就业机会增加，人口流动破坏了原有的交际网络，一些人远离母语社区，言语互动频率持续降低、单次互动时间不断缩短。而农村地区新盖的大量面向外来人口的房舍，又大大改变了社区交际网络面貌，对爱尔兰语的维持产生了极为不利的影响。在一些农村，父母在考虑是否要把民族语言传递给子女时，常常会思考：掌握这种民族语言的人寥若晨星，"说得再好，又有何用？"不能形成社交网络，哪来什么实用价值？于是干脆放弃了爱尔兰语的家庭传承（吉布森·弗格森 2018：76）。社会网络是母语保持的重要因素，在城市化进程中，在城镇中增强社会网络关系的强度，对于少数民族语言的语言使用与保持起着至关重要的作用（刘宏宇，李玉琪 2012）。

语言活力取决于该语言在社区中的使用场合、互动频率和人口比例。一门语言的活力能够在社区中真实地体现出来，即使在侨居社区也是如此。例如，在印度尼西亚的棉兰，华语的语言活力非常强，在一些华人社区，由于大部分华侨都说闽南话，导致非闽南话华侨和一些本地人也会说闽南话（赵氚 2001）。俞玮奇调查发现，尽管普通话在上海城区主要公共领域使用，并且在多个领域占据着优势地位，但是上海话仍然在一些公共领域扮演重要角色，并保持着一定的语言活力（俞玮奇 2014）。设想一下，万一上海话有一天退出了公共领域，仅在家庭域使用，那么其语言活力就会大大降低，沦落为濒危方言。费什曼设计了八阶度的“代际传承分级量表”（GIDS），以评估语言活力和语言濒危程度。其中关于家庭作用的有 3、6 和 7 级，而关于社区作用的有 2、3、4、5、6、7 级。换言之，除了最高和最低的两端，社区的作用随处可见，对语言活力的影响力远大于家庭。当然，费什曼并没有否定家庭维护语言活力的功能，而是强调，“应巩固濒危语言在家庭内部的使用，并形成家庭——小区——社区使用链”（Fishman 1991）。

## 四、言语社区五要素与社区语言规划

在 2011 年 2 月加拿大维多利亚大学召开的第 27 届西北语言学会议上，徐大明教授发表主旨演讲，指出语言规划就是“言语社区规划”，因为规划的范围、目标、对象都位于一个特定的言语社区（Xu 2011）。根据言语社区理论，每一个言语社区都是由区域、人口、认同、互动和设施五要素构成的（徐大明 2004）。传统的本体规划实际上是针对言语社区的“设施”要素，地位规划及声誉规划则面向言语社区的“认同”要素，而习得规划实际上是管理言语社区的“互动”要素。这些语言规划模型由不同时代的学者提出，难以构成完整的理论体系，而且分散了规划者对于人口、社会、经济、政治等关键因素的关注（方小兵 2015）。言语社区规划超越语言本身，充分考虑语言使用的人口结构、属地、领域、认同和功能分布等方面的情况。

下面我们基于真实的案例，通过言语社区五要素来考察社区语言规划，以便有针对性地提出社区语言规划策略。

首先，人口与地域是社区的“硬件”，在语言规划中起着不可替代的作用。希伯来语依赖社区成功复兴就是一个很好的例子。20 世纪初，犹太复国主义移民在以色列建立了一种集体农庄社区，称作基布兹（kibbutz），目的是为希伯来语的复兴提供社区环境。基布兹淡化了家庭色彩，人们的全部私有财产都归属社区，所有社区成员皆可平等共享这些财产。按照规定，移民家庭语言只能在私人空间使用，所有的公共活动都必须用希伯来语来进行。事实上，基布兹生活的方方面面几乎都是公共的：社区图书馆、公共餐厅、公共浴室，私人活动空间所剩无几。最重要的是，所有儿童都住在"儿童之家"。作为一个公共场所，儿童在那儿只能习得和使用希伯来语（博纳德·斯波斯基 2016：251~252）。要复兴一种语言，不仅要有语言内容，还要有真实的语言生活。犹太复国主义者致力于通过建立新型社区来改变语言生活的努力取得了成功。有了这样一个相对隔离的言语社区，复兴过程中的希伯来语免遭了外部强势语言的干扰而保持了自己的独特性和完整性。

　　其次，认同是言语社区的"软件"，也是言语社区形成的标志。例如，地方普通话的形成就是社区认同和国家认同共同作用的结果。一些方言进入濒危状态时，个人和家庭都没有能力保护方言，但社区可以在一定程度上保留方言特征。地方普通话就是一种新方言，是在方言—普通话竞争过程中建构起来的，"它不会无限地接近标准普通话，而是在非方言化的过程中，经过系统内部调整，形成一个既部分保留地方特征，又吸收普通话特点的新语言变体"（方小兵 2018）。地方普通话常常成为社区成员的标识，因为过于逼真地模仿标准普通话会被当作过于造作，或者被认为想要脱离当地社区的认同。需要注意的是，地方普通话不是个人或家庭二语习得，而是社区二语习得的产物，这是一种"宏观习得"（Brutt-Griffler 2002），即整个社区在习得通用语的过程中，产生了一种新的语言变体。言语社区不仅习得语言，而且将该语言归为该社区所有。地方普通话保留了方言词汇和地方文化，是代表当地语言认同的稳定变体，将被社区内的下一代群体作为母语习得。

　　再次，互动是社区语言活力的保障。移民群体如果不能形成一个共同居住的社区，其母语必然会失去活力，走向衰微。19世纪后期西迁中亚地区的东干族就是凭借自己的言语社区——"乡庄社区"，将母语（东干语）传承了下来。东干族民众在学校和工作单位使用俄语，但回到乡庄社区都通过母语互动。乡庄社区是东干人母语传承从家庭走向社会的第一领域，也是儿童母语社会应用的最佳场所，如今90%东干人的第一语言仍是祖传语言（周庆生2018）。对于社区中的老年人群体，他们进入老年公寓或社区养老中心后，也需要通过互动适应新的语言环境，学习与护理人员交流的话语策略和沟通模式。这里的言语互动方式可能与家庭内部的交流方式有很大的差别。例如，卡瓦拉罗（Cavallaro）等在调查新加坡社区养老中心时发现，护理员在与老年人互动时，常常采用夸张的语调和韵律、简单重复的语句、拍手臂和肩膀等肢体语言，特别是使用儿童式称谓语，"与老年人进行婴儿般谈话"。而老年人也逐渐在互动过程中适应了这一定位（Cavallaro et al. 2016）。养老中心的大多数老年人认知机能和身体状况均已退化，尤其是那些受痴呆症影响及受轮椅束缚的老人，更容易对护理员产生依赖性。老年人顺应了"无能为力的社会成员"和"需要别人照顾的孩子"这一社区定位，实际上是言语互动的结果，是成年人语言社会化的结果，也是社区终身影响个人语言变化的证明。互动是一个全生命周期的体验过程，所有社区成员都必须通过言语互动来不断适应动态的社区文化模式和行为规范。

最后，社区有许多语言设施，其中语言景观（linguistic landscape）是一个典型的例子。语言设施是言语社区的构成要素之一，包括社区内的广告、公示语（如"小草青青，请勿践踏"）、警示牌、宣传标语、建筑物名称以及各类涂鸦等等。多语社区的语言景观是各语种活力水平的标志。在儿童成长过程中，社区自然生活环境中设置和展示的语言标牌，包括双语标牌或带有汉语拼音的标牌，并不是以语言教学为目的，但它们为儿童语言习得提供了客观、真实的文字环境，成为母语和外语"附带性习得"（incidental learning）的资源（尚国文，赵守辉2014）。在社区环境中，儿童并没有刻意去学一些字词、语法和文化现象，却不知不觉掌握了。社区语言景观具有信息功能和象征功能，属于社会符号，是对家庭语言环境的拓展，为儿童语言社会化提供了"脚手架"，为儿童真正融入某一特定社区，提供了自主学习语言的机会。当然，社区的语言设施并不限于语言景观，还包括社区公共图书馆等。

基于上面的分析，为优化言语社区功能，我们建议通过建设经济繁荣、社会和谐、文化发达、交际网络稳定和凝聚力强的社区来维持语言生态。当前应当加强区域性小城镇的生活、文化、医疗等基础设施的建设，使人们能够在小区附近就业、就学和就医，降低人口流动频次和规模，并为地方戏曲、歌谣和民间故事等提供足量的忠实观众，使其成为承载和保护少数民族语言和方言的稳定社区。

# 五、结语

语言规划是每一个家庭和社区甚至个人都参与其中的过程。家庭语言规划受到社区在经济、文化、社交网络、语言资源等方面的影响和限制，其作用更像半渗透膜，允许外力通过语言社会化渗透到家庭领域。

社区语言规划倡导以社区而不是以语言为中心，涉及地域、人口、互动、认同和设施等多个方面，因此具有整体性和系统性。基于社区的语言规划是自下而上的，其特点是当地人在与语言相关的决策中起着重要作用。许多本地化、小规模的努力可以为宏观语言政策植入深远变革的种子，如新西兰毛利语和美国夏威夷土著语言复兴的案例，都是从一些忠诚的家庭开始，逐渐形成稳定的言语社区，然后导致地方政府和国家语言政策的变化。实际上，相较于政府有目的并受意识形态驱动而制定的语言政策，社区语言规划的力量有时更为强大和持久。

**参考文献**

博纳德·斯波斯基 2011《语言政策——社会语言学中的重要论题》，北京：商务印书馆。

博纳德·斯波斯基 2016《语言管理》，张治国译，北京：商务印书馆。

方小兵 2015 言语社区规划与母语安全，《语言政策与规划研究》第 1 期。

方小兵 2017 国际祖传语研究焦点分析，《语言战略研究》第 3 期。

方小兵 2018 当前语言认同研究的四大转变，《语言战略研究》第 3 期。

吉布森·弗格森 2018《语言规划与语言教育》，张天伟译，北京：外语教学与研究出版社。

李宇明　2018　儿童语言研究的志趣——序《华裔儿童双语习得研究》，载齐汝莹《华裔儿童双语习得研究》，北京：商务印书馆。

刘宏宇，李玉琪　2012　社会网络与达斡尔族语言的使用与保持——以内蒙古自治区莫力达瓦达斡尔族自治旗为例，《中南民族大学学报（人文社会科学版）》第 2 期。

尚国文，赵守辉　2014　语言景观研究的视角、理论与方法，《外语教学与研究》第 2 期。

徐大明　2004　言语社区理论，《中国社会语言学》第 1 期。

徐大明　2013　母语平等政策的政治经济效益，《云南师范大学学报（哲学社会科学版）》第 6 期。

俞玮奇　2014　上海城区公共领域语言生活状况调查——兼与长三角地区其他城市比较，《语言文字应用》第 4 期。

张晓兰　2017　家庭语言政策研究之过去、现在与未来，《语言战略研究》第 6 期。

张治国，邵蒙蒙　2018　家庭语言政策调查研究——以山东济宁为例，《语言文字应用》第 1 期。

赵　氜　2001　试论华裔留学生的特点、教育与管理，《暨南学报（哲学社会科学版）》第 S1 期。

赵守辉　2008　语言规划国际研究新进展——以非主流语言教学为例，《当代语言学》第 2 期。

周庆生　2018　论东干语言传承，《民族语文》第 2 期。

Bernstein, B. 2003. *Class, Codes and Control. Volume III: Towards a Theory of Educational Transmission*. London: Routledge.

Blum-Kulka, S. 2017. Language socialization and family dinnertime discourse. In S. May (Ed.), *Encyclopedia of Language and Education (3rd edn.)*, *Vol.4: Language Socialization.* Cham: Springer International Publishing.

Bourdieu, P. 1985. The genesis of the concepts of habitus and field. *Sociocriticism* (2).

Bourdieu, P. 1991. *Language and Symbolic Power*. Cambridge, MA: Harvard University Press.

Brutt-Griffler, J. 2002. *World English: A Study of Its Development*. Clevedon: Multilingual Matters.

Caldas, S. J. 2012. Language policy in the family. In B. Spolsky (Ed.), *The Cambridge Handbook of Language Policy*. Cambridge: Cambridge University Press.

Canagarajah, S. 2008. Language shift and the family: Questions from the Sri Lankan Tamil Diaspora. *Journal of Sociolinguistics* (2).

Cavallaro, F., Seilhamer, M. F., Chee, Y. T. F., et al. 2016. Overaccommodation in a Singapore eldercare facility. *Journal of Multilingual and Multicultural Development* (8).

Cooper, R. 1989. *Language Planning and Social Change*. Cambridge: Cambridge University Press.

Curdt-Christiansen, X. L. 2018. Family language policy. In J. W. Tollefson & M. Pérez-Milans (Eds.), *The Oxford Handbook of Language Policy and Planning*. Oxford: Oxford University Press.

Fishman, J. A. 1991. *Reversing Language Shift: Theoretical and Empirical Foundations of Assistance to Threatened Languages*. Clevedon: Multilingual Matters.

Fishman, J. A. 2005. *Language Maintenance, Language Shift, and Reversing Language Shift*. New York: John Wiley & Sons, Ltd.

Grin, F. 2003. Language planning and economics. *Current Issues in Language Planning* (1).

Hymes, D. 1972. On communicative competence. In J. B. Pride & A. Holmes (Eds.), *Sociolinguistics: Selected Readings*. Harmondsworth: Penguin.

Kaplan, R. B. & Baldauf, Jr, R. B. 2003. *Language and Language-in-Education Planning in the Pacific Basin*. Dordrecht: Springer Netherlands.

King, K. A. & Fogle, L. W. 2017. Family language policy. In T. L. McCarty & S. May (Eds.), *Language Policy and Political Issues in Education*. Cham: Springer International Publishing.

King, K. A., Fogle, L. & Logan-Terry, A. 2008. Family language policy. *Language and Linguistics Compass* (2).

Kulick, D. 1992. *Language Shift and Cultural Reproduction: Socialization, Self and Syncretism in a Papua New Guinean Village*. Cambridge: Cambridge University Press.

Lanza, E. 2007. Multilingualism in the family. In P. Auer & W. Li (Eds.), *Handbook of Multilingualism and Multilingual Communication.* Berlin: Walter de Gruyter.

Lewis, M. P. & Simons, G. 2016. *Sustaining Language Use: Perspectives on Community-Based Language Development.* Dallas: SIL International.

McCarty, T. L. 2018. Community-based language planning: Perspectives from indigenous language revitalization. In L. Hinton, L. Huss & G. Roche (Eds.), *The Routledge Handbook of Language Revitalization.* New York: Routledge.

Qi, R. Y. 2011. *The Bilingual Acquisition of English and Mandarin: Chinese Children in Australia.* New York: Cambria Press.

Romaine, S. 2007. Preserving endangered languages. *Language and Linguistics Compass* (1).

Smith-Christmas, C. 2016. *Family Language Policy: Maintaining an Endangered Language in the Home.* Basingstoke: Palgrave Macmillan.

Spolsky, B. 2009. *Language Management.* Cambridge: Cambridge University Press.

Tollefson, J. 2017. Language planning in education. In T. L. McCarty & S. May (Eds.), *Language Policy and Political Issues in Education.* Cham, Switzerland: Springer International.

Williams, G. & Morris, D. 2000. *Language Planning and Language Use.* Cardiff: University of Wales Press.

Xu, D. M. 2011. Speech community planning. Keynote Speech of the 27th Northwest Linguistics Conference, 19-20 February, University of Victoria, Victoria, Canada.

发表于《云南师范大学学报（哲学社会科学版）》2018 年第 6 期

# 家庭语言政策研究的理论和方法

## 李英姿

西方语言政策与规划研究自 20 世纪中期诞生以来一直沿袭着关注大环境的传统，一方面官方的语言政策容易观察，另一方面这样的研究也容易产生较大影响。20 世纪 90 年代以后，语言政策与规划研究进入新的历史发展阶段，同时也是最繁荣的阶段。Spolsky（2009）认为可以从 10 个领域进行语言管理，这 10 个互相影响的领域分别是：家庭、宗教、工作场所、公共空间、学校、立法与健康、军队、地方与中央政府、语言权利组织、超国家组织。可以看出，人们开始认识到语言政策研究仅仅依靠国家或政府行为所产生的控制力或影响力是远远不够的，逐渐突破宏大叙事，自下而上的语言规划与政策所发挥的巨大作用引发更多关注，微观视角下家庭作为语言具体应用领域的规划渐受重视。

## 一、家庭语言政策在语言政策中的地位

家庭语言政策着力考察"在家庭范围内家庭成员之间与语言相关的明确和公开的规划，提供如何管理、学习和家庭内部语言协商的综合研究"（King et al. 2008：907）。"家庭语言政策"的说法在中国语境 /汉语语境中恐怕不容易接受，这很大程度上源于人们对汉语中"政策"一词和英语中"Policy"认识和理解的不同（李英姿 2016）。

一直以来，主流语言政策的研究主要集中在官方政策方面。但是，不可否认，除了官方政策，非官方的、隐性的政策的标准和效果，可能对语言实践产生更大的影响，并可以形成和控制语言行为（Haas 1992），这往往比官方自上而下的语言政策更有力量，更容易取得预期目标（Spolsky 2004：8）。Spolsky（2004：39）认为语言政

策可以在不由权威机构发布或者明确制定的情况下依然存在，而隐蔽性的语言政策往往更持久和有效（李英姿 2013：153）。Canagarajah（2008：170）指出家庭不是一个独立的、自给自足的机构，家庭语言政策研究必须考虑来自整个社会、经济环境等各方面的压力，也要考虑包括语言态度、立场、观念等在内的和语言相关的意识形态（也称为"语言文化"）的影响（Schiffman 1996）。语言意识和语言信仰可能是家庭语言政策潜藏的力量，发挥隐性语言政策的作用，不过这些意识或者信仰也不一定都转化为实践（Gibbons & Ramirez 2004）。因此与宏观的自上而下的官方语言政策相比，在家庭领域更适宜考察隐性语言政策，以及隐性与显性语言政策的关系等，从而了解语言转用或者变化的原因和过程，也有助于我们从更具体微观的层面理解语言政策。

## 二、家庭语言政策研究的基本理论框架和内容

### （一）基本理论框架

斯波斯基（Spolsky）在语言政策与规划研究早期经典理论的基础上区分了语言政策相互关联的 3 个组成部分，即语言意识、语言实践和语言管理。语言意识是"语言及语言使用的信仰"（Spolsky 2004：5），语言实践是在语言社团中常规的和可预期的语言行为，二者的区别在于前者指人们认为应该怎么做，后者指人们实际怎么做（Spolsky 2004：14）。语言管理指"某人或者某组织具有或者声称的在一定范围内形成语言实践或者语言信仰而做的明确的和可观察到的努力"（Spolsky 2009：4）。语言意识由语言实践得出，反过来又影响语言实践，语言管理可以改变语言意识，语言实践提供语言环境和语言管理的工具，同时也是语言管理的目标。斯波斯基创建的三重理论框架拓展了人们对家庭语言政策的理解，对家庭领域的语言政策研究具有很强的解释力（King et al. 2008），同时也促进了家庭语言政策研究的发展。在家庭语言政策领域，父母或者其他育儿者如何看待语言属于语言意识，父母与子女在日常生活中使用什么语言交流

属于语言实践，采取什么措施保持、传承或者放弃某一种语言则属于语言管理。

## （二）研究内容

家庭语言政策研究虽然开展的时间不长，但是涉及的方面很多，在全球化和多语共存的现实语境下，可供考察的层面非常多。与宏观的语言政策研究一样，家庭语言政策尤其关注复杂的家庭语言生活状态，比如父母说不同的语言，家庭内部的第一语言与社区语言不一致，父母希望子女掌握外语、传承语或者其他语言等情况。比较早的有影响的家庭语言政策研究始于霍恩伯格（Hornberger）。在秘鲁的普诺地区，Hornberger（1988）考察了语言政策对学校、家庭、社区语言使用的影响。霍恩伯格的目的是考察官方语言政策与地方语言实践的关系，她试图回答语言保持能否被规划这样的问题。通过检视家庭、学校在政府政策背景下的语言意识和实践，霍恩伯格的研究显示如果缺少对当地情况的了解和自下而上的支持，那么自上而下的官方语言政策就会失败。该领域早期的研究强调语言输入的重要性，重视研究父母的话语策略，西方中产家庭儿童双语能力获得的语言环境及条件等，大多关注在家庭环境和实验室环境中育儿者和儿童之间互动的细致分析（King et al. 2008），研究多集中在第一语言习得，以单语发展模式作为一般标准，不太关注第二种语言和双语的习得情况（Romaine 1999）。

父母关于儿童语言学习的目标、态度或者意图的考察是家庭语言政策研究最重要的方面之一。King et al.（2008）指出，父母的语言意识反映了与语言、抚养子女相关的更广阔的社会态度和意识。他认为家庭语言政策是语言政策和儿童语言习得框架下最好的观察领域（King et al. 2008）。家庭语言政策与语言文化相关的很多辩题相关，比如意识、价值、信仰、态度、偏见、神话、宗教观念，还有和语言附带的其他文化因素（Schiffman 2006：112）。一些已有的家庭语言政策研究探讨了家庭范围内外的因素如何影响语言意识、语言实践和语言管理，以及具体影响到了什么。比如 Curdt-Christiansen（2009）对加拿大魁北克省中国移民家庭语言政策的意识形态因素进行了深入的分析，指出社会政治、经济因素强烈影响家庭语言政策，父母的教育背景、移民经验和文化性格也会左右他们对子女的语言选择和语言教育。Fogle（2013）研究了美国收养俄罗斯儿童的家庭这一特殊群体，在考虑情感归属和教育需求平衡的情况下，对俄语和英语两种语言的不同认识以及语言选择。Seloni & Sarfati（2013）研究了在国家官方语言政策以及自 19 世纪以来法语联盟学校的大环境下，濒危语言拉地诺语（Judeo-Spanish）在土耳其的犹太人家庭内部的保持情况。李国芳、孙茁（2017）通过访谈和观察加拿大的 4 个华裔家庭，概括了汉语、英语、汉英等几种不同家庭语言政策的类型。这一系列的研究在斯波斯基三维理论框架下考察父母的语言意识，涉及濒危语言保护与保持、双语教育、传承语、外语教育等问题，官方语言政策与家庭实际语言使用之间的矛盾以及出现矛盾的原因等方面也是研究的重要方面。这些研究表明父母对儿童早期的语言学习和教育的影响非常大。对应该习得哪一种语言，不同语言为什么具有不同的价值，不同家庭环境的父母如何发展双语等这些问题值得进一步关注。也正因为家庭语言政策研究的复杂性，对于家庭语言政策研究，不能仅仅局限于家庭场所，同时也要考察与家庭密切相关的课堂、学校、社区等场所的语言使用情况，如李国芳、孙茁（2017）就注意到了研究对象所在社区和学校的不同对家庭语言政策产生了不同的影响。

## 三、家庭语言政策研究的主要方法

家庭语言政策的研究方法既有量化方法也有质化方法，其中民族志方法是目前广泛采用的一种研究方法。

### （一）民族志方法

民族志方法（Ethnography）是质化研究的一种典型范式（刘熠 2015），也称定性研究。Ethnography 一词来源于希腊语 ethnos 和 grapho，其中 ethnos 的意思是"人"，grapho 的意思是"写"，因此

"民族志"字面的意思就是"关于人的书写"。Ethnography 一般译为
"民族志"或者"人种志",目前比较通行的说法是"民族志"。民族
志源于20世纪初一批人类学家基于内部视角对某一种特定文化理解的
研究。海姆斯(Hymes)根据人们多样化的说话方式构建的交际民族
学对民族志更广泛的应用起了很大的推动作用。语言学中的话语分析
和社会学的会话分析对民族志方法也起到了重要的补充作用。Wolcott
(2008)指出民族志方法是建立在长期从事第一手田野调查基础上的一
种"看的方式",其中心原则在于从一种冷静工具的意义上来说,研究
者本身被当作一种基本的研究工具,同时也是长期亲自参与的学习者
以及人们经验的解释者。从20世纪六七十年代开始,民族志方法广泛
应用于西方人文社会科学研究领域。

　　交际民族志学奠基人 Hymes(1980)强调,民族志方法是研究者的
一种"存在方式"。它对环境具有强烈的依赖性,所谓环境,既包括大
的社会环境,也包括具体语境。现场记录、访谈转写、档案3个维度
构建了一个可以互相验证的三角数据库,从而提高了研究发现的深度、
宽度和可信度,实现深描的目标。看的第一种方式是现场记录,这是
民族志方法的核心和关键。好的现场记录要求研究者具有很强的自我
反省能力,能够反映研究者个人的假设、判断。可以通过观察者反馈
提高反省能力,也叫观察者评论,包括研究者的感觉、反应、直觉、
初步解释、推断、预测等(Merriam 2009:131)。现场记录通常由于
时间匆忙,可能仅仅是一些用关键词或短语记录的时间或印象。离
开现场之后应尽可能快地将现场记录丰富成现场报告。看的第二种
方式是访谈,包括非正式的交谈记录,这些未经组织的访谈可以用
作构想之后访谈的问题。访谈可以是提前准备的、结构化的固定问
题。更常见的是半开放式结构的访谈,比如一对一的重要参与者或
者小组形式(Merriam 2009:89)。访谈选择的形式取决于研究问题、
目标、环境等因素的不同。访谈数据包括现场记录,如录音、录像
以及转写等。转写的记录在必要时候应该翻译出来。看的第三种方
式是档案的检验,包括文件记录和文件数据的搜集。比如对于学校
语言政策研究,要收集的档案包括学校章程、教育目标、课程计划、
教学大纲、学生作业、社区的人口统计学记录等。这些对语言政策

文本的研究非常重要。

　　作为一种观察方式，Wolcott（2008：72）认为民族志带有文化解释的指向性，人们正是通过社会实践建构意义。人们也越来越认识到语言政策研究并不总是理性、实用或者客观的，而是充满了意识问题，还关系到语言认同、语言态度以及语言忠诚等。人们的实际语言需要和语言态度之间可能一致，也可能充满矛盾，政策执行的过程各不相同，政策执行的效果同样难以估计，语言政策难以预测或者管理的关键正在于此。民族志方法尤其适用于日常生活、机构和媒体领域的研究。传统上，民族志方法很大程度上依赖旅行、体验和互动方式获得研究数据（Hine 2000：44）。在家庭语言政策研究中，民族志方法把家庭语言政策看作在特定环境下的一种社会化过程，也就是实践、意识、态度等影响人们日常语言选择的机制（McCarty 2011：xii）。有时候这些过程伴随着官方政策，即宣言、规则和法律等，这种情况是相对容易展开研究的。斯波斯基的三维理论框架肯定了家庭范围内"语言选择的力量"（Spolsky 2009：5），民族志方法即试图描述并理解这些力量发生作用的特殊进程或者机制，尤其是这些因素构成的权力或者力量。霍恩伯格用剥圆葱的过程比喻民族志研究过程中的多层次性，只有切开民族志圆葱（Hornberger & Johnson 2007），研究者才能了解每一个层级的细微之处以及各部分在整个有机体中的位置。家庭语言政策研究因为其独特的场域原因，有其隐私和封闭的一面，因此受制于很多研究手段和方法，其中的隐性语言政策更是不容易被发现，民族志方法则可以深入家庭内部，通过长期、细致、近距离地观察和研究，深入研究家庭这一微观领域内官方语言政策与实际语言选择及使用的一致性或不一致性，从而实现语言政策研究微观与宏观的结合。民族志方法对语言权利与语言平等的高度重视，有助于我们挖掘语言多样性作为语言资源的开发和利用。因此，对于家庭语言政策来说，无论从研究范式的原理还是从实际的研究情况来看，民族志方法都是一种很有效的研究方法。

## （二）民族志方法对于家庭语言政策研究的意义

### 1. 促进语言政策研究的纵深发展

家庭语言政策将语言政策和儿童语言习得这两个以往看似独立的学科领域联系起来，是语言政策与规划研究的一个新分支。传统的语言政策研究关注宏观层面而忽略微观层面，儿童语言习得研究则更关注微观层面相对忽略宏观层面，家庭语言政策研究则在弥补这两个领域研究不足的基础上取得了长足发展。语言政策与规划的复杂性和多样性通过家庭语言政策研究这一视角得到进一步揭示，家庭、学校、社区等政策主体在语言规划和政策制定及执行过程中的角色和作用更容易被理解。在对教育者重新定位的基础上，家庭语言政策研究扩展了语言政策和规划自上而下和自下而上的概念理解（Menken & García 2010：1），这对语言政策研究极具启发性。20 世纪末以来，随着全球化时代的到来，英语以前所未有的力度和速度在全世界各个国家和地区传播，法语、德语、汉语等语言也在积极谋求向外传播，与此同时，还有一些语言面临不可逆转的濒危和消亡境况。新的本土种族认同、全球化时代的资本主义、后现代主义研究范式、语言人权等概念纷纷进入语言政策研究领域。这些新情况的出现促使语言政策与规划研究必须拓展已有的理论基础及研究方法，经过经典时期和反思时期，更多社会科学领域的批评和后现代理论开始出现在语言政策与规划研究中，民族志方法致力于解读家庭语言实践深层次的意识、态度、政策等，契合语言政策研究的批判转向，也推动了语言政策与规划研究进入新的历史发展时期。

### 2. 实现服务研究对象的研究目的

Yanow（2000：6）认为研究者不可能脱离所要研究的政策而置身事外，因此不可能不考虑研究者自身的价值、信仰以及感情等因素，而家庭语言政策研究惯用的民族志方法不可避免地混杂了做田野工作的个人经验和科学分析的主观性（李茨婷，郑咏滟 2015）。家庭语言政策研究不排斥研究者与研究对象建立密切的关系，研究者可能是原住民项目中的教育者和儿童发展专家、项目负责人或者是家长、教师，而且研究者可能同时拥有多重角色。比如在中国，李宇明（1995）既是语言学家，也是一位父亲，对女儿的汉语普通话习得长期观察记录了6年，这种自然观察法虽然不同于西方一般意义上的民族志方法，但是对儿童语言习得及社会化的考察与民族志方法有一定的相关性。实际上，家庭语言政策更鼓励由内至外的研究，而不是由外至内的研究，即研究者本人即是研究项目中的一员。同时研究者也不回避与研究对象构成各种关系，这与语言政策研究经典时期研究者的中立、客观立场形成了鲜明对比。

人类学家布瑞博伊（Brayboy）提出了对研究对象来说"作为服务的研究"（Brayboy 2012：435）的观点，布瑞博伊指出在研究中要注意4 "R"，即在尊重（respect）和互惠（reciprocity）基础上建立关系（relationship），研究者需要对研究对象产生的影响负责（responsibility）。家庭语言政策研究体现了强烈的实用倾向，即重在解决实际问题，并最终使研究对象受益，因此可以说民族志方法是一种具有明显使用驱动（use-driven）的研究范式。这也充分彰显了语言政策与规划研究以解决社会问题为旨归的研究目的，体现了学者强烈的学术责任感和社会责任感，也是语言服务的重要表现。

## （三）民族志方法的局限性

西方语言政策与规划研究目前呈现繁荣发展的态势，研究对象和研究内容越来越丰富，其中的家庭语言政策研究成果越来越多，大大拓展了人们对语言政策研究的理解深度和广度。从一系列的实证研究中可以看出，家庭语言政策研究的问题往往是开放式的，不一定要有一个"是"或者"否"的绝对答案，也很难对已有的语言实践做出正确还是错误的简单判断。家庭语言政策的研究结论一般是在某种特定环境下得出的，比如特定国家的加拿大（Curdt-Christiansen 2009；李国芳，孙苗 2017）、土耳其（Seloni & Sarfati 2013）等，因此对于研究结论的普遍应用可能存在一定的局限性。但是不能据此认为基于民族志的家庭语言政策研究是随意的或者是非科学性的。在家庭语言政策研究中，民族志方法往往结合话语分析、人口统计学等其他研究方法共同使用。这也决定了要想得心应手地运用民族志方法显然不是一件容

易的事情，还需要研究者在大量实践反复操作基础上尽可能细致地观
察和记录，同时具有超强的逻辑分析能力，这对研究者的理论素养和
专业水平提出了较高要求。

# 四、结语

　　家庭语言政策这一崭新的研究领域不仅对语言学，对教育学、社
会学、人类学等学科提出了很多新的问题，也有很多新的发现。家庭
语言政策与规划研究不仅对中国的语言政策与规划研究具有重要理论
意义，也更具有解决问题的现实意义。在中国这样一个多民族多语言
的国家，真正意义上的语言政策与规划研究开展的时间还不长。自上
而下的、宏观的、刚性的、显性的语言政策一直被关注及研究，相对
而言对作为社会最小单位的家庭的关注和研究还很不够。家庭是国家
和社会的缩影，一样会存在语言冲突和矛盾。目前国内虽然有少数学
者注意到了家庭语言政策研究的重要性，但是还没有更多有理论高度
的实证性研究成果问世。李宇明（2015）强调语言规划和政策研究也
应考虑家庭、个人、社区领域的语言问题，研究路向也更应从自下而
上考虑。家庭构成了一个最小的场域，家庭是语言政策研究的起点，也
是语言政策实施最有效的场所（李英姿 2015）。伴随着英语在世界范围
的传播和全球化时代的到来，中国的语言生活现状出现了很多新情况，
比如旅居中国的国际家庭越来越多，这些家庭在子女语言教育方面遇到
什么样的问题，比如如何保留母语，并同时学会汉语，这都应该是语
言政策与规划领域需要关注的方面。同时，也有大量中国家庭因商务、
留学、移民等原因旅居海外，如何在外语环境下保持汉语能力，如何
同时获得双语能力等，都是值得关注的现实问题。从已有的研究来看，
目前的家庭语言政策研究依然不可避免地带有西方话语／英语体系倾
向，尹小荣、李国芳（2017）统计了近 10 年已有的家庭语言政策研究
文献，发现只有 1 篇文章的 1 位作者来自中国内地。这说明学界对于
全球化语境下家庭语言使用情况的把握是很片面的和不充分的。另外，
在国内，民族志方法除了在人类学研究领域使用外，还应用于传播学、
教育学、心理学等学科，在语言学领域使用该研究方法还比较少，据

裴晨晖（2015）考证，国内的外语类研究性论文提及或使用民族志方法的仅有 16 篇，且均处于非实证的研究现状，大部分属于介绍评价性的文章。因此，不论在研究内容还是在研究方法上中国的家庭语言政策研究都还存在很大提升空间。

## 参考文献

李茨婷，郑咏滟　2015　民族志研究等同于质性研究吗？《外语电化教学》第 3
　　期。

李国芳，孙　苗　2017　加拿大华人家庭语言政策类型及成因，《语言战略研究》
　　第 6 期。

李英姿　2013《美国语言政策研究》，天津：南开大学出版社。

李英姿　2015　家庭语言政策研究迫在眉睫，《中国社会科学报》，12 月 22 日第
　　003 版。

李英姿　2016　中国语境中"语言政策和规划"概念的演变及意义，《外语学刊》
　　第 3 期。

李宇明　1995《儿童语言的发展》，武汉：华中师范大学出版社。

李宇明　2015　语言规划学的学科构想，《世界华文教育》第 1 期。

刘　熠　2015　应用语言学中的质化研究报告：定义、规范与挑战，《外语与外
　　语教学》第 5 期。

裴晨晖　2015　国内应用语言学研究中民族志方法使用述评，《语言教育》第 2
　　期。

尹小荣，李国芳　2017　国外家庭语言规划研究综述（2000—2016），《语言战
　　略研究》第 6 期。

Brayboy, B. M. J., Gough, H. R., Leonard, B., et al. 2012. Reclaiming scholarship:
　　Critical indigenous research methodologies. In S. D. Lapan, M. T. Quartaroli
　　& F. Riemer (Eds.), *Qualitative Research: An Introduction to Methods and*
　　*Designs.* San Francisco: John Wiley & Sons.

Canagarajah, S. 2008. Language shift and the family: Questions from the Sri Lankan
　　Tamil Diaspora. *Journal of Sociolinguistics* 12 (2).

Curdt-Christiansen, X. L. 2009. Invisible and visible language planning: Ideological
　　factors in the family language policy of Chinese immigrant families in Quebec.

*Language Policy* 8(4).

Fogle, L. W. 2013. Parental ethnotheories and family language policy in transnational adoptive families. *Language Policy* 12(1).

Gibbons, J. & Ramirez, E. 2004. *Maintaining a Minority Language: A Case Study of Hispanic Teenagers*. Clevedon: Multilingual Matters.

Haas, M. 1992. *Institutional Racism: The Case of Hawaii*. Westport: Praeger.

Hine, C. 2000. *Virtual Ethnography*. London: Sage.

Hornberger, N. H. 1988. *Bilingual Education and Language Maintenance*. Dordrecht: Foris Publications.

Hornberger, N. H. & Johnson, D. C. 2007. Slicing the onion ethnographically: Layers and spaces in multilingual language education policy and practice. *TESOL Quarterly* 41(3).

Hymes, D. 1980. Ethnographic monitoring. In D. Hymes (Ed.), *Language in Education: Ethnolinguistic Essays*. Washington, D. C.: Center for Applied Linguistics.

King, K. A., Fogle, L. & Logan-Terry, A. 2008. Family language policy. *Language and Linguistics Compass* 2(5).

McCarty, T. L. 2011. Preface. In T. L. McCarty (Ed.), *Ethnography and Language Policy*. New York: Routledge.

Menken, K. & García, O. 2010. *Negotiating Language Policies in Schools: Educators as Policymakers*. New York: Routledge.

Merriam, S. B. 2009. *Qualitative Research: A Guide to Design and Implementation* (Revised and Expanded Edition). San Francisco: Jossey-Bass.

Romaine, S. 1999. Bilingual language development. In M. Barrett (Ed.), *The Development of Language*. Hove: Psychology Press.

Schiffman, H. F. 1996. *Linguistics Culture and Language Policy*. London and New York: Routledge.

Schiffman, H. F. 2006. Language policy and linguistic culture. In T. Ricento (Ed.), *An Introduction to Language Policy: Theory and Method*. Oxford: Blackwell Publishing.

Seloni, L. & Sarfati, Y. 2013. (Trans)national language ideologies and family language practices: A life history inquiry of Judeo-Spanish in Turkey. *Language Policy* 12(1).

Spolsky, B. 2004. *Language Policy*. Cambridge: Cambridge University Press.

Spolsky, B. 2009. *Language Management.* New York: Cambridge University Press.

Wolcott, H. F. 2008. *Ethnography: A Way of Seeing* (2nd edn.). Lanham: AltaMira Press.

Yanow, D. 2000. *Conducting Interpretive Policy Analysis. Qualitative Research Methods Series* 47. Thousand Oaks: Sage Publications, Inc.

发表于《语言战略研究》2018 年第 1 期

# 我国家庭语言规划的基本要素分析

## 李德鹏

## 一、引言

近年来，家庭语言问题已经成为语言学界的研究热点。根据中国知网的搜索结果，截至2018年4月，题目含"家庭语言"的，期刊论文有60篇，硕士论文有9篇，博士论文有1篇；以"家庭语言"为关键词的，期刊论文有10篇，硕士论文有1篇。以《语言战略研究》杂志为例，2017年第6期设"家庭语言问题"研究专题，刊发7篇相关论文；同期的"'家庭语言生活'多人谈"栏目收录了12位专家的相关学术观点；2018年第1期又刊发了3篇家庭语言问题研究方面的论文。尹小荣、李国芳的国外家庭语言规划研究综述中，仅国外3家期刊2000年以来的相关文章就搜集了143篇（尹小荣，李国芳2017）。

在经济增长、交通便利、互联网发达的今天，世界各国人民之间的交往更加密切，新的历史时期对作为交际工具的语言也提出了更高要求，因为人们的语言能力高低直接影响着交往频率和交往深度，而家庭作为重要的语言能力提升场所，自然会引起越来越多学者的关注。目前，我国家庭语言规划问题的研究虽然取得了一定成就，但依然还有进步空间。鉴于此，本文将对我国家庭语言规划的主体、内容和客体等基本要素进行重点反思，以期为我国家庭语言规划研究更科学的理论框架构建提供借鉴。

## 二、我国家庭语言规划的主体问题

家庭语言规划的主体，就是指"谁"负责对家庭语言进行规划。

## （一）学术界的已有研究

关于我国家庭语言规划的主体，学术界主要有以下 3 种观点。

一是认为父母是家庭语言规划主体。如王玲（2016）认为，"父母语言意识决定其家庭语言规划和家庭内部的语言实践行为，他们最终会直接影响孩子对某一语码的掌握和使用"。陈保亚（2017）认为，"只要父母不迁就子女，坚持用母语对话，母语就能传承"。李英姿（2018）认为，"父母关于儿童语言学习的目标、态度或者意图的考察是家庭语言政策研究最重要的方面之一"。

二是认为家长是家庭语言规划主体。如俞玮奇、杨璟琰（2016）认为，"鼓励家长有意识地创造一个长期的多言环境，充分把握语言发展的关键期，培养孩子的多语多言能力"。刘群（2017）认为，"家庭核心成员（即家长）的语言态度和语言意识，决定着其语言选择，也影响着家庭语言关系的走势"。

三是认为政府是家庭语言规划主体。如邬美丽（2008）认为，"当地政府有责任针对这种新情况采取新措施，对老年一代的少数民族同胞加强普通话培训"。付伊（2017）认为，"政府及早制定家庭语言政策，实现顶层设计非常必要"。

## （二）我们对于家庭语言规划主体的思考

### 1. 孩子也是家庭语言规划的主体

当前学术界大都认为"父母"或"家长"是家庭语言规划主体，我们认为，除此之外，孩子也是重要的家庭语言规划主体，主要有以下两种情况。

一是成年的孩子也是家庭语言规划主体。在父母面前，无论多大都是孩子，我们这里不讨论孩子父母在爷爷奶奶或外公外婆面前也是孩子的问题，只讨论两代人一起生活的家庭。现在的孩子一般是 18 周岁开始读大学，在家庭环境中，这些大学生孩子们所看的电视节目或网络内容，是外语的？民族语的？还是方言的？都有他们自己的立场，不会完全听从父母的意见或建议，往往是由孩子根据自己的意愿进行选择，这时的孩子也成了家庭语言规划的实际主体。

　　二是未成年的孩子也是家庭语言规划的主体。再小的孩子，在语言学习方面，也不是父母想怎么安排就怎么安排的，他们也有自己的想法，不如意时也会反抗。"卡尔韦（Calvet）在他的一本有关'语言战争'的书中把家庭描述成'战场'。"（博纳德·斯波斯基 2016：18）这里的"战场"比喻很恰当，但很多父母没有意识到未成年孩子学习语言时家庭也是"战场"，这些未成年孩子就是"战场"的重要角色。当下，社会上的确存在父母强迫孩子学习某种外语的现象，我们认为，学习兴趣很重要，孩子如果没有强烈的学习动机，学习效果就会不理想，如果家长规定孩子看动画片只能看英语的，很多孩子是会抗拒的。因此，家长要充分尊重孩子意愿，不能盲目安排外语学习，否则，很多父母获得的只是多年后"我在孩子外语学习上尽力了"之类的心理安慰。

　　2. 家庭语言规划与家庭语言政策不是同一概念

　　其实家庭语言规划有两种理解，一种是学术界最常用的观点，即"在家庭范围内家庭成员之间与语言相关的明确和公开的规划"（King, Fogle & Logan-Terry 2008）。也就是家庭对其成员的语言规划。另一种是政府对家庭的语言规划，例如，《中华人民共和国宪法》第四条规定："各民族都有使用和发展自己的语言文字的自由。"[①]这条规定就包含着在家庭中有使用自己的语言文字的自由的意思。《中华人民共和国义务教育法》第五十八条规定："适龄儿童、少年的父母或者其他法定监护人无正当理由未依照本法规定送适龄儿童、少年入学接受义务教育的，由当地乡镇人民政府或者县级人民政府教育行政部门给予批评教育，责令限期改正。"[②]这条规定就包含着家庭有义务让孩子接受学校语言教育的意思。上述两条规定：都体现了政府对家庭的语言规划。前面提到的邬美丽认为政府有责任为老年一代的少数民族同胞普通话培训提供保障，也属于政府对家庭的语言规划范畴。

　　当政府是家庭语言规划主体时，我们可以将其制定的内容称为家庭语言政策；当"父母"或"孩子"是家庭语言规划主体时，我们不能将其语言学习规划称为家庭语言政策，只能称之为家庭语言规划。原因在于，虽然"在英语语境中，language policy 的使用比较普遍……而

'政策'和 policy 并不完全对应。policy 比'政策'包括的范围更广，可以指官方政策，也可以指策略、措施和办法等。而汉语语境中的'政策'更偏重官方、宏观"（李英姿 2016）。

语言学界有不少学者将家庭作为语言规划主体时的语言学习规划称为家庭语言政策，如雷军（2017）认为："关注城市外来人员家庭语言政策。"孙宝琦（2017）认为："如何形成家庭语言政策，都是非常值得深入研究的问题。"许静荣（2017）认为："家庭语言政策研究应该在儿童语言发展，婴幼儿早教，家庭双语、多语习得等方面实现它的系统规划功能。"

我们的意见是，还是将家庭语言规划与家庭语言政策区分开比较好，原因在于政府有政府的责任，家庭有家庭的义务，不能什么事情都指望政府出钱出力；当然，政府该负的责任也不能推托。《中华人民共和国宪法》第四条规定："各民族都有使用和发展自己的语言文字的自由。"这一条规定，是赋予了家庭以发展自己语言的权利，这个权利也是政府必须按照《中华人民共和国宪法》规定予以保障的。虽然《中华人民共和国宪法》第十九条同时规定："国家推广全国通用的普通话。"③但这里的普通话推广是柔性的，不是硬性的，否则就和第四条自相矛盾了。不过，当下社会上依然有人认为，即使是柔性推普，和《中华人民共和国宪法》第四条也是矛盾的，我们不同意这种观点。笔者对此做过比较详细的论述："随着人们交际范围的扩大，交际双方为了交际成功，必须选择一种通用语作为交际工具，而当前把普通话作为国家通用语对于我们整个国家来说是最经济的。所以说，全国各族人民学习普通话更多的是出于自身利益的考虑。"（李德鹏 2017）付伊（2017）提出，"政府及早制定家庭语言政策，实现顶层设计非常必要"。我们认为，即使把这句话修改为"政府及早制定家庭语言规划，实现顶层设计非常必要"依然不妥，原因在于混淆了家庭语言规划与家庭语言政策的主体，不仅仅是"政策"和"规划"这两个概念的替换问题，正如屈哨兵所说："家庭及个体的语言规划和设计则是由语言个人的选择来决定。"（屈哨兵 2016：396）

3. "父母"和"家长"两个概念比较含糊

在一个两代人一起生活的家庭中，"父母"和"子女"的所指都是非常明确的。但在一个三代人一起生活的家庭中，孩子的爸爸妈妈是最小辈的"父母"，爷爷奶奶或外公外婆是爸爸妈妈的"父母"，这时候的家庭语言规划是以爸爸妈妈为主体，还是以爷爷奶奶或外公外婆为主体呢？当发生语言选择冲突时，谁是家庭语言规划的主体就显得尤为重要，例如当爸爸妈妈倾向于让孩子学普通话，爷爷奶奶或外公外婆与孩子交流习惯用方言的时候。我们认为，在三代人一起生活的家庭中，爷爷奶奶或外公外婆是爸爸妈妈的"父母"，但一般不是家庭语言规划的主体。

我们之所以把"家长"和"父母"并列，是因为二者有时确实不是同一概念，正如前面所述，在三代人的家庭中，爷爷奶奶或外公外婆也是家长，但他们一般不是家庭语言规划的主体，而倾向于让儿女决定孙辈的语言选择。斯波斯基在讨论家庭语言管理时用的也是"家长"这个概念，他说："家庭语言管理的一个发展趋势是，家长会竭尽全力要孩子使用家长认为是标准的或正确的语言。"（博纳德·斯波斯基 2016：20）

我们还是倾向于家庭语言规划的主体用"父母"而不是"家长"，但哪一类"父母"才是家庭语言规划的主体呢？判断标准可以简单化，用年龄来界定，家庭语言规划的主体一般是中年的父母，因为家庭经济收入主要来源于他们，家庭语言学习费用的主要承担者自然也是他们。

## 三、我国家庭语言规划的内容问题

我国家庭语言规划的内容，就是指"学什么""怎么学"。

### （一）学术界的已有研究

关于我国家庭语言规划的内容，学术界主要有以下 4 种观点。

一是传承民族语。如赵凤珠（2010）认为，"积极发挥家庭语言教育的作用，对于保护傣族语言的传承和发展至关重要"。王浩宇（2015）认为，"从家庭层面设计与实施相关语言政策等措施，也是维护民族语言文化传承与发展的有效途径"。陈保亚（2017）认为，"家庭语言环境是民族语言传承的最后家园"。

二是传承汉语方言。如俞玮奇、杨璟琰（2016）认为，"注意保护方言的使用空间和权利，特别要重视家庭语言规划的作用"。李如龙（2017）认为，"家庭本来就是方言传承的基本场所"。

三是学习外语。如王玲（2016）认为，"由于清楚了解英语在当今社会中的重要地位与作用，多数家长表示会尽力在家庭内部为孩子营造学习英语的环境"。周贝、肖向一、刘群（2018）认为，"根据调查，我们发现所有家长都把英语学习放在首位"。

四是学习普通话。如尹静（2009）认为，"为了保证下一代语言的健康发展，应提高保姆对语言重要性的认识，倡导把普通话作为其职业语言"。王玲（2016）认为，"多数家庭为了让孩子更好地掌握普通话，他们会有意进行语码转换"。

## （二）我们对于家庭语言规划内容的思考

### 1.家庭语言规划应厘清数量与质量之间的关系

家庭语言规划的数量是指要学习几种语言的问题，家庭语言规划的质量是指所学语言到什么程度的问题。学术界已有研究成果对家庭语言规划的数量非常重视，大都认为应该具备少数民族语、外语、汉语方言、普通话等多语多言能力中的两种或两种以上。但对于少数民族语、外语、汉语方言、普通话应该学习到什么程度，缺乏深入研究。以外语中的英语为例，是学习到大学英语四级水平？还是必须达到雅思、托福的哪个分数段？管见所及，我们没有见到哪一位学者有相关论述。我们认为，就语言学习的数量和质量而言，质量是第一位的，离开质量谈数量是有问题的，假如孩子把日语、德语、法语、阿拉伯语等各学习一个月，算不算会多种外语？这个"会"和"不会"的标准是什么？这个标准不应该是语言学习质量吗？

### 2.多言多语能力规划要有定量思维

笔者曾讨论过定量思维的重要性（李德鹏2013），定量思维就是思考问题时要有数量概念。在我国的语境下，就少数民族语、外语、汉语方言和普通话在家庭中的语言规划地位而言，普通话能力规划是家庭语言规划的核心，因为绝大多数家庭成员未来是在中国境内工作，使用普通话的频率才是最高的，而且，学好普通话有利于外语学习，很多大学生的英语作文不好与他本人的汉语作文不好是有关系的。刘群（2017）也说过，"从家庭层面看，国家通用语是核心语言"。笔者曾经论述过，当前我国的国家语言文字工作重心的确定中存在问题，提升国民的国家通用语能力才应该是其核心（李德鹏2016），而家庭就是提升国民国家通用语能力的重要场所。

3.用"国家通用语"取代"普通话"

原因之一，"普通话"这个概念容易引起一些少数民族群众的误解。已有研究中，很多学者在论述家庭主要学习语言时，都用的是"普通话"这个概念。我们认为，"普通话"会给人以是汉语的下位概念的感觉，学习了普通话，就会增加汉语使用者的人数，汉语的势力范围就扩大了，相应地，少数民族语的使用空间就被压缩了。《中华人民共和国国家通用语言文字法》把普通话和规范汉字称为国家通用语言文字，[④]我们建议以此为依据，把普通话称为国家通用语，规范汉字问题暂时不讨论，国家通用语就很少给人以汉语下位概念的感觉，这样一来，可以避免产生误解。笔者对此做过论述："目前我国国内的语言分类是，第一级是外语和母语；第二级的母语则分为汉语和少数民族语；第三级的汉语则分为普通话和汉语方言。这种分类是错误的，应该根据语言的使用人数和使用频率，把语言分为四个层级，第一层级应该是国家通用语和国家非通用语。"（李德鹏2017）根据我们的研究，普通话（国家通用语）就从第三级提升到第一级，从理论上厘清了普通话（国家通用语）不是汉语下位概念的问题。

原因之二，国家通用语能增加庄严感，激发学习热情。教育部原语信司司长李宇明就提出，"国家尊严的五大标志，即国旗、国徽、国歌、国土和国语"（邢福义2005）。我们非常赞同这个观点，国家通用语是国家文化的主要载体，也是国民的主要交际工具、思维工具。把"普通话"调整为"国家通用语"，各民族群众会觉得学习国家通用语是作为国民的基本义务，有利于民族团结、国家稳定，有利于激发起努力提升国家通用语能力的热情，而"语言能力是人类个体综合素质的核心"（贺宏志2012：3），提升国民的国家通用语能力有助于我们国家建设成人力资源强国。

4.学习措施研究应该加强

家庭语言规划的内容不但包括"学什么",还包括"怎么学"。但学术界已有研究中关于"怎么学"的内容非常少,原因在于,讨论具体提升措施的基础是语言能力测试标准。没有标准,相当于没有明确的学习目标;没有目标,自然无法研究"怎么学"。而前面提到的少数民族语、外语、汉语方言和国家通用语中,目前只有外语是有标准的,如英语、俄语有四六级,日语有 5 个等级。少数民族语中除了藏语、维吾尔语等,大都没有等级标准;汉语方言也没有等级标准。国家通用语其实当前也没有科学的等级标准,否则,《国家中长期语言文字事业改革和发展规划纲要(2012—2020 年)》就不会把重点工作之一列为"构建语言文字应用能力测评体系"(教育部语言文字应用管理司 2012)。李宇明也说过,"当前最为迫切的是制定国民语言能力标准"(李宇明 2012)。

## 四、我国家庭语言规划的客体问题

我国家庭语言规划的客体,就是对"谁"规划,即"谁"才是家庭中的语言学习者。学术界在讨论家庭语言规划时,的确有如何引导"父母"等内容,如《语言服务引论》一书就设专门一节讨论家庭语言规划指导问题(屈哨兵 2016:398~406)。我们认为,引导"父母"的目的是让孩子更好地学习语言,所以,我们在此把客体限定为语言学习者,不包括监督者和教育者。

### (一)学术界的已有研究

关于家庭语言规划中的语言学习者,学术界主要有以下 3 种观点。

一是孩子作为语言学习者。如李宇明认为,"每一个家庭都需要为自己的孩子做语言规划"[5]。王玲(2016)认为,"所谓家庭语言规划,指的是影响家庭内部成员语言使用的相关计划、理念等,它主要在家庭内部为儿童语言发展设定基本的框架"。陈保亚(2017)认为,"只要子女在家里还说母语，母语就还在传承"。

二是老人作为语言学习者。如邬美丽（2008）认为，"当地政府有责任针对这种新情况采取新措施，对老年一代的少数民族同胞加强普通话培训"。

三是家庭其他成员作为语言学习者。如尹静（2009）认为，"为了保证下一代语言的健康发展，应提高保姆对语言重要性的认识，倡导把普通话作为其职业语言"。

## （二）我们对于家庭语言规划客体的思考

学术界已有研究中提出的这些语言学习者的确都非常重要，但忽视了父母本身也是非常重要的语言学习者，也是家庭语言规划的重要客体，从年龄上来看，学术界重视了年龄小的儿童和年龄大的老人，但是忽视了父母这个中年人群体。以中年的农民、农民工、工人、商人为例，他们基本都是家庭中的"父母"角色，但当前我国的一些相关国家政策对这些"父母"群体的语言能力提升是忽视的，例如《国家中长期语言文字事业改革和发展规划纲要（2012—2020年）》的重点工作"提升国民语言文字应用能力"部分指出，"提高教师的语言文字应用能力……健全学校、机关、新闻出版、广播影视和公共服务行业等相关行业从业人员的语言文字应用能力职业标准"（教育部语言文字应用管理司 2012）。《普通话水平测试管理规定》中应接受测试的人员有教师、播音员、节目主持人、影视话剧演员、国家机关工作人员等。⑥很明显，这些政策中都没有包含农民、农民工、工人、商人家庭中的"父母"群体。

斯波斯基认为，"语言管理就是为改变他人的语言实践和语言信仰而付出的努力"（博纳德·斯波斯基 2016：序言）。我们不同意这个观点，语言管理不仅试图改变别人，也包括改变自己，"父母"在管理孩子语言实践的同时，也是自己语言实践的管理者，我们可以把这种忽视自己的现象戏称为"灯下黑"。很多学术研究领域都存在"灯下黑"现象，希望能引起学术界同人对这类问题的重视。

我们认为，儿童代表着国家的未来，但是年富力强的"父母"群体代表着国家的现在，他们的综合素质水平直接影响着当下国家的政治、经济、文化发展速度，"父母"对自身的语言学习规划和对孩子的语言学习规划同等重要。国家制定的系列终身教育政策也体现了"父母"群体应该是学习者，例如《中华人民共和国教育法》第十一条规定："建立和完善终身教育体系。"[⑦]《国家中长期人才发展规划纲要（2010—2020年）》提出，"构建网络化、开放式、自主性终身教育体系"[⑧]。党的十八大报告也提出，"完善终身教育体系，建设学习型社会"[⑨]。《推普脱贫攻坚行动计划（2018—2020年）》提出"聚焦普通话普及率低的地区和青壮年劳动力人口"[⑩]。这里的青壮年劳动力人口主要就是指"父母"这个中年人群体，进一步印证了我们关于"父母"也是重要的家庭语言规划客体的观点。

# 五、结语

家庭语言规划的问题非常重要。斯波斯基的专著《语言管理》设专门一章讨论了家庭域的语言管理问题，他所说的家庭域语言管理就是指家庭语言规划。"家庭域"的说法和"语言域"有关，斯波斯基（2016：3）认为，"尽管我们经常谈论到言语社区，但鉴于该术语概念的模糊性，我们在此需要使用一个界定更具体的组织单位——'语言域'"。国内学术界倾向于使用"言语社区"这个概念。

通过对比斯波斯基的家庭域语言管理研究，我们发现当前国内言语社区理论中的"家庭言语社区"（博纳德·斯波斯基2016：19）研究比较薄弱，学术界对其重要性认识不足。例如在讨论民族语传承时，我国很多学者认为关键在于学校，应该开设少数民族语课程，国家要提供相应的师资和经费保障；但斯波斯基认为关键在于家庭，他说，"家庭域非常重要，因为它是许多语言管理活动的关键点和最终点。希伯来语复活的关键是依赖了语言的自然代际传承，而不是依赖传统的、有限的学校语言教学"（博纳德·斯波斯基2016：29）。这个例子说明了家庭语言规划在我国民族语传承中的作用有必要做进一步探讨。因此，我们希望有更多学者参与进来，拓展我国家庭语言规划研究的广度和深度。

## 注释

①《中华人民共和国宪法》。 http://www.npc.gov.cn/npc/xinwen/node_505. htm。

②《中华人民共和国义务教育法》。 http://old.moe.gov.cn/publicfiles/business/htmlfiles/moe/moe_619/200606/15687.html。

③《中华人民共和国宪法》。 http://www.npc.gov.cn/npc/xinwen/node_505. htm。

④《中华人民共和国国家通用语言文字法》。 http://www.moe.gov.cn/s78/A02/zfs_left/s5911/moe_619/tnull_3131.html。

⑤《每一个家庭都需要为自己的孩子做语言规划》,《中华读书报》,2013 年 11 月 6 日第 01 版。

⑥《普通话水平测试管理规定》。 http://www.moe.gov.cn/jyb_xxgk/gk_gbgg/moe_0/moe_9/moe_36/tnull_5321.html。

⑦《中华人民共和国教育法》。 http://www.gov.cn/banshi/2005-05/25/content_918.htm。

⑧《国家中长期人才发展规划纲要（2010—2020 年）》。 http://www.gov.cn/jrzg/2010-06/06/content_1621708.htm。

⑨胡锦涛《坚定不移沿着中国特色社会主义道路前进 为全面建成小康社会而奋斗——在中国共产党第十八次全国代表大会上的报告》。 http://www.xinhuanet.com/18cpcnc/2012-11/17/c_113711665.htm。

⑩《推普脱贫攻坚行动计划（2018—2020 年）》。 http://www.moe.edu.cn/srcsite/A18/s3129/201802/t20180226_327820.html。

## 参考文献

博纳德·斯波斯基 2016《语言管理》,张治国译,北京：商务印书馆。

陈保亚 2017 家庭语言环境：传承母语的最后家园,《语言战略研究》第 6 期。

付　伊 2017 家庭语言规划亟须指导,《语言战略研究》第 6 期。

贺宏志 2012《语言产业导论》,北京：首都师范大学出版社。

教育部语言文字应用管理司 2012《国家中长期语言文字事业改革和发展规划纲要（2012—2020 年）》,北京：语文出版社。

雷　军 2017 家庭语言政策研究的视域拓展,《语言战略研究》第 6 期。

李德鹏　2013　定量研究的反思与重构——以语言学为例,《社会科学研究》第3期。

李德鹏　2016　新中国成立以来国家语言文字工作重心之反思,《云南师范大学学报（对外汉语教学与研究版）》第2期。

李德鹏　2017　从语言功能的角度进行语言分类,《中国社会科学报》7月4日第06版。

李如龙　2017　现代汉语方言的萎缩和对策研究,《语言战略研究》第4期。

李英姿　2016　中国语境中"语言政策与规划"概念的演变及意义,《外语学刊》第3期。

李英姿　2018　家庭语言政策研究的理论和方法,《语言战略研究》第1期。

李宇明　2012　当代中国语言生活中的问题,《中国社会科学》第9期。

刘　群　2017　家庭语言规划和语言关系,《江西师范大学学报（哲学社会科学版）》第6期。

屈哨兵　2016《语言服务引论》,北京：商务印书馆。

孙宝琦　2017　家庭语言政策为探索普通话与方言关系提供新视角,《语言战略研究》第6期。

王浩宇　2015　论民族语言在家庭语域中的使用与传承——以民族语言衰微地区的调查材料为例,《西藏研究》第3期。

王　玲　2016　语言意识与家庭语言规划,《语言研究》第1期。

邬美丽　2008　家庭语言使用的代际差异及思考,《语言文字应用》第4期。

邢福义　2005　关于语言规划,《语言教学与研究》第3期。

许静荣　2017　家庭语言政策与儿童语言发展,《语言战略研究》第6期。

尹　静　2009　家长对保姆使用方言的态度与影响认识,《学前教育研究》第5期。

尹小荣,李国芳　2017　国外家庭语言规划研究综述（2000—2016）,《语言战略研究》第6期。

俞玮奇,杨璟琰　2016　近十五年来上海青少年方言使用与能力的变化态势及影响因素,《语言文字应用》第4期。

赵凤珠　2010　对傣族语言产生影响的诸因素——以嘎洒镇部分村寨为例,《云南师范大学学报（哲学社会科学版）》第1期。

周　贝,肖向一,刘　群　2018　杭州市区学龄前儿童家庭语言规划状况调

查——以父母学历大专以上背景的家庭为对象,《湖北科技学院学报》第
1 期。

King, K. A., Fogle, L. & Logan-Terry, A. 2008. Family language policy. *Language
and Linguistics Compass* (5).

发表于《云南师范大学学报（哲学社会科学版）》2018 年第 6 期

二、家庭与儿童语言发展

# 试论成人同儿童交际的语言特点

## 李宇明　李　汛　汪国胜　曹　琦　白丰兰

在儿童语言研究中，"儿童为何能够习得语言"这一颇具理论色彩的问题一直争论纷然。在这些纷繁的观点当中，影响最大的是行为主义的后天模仿论和乔姆斯基的先天能力论（Tagatz 1976）。后天论者认为儿童是通过对成人语言的模仿来获得语言的。先天论者则认为儿童有一种与生俱来的先天的"语言获得装置"（Language Acquisition Device），这种受遗传因素决定的语言获得装置，能够对儿童听到的成人语言进行能动地分析加工，抽象概括出各种语言规则，从而学会语言。正是这种装置的存在，才使儿童在听到少量的句子之后，就能理解并创造出大量未曾听过的新句子。

现在来评价这两种观点的是非曲直，并且科学地回答儿童为何能够习得语言这一问题，似乎还为时过早，但是，毋庸置疑，研究成人与儿童进行交际时的语言面貌，是具有十分重要的科学价值的，兴许可以为探索儿童为何能够习得语言的令人困惑的迷津提供一种新的帮助。因为尽管后天论者同先天论者的观点针锋相对，大有不共戴天之势，但是，两者都承认成人语言在儿童语言习得中具有十分重要的地位，没有成人语言的参与，儿童是难以习得语言的。在行为主义者看来，成人语言是儿童模仿的对象，没有成人语言儿童就无以模仿，这是不言而喻的。在乔姆斯基看来，成人语言只不过是儿童的语言获得装置加工概括抽象的材料，但是，若没有成人语言，儿童就无从加工概括抽象；纵有语言获得装置，也难以习得语言。事实也正是如此，世界上发现了许多从小在兽群中长大的孩子，他们都没有语言，甚至在以后也难以较好地学会语言。1970年在美国加利福尼亚州发现了一个13岁的女孩，她1岁后就被幽禁在一间小屋里，父母从未对她讲过一句话。结果当她被发现时连一句话也不会说。[①]正因如此，研究成人同儿童交际的语言就有相当重要的意义。

儿童赖以模仿或加工的成人语言，主要是成人同儿童进行交际时所使用的语言（以下简称 C-E 语言），而不是成人之间进行交际所使用的语言（以下简称 C-C 语言），因为儿童大量听到的是 C-E 语言，而不是 C-C 语言。诚然 C-E 语言同 C-C 语言并无本质差异，前者只不过是后者的一种因谈话对象不同而形成的变体，但是二者之间在语音、词汇、语法、语用等方面都存在着不小的差异，因此有必要对 C-E 语言进行专门研究。

国外已有不少人注意到了这一问题，他们对 C-E 语言（国外一般称之为"幼儿语言"，即 baby talk）[2]进行了若干研究（Ferguson 1964），但很少涉及汉语的情况。而国内学者似乎尚未对此引起重视，再加之汉语口语和儿童语言的研究都非常薄弱（郑敦淳 1983），所以在此背景之下本文并不企及对 C-E 语言做出全面而又细致的研究，只打算就若干方面来描写一下 C-E 语言的特点。

一

语音和文字都是语言信息的物质载体，成人与儿童的语言交际几乎只利用语音载体进行，就目前的教育状况来看，学前儿童还难以具有使用文字进行交际的能力。

在语音上，C-E 语言的特点不是表现在音位系统上，而是表现在语调和语速上。大量的调查材料表明，C-E 语调一般都高于 C-C 语调，且高低轻重的起伏较大；停顿多，拖腔长，语速也较 C-C 语速缓慢。这种情况，在 C-E 语言和 C-C 语言混合穿插在一起的录音中体现较为明显。如：[3]

（爸爸给女儿讲故事）那个伯伯 ※ 肚子玩饿了 ※ 他怎么办呢↗他就找吃→的 ※※ 啊↗他看到了一个餐馆↘一个餐 ※ 餐馆里面呢→嗯→有卖饭的 ※ 卖酒的 ※ 啊 ※ 他们就 ※ 他就进去了 ※（妈妈插话）你讲那么复杂 ※（爸爸对妈妈说）你不管它复杂不复杂 ※
爸爸正在给女儿讲武松打虎的故事，讲了好一会儿还没有进入正题，妈妈嫌故事铺垫太长，过于复杂，就插进话头。爸爸听到妈妈插语，也急忙回答一句，又继续讲故事。爸爸讲故事的语言是 C-E 语言，从文中附加的符号可以看出，有重音、长短不等的停顿、拖腔和上升、下降语调，语速慢，语调波澜起伏。而爸爸妈妈的对话是 C-C 语言，语调平直，语速急快。录音机上的红灯指示仪还显示爸爸讲故事时语调高，而爸爸妈妈对话时语调明显降低。

C-E 语调高而起伏，语速缓慢，因而语音清晰。儿童对于语音的感知能力和对于语义的理解能力及速度，远远赶不上成年人，所以 C-E 语音的这种特点适宜于同儿童的交际。有一次笔者之一故意模仿 C-E 语音给妻子讲话，其妻愣了半天，有点生气地说："你咋这个味儿呀，我又不是小孩。"于此可见，C-E 语音的特点可以明显地被人感知出来。

此外，我们的材料中也有个别家长模仿儿童错误发音的，但有一定育儿经验的父母都不这样做。

# 二

2.1 如果说 C-E 的语音系统同 C-C 语音系统没有不同，其差异主要表现在语调和语速上的话，那么 C-E 语言在词汇单位上都有一些 C-C 语言中所不具有的特殊词，一般称之为儿语词。这构成了 C-E 语言在词汇方面最显著的一个特点。

儿语词可以细分为叠素词、摹声词和仿儿词 3 类。叠素词是重叠词根语素构成的词，一般都是名词。如：

　　a. 手手（手）脚脚（脚）鸟鸟（鸟）
　　b. 杯杯（杯子）桌桌（桌子 / 儿）刀刀（刀子 / 儿）
　　c. 瓜瓜（瓜籽）糖糖（糖块）果果（苹果）
　　d. 抹抹（棉球）吹吹（口琴）听听（听诊器）

细细玩味这些叠素词，可以发现其构成方式为两类 4 种：一类是名词性语素的重叠（如 a、b、c3 组），一类是动词性语素的重叠（如 d 组）。名词性语素重叠类，都是改造 C-C 词而形成的，从这些词与括号内词的比较中可以明显看出。a 组 C-C 词是单音词，重叠即为叠素词；b 组是把"子"或"儿"去掉，重叠词根而为叠素词；c 组是去掉合成词的某个语素，然后重叠剩下的词根而为叠素词。由重叠动词性语素而构成的叠素词，这个动词性语素都与叠素词所表示的事物有一定的联系。"抹"是棉球的一种用途，在打针时护士总是先用棉球蘸上碘酒在某个部位抹来抹去消毒；"吹"是使口琴发音的方式。一般说来，叠动方式较少用，且每个家庭往往有其特殊性。

叠素词一般出现在与1岁半至3岁的儿童进行交际的C–E语言中。这类词具有放大信息强度、发音方便和表示亲昵语气的作用。④加大信息强度便于儿童接受，发音方便便于儿童学习，亲昵语气则反映了成人与儿童之间的关系。

摹声词是通过拟声造成的名词，如把"汽车"叫"嘀嘀叭叭"，把"狗"叫"汪汪"，把"猫"叫"咪咪"等。仿儿词是模仿儿童的习惯或错误而形成的。有个儿童喜欢在词前加"阿"，可能是由"阿姨"这个词错误类化而成的习惯，如"阿园"（幼儿园）、"阿高叔叔"（覃发高叔叔），他的父母和邻居和他讲话时，也都使用"阿园"之类的说法。有个儿童第一次看画书时，其母指给她小白兔看，以后这个儿童就把看书说成"兔兔"，于是父母也只好"兔兔"起来。仿儿词不具有普遍性，在不同的家庭会极其不同。

2.2 C–E语言在词汇方面的第二个特点是通俗易懂。请看一位母亲同其6岁的儿子的对话：

母 还想当什么？

子 还想当日本鬼子！

母 为什么当日本鬼子呢？

子 日本鬼子最好，日本鬼子不欺人，不打人，专门打坏人！日本鬼子就这样的。

母 你在胡说八道！你是不是说的反话？

子 不是的，是正话！

母 人家把你抓起来！你知道吧，你这说出的是错的，是错话，你知道吧，唉？告诉你，你要是这样的，人家把你抓起来，这个小孩真反动，他一定不是个好孩子，你在电视里看见日本鬼子好，还是日本鬼子坏？

子 日本鬼子好！不对，日本鬼子坏！

母 你看那日本鬼子是杀好人，还是杀坏人？

子 杀——坏人，咳，杀好人？

母 你规规矩矩地答，说！

子 杀——杀好人！

母 杀好人，那你刚才为什么说日本鬼子好呢？

子 说的好玩的！（自笑）

这是母亲耐心开导故意正话反说的孩子时的谈话，其所用词语除了"反动"之外，都是极通俗的。儿童的词汇量有限，阅历不广，只有使用通俗词语进行交谈。我们曾把这段话中的儿子的话抹去，并把 C-E 语言中出现的"小孩、孩子"两个词也抹去，重放让人听。人们很快就能判明这是对孩子的谈话，理由是"都是给小孩说话的词"。

当然我们在录音材料中也发现有些家长使用书面语词，如：

①阿颖，你看这幅画，天是湛蓝湛蓝的，水是碧绿碧绿的。

②啊，植树，是吧？嗯，是不是植树啊？

这种情况，若不是成人使用 C-C 语言的习惯残迹，那便是有意所为。我们询问过例①②的讲话人，他们说这样可以丰富孩子的词汇量，使其语言具有文采。

2.3 此外，成人在同儿童谈话时，还有一种较明显的倾向，就是喜欢选用情感、形象色彩较强的词语，比如孩子的昵称、拟声词、语气词和感叹词等，从而使语言带有较强的情感性，并且形象生动。

三

3.1 与使用通俗常用词语异曲同工的是，C-E 语言在语法上通常使用较为简单的结构。我们随机选出的与 3 岁儿童对话的材料进行的统计分析能反映出这一特点。

表 1　C-E 语言的句长特点

| 句长指标 | 4 音节以下 | 5~6 音节 | 7~8 音节 | 9~10 音节 | 11~12 音节 | 13 音节以上 | 合计 |
|---|---|---|---|---|---|---|---|
| 句数 | 5 | 9 | 3 | 6 | 3 | 4 | 30 |
| 百分比 /% | 17 | 30 | 10 | 20 | 10 | 13 | 100 |

表 2  C-E 语言的句型特点

| 句型 | 单句 | | | | | 复句 | 合计 |
|---|---|---|---|---|---|---|---|
| | 非主谓句 | 主谓句 | 主谓宾句 | 谓宾句 | 复杂谓语句 | | |
| 句数 | 4 | 2 | 12 | 6 | 2 | 4 | 30 |
| 百分比 /% | 13 | 7 | 40 | 20 | 7 | 13 | 100 |

表 1 告诉我们 C-E 语言以短句为主，句长在 6 音节以下的几乎占一半，其中尤以 5~6 音节为最多。表 2 告诉我们 C-E 语言以使用简单句为主，复杂谓语句和复句所占比例只有 20%。在对其他材料的分析统计中，其数据略有出入，但是以短句为主，以简单句为主这一质的规律性是一样的。

3.2 除了语法结构简单之外，C-E 语言在疑问句的使用上也颇具特色。请看例子：

　　父　那个大老虎可可（儿童名字）在哪里看到过的？在什么地方看到过老虎的？看到过没有？

　　父　看过啦。

　　女　是不是在动物园呢？

　　女　嗯。

　　父　老虎好大好大对不对？它一叫很怕，很可怕的，对不对？

上例的问句，都是无疑而问，而且问句中一般都暗示了儿童该怎样回答，比如"是不是在动物园呢？""老虎好大好大对不对？"等，问句中已包含了问话者期待的答案。这种问句的使用目的显然不在于"问"，而是要启发儿童思考，或是要求听话者给以反馈信息，或是对儿童进行诱导提示。

3.3 C-E 语言也可能出现 C-C 语言中所没有的语法结构。例如：

　　①我爸爸带你去玩。

　　②我给我妈妈给你讲。

这两例中，"我"与"爸爸""妈妈"是同位结构，而非领属性结构，相当于 C-C 语言中"爸爸我""妈妈我"。这种结构的形成是由 C-E 语言的特殊交际对象决定的。讲话人根据自己平时的语言习惯，只用代词，但又怕儿童不懂，再补加上"爸爸""妈妈"之类儿童所熟悉的词语。例②为我们提供了这方面的信息，讲话人已说出了"我给"，后又改口加上"妈妈"。正因如此，这种特殊结构在儿童掌握代词系统以后便逐渐消失。

四

以上我们侧重从语言的各个组成部分来描述 C-E 语言的特点，下面我们再从语言的总体使用上来探讨 C-E 语言的特点。

4.1 从信息论的角度看，语言应该用最简洁的形式传递出尽量多的新信息，"关门闭户掩柴扉"式的重复啰嗦历来为世人所不齿。但是父母可以给孩子十次百次地重复讲过的故事、道理，容许而且充斥着重复是 C-E 语言的一个非常明显的特点。例如：

①有个武松伯伯，那个伯伯啊，他叫武松。

②好，讲故事，讲故事。珊珊讲故事，讲故事呢！从前呢，好，讲故事，讲故事，讲故事，讲了！

例①在字面上不是简单重复的，但是意义上是重复的。例②是妈妈催促女儿讲故事，"讲故事"这个结构竟一气重复达 7 次之多。在 C-E 语言中，"好高好高的山""人很多很多"之类的重复形式也是俯拾皆是。前面讲到过的叠素词其实也是一种重复。

另外一种常见的重复方式，是重复孩子刚说过的话。如：

③母　这是什么呀？

　女　车车。

　母　车车。谁开车啊？

　女　姐姐在开车。

　女　姐姐在开车。车跑得快不快？

④女　从前呢，有一个猴子，从小听妈妈话。把手放里面。

　母　哦，把手放里面。放里面干什么了？

　女　睡觉。

　母　睡觉，要不要妈妈拍呀？

这种重复一方面可以使儿童的语言和认识得到强化，另一方面可以成为继续谈话的话题或引题。"重复、重复、再重复"几乎成了儿童教育家的口头禅。重复虽不能增加信息量，但可以增加信息的强度，因此适宜于 C-E 语言。

4.2 C-E 语言在语用方面的第二个特点是具有极大的跳跃性。其表现之一是常常节外生枝，如：

①你把老师说的再说一遍，看你记不记得老师说的话，妈妈不在的时候，老师怎么对你说？你把老师说的话你给重复一下。不准玩东西！捡起来！捡起来！你把笔筒给我捡起来！你别这样！别笑！你今天不把话说清楚，你看我打不打你的人！

②把耳朵揪着以后就拿这个拳头呀，拳头怎么捏的，可可知道拳头是怎么捏的。拳头怎么捏的？把这个拳头啊，就打这个老虎的头，对不对？

例①正在要求孩子重复老师的话，忽然孩子去玩笔筒，妈妈不得不中断话题，制止孩子。孩子把笔筒掉在地上，且偷偷发笑，妈妈又命令孩子把笔筒捡起来，且不让笑。最后才又接着原话题谈下去。例②父亲正讲武松打虎的故事，但讲到"拳头"时忽然岔开话题，问女儿知不知道拳头是怎么捏的，然后又继续讲故事。节外生枝式的谈话完全是由孩子的特点决定的。孩子注意力易于分散，听大人讲话时往往把注意力分散到其他方面，为了把谈话进行下去，成人不得不去干涉或吸引孩子。儿童的理解能力和知识面都很有限，成人讲到一些问题时，有必要停下来解释一下，或者询问一下，以便使孩子听懂谈话的内容，或检验孩子的理解情况，或者补充些必要的日常生活知识。

跳跃性的表现之二，是常常更改话题。如：

③那你和她配合得还可以，不过，看起来阿颖对跳舞很陌生，没爱蓉跳得那么熟练，是不是？你们今天怎么呀？一个人坐一块砖，是吧？在那个大操场电影场干什么来着？

例③母亲正在评价两个小朋友的跳舞，忽然话题转到了一个与之毫不相干的问题上，询问她们下午一人坐一块砖在电影场（"大操场"是口误，说了之后即更正为"电影场"）干什么。成人同儿童谈话，或是要"哄孩子玩"，或是要进行教育，所以谈话之初并无一定的计划，往往海阔天空即兴讲来，使话题具有极大的跳跃性，听起来往往"杂乱无章"。

4.3 成人同儿童谈话，常常具有诱发性，这也是 C-E 语言的一个重要特点。

例如：

①讲个故事妈妈听好不好：从前呢，讲个故事好不好？从前有个什么人呢？从前怎么样？

②母　它怎么说呀？

　　子　它说："我要吃掉你！"

　　母　你慢点说，自己说，不要妈妈问吵，从前，有一只笨老狼——

这两例都是成人要求儿童讲故事，用"从前"来诱导，因为"从前"几乎是所有童话故事的开首语。例①进一步提示"从前有个什么人"，例②直接说出故事开头："从前，有一只笨老狼——"。在前面论述 C-E 语言疑问句的特点时，我们已经提及这一现象，例②中"你慢点说，自己说，不要妈妈问吵"这个句子更明确地显示出"提问"的诱发性的特点。

这种诱发性一是起到限制话题的作用，二是因儿童记忆力还不强，成人有必要给以提示诱导。这种诱发性也告诉我们成人与儿童的交际，具有明显的"教授性"的特点，而不同于 C-C 语言。

4.4 C-E 语言也常使用比拟、比喻、夸张、摹状等修辞手法。例如：

①一天，小鸡和小鸭在大树底下玩捉迷藏的游戏。

②母　你知道"孔雀开屏"是什么样的吗？

　　子　不知道。哦，像扇子一样的。

　　母　嗯，像一把很大很大的扇子。孔雀的尾巴很长，它的尾巴一打开，就像一张屏风。屏风，懂不懂？就是专家楼饭厅里摆的，像门那样的东西，是用来挡风或者将一间大房间隔成小房间用的东西。孔雀尾巴打开后，上面还有许多圆形的花纹，尾巴一抖，一闪一闪的，才好看。

③（青蛙）看到害虫就向它扑过去，伸出小舌头，"嘟——"它就卷回来了，就吃了。

例①是用拟人法讲故事。例②用了"像一把很大很大的扇子""就像一张屏风""像门一样的东西"等比喻来讲解"孔雀开屏"，并细致形象地摹写了孔雀开屏时的情景。例③用一个象声词"嘟——"来夸张青蛙捕虫的速度，并把视觉形象转化为听觉形象。

　　这些修辞手法能使语言生动化、具体化，符合儿童的审美情趣和接受能力。至于具有语音合谐、句式整齐、加强气势、幽默滑稽的修辞方式，C-E语言很少采用，起码不会有意识地采用。

## 五

　　C-E语言内部存在着较大的差异，讲话者的文化水平，讲话者同交际对象的关系，交谈的话题、场景、方式都会造成程度不同的差异。但是，最重要的差异则是因儿童性别和年龄的不同而带来的差异。

　　5.1 儿童性别的不同，往往决定成人使用不同的谈话风格。一般说来，对男孩的谈话较粗放，斥责、威胁的语句较多；而对女孩的谈话较温和，常用商量、开导的语气。请比较下面的例子：

　　　　①你是不是故意跳的？那么高为什么要跳？不怕摔死？

　　　　②你犯了什么错误？啊？犯了什么错误？你说吵！你说呀！今天在幼儿园犯了什么错误？

　　　　③唉，那不能拿！那妈妈打人的呢！你讲个故事讲个故事妈妈给你拿，好不好？

读完上3例，立即就可判别出前两例是对男孩的谈话，使用了反诘、呵斥、威胁的语气，而例③则是对女孩的谈话，用了语气较为缓和的祈使和"那妈妈打人呢"这个轻度威胁句，最后用带商量口吻的附加疑问句，比起前两例来其差别是明显的。

　　父母之所以因儿童性别不同而使用不同的语气，主要同成年人对于男女角色的不同期待有关。不仅语言是如此，其他教育方式也呈现出这种差别。比如父母一般对男孩多采用惩罚甚至棒喝的手段，而对女孩则少采用。成人中男女语言的差异与父母从小的不同语言对待有着一定的关系。

　　5.2 儿童的年龄不同，成人使用语言的复杂度也不同。当孩子还不会说话的时候，成人同儿童的交际主要是模仿孩子的发音，刺激孩子咿呀学话的兴趣。如：

　　　　①女 a—pu

母　a—pu, a, a—pu, 喊爸爸, 喊爸爸, 喊。把嘴张着,
　嗯, 把嘴张着, 喊哪! 喊妈妈。

女　mA—mA

母　妈妈（笑）。还说, 还说。

例①是母亲怀着十分喜悦的心情同 3 个月大的儿童谈话的片断。对于孩子无意义的发音, 母亲都带着极大的热情去重复, 甚至还一厢情愿地把 pu 听成"爸", 把 mA 听成"妈", 使用的语言也几乎是电报式的短句子。

当孩子年龄不断增大, 语言能力不断提高, C-E 语言也渐趋复杂。如:

②女　虫虫, 这是虫虫。

母　欸, 这是虫虫, 这呢?

女　这是鸭子。

母　小鸭子吃虫虫, 是不是的?

③母　你再重新讲好不好?

女　讲不到啊!（不会讲啊）

母　重新讲一遍小红帽的故事, 给我讲一遍, 好不好呀?

女　讲不到。

母　你讲了我就给个好东西你吃, 我这有好东西。从前有个
　小红帽, 你说, 嗯——妈妈叫她干什么? 从前呢, 预备
　起——快点讲一个, 快点吵!

女　我不想讲——

母　妈妈抱你讲好不? 来吧。

④什么话能说得好玩, 什么话不能说得好玩, 你就得搞清楚, 知道吧? 这样的话是不能说的, 知道吧? 嗯? 这就说的说的不实不符合实际了, 是不是? 这说的是假话, 是谎话, 这就不实际了。因为你在电视看见的明明是日本鬼子坏, 你偏偏要说他好, 你说你这样说对不对? 嗯? 对不对? 你这样讲话, 对不对? 嗯! 不能摇头! 讲话! 对不对? 你这样讲话, 对不对? 大声讲!

例②是母亲同两岁女儿看图画时的对话, 不仅用了"虫虫"这样的儿语词, 而且用"这呢?"提出新话题, 用"是不是的?"来要求给以

信息反馈。这种谈话不仅在讲述一定的客观现象，而且交谈双方有了明显的语言交流，与例①的情况显然不同。例③是母亲劝诱其3岁半的女儿讲小红帽故事的谈话，不仅要求谈话对象复述较长的故事，而且用了"重新"这个较抽象的词和"预备起"这样的发令语，句子长度明显比例②有所增长。例④是母亲给6岁的儿子讲述"什么话能说得好玩，什么话不能说得好玩"的长篇训导辞。其中使用了"实际""因为"这样的较抽象甚至意义十分虚灵的词语，大量使用复句，而且一口气讲那么长。除了有大量的"对不对""是不是"这样的附加疑问之外，可以说例④同成人之间的谈话几乎没有什么不同。

我们所进行的一个统计分析（见表3），也能明显看出C-E语言随儿童年龄增长而渐趋复杂的趋势。

表3　C-E 语言句长与儿童年龄的关系

| 谈话对象的年龄 | 平均每句的音节数 |
| --- | --- |
| 1 岁 11 个月 | 4.8 |
| 3 岁 11 个月 | 5 |
| 4 岁 10 个月 | 5.2 |

表3显示，C-E语言的句长同儿童的年龄具有一定的对应关系。C-E语言随儿童年龄的发展，逐渐由简单到复杂，最后同C-C语言重合。

## 余　论

从以上论述可知，C-E语言的一切特点都是由儿童的语言能力和认识能力所决定的，都是为适应于同儿童的交际而产生的。有趣的是，C-E语言的这些特点成人不是通过专门训练而掌握的，而是在与儿童交谈中不自觉地形成的。这种现象表明，人类具有因谈话对象不同而自发地调节自己语言的能力，这种能力可以姑且名之为"趋受话人能力"。这种能力我们在不同方言、不同语言、不同文化阶层人们之间的交际中都可以观察到，可以说是具有普遍性的。

其次，在调查中我们发现，与某一年龄段儿童进行交际的C-E语言，一般都比该年龄段儿童的语言稍为复杂。当孩子还在牙牙学语之时，成人已在使用电报式的语言同其交际；当孩子刚会说话，父母就开始使用较复杂一点的语言；当孩子刚六七岁，刚有了日常会话能力时，父母们与之交际的语言已近乎 C-C 语言了。

C-E 语言同儿童语言在复杂程度上的对比差，我们不妨称之为"略前性"。如果进一步的调查能确切证明这种"略前性"存在的话，那么我们就可以断定，儿童语言是在 C-E 语言的带动下逐渐由低级向高级发展起来的，C-E 语言对儿童语言的发展来说，具有"导之以先路"的向导作用。这样不仅可以对"儿童为何能够习得语言"做出新的解释，而且还可以以此提出一个供家长、儿童教师等有关人员使用的 C-E 语言规范标准，从而使儿童语言教育科学化。

## 注释

①见陈平《美国心理语言学的一项新研究》，《国外语言学》1982 年第 3 期。

②"幼儿语言"常易误解为幼儿所使用的语言，故本文不取用这一术语。

③符号说明："△"重音，"※"短停顿，"※※"长停顿，"→"拖腔，"↗"语调上升，"↘"语调下降，"K——"语速快。

④叠素词的亲昵色彩。在 C-C 语言中也可以找到旁证。亲属称谓多采用叠素方式构成，如"奶奶、爷爷、爸爸、妈妈、哥哥、姐姐、弟弟、妹妹"等。情人之间也往往叠名以示亲昵，如"明明、兰兰"。西北方言中也有不少的叠素词，这些词带有明显的亲昵色彩。

## 参考文献

郑敦淳 1983 儿童语言形式的转换，《心理学科普园地》第 4 期。

Ferguson, C. A. 1964. Baby talk in six languages. 六种语言里的幼儿语言，方也节译，《国外语言学》1982 年第 3 期。

Tagatz, G. E. 1976. *Child Development and Individually Guided Education*. 有关语言习得的三种主要理论，肖苏亦摘译，《国外语言学》1985 年第 4 期。

发表于《华中师范大学学报（哲学社会科学版）》1987 年第 6 期

# 家庭文化背景在儿童阅读发展中的作用

舒 华 李文玲 辜玉旻 Richard Anderson
伍新春 张厚粲 轩 月

## 一、前言

现代信息社会中，阅读能力成为人们学习、工作成功所需的最重要的能力之一，阅读教学在学校教育中受到越来越多的重视。然而，儿童在阅读发展上存在着很大的个体差异。许多因素可能造成儿童阅读发展的差异，例如，教师教学方法的不同会影响儿童的阅读成就，家庭背景也是影响儿童阅读成就的重要因素之一。国外已有大量关于家庭背景对儿童阅读发展影响的实验和调查研究。早期有关家庭影响的研究主要集中于家庭社会背景的影响，如家庭社会经济状况、父母职业和教育等对儿童阅读发展的影响（Reger 1990）。近年来研究重点转向了有关家庭文化环境对阅读发展影响的探讨。越来越多的研究者认为如果能揭示家庭文化环境中对阅读发展产生积极影响的一些重要特征，这将对教育实践产生有价值的发现（Metsala 1996）。一些研究发现，家庭拥有读物的数量与儿童阅读能力之间存在较高的正相关，儿童能获得的阅读书籍的数量可以在较大程度上解释儿童阅读能力的个体差异（Clark 1976）。Robinson et al.（1995）将学龄前儿童分为两组，对实验组提供精选故事书，并允许其带回家进行为期 12 周的阅读，对控制组儿童则不提供这种条件，结果发现实验组儿童日平均阅读时间显著高于控制组的阅读时间（Robinson et al. 1995）。来自不同文化的研究都发现，父母早期给孩子读故事、与孩子共同阅读图画书可以促进孩子口头词汇获得，提高孩子阅读兴趣及阅读能力（Senechal 1997）。许多研究表明家长职业和教育水平影响孩子的阅读成就，但也有研究认为不同教育水平家庭所制约的家庭文化环境可能是儿童阅读能力差异的重要原因（Scarborough & Dobrich 1994）。例如低教育水平家庭的儿童可能获得的读物较少，父母教育水平的差异可能会影响父母与孩子间的文化活动。儿童的阅读态度与行为也会造成阅读能力的差异。Anderson et al.（1988）要求 155 名五年级学生持续 8~26 周记录自己的课外行为，然后测试其阅读流利程度。结果表明儿童课外阅读时间可以很强地预测其阅读流利程度。

　　中国目前还很少有关于家庭背景对儿童阅读发展影响的系统的研究报道。虽然许多教育工作者都认为家庭背景对儿童阅读发展有重要影响，很多家长也花费了大量时间、精力和金钱投入孩子的学业方面，然而并没有研究数据揭示家庭背景在何种程度上如何影响儿童的阅读发展。本研究的主要目标是试图描述我国儿童家庭文化背景的一些特征及其与儿童阅读发展的关系，通过收集家长问卷和儿童阅读测验数据，探讨家庭文化背景的 4 个方面：家庭文化资源、父母与孩子间的文化活动（亲子文化活动）、父母教育程度和儿童独立文化活动对儿童阅读发展的影响。

## 二、研究方法

### （一）被试

　　被试为北京市西城区 4 所普通小学的 574 名学生以及他们的家长。其中每个学校包含一年级和四年级各两个班，一年级 269 名学生，四年级 305 名学生。4 所学校的教学水平基本相当，但其中两所学校的学生主要来自父母教育程度较高的家庭，而另外两所学校的学生主要来自父母教育程度较低的家庭。学生家长的教育程度有从小学毕业到研究生毕业较广泛的分布，家长的职业也有包含干部、医生、工程师、会计、教师、售货员、工人、农民等较广泛的分布。

### （二）材料与设计

　　本研究通过一个自编的家长问卷调查来搜集有关儿童家庭文化背

景和文化行为方面的信息。问卷主要由五点量表组成，共 18 个项目，涉及家庭文化背景 4 个方面：（1）家庭文化资源。如家中拥有成人和儿童杂志、书籍的数量；其他学习工具，如词典、百科全书等。（2）亲子文化活动。例如，父母每天的阅读时间，父母带孩子去书店、图书馆的频率，家长开始给孩子读故事、教认字的时间。（3）儿童独立的文化行为。例如，儿童在家中独立阅读的频率，每天看电视的时间。（4）父母的教育程度。包括父亲和母亲的教育程度，如大学、大专、高中等。

儿童阅读能力由一套测试题目来评价。一年级学生测试包括：（1）拼音阅读，即阅读用拼音写的句子并多重选择与句子相匹配的图画；（2）简单句子阅读，即阅读用汉字书写的简单句子并多重选择与句子相匹配的图画；（3）字词测验，即主试念一个字，要求儿童在 4 个候选字中进行多重选择。四年级学生测试包括：（1）段落阅读，即要求学生阅读约 400 字的段落并回答阅读理解多重选择题；（2）句子阅读理解，即要求学生阅读一些含歧义的句子并回答关于句义的问题；（3）完形填空，即要求学生阅读一篇短文并填充短文里所给括号中的字；（4）句子改错，即要求学生修改句子中的语法错误；（5）字词测验，即用词汇判断方法考察词汇量。

## （三）过程与数据分析

为了更好地研究家庭背景的影响，实验前，我们首先对所有参加研究的学生进行学习成就测验，结果表明，一年级 8 个班之间的学生成绩不存在显著差异，四年级 8 个班之间的学生成绩也不存在显著差异，即我们事先平衡了学校教学的影响。阅读测验是在自然班级中集体施测的。一年级的阅读测试是在学年的开始、刚刚完成拼音教学时进行的，四年级的阅读测试也在相似的时间进行。在家长中同时展开问卷调查，由实验班老师协助分发并回收问卷，回收率为百分之百。

采用两种方法进行数据分析。首先进行简单回归模型分析，评估家庭文化背景的整体影响。简单回归模型分析之前，我们先在家长问卷各个项目分数的基础上，用主成分分析法抽取出一个因素分数，这个因素称为家庭文化环境因素。使用同样方法，基于儿童在各项阅读测验上的分数，我们得到一个阅读因素分数。在简单回归模型中，儿童阅读因素分数是因变量，家庭文化环境因素是唯一的预测变量。其次，使用路径分析方法探讨家庭文化背景的不同方面对儿童阅读能力的贡献。我们将问卷中有关家庭文化资源、亲子文化活动、父母教育程度、儿童文化活动的项目分数通过因素分析转换为 4 个因素分数。例如，亲子文化活动因素是一个由几个项目组成的综合变量，它是对父母每天的阅读时间，带孩子去书店、博物馆的频率，以及父母在孩子几岁时开始教孩子识字、开始给孩子读故事等项目的一个综合测量。阅读因素分数与在回归模型中是相同的。

# 三、结果

## （一）家庭文化背景对儿童阅读能力的影响

在简单回归模型中，儿童阅读因素分数是因变量，家庭文化环境因素是唯一的预测变量，简单回归模型分析可以使我们获得预测变量与因变量之间的最大相关。结果显示，在一年级的回归模型中，当把家庭文化背景因素一次输入时，它可以解释儿童阅读分数中 10.3% 的变异，表明家庭文化背景对一年级儿童初始阅读的影响是显著的（ $F=5.132$ ， $p< .01$ ）。在四年级的回归模型中，家庭文化背景因素可以解释儿童阅读因素分数中 17.5% 的变异，表明家庭文化背景对四年级儿童的阅读能力的影响也是显著的（ $F=7.568$ ， $p< .01$ ）。总之，两个年级的回归模型分析都显示，家庭文化背景，作为一个总体，对一年级和四年级儿童的阅读能力都有很强的影响。

## （二）家庭文化背景的不同方面对儿童阅读能力的影响

数据分析中，我们还试图将家长问卷中家庭文化背景分解为 4 个方面，采用路径分析方法来探讨家庭文化背景的不同方面对儿童阅读发展的贡献以及这些潜变量之间的关系。图 1 和图 2 分别报告了一、四年级标准化了的路径系数。模型符合度指标 RMSEA（估计误差平方根）在两个模型中都是可接受的（值应小于或等于 0.08）。在一年级模型中，RMSEA 等于 0.062。四年级模型的 RMSEA 等于 0.067。而另一个表示模型符合度的指数 GFI（符合度指标良好性）也表明两个模型都是可接受的，一、四年级的 GFI 分别为 0.89 和 0.88（GFI 等于 1 意味着完全符合）。

　　一年级的路径分析结果看出（见图 1）父母教育程度、家庭文化资源、亲子文化活动、儿童独立文化活动与一年级儿童的阅读成就的标准路径系数分别是 .01，-.02，.53 和 .09。路径分析表明模型中只有一个因素，亲子文化活动直接对儿童初始阅读有贡献（t=3.40，p< .01）。然而，虽然父母教育程度与家庭文化资源因素对一年级儿童的初始阅读没有直接贡献，但他们却通过亲子文化活动间接地影响了儿童的阅读能力，父母教育程度与家庭文化资源都直接贡献给亲子文化活动，父母教育程度与家庭文化资源有显著相关（t=3.55，p< .01）。家庭文化资源又与亲子文化活动显著相关（t=4.42，p< .01）。这表明，父母教育程度和家庭文化资源是通过亲子文化活动对一年级儿童的阅读能力产生影响的。模型中没有发现儿童独立文化活动对一年级儿童阅读能力的影响。这可能与一年级学年开始时多数儿童还基本不能独立进行阅读和书写有关。四年级的路径分析呈现出与一年级不同的结果（见图 2）。父母教育程度、家庭文化资源、亲子文化活动、儿童独立文化活动与四年级儿童的阅读成就的标准路径系数分别是 .57，.21，.60 和 1.15。父母教育程度（t=3.33，p< .01）、亲子文化活动（t=3.03，p< .01）和儿童独立文化活动（t=3.33，p< .01）都直接、独立地对学生的阅读能力有贡献。虽然家庭文化资源对四年级儿童的阅读没有直接贡献，但它们却通过亲子文化活动间接地影响儿童的阅读能力（标准路径系数 = .75；t=4.46，p< .01）。另外与一年级模型中不同的是，儿童独立文化活动的影响变得更为重要。在两个年级中家庭文化资源都没有对儿童阅读能力有直接帮助，但它却对亲子文化活动产生着强烈的影响。

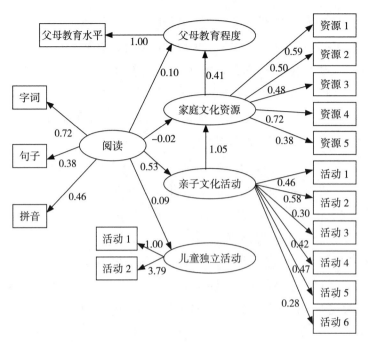

图1　一年级路径分析图

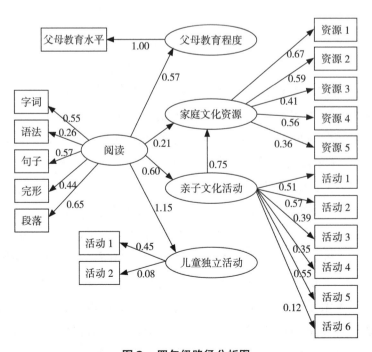

图2　四年级路径分析图

为了进一步理解家庭文化资源与儿童的活动是如何影响儿童阅读的，我们对问卷项目与儿童阅读因素间的相关进行了计算。一年级结果表明在家庭文化资源方面，家中成人书籍（r= .194，p< .01），儿童书籍（r= .146，p< .05），成人杂志报纸（r= .138，p< .05）与儿童阅读都有很高相关。亲子文化活动方面，家长带孩子去书店和图书馆（r= .191，p< .01），早期开始教孩子认字（r= .229，p< .01），早期开始给孩子读书（r= .171，p< .01）都与儿童阅读有极高的相关。父母每天的阅读时间（r= .152，p< .05）与儿童阅读能力也有相关。四年级结果表明在家庭文化资源方面，家中成人书籍（r= .212，p< .01），儿童书籍（r= .241，p< .05），成人杂志报纸（r= .355，p< .05）与儿童阅读都有很高的相关。亲子文化活动方面，家长带孩子去书店和图书馆（r= .212，p< .01），父母早期开始教孩子认字（r= .210，p< .01），早期开始给孩子读书（r= .271，p< .01）都与儿童阅读有极高的相关。父母每天的阅读时间（r= .124，p< .05）与儿童阅读也有相关。在儿童文化活动方面，儿童在家里独立阅读的多少与儿童的阅读成就存在高相关（r= .368，p< .01）。

# 四、讨论

通过进行儿童阅读测验和家长调查问卷，我们获得了一份广泛的儿童阅读能力数据及相关的家庭文化活动调查数据。本研究有足够的证据表明，家庭文化环境对汉语儿童阅读成就有重要作用。简单回归模型的估价表明，家庭文化环境对一年级儿童阅读能力的贡献为10.3%，对四年级儿童阅读能力的贡献为17.5%。这些结果与前人在其他文化中所得到的研究结果是类似的。本研究还对家庭文化背景的不同方面是何时、怎样影响儿童阅读发展提供了详细的描述。路径分析数据表明，家庭文化背景的4个方面对一、四两个年级儿童阅读成就的影响是不同的。一年级路径分析模型表明亲子文化活动对儿童的初始阅读起了最重要的作用。家庭文化资源和父母教育程度虽然没有表现出直接对儿童的初始阅读有贡献，但父母教育程度对家庭文化资源有贡献，家庭文化资源又对亲子文化活动有贡献，最后，亲子文化活动对儿童初始阅读有贡献。这条路径表明，父母教育程度和家庭文化资源是间接对儿童的初始阅读产生了影响。父母教育程度高的家庭可能拥有更丰富的家庭文化资源，丰富的家庭文化资源可能促进了更丰富的亲子文化活动，最后，亲子文化活动直接导致儿童初始阅读的差异。四年级路径分析模型中一个最大特点是，家庭文化背景的 3 个方面表现出对儿童阅读能力直接的贡献。在 3 个影响因素中，儿童独立文化活动对四年级儿童的阅读能力有相对大的贡献。结果表明，家庭文化背景的不同方面对儿童早期和较后期的阅读发展影响不一样，重要的差别与儿童独立活动能力有关。对低年级儿童，由于他们独立阅读、学习、参考资料的能力还很差，父母与孩子间的文化交互活动在儿童初始阅读中起着最重要的作用。早期给儿童读故事，教识字，带他们去书店、图书馆等对引发低年级儿童的阅读兴趣、对儿童的初始阅读都是非常有帮助的，而仅在家庭中提供各种文化资源是不够的。当高年级儿童有了足够的能力可以独立阅读、参阅资料、安排自己的活动时，影响阅读发展的更重要因素就是他们是否经常和广泛地阅读。同时，家中是否拥有丰富的文化资源，与家长共享丰富的文化活动也各自独立地影响着他们的阅读发展。如何估价家长教育程度对儿童阅读发展的作用？本研究中，我们发现无论在一年级还是四年级模型中，家长教育程度都不是决定儿童阅读成功的唯一因素。对于低年级儿童，家长教育程度是最终通过亲子文化活动起作用的，或者说，家庭中父母与孩子间文化活动的丰富与否对儿童早期阅读起最重要的作用。对于高年级儿童，家长教育程度仅是影响儿童阅读成功的因素之一，而且是作用相对小的一个因素。在其他文化中，也有研究结果表明，即使在低教育水平家庭中，父母也可以为儿童创造较好的家庭文化环境，从而有效地促进儿童的阅读发展。

本研究表明，家庭文化背景是阅读学习的重要组成部分，它对儿童的阅读发展起着不可忽略的作用。家庭文化背景的不同方面对低年级和高年级儿童的作用是有差异的。对于刚刚开始阅读的年幼儿童来说，家庭中父母与孩子共同参与的文化活动是相对更重要的，父母教育程度和家庭文化资源都通过亲子文化活动间接地对儿童阅读起作用。而对高年级儿童，家庭文化背景的几个方面相对独立地影响儿童阅读，其中儿童独立文化活动对高年级儿童的阅读成就相对更为重要。尽管家长教育程度对儿童阅读发展有重要影响，但它并不是决定儿童阅读成就的唯一因素。

## 参考文献

Anderson, R. C., Wilson, P. & Fielding. L. 1988. Growth in reading and how children spend their time outside of school. *Reading Research Quarterly* 23.

Clark, M. 1976. *Young Fluent Readers*. London: Heinemann Educational.

Metsala, J. L. 1996. Early literacy at home: Children's experiences and parents' perspectives. *The Reading Teacher* 50.

Reger, Z. 1990. Mothers' speech in different social groups in Hungary. In G. Conti-Ramsden & C. E. Snow (Eds), *Children's Language* (Volume 7). Lawrence Erlbaum Associates, Inc.

Robinson, C. C., Larsen, J. M. & Haupt, J. H. 1995. Picture book reading at home: A comparison of head start and middle-class preschoolers. *Early Education & Development* 6.

Scarborough, H. S. & Dobrich, W. 1994. On the efficacy of reading to preschool. *Developmental Review* 14.

Senechal, M. 1997. The differential effect of storybook reading on preschoolers' acquisition of expressive and receptive vocabulary. *Journal of Child Language* 24.

发表于《心理科学》2002 年第 2 期

# 家庭语言政策与儿童语言发展

许静荣

## 一、家庭语言政策与经典语言政策

20世纪五六十年代，经典语言政策（Jernudd & Nekvapil 2012）主要研究国家、民族领域的语言问题，研究者们着重讨论国家语言规划，致力于解决一系列新兴民族国家的语言问题。然而，经典语言政策的研究模式是自上而下的，缺乏对自下而上压力的考量，导致这种政策力量并不总是有效，国家对有些领域的语言常常无能为力。比如，爱尔兰政府想劝说人们在家庭中使用爱尔兰语就失败了；马来西亚政府只能在政府和学校限制人们使用某些语言，在商业领域就无能为力了，最终马来西亚的语言管理宣告失败（Spolsky 2006）。所以，我们应该对那些低于或高于国家层面的语言领域加强研究，比如家庭、社区、城市、区域、超国家组织等，这些领域的语言政策研究少、隐性大，但对经典语言政策的作用却非常重要（博纳德·斯波斯基 2011）。

家庭层面的语言政策，是低于国家层面的语言政策，但它却最终决定着语言保持和语言消亡。费什曼（Fishman）提出语言的"三代人理论"[①]认为语言自然代际传承的丧失是语言丧失的重要标记，而这一过程就常常发生在家庭之中。家庭领域逐渐进入语言政策研究的视野中。然而直到最近才开始有了关于家庭语言政策独立的研究（Spolsky 2008）。Spolsky（2012）认为，家庭语言政策的多样性决定了人类语言自然代际传承的多样性。

家庭语言政策的定义最初由希夫曼（Schiffman）于1996年公开提出（Shohamy 2006）。它一般指用来规划家庭内部、家庭成员之间语言使用的语言管理行为和意识。对每一个有语言发展需求的个体来说，家庭是一切语言政策开始的地方，也是所有有意义的语言政策最终实施的地方（Caldas 2012）。

## 二、家庭语言政策与儿童语言习得

每个孩子出生后听到的第一个词一般都来自于父母，而且是特有的"妈妈语"（motherese），如果孩子一直由父母照顾，直到上学之前（一般为3~4岁），孩子将一直沉浸在"妈妈语"特有的语言环境中。孩子几乎在家庭语言中度过了人一生当中最重要的语言形成时期（Döpke 2000）。在这个时期，孩子们能很快习得并熟练说出流利的"妈妈语"，[②]而且正是这种家庭烙印的语言奠定了他们人生最重要的语言基础。

然而，大多数家庭的语言政策并不是有意识的规划，更多地是由一种超越家庭控制力的历史、环境的社会惯性所决定的，它是看不见的（Pakir 1994）。政府虽然也希望制定一些法律来影响市民的语言选择，但是往往却很难奏效，因为政府和家庭的兴趣常常背道而驰，有时候政策的制定也忽视了社会语言事实，政府在隐性家庭语言政策层面收效甚微（Spolsky & Shohamy 1999；Seidlhofer 2003）。正是这种隐蔽性和自下而上性导致了家庭语言政策的研究方法具有特殊性。这种特殊性的具体表现是：不能直接研究，只能根据父母在子女语言习得过程中所做出的选择和策略以及儿童语言习得的效果来分类研究，因为他们与家庭语言政策之间是一种相互反映的关系。King et al.（2008：907）提出了家庭语言政策研究应该根植于语言政策和儿童语言习得两大领域，即研究家庭中家庭成员之间的语言使用关系。因为父母在子女的语言习得过程中所做出的选择和策略以及儿童语言习得的效果是可见的，它与家庭语言政策之间是一种作用与反映的关系。

传统的儿童语言习得领域，主要研究早期儿童在什么样的机制和条件下，进行一种或几种语言的学习（Berko-Gleason 2005）。儿童语言习得研究主要集中分析家庭或实验条件下孩子与监护人之间语言交互作用的细节，却很少关心孩子的家庭语言学习目标、态度以及动机（比如 Owens 2001；Guasti 2004），而这些正是家庭语言政策要涉猎的问题。此外，大多数儿童语言习得的研究成果集中在孩子的第一语言习得及单语的发展状况上，却很少关注孩子二语和双语习得的情况（Romaine 1999）。事实上，家庭语言政策的研究为儿童语言发展、幼儿早教及儿童与养育者之间的相互关系等研究设立了系统的框架（De Houwer 1999），也为研究父母的语言意识及社会语言态度提供了一个窗口。

## 三、儿童语言习得中的家庭语言政策模型

King et al.（2008）认为，Cooper（1989：98）的语言政策研究路径（"什么人采用什么方式在什么过程中，在什么条件下采取了什么行动，并取得了什么结果"）同理可以应用到家庭儿童语言发展的研究中，即什么样的家长，为了什么样的目的，对哪些家庭成员，在什么样的条件下，采取了什么样的方式、经历了怎样的过程，取得了什么样的成效。而斯波斯基（Spolsky）的传统语言规划领域的本体规划、地位规划和习得规划，在家庭语言政策中也可以得到全面体现。以美国家庭为例，父母或者其他养育者可以决定让孩子是否学习或者什么时候学习英语或西班牙语，③这本身就是一种家庭语言的地位规划；使用哪种西班牙语的变体或者进行哪种识字活动，这是一种本体规划；怎样使用或在什么时候习得语言的正式和非正式形式，这是习得规划的内容（Zentella 1997；Caldas 2006；King & Fogle 2006）。对儿童语言发展视角下的语言政策理论进行再思考，能启发我们去探究家庭语言政策的自变量和研究范式，即家庭语言政策的主体对象研究、客体对象研究、语言意识研究、语言环境研究、语言习得方式研究、语言习得过程研究以及语言习得效果研究等。

斯波斯基认为，社会语言这个生态系统里的每一个领域都是语言政策研究的自变量，每个相关领域都有语言意识形态、语言实践和语言管理，各领域之间还会产生复杂的交互作用。家庭语言领域也不例外，而它与其他领域交互作用产生的内部压力（语言意识或祖辈、父辈的影响）与外部压力（主要指学校）是需要研究的重要内容。④每一个语言使用领域也都有其典型的参与者，每一个参与者都有不同的语

言实践、语言意识和语言价值观，这些混合在一起形成了言语社区的社会语言生态环境。我们可以用图 1 来说明家庭语言领域的生态环境，即社会文化、身份认同等因素影响了家庭中父母或其他养育者的语言意识，语言意识引导父母或养育者制定隐性或显性的家庭语言政策，通过对子女的语言习得方式和语言习得过程进行干预，取得各种语言习得效果，最终实现家庭语言政策对应的社会文化、身份认同等诉求，这个过程将循环往复，不断积淀。值得一提的是，子女的整个语言习得过程又始终包围在各种社会语言环境中，它们会与家庭语言环境互相影响，最终影响习得效果。

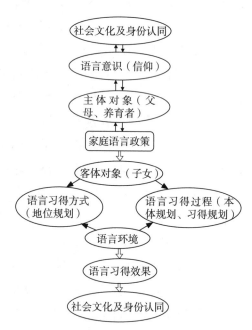

**图 1　家庭语言生态环境下语言政策作用模型**

这样一个家庭语言政策模型的研究可以包括以下 7 个部分：

（1）语言意识研究（包括来源、影响因素、作用机制等）；

（2）主体对象研究（父母及其他养育者的语言背景、文化背景、经济背景、政治背景、种族背景、受教育程度、社会阶层地位）；

（3）客体对象研究（子女的性别、年龄阶段、长幼次序）；

（4）语言环境研究（言语社区、城市方言、学校语言、儿童玩伴的语言、邻里关系）；

（5）儿童语言习得方式研究（显性或隐性的语言使用规则）；

（6）儿童语言习得过程研究（不同语言使用的时间配比、频率、使用范围、生理年龄对语言习得的影响）；

（7）儿童语言习得效果研究（偏重单一语言及文化、流利双语、双语文化、语码转换）。

## 四、家长语言意识与儿童语言发展

语言意识在语言实践和语言规划中是一种重要的潜在力量，它也被认为是语言使用和社会组织的中介环节（King 2000：169）。在社区的各领域当中，常常不止一种语言意识存在（Spolsky 2004；Shohamy 2006），各种意识观念之间的竞争、冲突可以被当成语言政策的起源，语言政策是巧妙处理语言观念冲突的工具。那么家庭语言意识最初是怎么形成的？影响它的因素有哪些？家庭语言意识影响家庭语言实践的作用机制又是如何？

关于父母的语言意识模式、父母语言态度和语言信仰产生因素的研究，至今非常少。在西方社会，家长语言意识最主要的来源是一些专业为父母提供建议的机构，这些专业机构提供书籍、网站以及培训。Piller（2001）就西方父母培养、提升子女双语能力的动机进行过调查研究，他发现，父母的语文水平和社会提供的免费公共双语课程只起到了很有限的作用，关于双语的专业语文知识很少被应用到子女的双语教育中。King & Fogle（2006）也发现，父母在解释他们为什么选择让子女习得双语时，相较于其他一些原因来说，专业的语文知识所起的作用很小，家庭其他成员的影响和父母自己过往的语言学习经历发挥更大的作用。

父母的语言意识也跟父母的其他一些方面相关，包括特殊的文化价值判断，比如什么样的是好的父母，什么样的是不好的父母，免费公共课程常常是通过这样的路径来影响父母的态度乃至行为的。Okita（2001）曾经描述过一个日本的典型好妈妈（她定居英国，丈夫是英国人），她因为无法给子女公认价值观下的孩子必需的双语家教而感到无比内疚。

结合中国国内的经验，我们把影响家长语言意识的因素分为以下
5类：

第一类，语言发展与认知能力。社会教育系统普遍受皮亚杰的儿
童认知发展理论影响，认为儿童语言的发展与认知能力的发展有很大
关系，语言习得不是本能自然的过程，儿童语言的发展是天生的心理
认知能力与客观经历相互作用的产物。认知能力的发展决定语言的发
展（郭翔飞2012）。所以大多数家庭在儿童语言发展上予以干预，看重
的是儿童认知能力的发展。因此，只要对认知能力有益的语言发展途
径，他们都会尝试、运用，比如吟诵、唱儿歌、讲故事等。而这种语
言意识的来源，往往是一些早教机构、儿保机构、婴幼儿产品的经销
商等。

第二类，国家宏观语言政策和语言观。国家语言政策对家庭语言
意识的影响很大，尤其在经典语言政策时期。在这一时期，国家语言
意识体现为民族、国家利益及单语制思想，随着时代的发展和全球化
进程，家庭的语言意识虽然已经在向多元语言观转变，但还是深受单
语制观念的影响。比如，在中国，大多数家庭仍然认为国家标准语就
是最好的唯一的选择，认为方言、民族语言是低社会等级或低经济等
级的，不应该成为子女习得的对象。在对待外语方面，认为外语就等
同于英语，只有英语是值得学习的，而这种语言意识的根源正是国家
语言政策中关于语言地位的规划给民众造成的社会心理压力，以及国
家教育政策中关于语言的习得规划给孩子造成的直接外部压力（李宇
明2010a，2010b）。

第三类，家庭的文化身份认同。自然代际传承的语言是我们身份
文化认同的载体，家庭里的祖辈、父辈认为，语言传承决定了传统文
化的传衍，因此对身份文化的认同感是影响家庭语言意识的第三大因
素。这种语言意识来自于家庭内部祖父辈及种族群体文化价值观的压
力。很多家庭在同质化的言语社区中往往没有种族语言传承的压力，
但当移民到了新的异质的言语社区后，相反会产生文化自觉，有了传
承祖语及文化的语言意识，并产生了家庭的语言实践。这样的实例多
发生在少数民族聚居区家庭和海外及城市移民家庭中。

　　第四类，国民教育政策。Spolsky（1974）认为影响家庭语言的外部压力中，最值得一提的是学校领域。因为对于移民家庭来说，由国家主导的学校教育在家庭传统语言与国家标准语之间建立了冲突，他认为学校应该重新认识到教学方式和教学目标应该适应家庭语言文化模式，而非坚持让孩子和家庭放弃自身的语言和文化。他甚至认为，学校与家庭的鸿沟不是语言的，而是文化之间的。法国在1992年签署了《欧洲区域或少数民族语言宪章》后，在其国民教育体系中，对少数民族语言、移民语言实行了一系列保护和促进学习的项目，其中针对移民语言问题，法国教育部实行了"回到源文化"计划，鼓励移民除了学习国家通用语之外，还要学习自己民族的语言和文化，强调了解文化才是学习语言的根本任务。而美国的情况就不那么乐观了，华人家庭的父母对美国公立学校的汉语教育非常担心，因为其所传递的文化价值观已经与真正的中华文化相差很远，导致子女学习汉语的积极性和效果都很差。学校的语言教育政策以及文化教育政策，都会直接影响家庭的语言态度和语言选择。

　　第五类，子女未来的职业领域。影响家庭语言意识的另一个领域是工作领域。Nekvapil（2006）及 Neustupný & Nekvapil（2003）曾经做过一项针对国际商务领域语言管理的调查，结果表明，在亚洲，电话服务中心越来越多地需要特殊语言技能的人才，这就鼓励家庭和学校要为市场培养相应的语言人才做准备。中国家庭中，父母对子女未来职业领域的倾向决定了受教育路径，从而也影响了家庭语言的选择。

　　以上5类影响因素分别代表了语言作用于家庭成员的5个心理层级。家长对子女的语言期望，首先是能力健全，其次是满足基本的普遍交流需要，再次是家庭身份文化的归属，更高一级是通过获得语言文化教育机会提升社会尊重，最后是满足未来自我发展的需求，即生理层级（语言和认知能力）、安全层级（获取普遍交流的能力）、归属层级（文化认同）、尊重层级（教育等级）和发展层级（未来职业发展），可以与马斯洛的层级理论对应起来。

　　我们再来看看家长的语言意识是如何影响儿童的语言发展状况的。

　　有学者认为，对子女第一语言的社会化进程进行研究，可以发现家长的文化信仰和其对子女所使用的交际策略之间的对应关系（Ochs

& Schieffelin 1984）。家长与孩子进行直接交流的语言特征与孩子作为
一个合格的谈话者的文化信仰相关，对于双语孩子来说，家长的语言
意识也决定了孩子的语言特征（De Houwer 1999）。曾经有学者从发展
心理学角度描绘了一个双语孩子的语言意识、语言实践、语言特征等
方面之间的关系，并总结出了以下家庭语言意识与儿童语言发展关系
的基础模型（见图 2）。

图 2　家庭语言意识与儿童语言发展关系基础模型

在家庭中，父母的语言意识一般以 3 种方式起作用。第一种，父
母常常很清楚自己的孩子应该为了什么目的使用什么语言（Hornberger
1988）；这样的家长，即使政府提供一些免费双语教育的机会，他们也
会坚持自己的选择，不受政府政策的影响，比如中国裕固族家庭为了
传承民族语言，在家庭中坚持使用汉语和裕固语（巴战龙 2016）。第二
种，父母的特殊的语言习惯会影响子女，比如俚语、混合语、黑话之
类，这些语言的作用往往是为了建立一种特殊社群成员的身份。比如，
纽约的波多黎各人，他们就用这种方式进行代际间的语码转换，表明
自己的地道的身份（Zentella 1997）。再比如中国家庭中，祖辈会使用
方言对子女进行教化（邬美丽 2008）。第三种，父母对待语言学习和双
语的态度潜移默化地渗透到他们的交际策略中。比如，全球化背景下
的中国家庭的父母带孩子去看电影，他们会有意识地选择英文原声电
影而不是中文配音版；吃西餐的时候，说菜名会选择说英文而不是翻
译的中文。

家长们的语言实践也并非都是理性的。也有一些中产阶级家庭一
旦认定培养多语儿童是一种精英教育，就会有意识有计划地培养双语
儿童，对于他们来说，在孩子的语言履历中增加第二种或第三种语
言，相当于为孩子争取到了重要的利益和社会资本（Curdt-Christiansen
2009），就像学习了钢琴、数学等特长一样，但这样的家庭，大多数的
双语学习策略只是处于"随便"的状态。只有少数家长能够理性地为
孩子选择需要学习的语言，并在家庭中实施具体的二语学习策略。

　　尽管这样，也有研究者认为，父母语言意识和孩子的双语能力之间很少有直接联系，对孩子双语能力起作用的是社会的普遍文化态度（Martínez-Roldán & Malavé 2004）。然而如果没有家庭语言政策，语言实践也一定不能实现，所以家庭语言政策之于语言实践效果，是一种必要非充分条件。

## 五、父母的语言策略与儿童语言产出

　　发展心理学家认为，儿童的语言获得是在人脑和语言器官发育以及认知发展的基础上，在与成人和其他儿童的交际过程中，经过成人的言语教授（示范、强化、扩展和激励）和儿童有选择地模仿学习，并经概括而形成的，因此我们不能否认人的大脑、语言器官和认知发展的作用；同样，也不能否认成人言语教授和儿童相应模仿学习的作用，以及儿童本身在语言获得过程中表现在选择和概括两个方面的主动性和创造性（许政援 1996）。从这段儿童语言获得的定义及描述中，我们可以看到，家庭语言政策会影响儿童语言产出。

　　以双语儿童为研究对象的家庭语言政策，可以根据父母践行的双语策略的不同进行分类（Lanza 1992；Romaine 1995），其中"一人一语"的家庭策略模式是研究得最为成熟的。所谓的"一人一语"策略，就是父母在家庭中分别使用各自不同的母语与子女交流，其中一位家长所使用的语言可能与社区广泛使用交流的语言一致（De Houwer 1990），也有父母各自使用的语言是少数民族语言（Hoffman 1985）且与社区使用的主流通用语不一致的情况，这样的家庭最后形成三语环境，而第三种语言就是家庭外使用的社区主流语言。还有一些其他的"一人一语"家庭语言模式研究，比如，一位家长使用并非自身母语的少数民族语言的情况（Fantini 1985；Döpke 1992）。根据目前已有的研究，笔者整理出"一人一语"家庭语言策略模式与子女语言产出情况对照表，以便理清家庭语言策略与儿童语言产出的关系（见表1）。

表1  "一人一语"家庭语言政策模式及子女语言产出情况

| "一人一语"家庭语言模型 | 父亲使用语言 | 母亲使用语言 | 社区使用语言 | 子女产出语言 |
|---|---|---|---|---|
| 1 | + | − | +/− | +、− |
| 2 | + | − | ? | +、−、? |
| 3 | Ω/+ | Ω/− | ? | |

注："+"表示父亲的母语；"−"表示母亲的母语；"?"表示社区的主流语言；"Ω"表示父母一方的非母语、非社区主流语言的少数民族语言。

在西方，"一人一语"策略模式的研究成果很多，有价值的结论包括：孩子最终的双语能力与接触两种语言的频率相关，除非每种语言的习得时间各占50%，否则，双语儿童还是会在两种语言中有所倾向；也没有直接证据证明儿童在语言发展中的语码混合和语言延迟现象是父母忽视家庭语言规划的双语育儿行为造成的（Caldas 2012）。

此外，非"一人一语"的家庭语言模式研究也在不断出现，包括父母双方都使用少数民族语言（Fantini 1985；Pan 1995；Kouritzin 2000），还包括家里雇用了使用混合语言的保姆的情况，保姆常常表现出语码转换（Lyon 1996），还有一些研究发现家庭里既不是"一人一语"，也不是非"一人一语"，比如雇用了一个保姆，她除了自己经常使用的语言，还会讲某种少数民族语言（Taeschner 1983；King et al. 2008）。这些家庭的语言习得策略丰富了双语习得途径的研究。

家庭语言政策除了在习得策略上会影响儿童语言发展，在儿童习得语言的不同时期扮演了不同的角色。卡罗尔的《语言心理学》将儿童语言习得阶段分为早期和后期。

（1）家庭语言政策在早期语言习得中的角色

笔者根据线索，实地采访了上海一位有双语背景（汉语和法语）的母亲，在婴儿出生0~6个月期间，她与婴儿进行少量母语交流，并同时用法语交流，比如pipi（小便）、caca（大便）等。在婴儿12个月左右时，母亲发现婴儿的语言能力比一般儿童滞后，具体表现是母语语音迟缓。其后，家庭改变了语言交流策略，父母开始更多地跟孩子用母语交流，母亲也不再进行法语输入。23个月时，婴儿词汇量为 10~20 个，30 个月左右出现词汇大爆炸。这比一般孩子在 18 个月左右出现 50 词、18~24 个月出现词汇大爆炸，分别要晚 6~12 个月。23 个月时，母亲带孩子去医院检查，结果表明孩子一切体征、智力发育均正常。母亲认为孩子出现母语语言能力滞后现象的主要原因是早期跟孩子母语交流很少。另一个原因是早期给予了较多的非母语刺激——法语的词汇和儿歌。在这个实例中，神经模式母语化假说[⑤]得到了印证。

当下，在子女学习外语的问题上，很多父母认为越早越好，事实上，胎儿在母亲子宫时就可以听辨母语和非母语的语音，早些给予外语的刺激，胎儿确实可以接收到，但却在一定程度上抑制了母语的发展，影响了早期母语发展的能力。Birdsong（1999）认为："关键期问题在二语习得研究中具有不可动摇的中心地位。"而家庭语言政策中关于二语习得的关键期的意识并没有更加科学的指引。

Kuhl（2007）认为，在早期语言习得时期，婴儿的社会脑控制了婴儿语言学习的效率。社会化的互动通过几个方面影响语言学习。首先，社会化的互动提高了婴儿的注意和唤醒水平，这使得婴儿能够编码并记住的言语信息在数量和质量上有了一个整体的提高。其次，现场互动增加了婴儿和指导者的交互式的社会联系，如在成人引导下的眼睛注视点的转移，这增加了所获得的信息，促进了婴儿的语音学习。最后，现场互动能够促进婴儿有意识地模仿所听到的声音，加强了婴儿言语知觉脑区和言语产生脑区的联系，这极大地促进了婴儿的语言习得。这一时期的儿童，需要父母更多社会化的沟通交流形式（杨玉芳 2015）。家庭语言政策应该引导年轻的父母与儿童进行有效的社会化沟通。

儿童语言发展过程中，父母的文化背景、社会经济地位都对儿童词汇的获得有重要影响。高社会经济地位的父母对儿童讲的话，要多于低社会经济地位的父母，而来自高社会经济地位家庭的儿童的词汇量也更多（Hoff 2006）。到儿童 3 岁时，高社会经济地位家庭儿童的平均积累词汇量超过 1000 个，而低社会经济地位家庭儿童的词汇量接近 500 个，社会经济地位可以解释 36% 的词汇量所表现出的变异（Hart & Risley 1995）。除了这些大背景，父母的行为特征及语言使用的个体差异也会通过影响儿童的语言经验最终影响儿童获得词汇的速率和方式，儿童显著地受到其父母讲话特征的影响。所以作为家庭语言政策主体的父母，可以在应答性、参与交流的程度、对子女使用词汇量的多少等变量上有意识地改变，从而影响儿童语言发展。

（2）家庭语言政策在后期语言习得中的角色

随着儿童年龄的增长，儿童语言会逐渐社会化。家庭语言模式的习得和使用会影响社会语言模式，反之亦被社会语言模式所影响，社会和家庭模式之间的这种双向循环、相互影响的关系也常常发生在代际间的语言传承过程中。在美国的双语育儿研究领域，Tuominen（1999）发现，父母的语言政策往往受到学龄孩子的态度和实践的影响，即多语家庭的孩子经常带动其父母一起社会化，而非被自己的父母所带动。

国内有关于武汉武钢厂区青少年习得方言的调查，结果表明：他们的语言往往更多地受同伴的影响，他们会在有了一定的社会群体认同感后，自主习得大多数同伴使用的方言变体（吴琼 2003）。而这时他们在家庭中表现的语言意识会使父母的语言政策面临新的压力。

Hazen（2002）主要研究家庭使用的语言与社区大多数人使用的语言的交叉关系，当孩子开始对家庭以外的先进团体产生身份认同时，那些强化加固家庭方言的团体会促进孩子的语言坚持。

此外，随着社会的全面数字网络化，儿童接触多语言类型的电影、电视、网络、手机、各种应用软件的概率大大提升，家庭的语言规划中，家长对于子女的电子产品的语言接触规划对儿童语言的发展也有巨大的影响。

家庭可以被看成一个网络，在这个网络中，语言意识在养育者和孩子的语言互动中逐渐形成和沉淀下来。只有在家庭中，尤其是在双语或多语的家庭中，那些占统治地位的语言意识与当地的或个人的语言意识之间的竞争过程才能被清楚地感知到。家庭语言意识在影响语言实践和孩子在语言习得的很多细节上都有重要的作用。

# 六、结语

　　全球化进程日益加快的今天，为了应对全球化对社会、个人语言能力的全新要求，社会和家长也将对儿童语言发展注入全新的关注内容：应对全球化，是选择双语还是单语？应对区域内自由流动又兼顾地域、民族情感认同，是选择区域标准语还是方言、少数民族语言并举？应对快节奏高科技的现代社会，还要从历史传统中找到心灵情感的归属和慰藉，是选择日新月异的现代语言还是从古典语言中吸取养分？应对数字网络社会全面来临，想在虚拟社区中消除不适感，是选择纯洁的规范语言还是新语用规则下的网络语言？这些错综复杂的家庭语言意识，影响着家庭成员的语言选择，管理着各种语言之间的关系，最终将决定各种语言的生存状况和社会的语言前途。然而，以前的儿童语言发展研究和经典语言政策研究都很少涉猎这些内容，而这正是家庭语言政策大有可为之处。因此本研究提出新时期家庭语言政策研究的重要性，并初步归纳了家庭语言政策七大研究领域及其关系模型，分析了家长语言意识的五大影响因素，总结了儿童语言发展早期和后期阶段所需要的若干家庭语言策略等。拙文只做了非常有限的研究，但希望能吸引更多专家学者以儿童语言发展为立足点探讨微观语言政策，为儿童语言发展做好路径规划，提供系统策略，引导儿童语言发展朝着应对全球化、多语主义、多元文化的方向前进。

## 注释

　　①移民家庭的语言政策基本上按以下简单模式变化（Fishman 1966）：第一代移民开始在家庭之外学习新语言，但是他们通常要到自己的小孩开始接受学校教育并使用新语言时，或者跟其他同龄孩子充分接触时才经历语言转变。第二代移民就变成了双语人。第三代移民则趋于完全转向新语言，除非他们一直保持与只会一种语言的第一代移民的接触。

　　②儿童的语言习得有先天机制，也受环境和认知的影响。认知语言学家认为，母亲使用的"妈妈语"对孩子习得语言非常重要。

　　③美国使用的主要语言为英语和西班牙语。

　　④ Spolsky（2012）提到，"这是依据我个人的语言经历得出的观点，因为

30 年前我们一家搬到以色列的时候，我女儿学校的老师要求我在家里跟女儿用希伯来语交流，并向我解释双语主义的价值，这让我觉得有点突然"。言外之意是他感受到了来自学校的压力。

⑤神经模式母语化假说（native language neural commitment）: Kuhl（2004）提出了该假设，这个假设认为婴儿期神经系统编码了所接受的语音输入的模式，产生了对母语音位范畴统计属性和韵律规则敏感的神经模式，并使这些已习得的模式在更高水平的语言发展中得到应用，即神经模式的母语化促进了母语习得。神经母语化也干扰了与这些已习得的模式不一致的外语语音模式的学习，表现为对非母语音位范畴敏感性的下降。因此，婴儿对非母语语音范畴对比的知觉反映了大脑尚未形成母语语音模式或保持开放的程度，这与更慢的母语习得相关。

## 参考文献

巴战龙　2016　如何打造双语家庭——裕固族语言文化遗产传承问题研究，《西南民族大学学报（人文社科版）》第 5 期。

博纳德·斯波斯基　2011《语言政策——社会语言学中的重要论题》，张治国译，北京：商务印书馆。

郭翔飞　2012　儿童语言习得与儿童一般认知发展规律，《外语学刊》第 4 期。

李宇明　2010a　努力培养双言双语人，载李宇明《中国语言规划论》，北京：商务印书馆。

李宇明　2010b《中国语言规划续论》，北京：商务印书馆。

邬美丽　2008　家庭语言使用的代际差异及思考，《语言文字应用》第 4 期。

吴　琼　2003　武钢居民用语的初步调查，《汉语学报》第 5 期。

许政援　1996　三岁前儿童语言发展的研究和有关的理论问题，《心理发展与教育》第 1 期。

杨玉芳　2015《心理语言学》，北京：科学出版社。

Berko-Gleason, J. 2005. *The Development of Language*. Boston: Allyn & Bacon.

Birdsong, D. 1999. *Second Language Acquisition and the Critical Period Hypothesis*. Mahwah: Erlbaum.

Caldas, S. J. 2006. *Raising Bilingual-Biliterate Children in Monolingual Cultures*. Clevedon: Multilingual Matters.

Caldas, S. J. 2012. Language policy in the family. In B. Spolsky (Ed.), *The Cambridge Handbook of Language Policy*. Cambridge: Cambridge University Press.

Cooper, R. L. 1989. *Language Planning and Social Change*. New York: Cambridge University Press.

Curdt-Christiansen, X. L. 2009. Invisible and visible language planning: Ideological factors in the family language policy of Chinese immigrant families in Quebec. *Language Policy* 8.

De Houwer, A. 1990. *The Acquisition of Two Languages: A Case Study*. Cambridge: Cambridge University Press.

De Houwer, A. 1999. Environmental factors in early bilingual development: The role of parental beliefs and attitudes. In G. Extra & L. Verhoeven (Eds.), *Bilingualism and Migration*. New York: Mouton de Gruyter.

Döpke, S. 1992. *One Parent One Language: An Interactional Approach*. Amsterdam/Philadelphia: John Benjamins.

Döpke, S. 2000. Cross-linguistic structures in simultaneous bilingualism. In S. Döpke (Ed.), *Studies in Bilingualism*. Amsterdam/Philadelphia: John Benjamins.

Fantini, A. E. 1985. *Language Acquisition of a Bilingual Child: A Sociolinguistic Perspective*. Clevedon: Multilingual Matters.

Fishman, J. 1966. *Language Loyalty in the United States: The Maintenance and Perpetuation of Non-English Mother Tongues by American Ethnic and Religious Groups*. The Hague: Mouton.

Guasti, M. T. 2004. *Language Acquisition: The Growth of Grammar*. Boston: MIT Press.

Hart, B. & Risley, T. 1995. *Meaningful Differences in the Everyday Experiences of Young American Children*. Baltimore: Brookes.

Hazen, K. 2002. The family. In J. Chambers, P. Trudgill & N. Schilling-Estes (Eds.), *The Handbook of Language Variation and Change*. Malden: Blackwell.

Hoff, E. 2006. How social contexts support and shape language development. *Developmental Review* 26(1).

Hoffman, C. 1985. Language acquisition in two trilingual children. *Journal of*

*Multilingual and Multicultural Development* 6(6).

Hornberger, N. H. 1988. *Bilingual Education and Language Maintenance: A Southern Peruvian Quechua Case.* Dordrecht: Foris.

Jernudd, B. H. & Nekvapil, J. 2012. History of the field: A sketch. In B. Spolsky (Ed.), *The Cambridge Handbook of Language Policy.* Cambridge: Cambridge University Press.

King, K. A. 2000. Language Ideologies and Heritage Education. *International Journal of Bilingual Education and Bilingualism* 3(3).

King, K. A. & Fogle, L. 2006. Bilingual parenting as good parenting: Parents' perspectives on family language policy for additive bilingualism. *International Journal of Bilingual Education and Bilingualism* 9(6).

King, K. A., Fogle, L. & Logan-Terry, A. 2008. Family language policy. *Language and Linguistics Compass* 2(5).

Kouritzin, S. G. 2000. A mother's tongue. *TESOL Quarterly* 34(2).

Kuhl, P. K. 2004. Early language acquisition: Cracking the speech code. *Nature Reviews Neuroscience* 5(11).

Kuhl, P. K. 2007. Is speech learning "gated" by the social brain? *Development Science* 10(1).

Lanza, E. 1992. Can bilingual two-year-olds code-switch? *Journal of Child Language* 19(3).

Lyon, J. 1996. Patterns of parental language use in Wales. *Journal of Multilingual and Multicultural Development* 12(3).

Martínez-Roldán, C. M. & Malavé, G. 2004. Language ideologies mediating literacy and identity in bilingual contexts. *Journal of Early Childhood Literacy* 4(4).

Nekvapil, J. 2006. From language planning to language management. *Sociolinguistica* 20(1).

Neustupný, J. V. & Nekvapil, J. 2003. Language management in the Czech Republic. *Current Issues in Language Planning* 4(3&4).

Ochs, E. & Schieffelin, B. B. 1984. Language acquisition and socialization: Three developmental stories and their implications. In R. A. Shweder & R. A. LeVine (Eds.), *Culture Theory: Essays on Mind, Self, and Emotion.* Cambridge: Cambridge

University Press.

Okita, T. 2001. *Invisible Work: Bilingualism, Language Choice and Childrearing in Intermarried Families.* Amsterdam: John Benjamins.

Owens, R. E. Jr. 2001. *Language Development: An Introduction.* Boston: Allyn & Bacon.

Pakir, A. 1994. Education and invisible language planning: The case of English in Singapore. In T. Kandiah (Ed.), *English Language Planning: A Southeast Asian Contribution.* Singapore: Times Academic Press.

Pan, B. A. 1995. Code negotiation in bilingual families: "My body starts speaking English". *Journal of Multilingual and Multicultural Development* 16(4).

Piller, I. 2001. Private language planning: The best of both worlds? *Estudios de Sociolingüistica* 2.

Romaine, S. 1995. *Bilingualism* (2nd edn.). Oxford: Blackwell.

Romaine, S. 1999. Bilingual language development. In M. Barrett (Ed.), *The Development of Language.* Hove: Psychology Press.

Seidlhofer, B. 2003. *Oxford Applied Linguistics: Controversies in Applied Linguistics.* Oxford: Oxford University Press.

Shohamy, E. 2006. *Language Policy: Hidden Agendas and New Approaches.* New York: Routledge.

Spolsky, B. 1974. Linguistics and the language barrier to education. In T. A. Sebeok, A. S. Abramson, D. Hymes, et al. (Eds.), *Current Trends in Linguistics: Linguistics and Adjacent Arts and Sciences* (Vol. 12). The Hague: Mouton.

Spolsky, B. 2004. *Language Policy.* Cambridge: Cambridge University Press.

Spolsky, B. 2006. Language policy failures—why won't they listen? In M. Pütz, J. A. Fishman & J. N. Aertselaer (Eds.), *Along the Routes to Power: Explorations of Empowerment through Language.* Berlin: Mouton de Gruyter.

Spolsky, B. 2008. Family policy management: Some preliminaries. In A. Stavans & I. Kupferberg (Eds.), *Studies in Language and Language Education: Essays in Honor of Elite Ohlstain.* Jerusalem: The Hebrew University Magnes Press.

Spolsky, B. 2012. Family language policy—the critical domain. *Journal of Multilingual and Multicultural Development* 33(1).

Spolsky, B. & Shohamy, E. 1999. *The Languages of Israel.* Clevedon: Multilingual Matters.

Taeschner, T. 1983. *The Sun Is Feminine: A Study of Language Acquisition in Bilingual Children.* Berlin: Springer-Verlag.

Tuominen, A. K. 1999. Who decides the home language? A look at multilingual families. *International Journal of the Sociology of Language* 140(1).

Zentella, A. C. 1997. *Growing up Bilingual: Puerto Rican Children in New York.* Malden: Blackwell Publisher.

发表于《语言战略研究》2017 年第 6 期

# 中国儿童语言培养的家庭语言规划研究：
# 以城市中产阶级为例

## 一、前言

中国人口众多，地理环境复杂，语言文化丰富多样。全国 56 个民族使用的民族语言多达 130 多种（曹志耘 2017），另有各类方言、亚方言逾 2000 种（Li 2006）。为促进各民族、各方言人群之间的相互交流，新中国成立后不久，1955 年，全国文字改革会议在北京举行，确立了在全国推广以北京语音为标准音的普通话的语言政策（Chen 2004；Zhang 2013）。同时，为促进中国跟外界的交流，外语教育（特别是英语教育）也随着中国改革开放发展需要，逐渐进入各级学校教育体制（张德禄 2016）。大半个世纪的推广确实极大地提高了普通话的使用，国民的英语水平也日见增长，这些都使得中国的语言生态发生了深刻变革。有关少数民族语言和方言消失以及英语教育威胁中国语言文化的讨论时有研究提及（Fang 2017；Gao 2015；Gao & Wang 2017；Tsung 2014；高一虹 2015；郭熙，祝晓宏 2016；李如龙 2017；李宇明 2016；赵海燕 2016）。不过，大部分讨论集中在宏观政策、政府机构或学校教育等正式公众场合。家庭作为语言传承和发展的重要领地，相关研究却很少见（Curdt-Christiansen 2009；Schwartz 2010）。本研究以家庭语言规划（Family Language Planning，FLP）为理论视角，以 8 组城市家庭儿童语言培养为切入点，探讨社会语言环境对中国家庭儿童语言发展与规划的影响，以期见微知著，对理解中国城市中产阶级家庭语言生态变化有所启示。

家庭语言规划是指家庭成员对家庭语言使用和家庭读写实践活动所

做的安排与规划（Curdt-Christiansen 2009，2016；King & Fogle 2013；
Lanza & Li 2016）。它同语言规划一样，主要由三部分构成：语言意识
形态、语言实践和语言管理（Spolsky 2004）。语言意识形态指对不同
语言的价值、权力、地位、用处等的认识，它是支撑语言政策背后的
信念体系集合。语言实践指有规律的、可预知的语言行为，即不同环
境下为达到不同交流目的而实际使用的语言。语言管理则指对语言实
践或语言意识形态进行干预、影响或修正的具体行为。

　　语言意识形态是家庭语言规划的原动力，因为任何家庭语言规划都
是"建立在对不同语言的价值、权力和用途的认识基础上的"（Curdt-
Christiansen 2009）。它的形成又与家庭外部社会语言、文化、经济、政
治等因素密切相关。语言实践区别于语言意识形态的地方在于，前者
是"人们实际上做的"，后者是"人们认为应该做的"。二者可以相同，
也可以不一致，因此有必要分开研究（Spolsky 2004：4）。家庭语言实
践，包括平时家庭成员间日常生活交流，也包括长期形成的家庭成员间
相互交流的语言使用模式，都可以反映出家庭"代际交流中的社会文
化变迁"（Schwartz 2010：178）。语言管理则主要通过研究家庭启蒙读
写实践，探讨家庭语言规划主体是如何采取具体措施进行家庭语言安排
和引导的（Curdt-Christiansen 2009，2014）。通过了解家庭环境、父母
参与、父母教育程度与儿童读写能力的关系，间接了解家庭的语言价
值观念、生活态度、文化取向和儿童的语言行为。简言之，家庭语言
规划研究主张，是社会政治、经济、意识形态等宏观因素和家庭读写
实践活动等微观因素共同作用形成了具体的家庭语言规划，家庭语言规
划研究应综合考虑这些宏观、微观因素，了解它们在家庭语言规划中
的作用机理。

　　参照上述理论框架，本研究选取城市中等收入家庭为研究对象，[①]
从父母在孩子语言培养方面所秉持的语言意识形态、语言管理行为和
语言实践活动 3 方面对中国城市家庭语言规划进行解读。这个阶层家庭
最能反映当代中国人口迁移和社会阶层向上流动中家庭语言使用的变
更。通过探讨这些家庭有关儿童语言培养方面的家庭语言规划，可以进
一步反观当代中国社会语言文化生活现状。具体研究问题为：

　　（1）中国城市家庭在儿童语言培养方面的语言态度、观念或意识

形态如何？

（2）中国城市家庭在儿童语言培养方面的具体语言管理措施、规划有哪些？

（3）在这些语言意识形态和语言管理下，儿童语言发展如何？

## 二、研究方法

本研究地点为武汉市。武汉位于中国中部，常住人口超过1000万，是中国南来北往的交通、经济、贸易中心。因其独特的地理位置和人文教育资源，每年都吸引着全国各地大量民众来工作、定居，南北方言也因此汇集于此。不过在公共场合，尤其是学习工作场合，主要使用的语言还是普通话。研究共8组家庭参加，这8组家庭均在武汉市居住了10年以上。每组家庭至少有1名学龄儿童。最小的5岁，读幼儿园中班；最大的11岁，读小学六年级。家庭成员的具体信息见表1。

表1　参与研究的8组家庭基本情况

| 家庭代码 | 家庭成员 | 成员情况 |
|---|---|---|
| 1.艾家 | 祖父母 | 外婆，江西，50年代生，小学，讲江西家乡方言，小孩5岁前较长时间带过小孩<br>爷爷，内蒙古，40年代生，初中，讲内蒙古家乡方言，小孩5岁前间断带过小孩<br>奶奶，内蒙古，50年代生，小学，讲内蒙古家乡方言，小孩5岁前间断带过小孩 |
| | 父母 | 爸爸，内蒙古，70年代生，大学老师，博士，讲内蒙古家乡方言和普通话<br>妈妈，江西，70年代生，大学英语教师，硕士，讲江西家乡方言和普通话 |
| | 小孩 | 小艾，女，8岁，小学三年级，6岁时随父母在美国生活1年，目前讲普通话和英语 |
| 2.贝家 | 祖父母 | 爷爷，湖北，40年代生，小学，讲湖北松滋方言，从小孩出生一直带到现在<br>奶奶，湖北，50年代生，没读书，讲湖北松滋方言，从小孩出生一直带到现在<br>外婆，湖北，50年代生，小学，讲湖北荆门方言，小孩5岁前间断带过小孩 |
| | 父母 | 爸爸，湖北，70年代生，公司职员，硕士，讲松滋方言和普通话<br>妈妈，湖北，70年代生，大学英语教师，博士，讲荆门方言和普通话 |

| 家庭代码 | 家庭成员 | 成员情况 |
|---|---|---|
| | 小孩 | 小贝，男，8岁，小学三年级，讲普通话 |
| 3. 成家 | 祖父母 | 爷爷，山西，50年代生，小学，讲山西家乡方言，从小孩出生一直带到小孩7岁<br>奶奶，山西，50年代生，没读书，讲山西家乡方言，从小孩出生一直带到小孩7岁<br>外婆，安徽，50年代生，小学，讲安徽家乡方言，从小孩出生到现在间断带过小孩<br>保姆，湖北，50年代生，小学，讲湖北天门方言，小孩5岁前间断带过小孩 |
| | 父母 | 爸爸，山西，70年代生，公司项目经理，硕士，讲山西家乡方言<br>妈妈，安徽，70年代生，大学英语老师，博士，讲安徽家乡方言和普通话 |
| | 小孩 | 小成，男，8岁，小学三年级，讲普通话 |
| 4. 迪家 | 祖父母 | 爷爷，武汉，50年代生，大学，讲本地方言，从小孩出生一直带到现在<br>奶奶，武汉，50年代生，大学，讲本地方言，从小孩出生一直带到现在 |
| | 父母 | 爸爸，武汉，70年代生，大学英语老师，硕士，讲普通话和武汉方言<br>妈妈，武汉，70年代生，公立机构职员，本科，讲普通话和武汉方言 |
| | 小孩 | 小迪，男，5岁，幼儿园中班，讲本地方言和普通话 |
| 5. 恩家 | 祖父母 | 爷爷，武汉，40年代生，中学，讲武汉方言，从小孩出生一直带到现在<br>奶奶，武汉，40年代生，中学，讲武汉方言，从小孩出生一直带到现在 |
| | 父母 | 爸爸，60年代生，公司职员，本科，小时候在广州生活5年，讲本地方言、粤方言和普通话<br>妈妈，70年代生，公司职员，本科，讲湖北襄阳方言和普通话 |
| | 小孩 | 小恩，女，11岁，小学六年级，讲普通话 |
| 6. 费家 | 祖父母 | 外公，50年代生，中学，武汉，讲武汉方言，从小孩出生一直带到7岁<br>外婆，50年代生，小学，武汉，讲武汉方言，从小孩出生一直带到7岁 |
| | 父母 | 爸爸，70年代生，公司经理，硕士，本地人，讲普通话和武汉方言<br>妈妈，70年代生，大学老师，硕士，本地人，讲普通话和武汉方言 |
| | 小孩 | 小费，女，10岁，小学五年级，小学二年级随母亲在美国生活1年，讲普通话和英语 |

| 家庭代码 | 家庭成员 | 成员情况 |
|---|---|---|
| 7. 格家 | 祖父母 | 爷爷，湖北，50年代生，中学，讲湖北武穴方言，自小孩出生一直带到现在<br>奶奶，湖北，50年代生，小学，讲湖北武穴方言，自小孩出生一直带到现在 |
| | 父母 | 爸爸，湖北，70年代生，公司经理，硕士，讲普通话和武穴方言<br>妈妈，内蒙古，70年代生，公司职员，硕士，讲普通话和内蒙古家乡方言 |
| | 小孩 | 小格，女，8岁，小学三年级，讲普通话 |
| 8. 浩家 | 祖父母 | 外婆，湖北，40年代生，小学，讲湖北新洲方言，从小孩出生一直带到现在 |
| | 父母 | 爸爸，湖北，70年代生，公司职员，硕士，讲普通话和湖北潜江方言<br>妈妈，湖北，70年代生，公司职员，本科，讲普通话和湖北新洲方言 |
| | 小孩 | 小浩，男，9岁，小学三年级，讲普通话 |

注：所有成员姓名信息均由作者根据家庭字母编号顺序另取的别名。

表1列出了小孩成长过程中主要家庭成员信息，大致包括出生于四五十年代的祖父母，现龄60~70岁；出生于六七十年代的父母，现龄38~45岁；出生于2000年后的小孩，年龄5~11岁不等。在中国家庭儿童抚养中，祖父母担任了重要角色。比如，在我们调查的8组家庭中，小孩出生后均有祖父母参与照顾，其中5组家庭至今仍有祖父母帮忙。同时考察祖孙三代情况有利于我们追述中国语言政策的发展历史。如表1所示，出生于四五十年代的祖父母以讲方言为主；出生于六七十年代的父母，受教育经历基本与中国大力推广普通话时期同步，学校教学媒介语已经完全采用普通话，他们既会说各自的家乡方言，也会说普通话；小孩这一代完全接受普通话教育，以说普通话为主。8组家庭中，3组为武汉本地居民，其余5组为移民家庭，移民家庭均不会说武汉方言。小孩除第四组家庭外，其余既不会父母家乡方言也不会本地话。在英语使用方面，祖父母一般不会英语，父母都是从中学开始接受学校英语教育，尽管日常生活中不用，但有一定英语基础。有4组家庭父母中有一方为英语老师，使用英语机会相对多一些，但也不是把英语作为日常生活用语。8个小孩中，两个曾随父母访学

到美国，在美国小学学习生活 1 年左右，基本能用英语进行日常交流，其余 6 个也或多或少接受过英语教育。

根据研究者的便利，研究首先邀请研究者的 1 位同事和 1 位朋友参加，这两名参与者又分别邀请了各自小孩就读学校的另外 3 名小朋友参加。表 1 中，1~4 号家庭小孩来自同一所学校，5~8 号来自另一所学校。为全面深入了解这些家庭小孩语言发展方面的家庭语言规划，研究借鉴民族志研究方法，通过访谈、实地观察、收集文本资料等手段对这 8 组家庭进行了长达 8 个月的跟踪调查（2016 年 12 月~2017 年 7 月）。我们首先接触了解这 8 组家庭，建立基本信任。然后约定每组家庭中父母一方进行访谈，获取有关家庭成员背景和儿童语言培养经历方面信息，访谈遵照访谈对象的意愿用普通话或方言进行。我们也邀请每个家庭对有小孩参与的家庭活动进行了两次录音。同时，定期到每个家庭做家访。一方面进一步核实访谈、录音内容，另一方面实地收集与儿童语言发展相关的家庭语言资源。我们还在得到允许的情况下，对小孩学校和课外语言活动，特别是英语学习活动进行了跟踪和访谈。研究共收集访谈录音 13 小时，家庭生活录音 21 小时，观察日志 48 页以及各类文本、课外读物照片 115 张，书籍 6 套。

本研究的焦点是儿童语言发展，因此我们在数据分析时重点关注与小孩相关的家庭语言规划与实践。这些家庭所涉及的语言主要有 3 类：方言、普通话和英语。因此数据分析时，我们首先找出与小孩语言发展有关的语料，然后根据它们与方言、普通话和英语的关系进行分类。在此基础上，深入了解这 8 组家庭使用语言的具体情况和使用语境，这些家庭为小孩语言发展所采取的具体措施和提供的资源，以及国家语言政策中相关的语言意识形态是如何在这 8 组家庭的语言态度和语言行为中体现的。

## 三、研究发现

### （一）方言：生活中缺乏方言学习的动力

总的来说，8 组家庭日常生活中都会某种程度上用到方言，特别是祖父母。因为大部分祖父母受教育程度不高，而且大部分时间生活在自己家乡，只会讲家乡方言，即使现在能听懂普通话，也很少使用普通话。在与晚辈的日常交流中，他们多使用方言。如成家祖父母，为带小成从老家来到武汉与小成和小成父母共同生活 7 年，但 7 年里一直用山西家乡话。成妈在访谈中介绍，两位老人"完全不会说普通话""连试图憋一下普通话的尝试都没有""就一直说方言""哪怕现在到了另外一个城市，好多人听不懂他们说什么，他们也不说普通话"（访谈成妈，2017 年 1 月 22 日）。一直居住在武汉的迪爸访谈时也是这样介绍父母的，"爷爷奶奶肯定是说武汉方言，几乎很少说普通话，除非迫不得已，会憋几句或几个词"（访谈迪爸，2017 年 5 月 11 日）。对大多数祖父母来说，方言是他们来照顾孙子之前唯一接触的语言，也是他们情感表达、思想交流和身份寄托的唯一语言。甚至如艾爸所说，他们当年在内蒙古读小学初中时，"在学校大家也说内蒙古话，还有老师上课的时候也说家乡话、方言""语文课，老师念个课文还是用普通话的，但讲课的时候就改内蒙古话了""好多课，像化学、物理，老师都是用内蒙古话"（访谈艾爸，2017 年 1 月 21 日）。艾爸的话反映出，哪怕是在父母这一代，方言还是大量使用的，使用范围也比现在广，正式和非正式场合都有使用。而今，尽管方言继续在家庭中使用，但大部分父母反映，平时爷爷奶奶跟孙子讲话时，两辈人像讲两门不同语言似的，"爷爷奶奶跟孙子讲家乡话，他就用普通话回答，他们互相都听得懂，就是各人说各人的话"（访谈贝妈，2016 年 12 月 1 日）。这种两语或两言并行的交流模式在许多其他语境中也有报告（如 Garrett 2012；Curdt-Christiansen 2014；He 2015）。Lanza（2007）在双语小孩的父母话语规划研究中，把这种现象称为"各说各话"（Move-on strategy）。

由此看来，尽管小孩具有一定的家庭方言环境，但鉴于大的普通话环境，父母这种在家里既不鼓励也不反对的方言管理规划，仍然不会给孩子学习方言创造有利条件。如恩爸在访谈中所言：

　　研究者：那您有没有想过教她武汉话？或者鼓励她学武汉话？恩爸：有想过，但我觉得这个语言来讲的话，你要讲一个语言有两方面，两个方式，一是环境，二是系统学习。在家里来讲，

我跟她讲武汉话讲得比较少，应该这样子讲。而且我还不可能全
程讲武汉话，比如说她问我"爸爸，这个字怎么读"，我不能讲武
汉话，是吧？我给她报听写，我不能讲武汉话。

（访谈恩爸，2017 年 11 月 8 日②）

作为本地人，恩爸在生活中却不跟女儿讲本地话，他的解释是缺
乏环境。在他看来，做学校功课，如听写、学新词只能用普通话来教。
其他父母也基本持同样立场，当问及浩妈，是否希望儿子学方言时，
她十分肯定地回答："因为我知道他没有这种环境，他肯定学不会，所
以没有对他有这方面的期望，因为你刻意去学的话，对他来说就是一
种额外的课业负担了。"（访谈浩妈，2017 年 5 月 31 日）浩妈清楚语
言环境对语言学习的重要性，却并没有为小浩学习方言创造必要环境，
她不仅对小浩学习方言不抱期望，甚至觉得创造环境让他学方言对他
来说是一种负担。

这些观点表明，父母其实并不看好方言的价值。尽管他们承认方
言是他们的根，他们的身份象征，承载着当地文化，但他们并不认为
这些应该是他们孩子的一部分。大部分家庭跟艾妈一样，把方言跟地
域联系在一起，一旦走出这个地方，方言就没有价值，也没有学习的
必要了。

我们家乡的方言没什么用。你看，我生在江西，长在江西，
我们那边的方言非常多。有时候，一个村子的方言，隔壁村子就
有可能听不懂。像我们村，如果我只会讲我们村的方言的话，就
很难跟隔壁讲客家话的村交流……我们村像我这样在外地工作的
人，基本都转普通话了，只有在回老家的时候才用方言。教我女
儿学一个只在有限范围内使用的方言，我觉得没必要。

（访谈艾妈，2017 年 1 月 21 日）

艾妈认为方言使用有局限性，对使用者将来流动不仅没有帮助，
甚至还会妨碍。这种看法反过来又进一步固化了大家对方言的概念，
让大家不自觉地把方言跟"地方""乡土""老一辈人用的"等概念联
系在一起，给人一种方言意味着"落后""不发达"的感觉。

这些理念进而又成了父母在小孩语言培养中家庭语言规划的依据。
8 组家庭一致认为方言对他们的孩子来说并不重要，方言学习应该让位

普通话。尽管家里有祖父母说方言，算是给小孩学方言提供了一个天然的环境，但父母并没有把这些看成语言资源，以此引导孩子掌握方言。如下面摘录的家庭录音所示：

> 贝外婆：(家乡话) 我们今天吃蒸鱼吧，宝贝，我们好久没吃鱼了。
>
> 小贝：(没有回答)
>
> 贝妈：(普通话) 嗨，宝贝，外婆在问晚上吃什么，蒸鱼怎么样？
>
> 小贝：(普通话) 不要吃鱼，太多刺了。
>
> 贝妈：(家乡话) 他不想吃鱼。咱们就直接从菜场买点卤牛肉回来吧，既方便又快捷。
>
> 贝外婆：(家乡话) 好，要是你们喜欢吃牛肉，我们今晚就还吃牛肉好了。

(贝家日常生活录音，2016 年 12 月 18 日)

这段对话中，外婆先用方言征求小贝意见，晚餐是否吃鱼，小贝没回应。妈妈接着用普通话重述，小贝用普通话回答他不喜欢吃鱼。然后妈妈用方言跟外婆转述，并建议改吃牛肉，外婆听后做出让步，用方言宣布继续吃牛肉。这段对话里贝妈跟外婆说方言，跟孩子说普通话。我们调查的 8 个家庭，7 个都是如此。成妈解释说："在小孩还没学会普通话之前，学方言会影响后者的学习。"这一解释显露了父母对方言的态度：方言没普通话重要，所以要先学普通话。"普通话第一，方言其次"也因此成为父母对小孩语言管理规划的准则。

## (二) 普通话：普通话才是他们的母语

普通话在中国一直享有较高的地位。经过几十年的推广，现已成为名副其实的全国通用语。目前，普通话已广泛用于人们日常工作学习生活中，用于各类国际/国内、正式/非正式、官方/非官方场合。普通话的价值也得到了参与研究的 8 组家庭的一致认可。在他们看来，说普通话意味着能与全国各地的人交流，代表着更广泛的交流可能和更宽广的流动前景。

格妈：……就整个的交流，因为语言它就是工具嘛，作为中国人肯定排在第一位的是普通话。

研究者：为什么？

格妈：因为大的环境你是在中国呀，在中国，你普通话说不好，出去交流就很困难，你方言说不好，我觉得交流可能没什么大困难，但你普通话说不好，那就困难大了。

（访谈格妈，2015 年 5 月 17 日）

格妈从交流工具的角度而非情感联系纽带、身份寄托需求角度来衡量语言价值。在她看来，普通话交流广泛一些，因此在语言学习中更重要一些。这种把语言跟交流挂钩的做法自然导致方言价值被贬低，因为方言确实没有普通话交流运用广泛。这种语言观念也就造成了儿童家庭语言培养中重普通话轻方言的现象，长此以往，便会出现方言消退和迁移。

除此之外，这些家庭也更愿意拿普通话来作为孩子的文化身份标志。这一点在浩妈的访谈中有比较明显的体现。当问及小浩不会说这个城市的方言，算不算这个城市的人时，她旋即指出：

他出生在这里，也一直生活在这里。他吃的、经历的一切就表明了他的身份，不一定要是方言。现在，很多小孩生来都是说普通话的，他们学校用的是普通话，家里以及其他社交场合都是说普通话，普通话就是他们的母语，这在中国已经很普遍了，大规模人口移动的必然结果。而且，中国现在对外开放程度越来越高，即使方言代表一个人的身份，也只能是在中国，出了中国就不行了，国际上，代表中国的还是普通话，这也是为什么我们教国际学生要教他们普通话，而不是方言。我们的小孩将来肯定要在国内甚至国际范围内流动，普通话肯定比方言更适合作为他们身份的标志。

（访谈浩妈，2017 年 5 月 31 日）

浩妈的阐释表明，因为人口流动的关系，她更倾向于选择普通话作为孩子的身份标志。这种选择说明，移民不仅带来了人口的流动，同时也带来了新文化，创造了新的身份认同方式，即人们开始把作为通用语的普通话作为自己身份的标志。这说明普通话的功能和使用领域在扩大，逐步从官方、正式、公共领域的通用语走进原本属于方言的家庭、私人、非官方领域。尽管普通话推广政策本意并非要用普通话取代方言，但现实生活中，大家出于对普通话使用价值的追求，主观愿意扩大其使用功能和空间，造成事实上对方言生存空间的挤占。

在此语言观指导下，大部分家长在家庭语言规划时，把小孩的普通话能力培养放在首位。为确保小孩普通话的顺利发展，8 组家庭中的 7 组自小孩出生开始坚持使用普通话。他们希望，"确保最重要语言最先学会；只有当我们确定小孩说普通话没有问题的时候，才放心让她去学方言，当然如果她对方言有兴趣的话"（访谈恩爸，2017 年 8 月 1 日）。唯一一家刚开始一直用本地话的迪家，在小孩上幼儿园之后也有意识地减少了方言的使用，在给小孩讲故事和辅导作业时，父母刻意用普通话代替了方言。迪爸解释道：

> 我们一开始并没有教他普通话，因为我老婆家和我家都是本地人。不过，没教他并不是说我们不希望他学普通话。鉴于普通话在教育和社会中的作用，我们当然要确保他普通话也说得好。但我们并不担心这个，因为我小时候就一直讲方言，后来读书了学普通话也还好，就是我不担心他将来学不会普通话。

> （访谈迪爸，2017 年 5 月 11 日）

迪家刚开始跟小孩交流一直使用方言，这对他们来说是非常自然的事，因为他们夫妻俩都是本地人。但在谈及普通话时，迪爸明确肯定了普通话在教育以及社会流动方面的重要意义。只是他的个人经历让他相信，因为普通话的普及，哪怕他的孩子一开始不会普通话，以后在学校肯定可以学会。他的谈话也映射出跟其他几位家长同样的语言观念，那就是方言和普通话不能同步发展。要学普通话，要么减少方言的使用量，要么减少方言使用的领域。

这种语言管理的方式带来的结果是，8 个孩子就研究期间的观察来看，普通话都说得很流利。不同的是，一开始就学普通话的 7 个小孩目前只会说普通话。但一开始说本地方言的小迪不仅会说普通话，方言也说得很流利，日常交流中，能在两种语言之间灵活自由转换。总的来说，8 个家庭都非常重视孩子普通话的培养，因为普通话不仅在中国应用更广，还被越来越多的人当作身份标志。结果是父母在儿童家庭语言规划时，更偏好普通话，故而，小孩的普通话能力都得到良好培养，方言却被大部分家庭忽视了。

### （三）英语：众人向往的未来语言

全球化浪潮促进了英语在全球各地的传播，在中国也不例外。研究中的 8 组家庭无一例外均为小孩英语培养做了明确规划。他们这样做，一方面是为小孩将来职业发展做准备；另一方面也是为了满足学校教育的要求。因为英语不管在小学、中学还是大学，都是必修科目，是孩子获得各种教育机会的门槛。要在教育中脱颖而出，必须学好英语。

父母培养小孩学英语的意愿很多也来源于自己的切身体验。不仅 4 个作为英语教师的家长，另 5 位非英语教师也表示，他们的工作需要用到英语。比如：格爸介绍，他们公司用的专业软件都是英文的；艾爸也提到他的工作需要经常阅读英文文献；恩爸提到公司很多设备都是外国进口的，操作设备需要英语，跟外国技术人员打交道也要英语。这些切身经历让他们认识到，全球化对劳动力的语言能力提出了新要求。这些认识进而转化成为他们规划小孩语言发展的指导思想。另一方面，父母对孩子教育的期望也驱使他们下意识地培养孩子的英语能力。比如迪爸指出，"以后社会越来越开放了，中国要走向世界，英语确实很有用，以后说不定条件好了，还希望他去国外读书、留学"（访谈迪爸，2017 年 5 月 11 日）。其他家庭也或多或少表达了这一愿望，他们都希望自己的孩子能通过英语学习了解国际文化、开阔视野。贝妈形象地描述，"普通话对孩子来说是必需品，而英语则是孩子的一双额外的翅膀"（访谈贝妈，2017 年 12 月 1 日）。

对英语的看好促使父母积极投资孩子的英语学习。表 2 列出了父母在孩子英语学习中的投资。

**表2　8组家庭小孩英语学习活动一览**

| 英语学习活动 | 8组家庭参与情况 | | | | | | | |
|---|---|---|---|---|---|---|---|---|
| | F1 | F2 | F3 | F4 | F5 | F6 | F7 | F8 |
| 1. 上小学前开始接触英语，如学一些简单的英语单词、日常表达、看英语动画片、听英语儿歌等 | √ | √ | √ | √ | √ | √ | √ | √ |
| 2. 上幼儿园提供的英语兴趣班 | √ | √ | √ | | | √ | √ | |
| 3. 上国际或英汉双语幼儿园 | | | | | | √ | | |
| 4. 除小学开设英语课程外，额外上英语培训班 | | √ | √ | √ | √ | | √ | √ |
| 5. 有在英语国家的生活经历 | √ | | | | | | | |
| 6. 请英语陪练，陪小孩练英语 | √ | | | | | | | |
| 7. 聘请英语为母语的外国人做英语家教 | √ | | | | | | | |
| 8. 在家培养英文阅读习惯 | √ | √ | √ | | | | | |
| 9. 注册网络英语学习课程 | √ | √ | | | √ | | | √ |
| 10. 使用美国原版小学教材或境外英语学习系列教材 | √ | √ | √ | | √ | | | √ |
| 11. 利用网络或电子英语资源体验英语 | √ | √ | √ | √ | √ | | | √ |

如表2所示，8组家庭小孩上小学前，都接触过英语。该现象在其他研究中也有提到（Hu & Mckay 2012；Pan 2015）。Jin et al.（2016:3）指出，中国父母普遍认为英语是"大家公认的有助于儿童今后发展的必备技能"。因此，父母在小孩英语培养上态度非常积极，也乐意付出财力支持他们额外学习英语，如参加校外英语培训班。本研究中，除还在上幼儿园的小迪外，其余小孩都在上英语培训班，甚至有两家（艾家和费家）还专门把小孩带到美国学习生活一年，回国后继续聘请私人英语陪练，陪小孩练习英语。此外，所有家庭都为孩子英语学习提供了丰富的资源。如：直接使用原版美国小学教材或中国台湾、香港等地英语学习教材，利用各种电子网络资源平台让小孩接触英语，等等。还有家庭专门为孩子购置英文书籍、英语电影、动画、歌曲等，小艾家甚至90%的课外书籍都是英文的。

这些额外而且系统的英语学习辅导和丰富的英语学习资源，表明父母对孩子英语培养的决心。虽然英语在中国是外语，没有实际运用的语境，这些家长却利用网络科技优势和资源优势为孩子英语学习运用打造了良好的平台。这些平台和资源将小孩从传统的纸笔模式学习英语转向通过实际应用体验学习英语，增加了小孩交流使用英语的机会。英语逐渐从一门与实际生活相去甚远的外语转向孩子生活中的准二语。父母在孩子英语培养方面的付出，与他们在小孩方言学习中放任自流的态度形成鲜明对比。这种对比深刻反映了父母在培养新时代国际公民过程中的语言观念。

# 四、讨论

该民族志研究探讨了中国城市 8 组中产阶级家庭在小孩普通话、方言和英语培养问题上的家庭语言规划。研究发现中国城市家庭语言规划在语言意识形态、语言管理和语言实践 3 方面均有自己的特点。就家庭语言规划所折射的语言意识形态来看，方言、普通话和英语在这些家庭中地位不同，且它们的地位与其社会经济价值和实际运用价值相关。从这些家庭儿童语言规划的角度看，本研究可以得出如下结论。

## （一）语言资本价值高于语言认同价值

很多研究证明语言与文化身份认同有着紧密的联系（Curdt-Christiansen 2009；Tannenbaum 2012）。本研究显示语言传承与文化的认同感并不是中国家长在为孩子做语言规划时考虑的最主要因素。国外大多研究发现，对自己身份文化的认同感是影响家庭语言意识形态的重要因素，作为身份认同和文化传衍重要载体的代际传承语言也因此成为家庭语言规划的重要内容（Curdt-Christiansen 2009；Schwartz 2010）。但我们的调查表明，影响家庭语言规划更多的是语言价值。父母语言意识形态受语言资本观影响比较大。这与 Curdt-Christiansen（2014，2016）在新加坡所做的家庭语言调查相符合。方言虽然是根，但社会流动性不强，从经济价值的角度来看，比英语和普通话能带来的语言资本要低。因此家长在对孩子的语言教育方面，更看重语言的资本价值，而对文化的认同却没有高度强调。

## （二）家长"影响力"高于孩子能动性

就家庭语言管理规划来看，父母的引导和管理在中国城市家庭儿童语言发展中起决定性作用。这与国外最近的一些家庭语言研究有所不同（Folge 2013；Gyogi 2015；李国芳，孙茁 2017）。这些国外的研究显示孩子们具备很强的能动性直接影响家庭语言决策。然而我们的研究则表明孩子的主观能动性在中国家庭语言规划中体现并不明显。国内家长普遍对孩子的未来抱有很高期望，因此，他们坚信自己对培养孩子未来需要的语言能力负有重任，即 De Houwer（1990）所说的"影响力信念"。这点在普通话和英语的课外辅导及培训上表现得很明显。但是这种"影响力信念"却丝毫没有在方言学习中体现出来。大部分家长采用的是自由放任、不干涉主义的措施和态度。

## （三）宏观社会环境的影响高于国家政策

从语言的意识形态角度来看，我们的研究显示，宏观社会环境比语言政策和教育政策对家庭语言规划的影响更大。中国的语言政策强调普通话和方言使用的合理分工，但是家长们却因为方言较弱的社会流动性、较低的资本价值而不重视方言环境的建设与发展。同样，家长们对孩子的英语教育目的似乎也与国家教育政策不一致。国家政策强调把英语作为国际交流用语，用来传播中国文化。但是大部分家长却更重视英语的实用价值，把英语作为孩子们未来生活中不可缺少的上升移动语言。这种意识形态与社会评价体系以及人们对英语的盲目崇拜有直接的关系。

# 五、总　结

本文对 8 组中产阶层家庭的研究为国际家庭语言规划研究提供了中国视角。国外最近的家庭语言研究，大多关注移民家庭以及遗传语言，族语在移民国家的传承问题。我们的研究侧重于中国的主流社会和主流家庭，因此可以为语言教育政策提出一些建议。

　　首先，家庭是方言传承的基本场所（李如龙 2017）。然而我们的研究发现，父母在儿童家庭语言规划中，因担心方言对普通话形成干扰，刻意对其边缘化，致使方言面临代际传承的困境。作为我们的根语言、个体语言文化遗产，方言在文化传承、身份认同、情感寄托方面意义重大。因此，方言代际传承问题应引起国家的高度重视。

　　其次，国家语言政策从促进交流的角度提倡推广普通话，但在实际家庭语言规划中，普通话因其较高的实用价值和社会地位被广泛应用于家庭日常交流，极大地侵占了方言的使用空间。我们的语言政策并不希望消除方言，而是希望通过对普通话和方言理性的合理分工，营造出健康和谐的双言双语生活（李宇明 2012，2016）。所以为保持方言不流失，提高方言地位，应该加强方言的使用功能。应适当地推广以方言为基础的文化娱乐节目，从而减少这种因为语言功能划分而引起语言价值区分、等级区分的现象。

　　再次，尽管英语在中国现代化、国际化进程中的工具性作用得到高度认可，学习英语也不应该只看其实用价值。语言是学习知识的重要媒体，除了功能性外，还有很多认知与开发智能的作用。而且外语的学习不应只局限在英语。然而，因为民众以语言实用价值为导向的语言规划，对英语的渴望远远超出其外语学习的范畴。越来越多的家庭创造条件帮助小孩学习英语。我们的研究发现，在家庭语言规划与实践中，家长们把英美英语、英美文化、英语本族语者视为典范，这些典范成为小孩英语学习追捧的对象。虽然宏观社会环境对儿童的语言习得具有更根本性的决定作用，家庭语言实践环境及家长语言意识形态对于母语保持的作用可能大于对外语学习的促进作用，但就广大城市家庭而言，父母的语言取向及管理实践无疑对儿童语言培养和习得结果具有极为重要的作用。在当今中国的广大城市家庭，如本文所展示的语言政策与规划在多大程度上能满足我国语言战略的需要，对中国的语言文化有什么样的影响，都是国家语言政策和家庭语言规划研究需要重视的课题。

## 注释

　　①本文的中产阶级指夫妻均接受过良好的正规高等教育并均有正式工作

的城市白领家庭。

　　②本文对被访谈人话语的引用为非精确转写。

## 参考文献

曹志耘　2017　关于语保工程和语保工作的几个问题，《语言战略研究》第 4 期。

高一虹　2015　投射之"屏幕"与反观之"镜子"——对中国英语教育三十年冷热情绪的思考，《外语教学理论与实践》第 1 期。

郭　熙，祝晓宏　2016　语言生活研究十年，《语言战略研究》第 3 期。

李国芳，孙　苗　2017　加拿大华人家庭语言政策类型及成因，《语言战略研究》第 2 期。

李如龙　2017　现代汉语方言的萎缩和对策研究，《语言战略研究》第 4 期。

李宇明　2012　中国语言生活的时代特征，《中国语文》第 4 期。

李宇明　2016　语言生活与语言生活研究，《语言战略研究》第 3 期。

张德禄　2016　中国英语教育的发展与未来，《当代外语研究》第 1 期。

赵海燕　2016　从文化变迁看高校英语教育的"中国文化失语"，《中国高教研究》第 11 期。

Chen, P. 2004. *Modern Chinese: History and Sociolinguistics* (2nd edn.). Cambridge: Cambridge University Press.

Curdt-Christiansen, X. L. 2009. Invisible and visible language planning: Ideological factors in the family language policy of Chinese immigrant families in Quebec. *Language Policy* 8(4).

Curdt-Christiansen, X. L. 2014. Family language policy: Is learning Chinese at odds with learning English. In X. L. Curdt-Christiansen & A. Hancock (Eds.), *Learning Chinese in Diasporic Communities: Many Pathways to Being Chinese*. Amsterdam: John Benjamins.

Curdt-Christiansen, X. L. 2016. Conflicting language ideologies and contradictory language practices in Singaporean multilingual families. *Journal of Multilingual and Multicultural Development* 37(7).

De Houwer, A. 1990. *The Acquisition of Two Languages from Birth: A Case Study*. Cambridge: Cambridge University Press.

Fang, F. 2017. World Englishes or English as a lingua franca: Where does English in

China stand? *English Today* 33(1).

Fogle, L. W. 2013. Parental ethnotheories and family language policy in transnational adoptive families. *Language Policy* 12(1).

Gao, X. S. 2015. The ideological framing of 'dialect': An analysis of mainland China's state media coverage of 'Dialect Crisis' (2002–2012). *Journal of Multilingual and Multicultural Development* 36(5).

Gao, X. S. & Wang, W. H. 2017. Bilingual Education in the People's Republic of China. In O. García, A. M. Y. Lin & S. May (Eds.), *Encyclopedia of Language and Education: Bilingual and Multilingual Education*. Cham: Springer International Publishing.

Garrett, P. B. 2012. Language socialization and language shift. In A. Duranti, E. Ochs & B. B. Schieffelin (Eds.), *Handbook of Language Socialization*. Malden/Oxford: Wiley-Blackwell.

Gyogi, E. 2015. Children's agency in language choice: A case study of two Japanese-English bilingual children in London. *International Journal of Bilingual Education and Bilingualism* 18(6).

He, A. 2015. Literacy, creativity, and continuity: A language socialization perspective on heritage language classroom interaction. In N. Markee (Ed.), *Handbook of Classroom Interaction*. Malden/Oxford: Wiley-Blackwell.

Hu, G. W. & McKay, S. L. 2012. English language education in east Asia: Some recent developments. *Journal of Multilingual and Multicultural Development* 33(4).

Jin, L. X., Zhou, J., Hu, X. Y., et al. 2016. Researching the attitudes and perceived experiences of kindergarten learners of English and their parents in China. *ELT Research Papers*. London: British Council.

King, K. A. & Fogle, L. W. 2013. Family language policy and bilingual parenting. *Language Teaching* 46(2).

Lanza, E. 2007. Multilingualism and the family. In W. Li. & P. Auer (Eds.), *Handbook of Multilingualism and Multilingual Communication*. Berlin/New York: Mouton de Gruyter.

Lanza, E. & Li, W. 2016. Multilingual encounters in transcultural families. *Journal of Multilingual and Multicultural Development* 37(7).

Li, D. C. S. 2006. Chinese as a lingua franca in Greater China. *Annual Review of Applied Linguistics* 26.

Pan, L. 2015. *English as a Global Language in China: Deconstructing the Ideological Discourses of English in Language Education*. New York: Springer.

Schwartz, M. 2010. Family language policy: Core issues of an emerging field. *Applied Linguistics Review* 1(1).

Spolsky, B. 2004. *Language Policy*. Cambridge: Cambridge University Press.

Tannenbaum, M. 2012. Family language policy as a form of coping or defence mechanism. *Journal of Multilingual and Multicultural Development* 33(1).

Tsung, L. 2014. *Language Power and Hierarchy: Multilingual Education in China*. London: Bloomsbury Academic.

Zhang, Q. 2013. Language policy and ideology: Greater China. In R. Bayley, R. Cameron & C. Lucas (Eds.), *The Oxford Handbook of Sociolinguistics*. Oxford: Oxford University Press.

发表于《语言战略研究》2017 年第 6 期

# 三、少数民族家庭的语言选择

# 语势、家庭学习模式与语言传承
## ——从语言自然接触说起

陈保亚

21世纪初联合国教科文组织濒危语言问题特别专家组出台的文件《语言活力与语言濒危》认为："语言多样性是人类最重要的遗产。每一种语言都蕴藏着一个民族独特的文化智慧，任何一种语言的消亡都将是整个人类的损失。"（联合国教科文组织濒危语言问题特别专家组2006）其实语言消亡只是语言流失的一部分。语言流失还应该包括母语人口的减少，语言特征和结构的流失，语言演化和语言接触机制的流失。面对强大的汉语语势，少数民族语言流失显著，需要展开记录和传承。记录的作用是保存一种语言的现存状态，但语言的记录永远不可能是充分的，人力物力的限制也不可能完全记录所有的语言细节，更重要的是，语言的记录并不代表语言的传承，就像记录物种并不等于就传承了物种。语言传承是自然语言生态的传承，是面对语言流失更需要迫切展开的工作。当然，语言传承不能取代语言记录，因为语言演变的速度很快，每个时间段或共时平面都有独特的面貌，这些面貌都必须通过语言的记录来完成。语言传承和语言记录这两项工作需要同时展开，才可以让我们认识到语言是如何一步步演化的，人类文化社会和人的智慧、思维是如何发展变化的。传承和记录同时展开的工作，可以称为语言生态（language ecology）工程。下面主要通过语言接触中的语势分析来论证语言传承的机制以及家庭学习模式对语言传承的特殊意义。

# 一、语势与自然接触

汉语具有很强的传承势力。在古代埃及、巴比伦、印度和中国四大文明中，唯有中国的汉语借助汉字持续书写着汉语文本，维持着华夏文明，并不断替换其他语言，这是一个奇迹，这个谜至今未得到最终解释，但汉语强大的传承势力无可争辩。

我们把语言在自然接触过程中的传承势力称为语势。[①]和少数民族语言相比，汉语自身具有一种很强大的语势。汉语是强势语言，少数民族语言是弱势语言。过去已经有强势语言和弱势语言的提法，主要是从语言活力上来划分的，下面涉及的这一对概念将限制在语言传承势力上，即限制在语势上。过去对汉语强大语势的程度估计不足，对语势的内在机制认识不够，过高估计文教媒体在语言传承中的作用，认为只要进行人为的调整，比如展开双语教学，出版少数民族语文报刊，播放少数民族语言的广播电视，广泛展开少数民族文化活动，少数民族语言就能得到传承。《语言活力与语言濒危》的作者也有这种理念。事实上这样的传承措施在中国大陆和台湾所获得的结果并不理想。中国境内少数民族语言的流失现象仍然很严重。对语势认识不足，就难以观察到语言流失的机制，难以提出有效的语言传承措施。

从我们调查到的资料看，[②]语势可以从两个方面来量化：一个是母语人口数量，一个是语言中的词汇量。母语人口是指把该语言作为第一语言的人口，这些母语者能进行口语交流或用同一种文字交流。比如说汉语（包括方言）母语者人口有十多亿，傣语母语者人口低于一百万，两者相差很大。词汇量指一种语言古今历史积淀形成的词汇，包括借词。《汉语大词典》就是汉语词汇的汇集，约 37 万词条。《傣语词典》（德宏）收 2.8 万多词条（孟尊贤 2007）。根据我们的调查，德宏傣语的词条还可以增加，但不会增加很多，这显示出汉语具有更为丰富的词汇。词汇越丰富，通常词根、文本也越丰富。词汇丰富体现了该语言文化底蕴很深厚。体现词汇量的语言文本包括口语文本（口传）和书面语文本，其中既包括《诗经》《易经》这样的原生文本，也包括基于翻译引介的衍生文本，比如很多科技文本。汉语由于母语人口多，词汇丰富，所以制造仿译词的能力也特别强，比如日语大量借

用的英语词，汉语大量以仿译词的方式出现。日语把计算机音译成
コンピュータ，汉语则仿译为"计算机"。日语把麦克风音译为マイク，
汉语早期音译成"麦克风"，后来进一步仿译成"话筒"。通常语势越
强，借词中仿译词越是多于音译词。

　　母语人口越多、语言词汇量越丰富，语势越强大。在当下大陆、
台湾的语言接触中，汉语是一种语势很强的语言，即通常所说的强势
语言。少数民族语言通常是弱势语言。在语言接触中，弱势语言民族
通常有大量双语者，强势语言民族通常是单语者，比如中国少数民族
有很多会说汉语，汉族会说少数民族语言的比较少。根据双语情况，
还可以给出语势的相对量化标准：在语言的自然接触中，双语人口比
例越高的民族，其母语的语势越弱；双语人口比例低的民族，其母语
的语势越强。相对量化标准主要基于语言接触的一个基本观察事实：
弱势语言群体通常会说强势语言。语言接触中语势的不对等是造成语
言流失的主要原因，主要表现为双语者经常放弃自己的母语而转换成
只说强势语言的单语者。以德宏傣语、阿昌语和德昂语为例（根据
《世界的书面语：使用程度和使用方式概况·中国卷》整理计算），具
体数据见表1。

表1　德宏傣语、阿昌语和德昂语的使用情况

| 语言功能 | 傣语 | 阿昌语 | 德昂语 |
|---|---|---|---|
| 民族总人口 | 839 496 | 20 433 | 12 297 |
| 转用汉语人口比例 | ~5% | ~14% | ~5% |
| 第一语言人数比例 | ~95% | ~86% | ~95% |
| 本民族只讲母语人数比例 | ~58% | ~79% | ~60% |
| 本民族双语人数比例 | ~38% | ~37% | ~37% |
| 双语者使用汉语人数比例 | ~38% | ~37% | ~37% |
| 双语者使用载瓦语人数比例 | ~1.2% | ~15% | ~4.1% |
| 双语者使用傣语人数比例 | 100% | ~11% | ~20% |

　　从我们的抽样调查看，傣族使用汉语比例还要高得多，傣汉双语
者人数已经达到傣族人口的70%以上。以上数据已经显示少数民族使
用汉语的人数比例相当高，转用汉语人数也不少。转用汉语比例最高
的是阿昌族，平均每7个人中就有一个转用汉语。傣族、德昂族每20

个人中就有 1 个转用了汉语。

长期以来有一种观点，认为语言是平等的，少数民族语言的流失是因为汉语普通话被置于官方语言的地位，是因为汉语普通话不断得到推广。要澄清这里的误解，有必要深究语言平等的含义。语言平等主要是从语言权利和语言系统两方面说的。从语言权利说，每种语言都有得到社会平等对待的权利。从语言系统说，每种语言都是一个完整的系统，都有语法系统、语音系统、基本词汇系统的完备性，都能完成基本的交际功能、思维功能和文化传承。如果考虑到语势，则不同的语言有很大的差异。强势语言由于词汇量大，更能够有效组织高层次思维活动和交际活动，比如科学、哲学、文学、宗教、政治、管理等高层次复杂活动。强势语言由于母语人口多，同一件文本分享的人口和民族也多。相比之下，弱势语言这方面的功能就要弱得多。概括地说，强势语言更能够有效组织不同民族之间的高层次思维活动、交际活动和文化传承活动。

语言是平等的，语势也是存在的。前人尽管没有提出语势的概念，但都从不同的角度认识到或承认人口、文化的因素在语言转用中的作用，比如戴庆厦、王远新（1987）已经注意到在诸多因素中，语言转用主要和语言人口、经济文化有关系。徐世璇（2002）也把人口和文化基础列为诸多因素中的两个重要因素。为了使论证更严密更充分，我们需要强调的是，确定语势时所说的语言人口是指语言自然接触中的母语人口，所说的文化因素是指可以量化的词汇，并且语势造成语言流失必须以语言的自然接触为条件。

语言的自然接触在语势定义中是一项重要因素。语言的接触可以分为自然接触和非自然接触。自然接触是指在同一空间不同族群的语言相互接触，中国民族地区普遍分布着汉族，汉语和少数民族语言在同一地区进行的语言接触属于语言的自然接触，其显著的特点是：

1.同一时空条件：两个语言群体在同一空间展开接触。比如傣语人和汉语人在德宏展开的接触。

2.口语优先条件：在第二语言的学习过程中，口语学习先于文本学习。第二语言的获得首先通过口语在生活中自然展开，不需要专门训练或人为训练。比如很多傣语人在接触到汉语文本以前，已经通过口语获得了汉语的基本规则和基本词汇。

在自然接触中，两个民族在同一时空展开口语的自然学习是一个关键，所以自然接触也可以称为口语接触。非自然接触不属于上述情况。日语中汉字的吴音、汉音、唐音等，可以看成非自然接触的结果。非自然语言接触的显著特点是：

1. 时空不同一。两个语言群体通常不是在同一时空间展开接触。除了上面提到的汉日接触，现在能够活生生观察到的马来西亚英语和汉语的接触，大部分情况下英语母语者并不在场，只有汉语人在场。③

2. 书面语优先条件。书面语学习先于口语学习，第二语言学习过程在多数情况下首先是通过书写在文本上的文字和文献展开的。第二语言基本词汇和基本规则的获得是刻意学习，或者经过专门训练的结果。

日语和汉语作为非自然接触的一种特殊情况，日语还借用了书写在文本上的汉字，所以在日语和汉语的接触中，文本起了关键作用。日汉的这种非自然接触也可以称为文本接触。中国少数民族语言和汉语的接触一般不借用文字。日汉文本接触背后口语接触的广度和深度怎么样，现在还不清楚，但日汉之间存在大量文本接触是可以肯定的。

汉语文本在日本、朝鲜半岛、越南等东南亚国家都有传播，甚至有大量汉字进入日语、朝鲜语和越南语。尽管朝鲜、韩国和越南取消了汉字，但汉字带入这些国家的语言中的语素取消不掉。汉字文本在南洋海路的历史也比较早。《历代宝案》收录了 1424~1867 年琉球国和中国、日本、暹罗（今泰国）、土耳其、满剌加（马六甲王国）、苏门答腊、爪哇等国的外交贸易往来公文，都用汉字书写。可以看出至少当时连接这些王国的海路上，汉字文本是一种通用文本。这些都是非自然接触的一种表现，不会造成这些地区原住民语言的消亡，只会造成词汇的传递和结构的干扰。

强势语言造成弱势语言的流失必须有一个自然接触环境，汉语和傣语的接触是中国众多自然接触的一个案例。在全球化过程中，人们常常把汉语和英语的通用作用进行比较，看到英语通用性更强，容易夸大英语引起其他民族语言流失的作用，而忽略汉语的巨大作用，原因在于没有看到自然接触这个环境。如果从自然接触的条件看，汉语的语势可能比英语强。汉语和英语的词汇都很丰富，但以汉语为母语的人口比以英语为母语的人口多得多，汉语和其他民族展开自然接触的情况也要多很多。不可否认，英语的使用人口比汉语的使用人口多，但其中有很多只是作为第二语言使用。根据《世界的语言》2000 年的统计（Lewis 2009），汉语母语人口有 12.12 亿多，英语母语人口约有 3.28 亿多。即使汉语北方官话母语人口，也比英语母语人口多。[④]英语母语人口分布的主要地区有英国、美国、澳大利亚、爱尔兰、圭亚那、牙买加、新西兰、特立尼达和多巴哥等。英语在其他地区大多只作为第二语言，这些地区缺少英语母语者，英语和其他语言的接触不属于自然接触，因此并不造成当地其他语言的流失。这种非自然接触可以分出两种情况，一种是英语只作为第二语言使用，是通语（通用语言）或官方语言，比如香港（粤方言为强势语）、马来西亚等。以英联邦国家马来西亚为例，尽管英语地位在马来西亚很高，属于官方语言，但造成马来西亚汉语方言流失的不是英语而是华语或汉语普通话，因为马来西亚汉语方言和华语有自然接触，因此语言转用主要是从汉语方言到华语。造成马来西亚原住民语言流失的也不是英语，而是马来语，因为马来西亚原住民语言和马来语有自然接触，因此语言转用主要是从原住民语言到马来语。非自然接触的另一种情况是英语只做第二语言使用但不做通语或官方语言，欧洲、日本和中国等属于这种情况。这些地区英语造成其他语言流失的情况更少。比如中国德宏傣族地区，随着全球化的进程，越来越多的德宏少数民族入学后会说英语，但是英语只是通过文本获得的第二语言，也不是通用语。在德宏没有人转用英语。即使在当前这样一种全球化和网络化时代，英语通用性极强，也很少见到生活在大陆、台湾的汉语母语者转用英语的报道。

全世界只以第二语言方式讲英语的人尽管很多，但在这些地区缺少自然接触环境，因此尽管英语的语言地位（语位）很高，通用性很高，但其语势并不强。英语在全世界被广泛使用主要是因为英语的语位高，英语目前是全世界通用程度最高的语言（Graddol 1999：6），但是造成语言流失的主要力量是语势而不是语位。由于英语和其他很多民族语言缺少自然接触环境，所以英语对这些民族地区的语言造成的后果主要是词汇的借贷，而不是语言流失。只有当英语和原住民语言有了自然接触，英语才会造成原住民语言流失，比如美国的印第安语的流失就是英语的替换引起的。

　　自然接触和非自然接触过去没有得到严格的区分，所以人们对汉语的强大语势还估计过低，对汉语可能造成的少数民族语言流失的严重性也估计过低。美国社会学家戈登（Milton Gordon）曾提出英语同化世界其他语言的理论，其实这一理论过高地估计了英语的语势。面对全球化趋势，不同的国家和地区仍然是当地母语者的强势语言在替换其他语言。在中国主要是汉语或区域强势语言在替换其他语言。

## 二、语势、语位与语言活力

　　强势语言因为其通用性，往往会被置于一种很高的语言政治地位或语言行政地位，比如官方语言的地位。不过，语言的政治地位或行政地位是借助法律等行政手段而获得的，这是一种非自然传承的力量，可以称为语位。官方语言语位最高。通用语言和官方语言应该区别开来，通语是因为语势很强或语言活力很高自然形成的共同语，官方语言是借助法律手段形成的共同语。

　　汉语的强势地位由来已久。早在国语、普通话推广以前，汉语就处于强势地位，成为各民族的通语。1949年以后，普通话上升为官方语言。普通话语势高，语位也高，但语势和语位的关系不总是完全对应的。强大的语势常常可以压倒语位而获得传承的优势。在中国，汉语即使不被置于官方语言地位，仍然具有强大的语势。满语和汉语的接触是历史上的一个典型案例。清朝满族的满语是统治者的语言，曾被作为官方语言或"国语"加以推行。清政府不仅要求满族人学习满语满文，也让很多汉族学习满语满文，以便用满语满文作为管理国家的语言工具（滕绍箴1986）。清顺治皇帝以前，发布诏诰多用满文，朝廷奏折、公文、教学、翻译等文本也主要用满文。从顺治、康熙以后，朝廷逐渐开始使用满汉双语。不过直到19世纪末，从文献中都可以看出清政府一直都重视满语和满文教育。汉语本是被统治者的语言，但汉语人口多，词汇丰富，汉语语势很强大，能够完成满语无法完成的两个重要的功能。

其一：汉语有足够的词汇量来完成科学、文学、政治、管理、外交、宗教、哲学等诸多领域的编码活动；满语缺乏足够的词汇来充分完成这些活动。比如中医文本中的大量词汇，满语都没有；唐诗、宋词和各种文论的专用词汇，满语更没有。

其二：由于汉语母语者人口多，汉语文本书写的官方文件能够被全国各地各民族更多地理解，满语文本被理解的范围很小。

几百年满汉接触的最终结果是，汉语最后逐渐取代了满语。这种独特的接触模式可以称为满汉接触模式。满汉接触模式体现了语言接触中语势的重要性，说明语言传承的根本力量是语势而不是语位，同时也说明汉语语势极强大，其强大程度在世界上其他地区并不多见。

满语的流失说明没有语势的帝国语言不会成为强势语言。过去很多学者把英语的扩张看成帝国殖民的结果，其实英语能够替换的语言通常都是比英语的语势弱的语言。据《盎格鲁-撒克逊编年史》记载，公元5世纪日耳曼人入侵大不列颠岛，于是英语逐渐形成。英语在近代殖民化以前已经具有了比较强的语势，所以能够在远征的过程中替换很多殖民地语言，比如对澳大利亚、新西兰等地土著语言的替换。这一点和满语不同。当英语在中国香港和中国澳门、新加坡、马来西亚等地遇到强大语势的汉语时，英语替换汉语的情况是相当少的。

汉语在大陆的强势地位有悠久的传统。在没有任何政府干预的情况下，汉语的文化底蕴、汉字文化圈的形成和汉族人口的扩展使汉语自然成为可接受的通语。在这样一种背景下，汉语不断替换少数民族语言，汉语人口不断增加。中国大陆汉语和非汉语的接触代表了一种接触模式，可以称为不等势接触模式。上面提到的满汉特殊接触模式也属于不等势接触模式。在不等势接触中，汉语处于明显的强势地位，基本词汇的传播主要是汉语朝少数民族语言传播，汉语替换少数民族语言的趋势比较明显。

汉语强大的语势甚至能够在人口不占优势的情况下保持传承的优势。比如在马来西亚，华族人口不占优势，华族属于少数民族。在这种背景下，马来语和汉语形成了一种独特的接触模式，可以称为等势接触模式（陈保亚2012），即接触的双方由于都有各自的优势背景，语势基本相当。华语词汇丰富，在文化底蕴上有优势，马来语在母语人口上有优势，后来又被列为官方语言。等势接触的结果是双方都有大量双语者，华人有很多会说马来语，马来人也有很多会说汉语（包括华语和汉语方言），基本词汇的传播是双向的，语言结构的干扰也是双向的。马来语和汉语之间语言替换的情况比较少。马来西亚的现代马来语和汉语方言中都有大量借用对方基本词汇的情况，其中有不少词汇母语者已经感觉不到是借词。这种双向借用显示早期华人和马来人也有大量双语者，语言的语势相当。

语势和语位不同，但如果一种语言语位高，又具有很强的语势，则这种语言的语势会得到大幅度提高。汉语和英语就是典型的情况，汉语历史上曾经具有很高的政治经济地位，语位很高，加上语势本身很强，所以汉语的语势不断得到强化。英语语势在殖民主义兴起以前已经比较强，随着殖民战争的兴起，英语的语位提高，语势也不断得到强化。

语势和语言活力密切相关。语势度量语言的传承势力，语言活力度量语言的使用功能。比如根据联合国的一项测度方案，汉语的综合活力为307，维吾尔语的综合活力为203，藏语的综合活力为174，蒙语的综合活力为172，傣语综合活力为90（黄行2000：19）。汉语和傣语的活力相差很大。通常情况下，语势越强，语言活力通常越高，因此语言活力是语势的重要参数。但语言活力高不一定语势强，比如前面提到英语在香港、澳门等地活力很高，但这些地方语势强的是粤方言。语势和语言活力的主要区别在于语言活力更关心语言在各个领域的使用，包括母语和第二语言，有一套详细的使用活力测度，语势主要关注语言演变和语言自然接触过程中母语的传承势力，所以主要考虑母语人口和词汇量两个量化标准。语言活力没有把词汇量这样的内在标准作为基本标准，这是语势和语言活力在量化标准上的最大差别。语言活力也把语言人口作为一个量化标准，但还包括第二语言人口。

按照语言活力的测度，不同民族语言的功能是不一样的，比如德宏的汉语在行政、教育方面用得多，傣语在节日、宗教活动方面用得多。语言的功能不同并不等于语势的确定没有标准，这个标准就是语势量化过程中的母语人口和母语词汇量。

# 三、对话状态与塔式结构

语势的差异形成了不同的对话状态。以德宏汉语、傣语、德昂语的关系为例（见图1）。

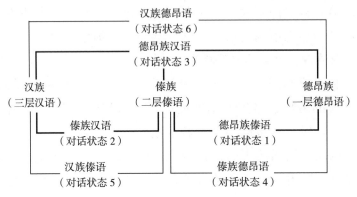

**图1　三层语言对话状态**

以上粗线条代表了最主要的对话状态，细线条的对话状态比较少见。对话状态3和对话状态2都属于汉语对话状态，显然，只有汉语对话状态能够把3个民族联系起来，即当3个民族在一起的时候，最常用的是汉语。这里的汉语指西南官话。如果再把普通话考虑进来，以上对话状态形成了下面这样的对话人群和对话语言的关系，见表2。

**表2　对话人群及其使用的对话语言**

| 对话人群 | 所用对话语言 |
| --- | --- |
| 德昂族 | 德昂语 |
| 德昂族、傣族 | 傣语或西南官话 |
| 德昂族、傣族、西南官话人 | 西南官话 |
| 德昂族、傣族、西南官话人、普通话人 | 普通话 |

由于语势的不同，不同的语言或方言所处的层阶也不同。从德宏的几种主要语言看，德宏地区的对话可以分为4个层阶，见表3。

**表3　德宏地区对话的4个层阶**

| 一层语言 | 二层语言 | 三层语言 | 四层语言 |
| --- | --- | --- | --- |
| 德宏傣语 | 德宏傣语 | 西南官语 | 普通话 |
| 德昂语 | 德宏傣语 | 西南官话 | 普通话 |

| 一层语言 | 二层语言 | 三层语言 | 四层语言 |
|---|---|---|---|
| 景颇语 | 载瓦语 | 西南官话 | 普通话 |
| 载瓦语 | 载瓦语 | 西南官话 | 普通话 |
| 傈僳语 | 德宏傣语，景颇语，缅语 | 西南官话 | 普通话 |
| 阿昌语 | 载瓦语，德宏傣语 | 西南官话 | 普通话 |
| 西南官话 | 西南官话 | 西南官话 | 普通话 |
| 普通话 | 普通话 | 普通话 | 普通话 |

　　语势越强，层阶越高。一层语言用于同一语言族群内；二层语言既可用于同一语言族群内，也可用于一层语言族群之间；三层语言既可用于同一语言族群内，也可用于一层语言之间和二层语言之间；四层语言既可用于同一语言族群内，也可用于一层语言之间、二层语言之间和三层语言之间。这种分层在中国内地其他地区也普遍存在，于是中国内地的语言普遍形成一种塔式层阶结构。第一层是民族语言，第二层是某个地区通用的民族语言，第三层是汉语方言，第四层是普通话（见图2）。

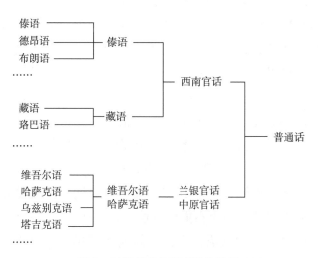

**图2　对话状态与塔式结构举例**

这里的层阶是主要情况，有的地区层阶会多一些，而有的地区层阶会少一些。不是所有层阶的语言都被地方政府规定为官方语言，比如德宏只有傣语、景颇语、普通话被规定为官方语言。西南官话语势很强，层阶也比较高，但并没有被定为官方语言，所以语位不高。

语言在塔式层阶中的位置越高，通用性越强，而接触的塔式层阶又源于语势的差别，语势最终又和母语人口、词汇量有关。从前面塔式层阶结构看，在中国，不仅少数民族和汉族交流常用汉语，少数民族之间的交流也常用汉语。随着网络的兴起，无论是哪个民族，网上对话也主要用汉语，大量新的网络词汇进入汉语词汇中，必然会增强汉语语势。汉语语势势不可挡，要传承正在流失的少数民族语言，必须承认这一点，然后找到可能绕开汉语语势的传承措施。

# 四、两种学习模式和语言传承

从塔式层阶结构看，汉语比傣语、藏语、维吾尔语、蒙古语这样一些民族通语具有更广泛的对话功能，因此使用汉语的人口越来越多，民族通语和民族语言开始流失。不可否认，汉语普通话作为我国的全民通用语，不仅有利于汉族和其他民族的交流，也有利于各民族的相互交流和不同汉语方言区的相互交流，这是多元文明展开对话的自然趋势和必然趋势。过去多从民族语言和汉语的单向关系来看待语言转用，实际上，从塔式结构看，不同少数民族之间的交流也多是靠汉语来完成的，这是汉语强势的另一个重要方面，也会造成民族通语的流失。

传承语言需要在这个大前提下制定措施。回避这一事实来传承语言会遇到很多困难，甚至会引起本民族的反对。比如，如果限制少数民族的汉语学习机会，他们分享人类智慧和知识的机会将受到影响，在将来谋职方面会遇到困难。其实，推广普通话和少数民族语言的流失并没有直接的联系。即使不推广普通话，由于汉语方言语势太强大，少数民族也在大量转用汉语方言。不同地区转用不同汉语方言，这本身已经证明少数民族语言流失是汉语语势带来的，不是推广普通话带来的。推广普通话本质上是汉语标准化问题，少数民族语言流失的根本原因在于汉语强大的语势。

最容易流失的是民族通语，即二层语言的流失，比如傣语作为德宏地区的民族通语之一，语言人口在减少，主要是德昂族或阿昌族在和傣族对话时，越来越多地使用汉语。过去对这类现象很少加以研究。这类现象体现了一种独特的语言接触生态，德昂族傣语和阿昌族傣语也是一种人类文化遗产。如果傣语最终失去了二层语言的功能，一种重要的语言接触机制也就流失了。

继二层语言或民族通语的流失，最显著的就是一层语言的流失，即通常所谓的语言流失。语言的流失是随着对话状态的改变开始的。从我们调查的部分地区傣语流失情况看，可以分为几个阶段。

第一阶段：傣族群体和汉族群体在一起用汉语。这是傣族和傣族用汉语对话的最早状态。

第二阶段：傣族群体在机关单位、学校或一些比较正式的场合，即使没有汉族在场，也用汉语对话，这使傣族的汉语对话认同心态进一步扩大。

第三阶段：傣族在傣族村寨或傣族群体之间有时候也开始使用汉语对话，出现语言认同转变。傣族儿童在这种汉化程度很高的背景下，傣语对话机会降低。

第四阶段：家庭语言对话状态发生转变。在家庭内部，傣族父母对汉语水平高、傣语水平低的子女也用汉语对话。有时为了全家共享谈话内容，傣族父母之间也用汉语对话。

以上除了第一阶段必须用汉语，因为汉族多数不会说傣语，其他几个阶段汉语的使用都和族群成员对母语的态度有关系。《语言活力和语言濒危》概括过几种语言态度，具有代表性：

"语言族群成员对母语的态度通常不是中立的，他们可能将母语视为族群及身份认同最根本的东西加以推广，也可能只使用而不去推广，还可能以母语为羞而不愿将之推广，或者可能将母语视作讨厌的东西而刻意避免使用母语。"（联合国教科文组织濒危语言问题特别专家组2006）

为什么会形成不同的语言态度，背后有更重要的原因，这就是语势的迫力：汉语对话状态信息量很大，而在傣语对话状态，傣语已经没有足够的词汇来应付。我们记录的对话录音显示，傣族之间对话状态从傣语到汉语常常是因为傣语词汇不能充分表达谈话内容，开始大量借用汉语词汇，而很多新概念无法临时翻译，最后过渡到汉语对话状态。

　　阻止少数民族语言流失的一个常见措施是展开文教媒体活动。但是，智慧和知识分享的全球化已经成为一个必然趋势，语言的通用性需求已经不可回避。在语言接触的塔式层阶结构中，语势越强，层阶越高，越有可能上升为通用语，这一趋势是任何社团行为和政府行为都不可阻挡的。在中国，汉语有足够强大的语势来满足通用性。可以用通用效应来量化文本的通用性。通用效应是说：一个文本使用的语言人口越多，通用性越强。显然，任何一个汉语文本一旦出现，比如一条短信或一篇小说，就可能使十几亿人口得到分享。而一篇傣语小说，可能分享的人不会超过一百万。所以我们说汉语的通用效应比傣语要高得多。通用性显示了知识分享的高效率。

　　在全球化时代，面对人类新知识，少数民族语言文本会遇到下面的问题：

　　1. 没有足够的人力把不同语言记录的新知识翻译成少数民族语言。

　　2. 没有足够的少数民族语言师资和专门人员来传授这些新知识。

　　3. 少数民族语言的创新知识文本通用性很低，只能在民族内部局部分享。

　　4. 少数民族语言学得再好，走出民族地区还得使用汉语。

　　一般来说，在没有汉语强大语势的迫力下，会傣语的傣族之间说汉语这种行为对傣族来说是极不习惯的一种状态，这种对话状态通常都发生在城镇一带或汉化程度极高的村寨。这种状态是母语转用的一个关键过程，这给儿童减少了学习傣语的机会。尤其是在家庭中，由于会傣语的父母也开始用汉语交谈，儿童在家庭中也失去了听傣语和说傣语的机会。

　　儿童自然学习母语有两个主要环境，一个是家庭语言环境，一个是周围语言环境。在傣族和汉族杂居的地区，如果周围语言环境中汉语人特别多，儿童的学习环境则主要是汉语。周围语言环境是一个自然形成的环境，不可能要求少数民族儿童回避汉语周围环境，所以从周围语言环境入手来传承少数民族的母语是比较困难的。中国过去的双语教学，分析其机制，实际上是在不考虑周围语言环境的情况下来传承母语。在少数民族儿童母语很好的地区，这种双语教学能够起到对母语知识系统化的作用，也有利于从少数民族语言教学过渡到汉语教学。在儿童民族母语普遍不好的地区，双语教学效果不好，有的地方还增加了儿童的负担。从根本上说，只依靠双语教学，对传承民族母语是不够的。通过三十多年的持续调查，我们发现双语教学前提是：傣族儿童的母语为傣语。如果傣族儿童已经听不懂傣语，通过双语教学传承母语是相当困难的，那相当于学习一门外语。对于语言学习来说，目前流行的文教媒体活动也都属于周围环境活动，把少数民族语言传承建立在文教媒体基础上，也就是建立在周围环境基础上，由于周围环境的汉语化进程越来越快，以这种方式传承语言也很难得到实现。

从根本上说，这种双语教学和文教媒体活动是要通过传承周围环境的语言生态来达到少数民族语言传承，这种理念缺乏对汉语强大语势的足够理解。母语教育基本上只能维持到初中，到了高中和高中以上，就会出现上面提到的一系列问题。可见解决母语学习的根本问题首先要从儿童母语的自然学习过程入手。

强势语言通常从城镇向乡村扩散。比如，当汉语语势不太强的时候，强势语言局限在城镇，乡村和家庭对话状态是相同的，都是少数民族语言。当汉语语势很强并向乡村扩展时，家庭对话状态和乡村对话状态不一致，家庭中的少数民族语言对话成为民族语言传承的最后堡垒。如果没有出现乡村和家庭两种学习模式的分离，语言流失的可能性会比较小。比如，德宏瑞丽各个乡镇还保留着比较好的傣语对话，每个傣族家庭所用的语言和家庭周围所用的语言是一致的。德宏梁河九堡村就不同了，家庭是傣语对话，但家庭周围大量用汉语对话，傣语流失极其严重。德宏潞西芒市镇属于中间情况，具体地说，家庭对话状态可以分成以下几种（以德宏芒市方氏家族为例），见表4。

**表4　德宏芒市方氏家族的家庭对话状态**

|  | 家庭1 | 家庭2 | 家庭3 | 家庭4 | 家庭5 |
|---|---|---|---|---|---|
| 家庭举例 | 方祥龙 | 方兰琴 | （少） | 方珍琴 | 方鹤琴 |
| 父>母 | 傣语 | 汉语 | 汉语 | 傣语 | 汉语 |
| 母>父 | 傣语 | 汉语 | 汉语 | 傣语 | 汉语 |
| 父>子 | 傣语 | 汉语 | 傣语 | 汉语 | 汉语 |

| | 家庭1 | 家庭2 | 家庭3 | 家庭4 | 家庭5 |
|---|---|---|---|---|---|
| 母>子 | 傣语 | 傣语 | 汉语 | 汉语 | 汉语 |
| 子>父 | 傣语 | 汉语 | 傣语 | 汉语 | 汉语 |
| 子>母 | 傣语 | 傣语 | 汉语 | 汉语 | 汉语 |
| 子辈语言情况 | 说傣语 | 说傣语 | 说傣语 | 听傣语 | 说汉语 |

这里的符号>表示对话方向，比如"父>母"表示父亲对母亲说话所用的语言。以上对话状态说明，只要父母有一方能够坚持和子女相互用傣语对话，子女就能传承傣语。如果子辈有机会和会傣语的祖辈长期生活在一起，也相当于以上父母辈能说傣语的情况。

以上父母双方相互说汉语有3种情况：或者只有母亲会说傣语，或者只有父亲会说傣语，或者父母都不会说傣语。只要父母有一方能说傣语，子辈都有说傣语的条件。

在父母都能说傣语的情况下，为了在家庭中照顾傣语不好的子女，父母相互说汉语，子辈就只能说汉语，连听傣语的能力都培养不起来。

在父母都能说傣语的条件下，父母辈说傣语而子辈不说傣语的情况是比较少的。子辈不说傣语通常都是父母辈不对子女说傣语，原因在于，有的认为子辈傣语不好，表达不充分，或者认为子辈说傣语不利于汉语学习，影响将来的前途。这时子辈有听傣语的能力，但不能说。

从以上对话状态可以得出的一个重要事实是，母语转用最关键的环节出现在父母没有坚持和子辈相互用傣语对话。就我们所调查过的其他民族母语转用看，这种情况具有普遍性。而父母不坚持用傣语对话的一个重要原因在于率先在家庭中用汉语对话，为孩子将来的前途着想。

## 五、机制与法制：语言传承的可行性

强势语言的学习采取周围学习模式，弱势语言的学习采取家庭学习模式。家庭学习模式是语言传承的一种机制，有了家庭学习模式的依据，语言传承有了语言学的依据。但是，依据家庭学习模式传承民族语言只是揭示了传承的理据，如何使语言传承具有可行性，还应该有一种法律保证。以往的少数民族语言传承条文主要是倡导性质的，但由于强势语言的通行，民族语言使用不能贯彻。《中华人民共和国民族区域自治法》（2001 年修正）第四十九条"民族自治地方的国家工作人员，能够熟练使用两种以上当地通用的语言文字的，应当予以奖励"，奖励的提出很重要，但是这种奖励没有得到法律保证。而信息分享的全球化，特别是高考、找工作和更高层次的学习，都不得不依靠汉语，这使少数民族语言传承更难以实现。汉语的语势太强大了。

在这样一种强大的汉语语势背景下，会少数民族语言和汉语的双语者或多语者等于为中国社会传承语言文化做了贡献，所以应该为少数民族语言传承者立法。凡是会双语或多语的应该享受法定的优待。比如高考加分等，考研究生加分，公务员优先录取，干部优先任用等。2002 年颁布的《西藏自治区学习、使用和发展藏语文的规定》（修正）第十条就是一个很好的法治化实例："自治区各级国家机关、事业单位录用国家公务员和聘用技术人员时，对能够同时熟练使用藏语文和国家通用语言文字的，在同等条件下优先录用。"当前高考成绩加分按照民族成分而不考虑是否会民族语言，是不合理的。更严重的是出现大量改民族成分的现象。

只有家庭学习模式而没有为少数民族语言传承者立法，传承积极性得不到保证。只有为少数民族语言传承者立法而没有家庭学习模式，传承的机制得不到保证，无法完成母语学习。要完成语言传承，必须要有机制与法制的互动。

## 注释

①语势可以有内部语势和外部语势的分别，这里讨论的是语言接触中的外部语势。内部语势可参看拙著：《语言文化论》第 5.2 节"语势与文化"，昆明：云南大学出版社，1993。

②本文重点讨论语势、家庭传承模式和语言流失的机制和规律，更复杂的统计材料将另文给出。

③在殖民地早期阶段，马来西亚存在英语和马来语的自然接触。

④根据《世界的书面语》1993 年的统计，北方官话母语人口 6.74 亿多。

## 参考文献

陈保亚 2012 马来西亚多语现象：一种独特的接触类型，《当代评论》第 2 期。

戴庆厦，王远新 1987 论我国民族的语言转用问题，《语文建设》第 4 期。

黄　行 2000《中国少数民族语言活力研究》，北京：中央民族大学出版社。

联合国教科文组织濒危语言问题特别专家组 2006 语言活力与语言濒危，范俊
　　军、宫齐、胡鸿雁译，《民族语文》第 3 期。

孟尊贤 2007《傣语词典》，昆明：云南民族出版社。

滕绍箴 1986 明清两代满语满文使用情况考，《民族语文》第 2 期。

徐世璇 2002 语言濒危原因探析——兼论语言转用的多种因素，《民族研究》
　　第 4 期。

Graddol, D.1999. *The Future of English?* 北京：外语教学与研究出版社。

Lewis, M. P. 2009. *Ethnologue: Languages of the World*（16th edn.）. Dallas, Tex.:
　　SIL International.

发表于《北京大学学报（哲学社会科学版）》2013 年第 3 期

# 如何打造双语家庭
## ——裕固族语言文化遗产传承问题研究

巴战龙

## 一、引言：重获重视的家庭

作为人类丰富多彩的文化多样性的表征，家庭一直是社会－文化人类学（以下简称人类学）的传统研究对象之一。家庭的多样性长久以来不断激发着人类学家的研究兴趣，吸引他们／她们致力于从卷帙浩繁的民族志资料中描述和构建家庭的类型谱系、分析和阐释家庭的社会功能和文化意义（科塔克 2012：263~272）。但是，正如社会学家华勒斯坦（Immanuel Wallerstein）等所揭示的，包括西方人类学在内的西方社会科学，实际上都是民族国家的产物（王铭铭 2015），不仅是与欧美势力在世界扩张的同时发展起来的（华勒斯坦，等 1999：3），还常常将国家作为分析的基础框架（华勒斯坦，等 1997：87~92），因此，家庭并不是社会科学家以及权力精英、普通公众稳定持续的关注对象。

在传统社会中，家庭是经济、社会和文化资本转换的核心制度，然而进入现代社会以来，出现了一种去制度化的变迁趋势，家庭的规模和意义都在萎缩（Cherlin 2004）。人类学界普遍认为，无论社会文化怎么变迁，家庭至今仍是初级群体，它的普遍功能仍是对儿童的社会化或濡化负有首要责任。由于家庭对经济和社会发展的作用重获重视，当代西方发达国家的社会政策转向了对家庭的投资和支持，而早在 21 世纪初，中国社会政策研究专家张秀兰和徐月宾就已经提出要构建中国的发展型家庭政策，强调"家庭对人们的生存质量和发展机遇都具有决定意义"和中国社会政策应从强调家庭责任到更重视对家庭的支持转变（张秀兰，徐月宾 2003）。在这样的社会和政策背景中，当我们思考如何传承裕固族语言文化遗产这一问题时，不可能不去考虑家庭在其中发挥的功能和扮演的角色。

中国大陆学界认识到家庭在语言文化遗产传承中的功能与角色是比较晚近的事，其中较有代表性的是语言学家陈保亚的研究。这项研究打破了一个广为流传的少数民族语言传承的迷思，即"过去对汉语强大语势的程度估计不足，对语势的内在机制认识不够，过高估计文教媒体在语言传承中的作用，认为只要进行人为的调整，比如展开双语教学，出版少数民族语文报刊，播放少数民族语言的广播电视，广泛展开少数民族文化活动，少数民族语言就能得到传承"（陈保亚2013）。换句话说，这项研究的发现是，造成多年来中国少数民族语言传承未能取得显著效果的重要原因是对语言的自然接触和非自然接触不加区分，因而对汉语强大的语势估计不足。这一发现对刚刚起步的裕固族语言文化遗产传承实践具有深刻的警示和启示作用，也就是说，如果不顾语言文化遗产传承的语言及文化生态系统的构造和特征，尤其是不能直面家庭弃用本族语言而转用汉语的事实，那么裕固族语言文化遗产传承将会逐步演变成一出"文化闹剧"，以失败告终几乎是它不可避免的命运。

进入新世纪以来，裕固族聚居区掀起了多种旨在传承裕固族语言文化遗产的实践活动，但这些实践活动可归为学校和社会两种传承模式，其中家庭的功能和角色几乎完全被忽视了。鉴于国际经验和本土实际，笔者于2015年初提出可以把打造双语家庭作为裕固族语言文化遗产传承的新思路，同时将其作为政策选项提上语言政策议程（巴战龙2016）。本文以教育人类学为基本学科视角，对在裕固族聚居区如何打造双语家庭这一现实问题从实践步骤和政策建议两个层面展开分析，并阐述"家庭作为方法"的学术价值。

## 二、如何打造双语家庭：实践步骤

"一个双语家庭就是十分习惯于使用两种语言的家庭"（麦凯，西格恩1989：40），对于裕固族来说，"打造双语家庭"常常是指打造十分习惯于使用裕固族语言和汉语的家庭。

从现实状况和行动逻辑来说，我们可以将在裕固族聚居区打造双语家庭的实践步骤分述如下。

## （一）开展调查研究

一方面，调查研究在裕固族语言研究中一直都扮演着极为重要的角色，也可以说，调查研究一直是裕固族语言研究的核心策略。另一方面，相对来说，裕固族语言的结构研究取得了较大成绩，但是使用研究较为薄弱。在充分反思和汲取前辈研究的经验传统和局限教训的基础上，今后裕固族语言调查研究主要包括以下 3 项工作。

1. 加强裕固族语言的记录与描写研究。传统上，裕固族语言研究以"书面研究"为主，记录语言的介质主要是录音机和摄像机，研究成果的储存、分享和应用极为不易。随着科学技术的飞速发展，语言的数位典藏已经成为可能，建立裕固族语言数字博物馆，用多媒体手段充分记录裕固族语言已经成为迫在眉睫的任务。值得欣喜的是，由中国语言学家范俊军主持的国家社会科学基金重大项目——"中国濒危语言数字博物馆建设的理论与实践研究"已于 2014 年 11 月 14 日获得批准立项，裕固族语言的数位典藏被纳入项目，由裕固族学者阿尔斯兰和安惠娟分别负责西部裕固语和东部裕固语的相关工作。如果项目工作进展顺利，裕固族语言的数位典藏将为裕固族语言课程资源库的开发和应用奠定坚实的基础。

2. 开展语言接触和语言流失的机制调查研究。随着人口流动日趋频繁和通婚家庭日趋增多，裕固族聚居区兼用或转用汉语的人口越来越多，完全保持本族语言的社区实际上已经不复存在。以本族语言保持的具体情况而言，可将裕固族聚居区分为基本保持型社区、部分保持型社区、转用型社区 3 种类型。笼统谈论裕固族聚居区语言生活状况已经毫无意义，通过从实求知的调查研究进行"事实描述、分类比较、结构分析、意义阐释"已经刻不容缓。在田野调查中，笔者发现在裕固族聚居区，由于语言接触导致的 3 种极为明显的语言现象特别值得关注：一是汉语对裕固族语言的影响日趋增大；二是语言兼用和语言转用人口日趋增多；三是代际语言流失速度加快，本族语言能力强弱与使用人口年龄大小几成正相关。这些现象正好为语言接触和语言流失机制研究提供上佳研究对象。

3.开展家庭语言使用类型与需求调查研究。一般来说，以家庭语言使用的具体情况而言，可以将裕固族聚居区家庭分为西部裕固语单语家庭、东部裕固语单语家庭、藏语单语家庭、蒙古语单语家庭、汉语单语家庭、西部和东部裕固语双语家庭、东部裕固语和藏语双语家庭、西部裕固语和汉语双语家庭、东部裕固语和汉语双语家庭、藏语和汉语双语家庭、蒙古语和汉语双语家庭等10多种类型。在整个裕固族聚居区及其内部不同片区中，各种类型家庭所占比例和语言及文化需求如何仍不得而知，但弄清楚这些情况将为制定语言政策，特别是制定语言规划提供事实与知识基础。

## （二）制定语言规划

按照语言政策研究界的一般看法，语言规划应由地位规划、本体规划和习得规划3个类别或部分组成（赖特2012：41）。有论者从社会学批判研究视角出发对3类语言规划进行解读，"认为地位规划是社会群体间博弈的动态产物，本体规划蕴含精英标准的确立过程，而习得规划是主导群体为促成语言标准传播所依赖的媒介手段"（张燕2014），这一观点确实一语中的、入木三分，对于我们认识和厘定裕固族聚居区语言规划的目标和功能很有指导意义。

制定裕固族聚居区语言规划，是为了解决语言问题、分配语言资源、保障语言权利、调节语言关系、构建语言秩序，是有目的、有组织、有计划地形塑、干预和提升裕固族聚居区语言生活的政策活动。该语言规划也应由3类规划组成，各种规划相互关联但主旨有别，其中地位规划主要是处理两种裕固族语言（和已失传的传统文字回鹘文以及当前使用的记音符号）与国家通用语言文字、基础教育课程中的外国语言文字以及维吾尔、蒙古、藏等文化亲属语言文字（阿尔斯兰2015）之间的关系。本体规划主要是制定两种裕固族语言的记音符号，重点解决语言内部的区域性的"类方言"差异及"标准音"的认定问题、民众为表达现代生活而新造的词汇的认定和规范问题，以及借词的来源与规范问题。习得规划主要是构建广义的裕汉双语教育体系，重点解决两种裕固族语言在家庭、学校和社区等领域的传播和扩散问题，也就是两种裕固族语言的习得和保持问题。

由于本族语言与裕固人的身份认同和文化情感有着极其密切的关系，语言规划与个人、家庭和族群发展亦有着极其密切的关系，所以制定语言规划是一个技术性和政治性都比较强的工作，需要建立一个或多个多学科、多领域工作者组成的专业团队来完成。在制定过程中，要坚持以法律为框架、以证据为基础、以需求为导向、以发展为主旨的基本原则。考虑到语言规划的制定和落实与裕固族聚居区的经济、政治、社会和文化发展状况紧密相关，语言规划应同聚居区"国民经济与社会发展五年规划"，以及文化和教育等领域的发展规划紧密结合起来。其中要注意的是，地位规划一经制定，随着具体情况的变化做些微调即可，但是本体规划，尤其是习得规划需要根据具体情况的变化做出一定幅度的调整。

## （三）提供公共服务

在将近 20 年的田野调查中，笔者发现裕固族聚居区的人们对良好公共服务的渴求从未像今天这样强烈，但是人们常常将公共服务简单理解为学校教育和医疗卫生。实际上，公共服务是一个富有弹性的概念，正如英国社会政策专家格兰德（Julian Le Grand）所指出的，"公共服务这一措辞可以表示许多事情，包括其字面解释，即对公众的服务。它经常用于特指对公众具有至关重要作用的服务，例如教育、医疗卫生、社会关怀、住房或交通等，而且这一术语经常暗指一些存在国家或政府干预的服务，不管是在服务的资金、提供和管理方面，还是三者都有涉及"（格兰德 2010：4）。因此，保护和传承语言文化遗产的相关服务是裕固族聚居区公共服务重要事项和内容。

如何实现基本公共服务均等化和如何提高基本公共服务水平是当前中国改革发展的重要议题，在裕固族聚居区也不例外。裕固族语言是裕固族优秀传统文化的主要载体和主要内容，双语家庭作为传承裕固族语言的主要场所，只靠儿童和家长的力量来完成传承裕固族语言的历史使命是不可能的，还需要给双语家庭构建一个"全面覆盖无死角、高效运转常更新"的支持体系。为构建这一支持体系，我们还需要从以下 3 个方面来着手。

1. 要更新文化权利观念。裕固族语言文化遗产是族群、国家和人类共同的优秀文化遗产，我们要在观念上把裕固族语言文化遗产作为公共文化资源来看待，而不仅仅是一种族群文化资源。因此，中国公民和国际人士都有权利习得、保护和传承裕固族语言文化遗产，而不仅仅是裕固人拥有此类权利。裕固族聚居区的各级政府组织均有义务提供旨在保护和传承裕固族语言文化遗产的制度框架和资源保障。

2. 要培育专业社会组织。保护和传承裕固族语言文化遗产是一项长期的、艰巨的、专业的工作，比起政府组织和非专业的社会组织，由专业的社会组织来提供公共服务会更合理有效。近年来，裕固族聚居区的社会组织得到了较快发展，其中 2012 年成立的"裕固族研究学会"和 2014 年成立的"裕固族教育研究所"有一定的代表性。它们是否具备相关能力并能承担相关任务，还需要对其进行专业评估。但是就现实而言，需要政府和社会合力培育此类专业社会组织来提供较高水平的公共服务，这是毋庸置疑的。

3. 要提供相关公共服务。从过程性视角出发，我们可以将公共服务理解为一个满足公众需求的社会过程，由"需求识别—资源动员—产品制造—服务递送—需求满足—评估改进"诸环节组成。裕固族聚居区是一个多族群、多语言、多文化的地区，公共服务的提供者要有足够的保护文化多样性的意识，对公众需求的识别和满足要有足够的文化敏感性，在与公众的日常互动中要有良好的沟通技能，同时由于受各种现实条件的制约要优先考虑公众对所提供服务的可及性。

双语家庭是家庭语言选择与演化的文化产物，这为打造双语家庭提供了现实基础。开展调查研究、制定语言规划和提供公共服务只是打造双语家庭的充分条件，而不是必要条件。从实践的角度而言，打造双语家庭是"干出来的"，而不是"说出来的"，而且不会一蹴而就，更不会一帆风顺，对此我们要有清醒的认识。

# 三、如何打造双语家庭：政策建议

2014 年 12 月，在中国广东省珠海市举行的第十一届世界家庭峰会通过的《珠海宣言》倡议"开创世界家庭期望的新历程"，并指出，"家庭，作为社会的基本单位，是促进可持续的社会、经济、环境和文化发展及促进和平与安全的强大行动者。它们担负着照料、发展和保护儿童，以及培养儿童的公民价值和社会归属感的主要责任"（董子畅2014）。这一共识预示着一个以家庭为基本单位制定政策和提供服务，抑或以家庭为核心的社会政策的时代的到来。值得一提的是，关于濒危语言的研究也充分证明，确保这些语言在家庭中的代际传承才是保持这些语言的关键所在（Romaine 2002）。因此，把家庭置于政策的聚光灯下，对裕固族语言文化遗产传承来说既势在必行又迫在眉睫。

总结过往传承裕固族语言文化遗产活动的实践经验，主要有 4 个教训值得汲取：一是政策支持不到位、不完善，导致传承活动不连续，仅有的几项语言教育政策也存在"重制定、轻执行"的问题；二是没有搞清楚语言接触和语言流失的社会机制，家庭语言传承的基础地位和主导作用被忽视；三是裕固族儿童的主位声音、主体地位和基本权利几乎被完全忽视；四是学术研究较为薄弱，没有提供翔实的事实和有效的对策（巴战龙 2012）。当我们提出把打造双语家庭作为保护和传承裕固族语言文化遗产的新思路时，谨记这些教训并从中获取教益是十分必要的。

打造裕汉双语家庭的根本目的就是为了在裕固族聚居区内阻止语言转用，发展语言兼用，提高本族语言活力和裕汉双语能力，从而实现"裕汉兼通"的目标。为此，如何打造裕汉双语家庭这一政策问题可从以下两个方面加以分析。

## （一）基于语言政策

基于语言政策，笔者认为在裕固族聚居区打造双语家庭的目标是培养双语儿童、提升双语能力；保持本族语言、促进语言和谐。为实现这一目标，笔者提供以下政策建议供参考。

1. 通过制定和宣传语言规划来赋予裕汉双语家庭重要的语言文化意义。我们要充分认识到双语家庭才是保护和传承裕固族语言文化遗产的中流砥柱，是一个个战斗的堡垒，而裕汉双语社区则是由一个个双语家庭联结而成的营盘。

2. 参与"国际母语日"庆典，给双语家庭提供展示裕固族语言才艺的机会和平台。为了促进语言与文化多样性，1999 年经联合国教科文组织大会通过，确定从 2000 年开始，将每年的 2 月 21 日定为"国际母语日"。在被誉为"人类的天才创造"的 6000 多种语言中，只有 1.4 万余人的裕固族就拥有其中的两种，这是特别值得自豪的。通过参加"国际母语日"的庆典，不仅可以减轻或摆脱由本族语言濒危带来的身份认同焦虑和由语言功能衰减而带来的文化失落感，而且还可以提高裕固人的语言自信和文化自觉。裕固人有"能歌善舞"和"爱看演出"的文化偏好，以喜闻乐见的形式展示裕固族语言才艺，既满足艺术审美需求，又提高语言使用活力。

3. 开展语言使用情况监测和双语儿童研究。语言学界和民族学界不得不尴尬且遗憾地承认，对裕固族聚居区语言使用情况的研究，至今停留在案例式感性经验的描述上，建立在严格抽样基础上的数据和资料的结构分析付诸阙如，甚至连究竟还有多少人在日常生活中使用本族语言这样的基本问题都没有搞清楚。今后，以裕固学界为核心，联合相关学界力量，必须共同下大力气建立语言使用情况监测系统，为语言政策的正确决策提供事实基础。再者值得注意的是，国际学界已经在双语儿童的研究上取得了不菲的成就，凝练出了一些经典研究问题，诸如"儿童如何在出生后的头几年同时习得两种语言？两种语言是独立发展，还是有系统地彼此影响？双语儿童的发展，与习得同样两种语言的单语儿童有何不同？双语发展在语言接触和接触语言的发展上扮演何种角色？"（叶彩燕，马诗帆 2012：306）等等。这些问题同样值得广义的教育人类学界，特别是裕固族教育研究者深入研究。

4. 大力提倡使用国家通用语言文字，进一步提高裕固族聚居区学生的学业成就和促进社会融入。语言差异与学业成就、阶层分化和社会控制之间的关系，早已为社会科学界所揭示（伯恩斯坦 2009）。汉语肃南方言（俗称"肃南话"）是甘肃省汉语诸方言中最为接近普通话的方言之一，实际上，肃南方言在裕固族聚居区学生获得较高学业成就这一现象中曾经起到了重要作用。但是，随着周边地区年轻一代普通话能力的显著提高，裕固族聚居区学生的语言比较优势已经下降。笔者的田野调查发现，裕固族聚居区学生的书面汉语应用能力普遍不高，并且明显受到日常生活中汉语方言的影响。另外，裕固族聚居区人们因出差、教育、商业、旅游、探亲等原因到各地，尤其是内地大都市去的机会和人数都大大增加，使用普通话进行沟通交流的需求也随之增加。因此，为提高学业成就和促进社会融入，裕固族聚居区必须大力提倡使用国家通用语言文字，即"说普通话，用规范字"。

## （二）基于家庭政策

基于语言政策，笔者认为在裕固族聚居区打造双语家庭的目标是构建双语家庭的社会支持体系，巩固裕固族聚居区的社会文化基础。为实现这一目标，提供以下政策建议供参考。

1.赋予双语家庭以充分的社会政策价值。作为一个政策选项的打造双语家庭，实际上暗合了发展型社会政策的思路，即投资于人力资本和社会资本；重视中长期战略，强调对社会问题的"上游干预"（张秀兰，徐月宾 2007）。笔者认为，我们对裕固族语言文化遗产保护与传承实践中"舍本逐末"现象要有清醒的认识。根据笔者的调查，裕固族语言使用的代际断裂特征已经非常明显，也就是说，青年家庭放弃本族语言而转用汉语的现象已经较为普遍，而目前的保护与传承实践均在学校和社区里开展，出现了家庭"要放弃掉"、学校"要捡回来"的现象。如果不注重双语家庭的打造，放弃"上游干预"，而一味地在基础教育阶段的学校里传承，其效果不佳几乎是注定的。多位从事裕固族语言教学的老师多次向笔者指出，没有语言使用环境是孩子们学习本族语言效果不佳的重要原因。首先，构建一个没有汉语的纯裕固族语言的社区环境已经不再可能，反而人们接触汉语传媒和使用汉语交际的频率有增无减。其次，家长用行动投票，转用汉语，正好说明了问题所在，家庭语言选择和兼用才是裕固族语言文化遗产保护和传承具有决定性的"上游"，只有采取干预"上游"的措施和手段，才能获得事半功倍的效果。从笔者有限的田野所见，打造双语家庭的"窗口期"大约是 5~15 年，随着本族语言使用人口的高龄化，打造双语家庭的实践越晚开展效果越差。因此，裕固族聚居区的政府和社会各界，应立即行动起来，着手打造双语家庭。

2. 注重发挥榜样示范的积极作用。各级政府可按照公开、公平、公正的原则进行"模范双语家庭"和"示范双语社区"评比，给裕汉双语兼通的人们以社会荣誉和文化地位。要特别注意贯彻"激励相容"的原则，不仅不排斥已经转用汉语的社区和家庭，而且要邀请它们参与进来，鼓励已经转用汉语的人们学习本族语言。在教育领域要引导人们处理好族群的语言文化遗产传承和个人的身心事业健康发展之间的关系，实际上就是集体利益与个人利益之间的关系。

3. 在打造实践中植入文化价值。全社会要充分认识大力宣传"家庭和谐是社会和谐的基石"的文化价值。语言本身是中性的文化产物，它既可以成为引发冲突、撕裂社会的利器，又可以成为促进和谐、凝聚社会的药剂。家庭内部的语言关系和语言选择，常常受到经济、政治、社会和文化背景的制约。换句话说，家庭语言观念和行为既受到历史传统的形塑，又受到现实需求的诱导，而且从经验上观察，现实需求的作用要远大于历史传统的作用。打造双语家庭既顾及人们融入主流社会的现实需求，又顾及人们保持文化传统的现实需求，所以，打造双语家庭是促进家庭和谐，进而促进社会和谐的必要之举。

综上所述，打造裕汉双语家庭，需要语言政策和家庭政策双管齐下，协调配合，才能取得较好的实践效果。除上述政策建议之外，社会科学界还应加强政策储备研究，以服务于当前和未来的裕固族语言文化遗产保护与传承实践。总之，打造双语家庭的学术研究和社会实践，终极目的在于构建崭新的"支持家庭、投资教育；富裕生活、巩固社会"的文化生态。

## 四、结语：作为方法的家庭

中国教育人类学，从宽泛意义上是随着现代中国人文社会科学的建立而发展起来的（陈学金 2016），但是从严格意义上说，则是从

1978 年中国实行改革开放以来才逐步发展起来的（Ouyang 2012）。中国教育人类学的发展离不开积极汲取国际教育人类学界的有益智慧。2012 年，美国教育政策研究专家韦斯（Lois Weis）和社会心理学家法恩（Michelle Fine）合作撰文介绍了教育研究的"批判二元焦点"（critical bifocality）路径，以帮助研究者通过把握社会结构与个体能动性之间的关系，从而能从经验研究意义上阐明全球、国家和地方变迁，并赋予当代教育及经济的可能性以意义（Weis & Fine 2012）。中国教育社会学家李森则在此基础上进一步提出了"批判三元焦点"路径，即教育民族志研究"不仅要考查社会结构与个体能动性之间的种种融合和碰撞，更要审视'宏观—中观—微观'三者之间的动态关系"（李森 2015）。上述这些理论对裕固族教育研究深具方法论的启发意义。

　　裕固族教育研究是一个以"教育人类学诸学科"为学科基础的新兴综合性研究领域（巴战龙 2013），大力发展以家庭、学校、社区和基层政府这些中观层面的社会行动者为中心的研究，才能为较为顺利地贯彻"批判三元焦点"研究路径奠定坚实的知识基础，为裕固族教育研究赢得更为广阔的学术空间，使裕固族教育研究作为一种地方知识（local knowledge）的生产与再生产能为全球知识共同体做出贡献。

　　从教育人类学的关系式思维和整体论视角出发，我们提出将打造双语家庭作为裕固族语言文化遗产传承的一种思路和实践，对于过于拘泥于国家宏观政策梳理和合法性申述、不断重复碎片化地方实践之"困境－对策"的中国少数民族双语教育研究和濒危语言保护研究来说，不啻为一剂方法论意义上的清醒剂：研究者需要向公众描述和阐释真实的语言生活，特别是家庭、社区和学校等作为语言文化遗产传承的重要社会机制究竟是如何运行并相互作用的。

　　裕固族聚居区家庭转用汉语的关键环节在于家长没有坚持用本族语言对子女进行教育，当家庭本族语言传承作为裕固族语言文化遗产传承的重要机制不复存在时，裕固族语言很难摆脱濒危状况，甚至可以说走向衰亡只是时间问题。从目前的各种条件看，裕固族聚居区为中国少数民族濒危语言保护提供了一个理想的社会实验室，尽管打造双语家庭的道路不会一帆风顺，而且仅仅局限于打造双语家庭也是不够的，但是这种探索却是弥足珍贵和非常值得的。面向未来，一方面，我们需要直面并克服存在于裕固族语言文化遗产传承实践中各式各样的现实困难和隐性风险；另一方面，我们需要始终牢记2003年联合国教科文组织濒危语言问题特别专家组报告《语言活力与语言濒危》所指出的，"语言多样性是人类最重要的遗产。每一种语言都蕴藏着一个民族独特的文化智慧，任何一种语言的消亡都将是整个人类的损失"（范俊军2006：30）。

## 参考文献

阿尔斯兰 2015 另辟蹊径传承裕固族语言文化——鼓励裕固族孩子学习维、蒙、藏语文，《裕固学研究通讯》第3期。

巴战龙 2012 在学校教育中追求语言公平传承的历程：对三次裕固语教育试验的本质性个案研究，《湖南师范大学教育科学学报》第3期。

巴战龙 2013 试论裕固族教育研究的学科基础：基于教育人类学的视角，《湖南师范大学教育科学学报》第5期。

巴战龙 2016 打造双语家庭——裕固族语言文化遗产传承的新思路，载潘天舒、赵德余《政策人类学——基于田野洞见的启示与反思》，上海：上海人民出版社。

伯恩斯坦 2009 社会阶级、语言与社会化，载张人杰《国外教育社会学基本文选》（修订版），上海：华东师范大学出版社。

陈保亚 2013 语势、家庭学习模式与语言传承：从语言自然接触说起，《北京大学学报（哲学社会科学版）》第3期。

陈学金 2016《中国教育人类学简史》，北京：人民教育出版社。

董子畅 2014 世界家庭峰会通过的《珠海宣言》（中文版）发布，中国新闻网，http://www.chinanews.com/cul/2014/12-12/6873415.shtml，12月12日。

范俊军 2006《联合国教科文组织关于保护语言与文化多样性文件汇编》，北京：民族出版社。

格兰德 2010《另一只无形的手：通过选择与竞争提升公共服务》，韩波译，北京：新华出版社。

华勒斯坦，等 1997《开放社会科学：重建社会科学报告书》，刘锋译，北京：生活·读书·新知三联书店。

华勒斯坦，等 1999《学科·知识·权力》，刘健芝等编译，北京：生活·读书·新知三联书店。

科塔克 2012《文化人类学：欣赏文化差异》，周云水译，北京：中国人民大
　　学出版社。

赖　特 2012《语言政策与语言规划：从民族主义到全球化》，陈新仁译，北
　　京：商务印书馆。

李　淼 2015 论学校民族志的发展及在我国的应用，《湖南师范大学教育科学
　　学报》第 2 期。

麦　凯，西格恩 1989《双语教育概论》，严正、柳秀峰译，北京：光明日报
　　出版社。

王铭铭 2015 对学科问题的三点看法，《西北民族研究》第 1 期。

叶彩燕，马诗帆 2012《双语儿童：早期发展与语言接触》，蔡雅菁译，北京：
　　世界图书出版公司。

张秀兰，徐月宾 2003 建构中国的发展型家庭政策，《中国社会科学》第 6 期。

张秀兰，徐月宾 2007 中国发展型社会政策论纲，载张秀兰、徐月宾、梅志里
　　《中国发展型社会政策论纲》，北京：中国劳动社会保障出版社。

张　燕 2014 社会学视角下的语言政策研究，《理论与现代化》第 6 期。

Cherlin, A. J. 2004. The deinstitutionalization of American marriage. *Journal of Marriage and Family* 66(4).

Ouyang, H. H. 2012. Bamboo shoots after rain: Educational anthropology and ethnography in mainland China. In K. M. Anderson-Levitt (Eds.), *Anthropologies of Education: A Global Guide to Ethnographic Studies of Learning and Schooling*. Oxford, NY: Berghahn Books.

Romaine, S. 2002. The impact of language policy on endangered language. *International Journal on Multicultural Societies* 4(2).

Weis, L. & Fine, M. 2012. Critical bifocality and circuits of privilege: Expanding critical ethnographic theory and design. *Harvard Educational Review* 82(2).

# 家庭语言使用的代际差异及思考

邬美丽

## 一、前言

语言使用，是一个研究范围较为广泛的领域。本文从家庭语言使用模式的角度出发，考察在京少数民族大学生家庭语言使用中的代际差异。

本文所选择的调查对象是在北京学习的少数民族大学生，这部分学生来自祖国的四面八方，具有一定的代表性。北京市作为首都，是各民族人民都十分向往的地方。新中国成立以来，特别是改革开放之后，市政府有关部门制定和完善了一系列维护民族团结、保护少数民族合法权益的政策和法规，使居住在北京的少数民族人口数量持续增长，展现出了一派民族大团结的繁荣景象。2000年第五次人口普查数据资料表明，在全市人口中，少数民族人口58.5万人，占4.3%，呈现出大杂居、小聚居的特点。其中少数民族大学生，尤其是民考民大学生，多数集中在中央民族大学。本文以中央民族大学作为调查点。

中央民族大学每年面向全国各省、自治区、直辖市招生，目前有全日制在校学生15 000多名，在全日制本科学生中，少数民族学生占62%，涵盖了55个少数民族的学生（据2005年的统计数字）。这些少数民族学生分布在全校各个院系，有的来自少数民族聚居区，有的来自民汉杂居区，有的来自汉族聚居区，还有的来自不同少数民族的杂居区：他们的家乡遍及全国各个地区。学校堪称中华民族大家庭的缩影。本文选择这些大学生作为调查对象，调查他们对家庭中三代人的语言使用模式，用以比较语言使用中出现的代际差别。

## 二、调查的实施及样本基本情况

### （一）调查方法及样本的选取

调查的所有数据均来自第一手的田野调查材料。调查主要通过问卷和访谈的方法进行。

调查采用随机抽样的方法，采用整群抽样的方式选取中央民族大学少数民族大学生作为一个样本群。在中央民族大学的少数民族大学生中选取以下样本群：中央民族大学 2004 级所有在校的蒙古族、藏族、维吾尔族、哈萨克族、朝鲜族、壮族、苗族大学生，从中抽取一定数量的样本，作为调查对象。共获得 407 个有效样本。

### （二）样本基本情况分析

407 个有效样本中，男生占 36.4%、女生占 63.6%。蒙古族占24.1%，藏族占 15.5%，维吾尔族占 10.6%，哈萨克族占 7.6%，朝鲜族占 21.1%，壮族占 12.3%，苗族占 8.8%。父母亲都是少数民族的占83.8%，只有一方是少数民族的占 16.2%。居住在少数民族聚居区的占51.8%，汉族聚居区的占 9.6%，少数民族和汉族杂居区的占 33.9%，少数民族和非汉族杂居区的占 4.7%。

## 三、调查结果统计分析

本研究采用 SPSS（15.0 版本）软件对调查结果做统计分析。此外，对调查结果的统计分析采用分类描写法，分为民考民与民考汉两个部分来描述。民考民被调查者指进入大学前在用本民族语授课的学校学习并使用本民族语作为升学考试语言的少数民族学生；民考汉被调查者指进入大学前在用汉语授课的学校学习并使用汉语作为升学考试语言的少数民族学生。

## （一）民考民家庭语言使用中的代际差异

表 1　民考民家庭语言使用情况　　　　　　　单位：%

|  | 普通话 | 本民族语 | 当地汉语方言 | 普通话和本民族语 | 当地汉语方言和本民族语 | 其他选择 |
|---|---|---|---|---|---|---|
| 对祖父 | 0.5 | 89.9 | 0.5 | 7.2 | 1.9 | 0 |
| 对祖母 | 1.0 | 90.3 | 0.5 | 6.3 | 1.9 | 0 |
| 对父亲 | 1.9 | 80.1 | 0.5 | 13.2 | 3.8 | 0.5 |
| 对母亲 | 2.8 | 84.4 | 0.5 | 10.4 | 1.9 | 0 |
| 对兄弟姐妹 | 2.4 | 71.1 | 0.5 | 22.2 | 3.8 | 0 |

从表 1 可知，整体看来，在京少数民族民考民大学生在家里主要使用本民族语，"普通话和本民族语"的使用比例较低。这两种语言模式的使用具有以下特点：家庭中，"本民族语""普通话和本民族语"这两种语言模式的使用存在代际差异。实际上，这种差异主要体现在本民族语、普通话的使用上，即老年人比年轻人更易于使用本民族语；年轻人比老年人更易于使用"普通话和本民族语"，更趋向双语化。

## （二）民考汉家庭语言使用中的代际差异

根据邬美丽（2007）的统计结果，民考汉藏族、朝鲜族与民考汉蒙古族、壮族和苗族的语言使用有较大差异，即民考汉藏族以藏语，朝鲜族以朝鲜语作为家庭使用的较为主要的语言，其他几个民族的学生均以汉语为家庭使用的主要语言。被调查民考汉各个民族大学生家庭语言使用中内部同质性较差，所以在这里不做整体分析，在后面的小结中分别论述。

## （三）家庭中，不同民族各种语言模式代际差异的对比分析

1. 民考民蒙古族、藏族、维吾尔族、哈萨克族、朝鲜族被调查者家庭语言使用代际差异对比分析

（1）家庭中，普通话的使用比例对比

表2　民考民家庭的普通话使用情况　　　　　单位：%

|  | 对祖父 | 对祖母 | 对父亲 | 对母亲 | 对兄弟姐妹 |
|---|---|---|---|---|---|
| 蒙古族 | 1.5 | 1.5 | 1.5 | 3.0 | 1.5 |
| 藏族 | 0 | 0 | 0 | 0 | 0 |
| 维吾尔族 | 0 | 0 | 0 | 0 | 0 |
| 哈萨克族 | 0 | 0 | 0 | 0 | 0 |
| 朝鲜族 | 0 | 3.1 | 9.4 | 12.5 | 12.5 |

　　从表2可以得出，民考民蒙古族、藏族、维吾尔族、哈萨克族4个民族的被调查者在家中很少使用普通话，甚至不使用。仅民考民朝鲜族大学生偶尔使用普通话，并表现出代际差异，即对祖父母、父母亲、兄弟姐妹说话，普通话的使用比例依次提高，呈现出阶梯式代际差异，但是比例相差不大。

　　（2）家庭中，本民族语的使用比例对比

表3　民考民家庭的本民族语使用情况　　　　　单位：%

|  | 对祖父 | 对祖母 | 对父亲 | 对母亲 | 对兄弟姐妹 |
|---|---|---|---|---|---|
| 蒙古族 | 86.6 | 83.6 | 71.6 | 71.6 | 59.7 |
| 藏族 | 89.7 | 87.2 | 89.7 | 97.4 | 92.3 |
| 维吾尔族 | 100 | 100 | 95.3 | 100 | 95.3 |
| 哈萨克族 | 87.1 | 96.8 | 80.6 | 87.1 | 58.1 |
| 朝鲜族 | 75.0 | 78.1 | 65.6 | 62.5 | 50.0 |

　　从表3可知，本民族语是这5个民族民考民被调查大学生家庭中主要使用的语言。但是使用比例有差异，使用本民族语比例最高的是维吾尔族和藏族，其次是哈萨克族，然后是蒙古族，最后是朝鲜族，其代际差异特征如下：

　　①家庭中本民族语的使用，藏族和维吾尔族均没有代际差异（藏族被调查者中一部分对"现在在家庭中，对祖父、对祖母使用哪种语言"选择了"无此情况"，所以根据表中的数字，家庭中本民族语的使用没有代际差异）。

　　②蒙古族、哈萨克族和朝鲜族有代际差异，表现出相类似的趋势：对祖父母、对父母亲、对兄弟姐妹使用本民族语的比例依次降低。

③哈萨克族，对祖父母和父母亲使用本民族语的比例相差不显著，对兄弟姐妹使用本民族语的比例明显少于对祖父母和父母亲。

（3）家庭中，"普通话和本民族语"的使用比例对比

表4 民考民家庭普通话和本民族语使用情况　　　　单位：%

|  | 对祖父 | 对祖母 | 对父亲 | 对母亲 | 对兄弟姐妹 |
|---|---|---|---|---|---|
| 蒙古族 | 6.0 | 10.4 | 22.4 | 22.4 | 34.3 |
| 藏族 | 0 | 0 | 2.6 | 0 | 5.1 |
| 维吾尔族 | 0 | 0 | 4.7 | 0 | 4.7 |
| 哈萨克族 | 9.7 | 0 | 6.5 | 6.5 | 25.8 |
| 朝鲜族 | 25.0 | 18.3 | 25.0 | 25.0 | 37.5 |

从表4可以得出，家庭中"普通话和本民族语"，藏族和维吾尔族基本不使用，朝鲜族、蒙古族和哈萨克族使用得不太多，均有代际差异，表现为：

①蒙古族表现出阶梯式代际差异：对祖父母、父母亲、兄弟姐妹使用"普通话和本民族语"的比例依次提高，表现出双语化倾向。

②哈萨克族和朝鲜族表现出相似的特征：对祖父母和父母亲使用"普通话和本民族语"的比例相当，对兄弟姐妹使用"普通话和本民族语"的比例均高于对祖父母和父母亲，年轻一代双语化的倾向较为明显。

（4）家庭中，"当地汉语方言和本民族语"的使用比例对比

表5 民考民家庭当地汉语方言和本民族语使用情况　　　　单位：%

|  | 对祖父 | 对祖母 | 对父亲 | 对母亲 | 对兄弟姐妹 |
|---|---|---|---|---|---|
| 蒙古族 | 3.0 | 3.0 | 4.5 | 4.5 | 4.5 |
| 藏族 | 2.6 | 2.6 | 2.6 | 0 | 0 |
| 维吾尔族 | 0 | 0 | 0 | 0 | 0 |
| 哈萨克族 | 3.2 | 3.2 | 12.9 | 6.5 | 16.1 |
| 朝鲜族 | 0 | 0 | 0 | 0 | 0 |

从表5可以得出：蒙古族、藏族、维吾尔族、哈萨克族、朝鲜族民考民被调查者在家庭中很少使用"当地汉语方言和本民族语"。

2.民考汉蒙古族、藏族、朝鲜族、壮族、苗族被调查者家庭语言使用代际差异对比分析

（1）家庭中，普通话的使用比例对比

表 6　民考汉家庭普通话使用情况　　　　　　单位：%

|  | 对祖父 | 对祖母 | 对父亲 | 对母亲 | 对兄弟姐妹 |
|---|---|---|---|---|---|
| 蒙古族 | 51.6 | 51.6 | 71.0 | 74.2 | 71.0 |
| 藏族 | 0 | 0 | 0 | 0 | 0 |
| 朝鲜族 | 11.1 | 11.1 | 11.1 | 11.1 | 14.8 |
| 壮族 | 6.7 | 6.7 | 16.0 | 16.0 | 14.0 |
| 苗族 | 0 | 0 | 0 | 0 | 0 |

从表 6 可以得出，家庭中普通话，民考汉蒙古族使用得最多，民考汉藏族和苗族通常不使用，民考汉朝鲜族和壮族中有不到 17% 的人使用。其特点如下：

①蒙古族被调查者表现出明显的代际差异：对祖父母使用普通话的比例明显低于对父母亲和兄弟姐妹，对父母亲和兄弟姐妹使用普通话的比例没有明显差异。

②壮族与蒙古族被调查者有相似的特点：对祖父母使用普通话的比例低于对兄弟姐妹和父母亲，对兄弟姐妹和父母亲使用普通话的比例没有明显差异。

③藏族和苗族被调查者在家庭中通常均不使用普通话，故没有代际差异；朝鲜族一部分被调查者会在家使用普通话，但是没有明显代际差异。

（2）家庭中，本民族语的使用比例对比

表 7　民考汉家庭本民族语的使用情况　　　　　单位：%

|  | 对祖父 | 对祖母 | 对父亲 | 对母亲 | 对兄弟姐妹 |
|---|---|---|---|---|---|
| 蒙古族 | 12.9 | 12.9 | 3.2 | 3.2 | 3.2 |
| 藏族 | 95.8 | 100 | 87.5 | 95.8 | 83.3 |
| 朝鲜族 | 66.7 | 66.7 | 51.9 | 51.9 | 40.7 |
| 壮族 | 35.6 | 40.0 | 24.0 | 24.0 | 24.0 |
| 苗族 | 13.9 | 13.9 | 2.8 | 8.3 | 2.8 |

从表 7 可以得出，民考汉家庭中，使用本民族语比例最高的是藏族，其次是朝鲜族，再次是壮族，最后是蒙古族和苗族，使用比例不超过 15%。各个民族家庭中使用本民族语的特点如下：

①蒙古族、壮族和苗族被调查者表现出相似的特点：对祖父母使用本民族语的比例高于对父母亲和兄弟姐妹；对父母亲和兄弟姐妹使用本民族语的比例相当，具有一定代际差异。

②藏族被调查者，对祖父母和父母亲使用藏语的比例基本相当，对兄弟姐妹使用藏语的比例低于对祖父母和父母亲，具有一定代际差异。

③朝鲜族被调查者对祖父母、对父母亲、对兄弟姐妹使用本民族语的比例依次降低，表现出明显的阶梯式代际差异。

（3）家庭中，当地汉语方言的使用比例对比

表8　民考汉家庭当地汉语方言的使用情况　　　　　　单位：%

|  | 对祖父 | 对祖母 | 对父亲 | 对母亲 | 对兄弟姐妹 |
|---|---|---|---|---|---|
| 蒙古族 | 9.7 | 9.7 | 12.9 | 12.9 | 6.5 |
| 藏族 | 0 | 0 | 4.2 | 0 | 0 |
| 朝鲜族 | 0 | 0 | 3.7 | 0 | 0 |
| 壮族 | 48.9 | 44.4 | 40.0 | 40.0 | 48.0 |
| 苗族 | 77.8 | 75.0 | 88.9 | 86.1 | 86.1 |

从表8可以得出，家庭中，使用当地汉语方言比例最高的是苗族，其次是壮族，蒙古族有不到15%的被调查者使用当地汉语方言，藏族和朝鲜族通常均不使用当地汉语方言。其特点如下：

①民考汉蒙古族、藏族、朝鲜族和壮族均没有明显代际差异。

②苗族被调查者对祖父母使用当地汉语方言的比例低于对父母亲和兄弟姐妹，具有代际差异。

（4）家庭中，"普通话和本民族语"的使用比例对比

表9　民考汉家庭普通话和本民族语的使用情况　　　　单位：%

|  | 对祖父 | 对祖母 | 对父亲 | 对母亲 | 对兄弟姐妹 |
|---|---|---|---|---|---|
| 蒙古族 | 6.5 | 6.5 | 9.7 | 6.5 | 6.5 |
| 藏族 | 0 | 0 | 8.3 | 4.2 | 16.7 |
| 朝鲜族 | 18.5 | 18.5 | 33.3 | 33.3 | 40.7 |
| 壮族 | 2.2 | 0 | 4.0 | 4.0 | 2.0 |
| 苗族 | 0 | 0 | 0 | 0 | 0 |

从表9可以得出，家庭中，使用"普通话和本民族语"比例最高的

是朝鲜族，但是没有超过 50%；其次是藏族；蒙古族和壮族在家里很少使用"普通话和本民族语"。其特点如下：

①藏族和朝鲜族的使用显现出较为明显的阶梯式代际差异，即对祖父母、父母亲和兄弟姐妹使用"普通话和本民族语"的比例依次提高。尤其是朝鲜族，这个特点表现得更为明显。说明民考汉朝鲜族年轻一代的双语化倾向较高，民考汉藏族次之。

②蒙古族、壮族和苗族在这种语言模式的使用上均没有表现出明显代际差异。

（5）家庭中，"当地汉语方言和本民族语"的使用比例对比

表 10　民考汉家庭当地汉语方言和本民族语的使用情况　　　　单位：%

|  | 对祖父 | 对祖母 | 对父亲 | 对母亲 | 对兄弟姐妹 |
|---|---|---|---|---|---|
| 蒙古族 | 3.2 | 3.2 | 3.2 | 3.2 | 3.2 |
| 藏族 | 4.2 | 0 | 0 | 0 | 0 |
| 朝鲜族 | 3.7 | 3.7 | 0 | 3.7 | 3.7 |
| 壮族 | 6.7 | 8.9 | 10.0 | 10.0 | 6.0 |
| 苗族 | 5.6 | 2.8 | 5.6 | 2.8 | 5.6 |

从表 10 可以得出，家庭中，"当地汉语方言和本民族语"的使用比例均很低。

## （四）升学类别与家庭语言使用的代际差异

### 1. 蒙古族民考民与民考汉对比分析

表 11　蒙古族民考民与民考汉家庭语言使用情况对比　　　　单位：%

|  | 普通话 | | 本民族语 | | 当地汉语方言 | | 普通话和本民族语 | | 当地汉语方言和本民族语 | | 无此情况 | |
|---|---|---|---|---|---|---|---|---|---|---|---|---|
|  | 民考民 | 民考汉 | 民考民 | 民考汉 | 民考民 | 民考汉 | 民考民 | 民考汉 | 民考民 | 民考汉 | 民考民 | 民考汉 |
| 对祖父 | 1.5 | 51.6 | 86.6 | 12.9 | 0 | 9.7 | 6.0 | 6.5 | 3.0 | 3.2 | 3.0 | 16.1 |
| 对祖母 | 1.5 | 51.6 | 83.6 | 12.9 | 0 | 9.7 | 10.4 | 6.5 | 3.0 | 3.2 | 1.5 | 16.1 |
| 对父亲 | 1.5 | 71.0 | 71.6 | 3.2 | 0 | 12.9 | 22.4 | 9.7 | 4.5 | 3.2 | 0 | 0 |
| 对母亲 | 3.0 | 74.2 | 76.1 | 3.2 | 0 | 12.9 | 17.9 | 6.5 | 3.0 | 3.2 | 0 | 0 |
| 对兄弟姐妹 | 1.5 | 71.0 | 59.7 | 3.2 | 0 | 6.5 | 34.3 | 6.5 | 4.5 | 3.2 | 0 | 9.7 |

从表 11 可以得出：

①家庭中，民考民被调查者基本不使用普通话；而民考汉被调查者大部分使用普通话，且有较大代际差异：即被调查者对父母亲和兄弟姐妹比对祖父母更易于使用普通话。

②家庭中，民考汉被调查者较少使用本民族语，民考民被调查者大部分使用本民族语。二者均有代际差异，民考民的代际差异很显著，趋势是：对祖父母、对父母亲、对兄弟姐妹使用本民族语的比例依次降低。

③家庭中，"普通话和本民族语"的使用，民考民被调查者有显著代际差异：对祖父母、对父母亲、对兄弟姐妹使用"普通话和本民族语"的比例逐渐增高，形成显著代际差异，年轻一代有双语化倾向。民考汉被调查者在家中使用"普通话和本民族语"的很少，没有明显代际差异，没有明显双语化倾向。

④在家庭中，蒙古族民考民与民考汉被调查者通常不使用当地汉语方言、"当地汉语方言和本民族语"。

2. 藏族民考民与民考汉对比分析

表 12　藏族民考民与民考汉家庭语言使用情况对比　　　　单位：%

| | 普通话 | | 本民族语 | | 当地汉语方言 | | 普通话和本民族语 | | 当地汉语方言和本民族语 | | 无此情况 | |
|---|---|---|---|---|---|---|---|---|---|---|---|---|
| | 民考民 | 民考汉 | 民考民 | 民考汉 | 民考民 | 民考汉 | 民考民 | 民考汉 | 民考民 | 民考汉 | 民考民 | 民考汉 |
| 对祖父 | 0 | 0 | 89.7 | 95.8 | 2.6 | 0 | 0 | 0 | 2.6 | 4.2 | 5.1 | 0 |
| 对祖母 | 0 | 0 | 87.2 | 100 | 2.6 | 0 | 0 | 0 | 2.6 | 0 | 7.7 | 0 |
| 对父亲 | 0 | 0 | 89.7 | 87.5 | 2.6 | 4.2 | 2.6 | 8.3 | 2.6 | 0 | 2.6 | 0 |
| 对母亲 | 0 | 0 | 97.4 | 95.8 | 2.6 | 0 | 0 | 0 | 0 | 4.2 | 0 | 0 |
| 对兄弟姐妹 | 0 | 0 | 92.3 | 83.3 | 2.6 | 0 | 5.1 | 16.7 | 0 | 0 | 0 | 0 |

从表 12 可以得出：在家庭中，藏族民考民与民考汉被调查者主要使用本民族语。本民族语的使用上，民考汉被调查者有代际差异：对兄弟姐妹使用本民族语的比例低于对祖父母和父母亲。

民考民和民考汉被调查者使用"普通话和本民族语"的比例均较

低，民考汉的稍高于民考民，具体特征如下：民考民和民考汉被调查者对祖父母和母亲通常不使用"普通话和本民族语"，但是对父亲和兄弟姐妹有时候会使用，民考汉被调查者的双语化倾向比民考民被调查者明显。

3. 朝鲜族民考民与民考汉对比分析

表 13　朝鲜族民考民与民考汉家庭语言使用情况对比　　　　单位：%

| | 普通话 | | 本民族语 | | 当地汉语方言 | | 普通话和本民族语 | | 当地汉语方言和本民族语 | | 无此情况 | |
|---|---|---|---|---|---|---|---|---|---|---|---|---|
| | 民考民 | 民考汉 | 民考民 | 民考汉 | 民考民 | 民考汉 | 民考民 | 民考汉 | 民考民 | 民考汉 | 民考民 | 民考汉 |
| 对祖父 | 0 | 11.1 | 75.0 | 66.7 | 0 | 0 | 25.0 | 18.5 | 0 | 3.7 | 0 | 0 |
| 对祖母 | 3.1 | 11.1 | 78.1 | 66.7 | 0 | 0 | 18.8 | 14.8 | 0 | 3.7 | 0 | 3.7 |
| 对父亲 | 9.4 | 11.1 | 65.6 | 51.9 | 0 | 3.7 | 25.0 | 33.3 | 0 | 0 | 0 | 0 |
| 对母亲 | 12.5 | 11.1 | 62.5 | 51.9 | 0 | 0 | 25.0 | 33.3 | 0 | 3.7 | 0 | 0 |
| 对兄弟姐妹 | 12.5 | 14.8 | 50.0 | 40.7 | 0 | 0 | 37.5 | 40.7 | 0 | 3.7 | 0 | 0 |

从表 13 可以得出：

①家庭中，民考民和民考汉朝鲜族均较少使用普通话，其特点如下：民考民被调查者对祖父母、父母亲、兄弟姐妹使用普通话的比例逐渐提高，有代际差异；民考汉被调查者没有显著代际差异，仅对兄弟姐妹使用普通话的比例稍微高于对祖父母和父母亲。

②家庭中，民考民与民考汉被调查者均主要使用本民族语，且都有代际差异，并有相似的趋向：对祖父母、父母亲、兄弟姐妹使用本民族语的比例依次下降。

③"普通话和本民族语"也是朝鲜族被调查者家庭中使用的重要语言，其使用有代际差异：民考民被调查者对祖父母和父母亲使用"普通话和本民族语"的比例基本一致，但是对兄弟姐妹使用"普通话和本民族语"的比例高于对祖父母和父母亲；民考汉被调查者对祖父母、对父母亲，对兄弟姐妹使用"普通话和本民族语"的比例逐渐增高，形成显著的阶梯式代际差异。民考民和民考汉朝鲜族被调查者的双语化倾向均比较明显。

④被调查者在家庭中通常基本不使用当地汉语方言、"当地汉语方言和本民族语"。

# 四、调查结论分析及思考

本次研究调查了 7 个民族的少数民族大学生，包括民考民蒙古族、藏族、维吾尔族、哈萨克族、朝鲜族被调查者和民考汉蒙古族、藏族、壮族、苗族被调查者。文章通过 3 个方面的论述来阐释家庭语言使用中的代际差异问题：从整体上论述民考民被调查者家庭语言使用中的代际差异；不同民族各种语言模式使用上的代际差异对比；蒙古族、藏族、朝鲜族民考民与民考汉被调查者不同语言模式使用的代际差异对比。通过调查，我们了解到在京少数民族大学生家庭语言使用的基本情况：各个民族之间、同一个民族不同升学类别的被调查者家庭语言使用之间存在共性和差异；同一升学类别下不同民族学生之间的家庭语言使用模式存在民族差异；同一民族不同升学类别的语言使用模式也有所不同；各个民族、同一民族不同升学类别被调查者家庭语言使用的基本模式非常一致，即均存在代际差异；各个民族家庭语言使用的代际差异有一致性，也有差异；同一个民族不同升学类别的被调查者家庭语言使用的代际差异既有不同，也有相似之处。

唯物主义辩证法认为，事物是不断发展变化的，语言政策也应该因势利导，面对新的语言状况，适时制定相应的语言政策和策略，以更好地推广普通话，达到更好的推普效果。下面总结本次调查所得出的结论，并和语言政策、普通话的推广等现实因素联系起来做进一步的讨论。

第一，整体看来，民考民被调查者家庭中通常主要使用本民族语，"普通话和本民族语"双语的使用也占有一定比例，但是很少使用普通话单语。可见，在京少数民族大学生在家庭语言使用中较为频繁地使用本民族语，并开始逐渐使用普通话。我国的语言政策以马克思主义民族观为指导，坚持各民族一律平等的基本原则，制定实施了正确的民族语文政策，保障各民族使用和发展自己的语言文字的自由。《中华人民共和国国家通用语言文字法》第三条："国家推广普通话，推行规范汉字。"第八条："各民族都有使用和发展自己的语言文字的自由。"①
在这种语言政策的指引下，我国少数民族同胞不仅充分认识到本民族
语的重要性，而且对普通话也有更新的认识。在这种和谐的语言环境
下，他们不仅在家庭语言使用中充分保留了本民族语，而且也加入了
全国通用语言普通话。在访谈中，当被问及对待本民族语和普通话的
态度时，他们谈到：本民族语是本民族的一个重要特征，应该保留，
但是作为一个中国人，应该掌握普通话，普通话是中华民族的象征，
是中国人身份特征的体现。可见，被调查者的心愿是和我国的语言政
策相符合的。普通话作为中国人情感上的纽带，不仅维系着各个民族
之间的情感，而且也维系着海外所有中华民族的情感。近年来出现的
汉语热就是极好的证明。所以我们要加大推广普通话的力度，使其更
好地发挥作用。

　　第二，通过调查发现，民考汉各个民族被调查者在语言使用上的
民族差异较大。蒙古族有超过半数的被调查者使用普通话，朝鲜族和
壮族中有不到17%的被调查者使用普通话，藏族和苗族通常在家里不
使用普通话。所以应该根据不同民族各自的语言使用现状特征采取不
同的措施，推广普通话。例如，藏族被调查者和苗族被调查者虽然在
家中通常均不使用普通话，但原因却不相同，藏族被调查者在家中因
为主要使用藏语而不使用普通话，而苗族被调查者在家中通常主要使
用当地汉语方言，不使用本民族语。这是两种不同类型的语言使用情
况，当地政府应该针对各自的情况采取不同的推普策略。

　　再比如"普通话和本民族语"的使用，这种语言模式虽不是被调
查者在家庭中主要使用的语言模式，但是也占有一定比例，其中40.7%
的朝鲜族、16.7%的藏族对兄弟姐妹使用"普通话和本民族语"，蒙古
族、壮族和苗族在家里很少使用"普通话和本民族语"。藏族和朝鲜族
对祖父母、父母亲和兄弟姐妹使用"普通话和本民族语"的比例依次
提高。尤其是朝鲜族，这个特点表现得更为明显。这说明民考汉朝鲜
族年轻一代的双语化倾向较高，民考汉藏族次之。这种差异，也是普
通话推广中应该考虑到的现状。

　　第三，通过调查发现，蒙古族家庭语言使用类别与其升学类别有
较大关联，家庭中，民考民被调查者基本不使用普通话，大部分使用

本民族语，小部分使用"普通话和本民族语"；而民考汉被调查者大部分使用普通话，小部分（10%左右）使用本民族语，使用"普通话和本民族语""当地汉语方言"两种语言模式的占10%左右。

从上面的调查结论可知，同一个民族内部存在不同的语言使用现状，所以各个民族内部在推广普通话时，应该切实有效地按照实际情况，因地制宜地采取措施，这样才能提高推普效率。

第四，各个民族家庭语言使用中的代际差异显著。家庭中本民族语的使用，民考民藏族和维吾尔族均没有代际差异。民考民蒙古族、哈萨克族和朝鲜族存在代际差异，表现出相同的趋势：对祖父母、对父母亲、对兄弟姐妹使用本民族语的比例依次降低；一部分蒙古族、哈萨克族和朝鲜族使用"普通话和本民族语"，并有代际差异，即对祖父母、父母亲、兄弟姐妹使用"普通话和本民族语"的比例依次提高，年轻一代表现出双语化倾向。

普通话的使用，民考汉蒙古族与壮族被调查者表现出明显的代际差异：对祖父母使用普通话的比例明显低于对父母亲和兄弟姐妹，对父母亲和兄弟姐妹使用普通话的比例没有明显差异。民考汉各个民族在本民族语的使用上均有代际差异，即对兄弟姐妹使用本民族语的比例均要低一些，对祖父母使用本民族语的比例都要高一些，具体表现各不相同：蒙古族、壮族和苗族被调查者对祖父母使用本民族语的比例高于对父母亲和兄弟姐妹，对父母亲和兄弟姐妹使用本民族语的比例相当；藏族被调查者对祖父母和父母亲使用本民族语的比例相当，对兄弟姐妹使用本民族语的比例相对较低；朝鲜族对祖父母、对父母亲、对兄弟姐妹使用本民族语的比例依次降低，表现出明显的阶梯式代际差异。

家庭中，当地汉语方言的使用，民考汉蒙古族、藏族、朝鲜族和壮族均没有明显代际差异；苗族被调查者对祖父母使用当地汉语方言的比例低于对父母亲和兄弟姐妹，具有代际差异。

"普通话和本民族语"虽不是被调查者家庭中主要的语言使用模式，但是也有一定比例，且有代际差异。民考汉藏族和朝鲜族对祖父母、父母亲和兄弟姐妹使用"普通话和本民族语"的比例依次提高，尤其是朝鲜族，这个特点表现得更为明显。说明民考汉朝鲜族年轻一代的双语化倾向较高，民考汉藏族次之。

从上面的总结可以得出一个总体的趋势，即家庭语言使用中的代际差异是较为普遍存在的情况。在京少数民族大学生对老一辈使用本民族语要相对多一些，对年轻一代使用普通话或"普通话和本民族语"双语相对多一些。这可以说是目前我国民族地区出现的新的语言情况，可以看出，近年来我国民族地区在年轻一代少数民族群体中推广普通话的客观效果相对来说很显著，而在老年群体中的推普效果相对不明显。当地政府有责任针对这种新情况采取新措施，对老年一代的少数民族同胞加强普通话培训，增加他们接触普通话的机会，有目的地开展一些活动，提高他们的普通话水平。

从上面的分析我们认识到，家庭语言使用模式的研究容易被忽略，但却体现了语言使用与语言规划的密切联系。普通话的推广策略应与现实的语言生活状况相符合，按照实际的语言生活制定相应的语言政策。本文调查得出的语言使用现状，可以让我们从政策实施效果的角度观察我国的语言政策，验证其实施的实际效果；也可以使我们了解目前的新情况，以便于采取新措施。《中华人民共和国国家通用语言文字法》第四条："地方各级人民政府及其有关部门应当采取措施，推广普通话和推行规范汉字。"各级人民政府可以在这一政策的指导下，在调查的基础上，制定切实可行的语言政策，采取适当的措施推广普通话，为构建和谐语言生活、构建和谐社会、促进民族团结和国家繁荣做出贡献。

## 附录：

### 调查问卷

您好！我们的调查是为了了解大学生的语言使用情况。希望您能根据实际情况回答，协助我们完成这份问卷。占用您的宝贵时间，我们向您表示衷心的感谢。

A. 语言使用（以下题目都可多选。）

A1. 现在在家里，您对您祖父通常说哪（些）种话（语言）？

1. 普通话　　2. 本民族语　　3. 当地汉语方言　　4. 普通话与本

民族语　　5.当地汉语方言与本民族语　　6.其他语言或方言：_____
7.无此情况

A2.现在在家里，您对祖母通常说哪种（些）话（语言）？

1.普通话　　2.本民族语　　3.当地汉语方言　　4.普通话与本民族语　　5.当地汉语方言与本民族语　　6.其他语言或方言：_____　　7.无此情况

A3.现在在家里，您对您父亲（或男性抚养人）通常说哪种（些）话（语言）？

1.普通话　　2.本民族语　　3.当地汉语方言　　4.普通话与本民族语　　5.当地汉语方言与本民族语　　6.其他语言或方言：_____　　7.无此情况

A4.现在在家里，您对您母亲（或女性抚养人）通常说哪种（些）话（语言）？

1.普通话　　2.本民族语　　3.当地汉语方言　　4.普通话与本民族语　　5.当地汉语方言与本民族语　　6.其他语言或方言：_____　　7.无此情况

A5.现在在家里，您对您的兄弟姐妹通常说哪种（些）话（语言）？

1.普通话　　2.本民族语　　3.当地汉语方言　　4.普通话与本民族语　　5.当地汉语方言与本民族语　　6.其他语言或方言：_____　　7.无此情况

C.个人基本情况：

C1.您是：1.男　　2.女

C2.您是_____族

C3.您父亲是_____族　　您母亲是_____族

C4.您家所在地是：1.本民族聚居区　2.汉族聚居区　3.本民族和汉族杂居区　4.本民族和非汉族杂居区

C5.您的家乡是：_____省（自治区）_____市_____县（旗）_____

## 注释

　① http: www.gov.cn / ziliao / flfg / 2005-08/31/content_27920.htm.

## 参考文献

邬美丽 2007 在京少数民族大学生语言使用及语言态度调查，中央民族大学博
　　　士学位论文。

发表于《语言文字应用》2008 年第 4 期

# 论民族语言在家庭语域中的使用与传承
## ——以民族语言衰微地区的调查材料为例

王浩宇

## 一、引言

　　家庭是面对面互动形式的、具有亲密人际关系的社会群体，它反映着人们最简单、最初步的社会关系，是社会组合的雏形（邓伟志，徐荣 2001：24）。同样，家庭语言的使用也是社会语言生活的基础组成部分，以家庭为基本单位的语言使用研究在社会语言学中具有重要意义：首先，从研究内容来看，家庭语言使用涉及家庭成员的语言观念、教育水平、民族意识以及家庭构成方式、年龄结构、生计方式等众多影响因素，其丰富的内容能为相关研究提供更多的视角与切入点；其次，从研究方法的角度来看，关于家庭语言使用的探析宜采取个案研究的方法进行深入细致的描写与分析，以便从微观视角研究语言在家庭中的发展变化机制；最后，家庭是研究语言政策的重要领域，家庭要做出是否给后代传承祖裔语言的决定，这个决定极大地影响着家庭的语言转用和语言保持（斯波斯基 2011：54~55）。从当前我国民族语言的发展状况来看，家庭已经成为民族语言传承最重要的语域，对于民族语言在这一语域中使用情况的研究是国家和地方制定相关语言政策与教育政策的基础，对民族文化的保护与传承也具有重要意义。本文以甘肃天祝藏族自治县的两个家庭语言使用个案为基础，深入分析藏语在当地藏族家庭中的使用与传承状况，并对当前我国民族语言的生存与发展问题做出进一步探讨与思考。

## 二、家庭语言环境与家庭语言使用

家庭语言的使用与变化是一个极为复杂的问题：第一，任何一个家庭的语言使用必然会受到其所处社区语言环境的影响。第二，由于民族、文化、生活习俗的差异，每个家庭都拥有自己独特的生活方式与传统，其在很大程度上会影响家庭语言环境和家庭成员的语言习得与使用。第三，家庭成员之间也总是存在语言能力、语言态度等方面的个体差异，成员之间的异质性也会造成家庭用语发生变更。第四，儿童或青少年的语言使用往往对家庭语言的变化具有重要影响。由于受到学校教育、同龄群体、传媒等多种因素的作用，这一群体的语言行为和语言态度又极易发生变化。第五，家庭成员之间的情感、亲族关系、民族认同等可能会导致个体在家庭中的语言使用不是以语言的工具性来衡量，而是从语言情感方面来考虑，这一情况使得家庭语言的变化更为复杂。

对于家庭语言的使用分析首先应该从家庭语言环境入手，家庭语言环境由家庭外部语言环境和内部语言环境两个部分构成。从外部环境来看，家庭所属社区的语言环境会直接影响家庭语言的使用模式。一般来说，在本族语环境较好的语言社区[①]中，家庭成员使用本族语的机会多，对本族语的使用能力强，语言观念也较为保守；而在本族语环境较差的语言社区中，家庭成员使用本族语的机会少，对本族语的使用能力弱，语言观念也较为开放。以天祝县藏族居民的语言使用情况为例，从整体上看，藏语在当地社会的使用功能正大幅衰退，藏族居民转用汉语现象普遍，藏语正面临着多重生存与发展危机。但另一方面，当地各个乡镇的语言使用状况也并不完全一致，牧区、半农半牧地区和县城的语言环境截然不同，由此，他们的家庭语言使用情况也具有明显差异（见表1）。

表 1　天祝县不同乡镇藏族家庭语言使用情况（N=466）[②]

| 家庭用语 | 乡镇 | | |
|---|---|---|---|
| | 西大滩乡 | 天堂乡 | 抓喜秀龙乡 |
| 藏语单语 /% | 0.7 | 7.6 | 37.4 |
| 汉语单语 /% | 77.6 | 51.5 | 25.5 |

续表

| 家庭用语 | 乡镇 | | |
| --- | --- | --- | --- |
| | 西大滩乡 | 天堂乡 | 抓喜秀龙乡 |
| 汉语兼藏语 /% | 21.7 | 40.9 | 37.4 |
| 合计 /% | 100 | 100 | 100 |

上述样本数据显示：在抓喜秀龙乡、天堂乡、西大滩乡 3 个藏语环境具有差异的社区内，家庭语言的使用情况也有所不同。抓喜秀龙乡的藏语环境最好，故藏语在家庭内部的使用频率较高，如家庭语言为藏语单语的达到样本量的 37.7%；天堂乡的藏语环境次之，家庭语言为藏语单语的占样本量的 7.6%；西大滩乡的藏语环境最差，家庭语言为藏语单语的仅占样本量的 0.7%。以上数据充分表明，社区语言环境与家庭语言环境具有密切联系，两者之间相互影响、相互制约。

从内部环境来看，尽管社区这一社会单位要比单一家庭庞大许多，但是家庭内部的语言生态变化往往比社区更为复杂。其不仅在于家庭语言环境会受到外部社区语言环境的作用而发生改变，同时由于家庭观念、成员权威、传统生活方式等多种因素的影响，家庭内部的语言环境往往更容易受到个别成员语言态度的变化而发生改变。一般说来，分析家庭内部的语言环境应该包括以下几个部分。

第一，家庭成员的语言态度是家庭内部语言环境的重要组成部分，它不仅会影响家庭成员的语言行为，同时在一定程度上也决定着家庭语言的传承，而影响成员语言态度的因素又是非常复杂的，包括教育水平、家庭观念、社交网络、民族意识、语言人自身的语言水平等多项内容。第二，本族语在家庭中的使用频率往往与家庭成员的年龄结构密切相关。一般来讲，在家庭成员的年龄层次分布中，年长的家庭成员越多，本族语在家庭内部中的使用频率就越高。第三，家庭成员所使用某种语言的工具价值大小是影响家庭内部语言环境的关键要素，例如汉语是我国各民族间的族际交际语，其使用功能强、使用范围广，以汉语作为家庭主要用语或辅助用语是当前许多少数民族家庭语言使用的基本模式。第四，家庭构成方式也是分析家庭内部语言环境的关键因素，族际通婚使得家庭语言的选择变得更为复杂，由此对语言传承产生作用。总之，家庭语言的内部变化机制是非常复杂的，需要从不同的个案入手，进行详细的描述与深入的分析。

## 三、X 家庭：民族语言在家庭中使用的
## 衰微与传承的断裂

个案 1：X 家庭是天祝县天堂乡的一户两族通婚家庭。户主为藏族，是当地小学的一名语文教师；妻子是土族，在乡政府工作；女儿正在上幼儿园，其第一语言为汉语，目前正在学习英语。X 家庭个案不仅反映了由于家庭成员语言态度和语言能力的变化而导致本族语的传承在家庭中的改变，也在一定程度上呈现了藏语在当地藏族家庭中的使用变化轨迹。

表 2　X 家庭成员基本信息

| 家庭成员 | 民族 | 年龄 / 岁 | 文化程度 | 第一语言及水平 | 第二语言及水平 |
|---|---|---|---|---|---|
| 户主 | 藏族 | 33 | 本科 | 藏语 一般 | 汉语 熟练 |
| 妻子 | 土族 | 32 | 本科 | 藏语 一般 | 汉语 熟练 |
| 父亲 | 藏族 | 60 | 小学 | 藏语 熟练 | 汉语 熟练 |
| 母亲 | 土族 | 63 | 文盲 | 汉语 熟练 | 藏语 一般 |
| 女儿 | 藏族 | 5 | 幼儿园 | 汉语 熟练 | 英语 初学 |

表 2 描述了 X 家庭成员的关系、年龄、文化程度、第一语言等基本信息，可以看出，X 家庭的语言使用代际差异现象已经表现得非常明显。户主父亲的第一语言为藏语，且藏语水平熟练；户主和妻子的第一语言也均为藏语，但是与上一辈相比，藏语水平有所下降；而到了家庭中的第三代，户主女儿的第一语言则变为汉语，第二语言为英语，本族语的传承在 X 家庭中目前已经出现中断。

调查发现，对于当前第一语言为汉语的天堂乡藏族儿童或青少年群体来说，其父母辈的家庭成员早已转用汉语，即由于受到家庭成员的藏语使用能力、家庭语言环境和某些历史因素的影响，本族语传承的断代在家庭中的第二代就已经出现。但是对于 X 家庭来说，其第二代家庭成员的藏语水平虽不及第一代，却依然可以使用藏语完成日常交流，那么为什么在语言人的语言水平及家庭语言环境等客观条件允许

的情况下，本族语在家庭中的传承发生了断裂？户主语言态度的不断变化是回答这一问题的关键线索。

　　户主：我刚开始去甘南上学的时候，我说我们是天祝藏族自治县的，他们表现出惊讶，就说你们不会说藏语，他们认为（我们）是汉族。我当时感觉特别委屈，我本身就是藏族呀，只不过藏语不好罢了。有一次就闹了一个笑话，人家用藏语问我，你们家大概有多少个人，结果我听成你们家有多少牲口，我说我们家大概有一百多，然后就是一片大笑，我当时就是面红耳赤。

户主对自己在甘南的求学经历仍然记忆犹新。受到自尊心和民族情感驱使的影响，当时户主便决定未来一定要让自己的孩子从小学好藏语，将来去其他藏区不能让本民族的成员排斥或笑话。然而，当若干年后户主开始为女儿的第一语言做出选择时，其语言态度就已经发生了改变。

　　户主：那会儿我想的是，作为藏族，学藏语肯定是天经地义的。但是面对以后的生活，肯定要选择其他语言，比如说汉语，甚至是英语，这本身就很矛盾。但最主要的还是要解决就业，比如说我的孩子，还有别家的（孩子）都是一样，家长都希望考上好的大学，出来后能有好工作。

将汉语作为女儿第一语言的决定是由户主做出的，在这一过程中，他经历了由"天经地义"到"现实生活"的矛盾选择，反映了伴随着年龄、阅历及时代的变化，语言人对语言的认同功能与使用功能两者之间考量的改变。基于对下一代语言教育的思考与分析，户主的语言态度和语言行为也逐渐发生着变化，进而影响到整个家庭的语言使用模式（见表3）。

表 3　X 家庭语言使用变化

| 家庭语域 | 户主婚前 | 户主婚后 |
|---|---|---|
| 闲谈 | 汉语兼藏语 | 汉语 |
| 吃饭 | 汉语兼藏语 | 汉语 |
| 议事 | 汉语兼藏语 | 汉语 |
| 节庆 | 汉语兼藏语 | 汉语 |
| 招待客人 | 汉语兼藏语 | 汉语兼藏语 |

就客观因素来讲，导致户主婚前和婚后家庭语言使用发生变化的原因主要有：首先，受到天祝藏区整体语言环境变化的影响，除寺院这一特殊的宗教环境外，在社区其他语域中，各族居民基本均使用汉语进行交际，而社区的语言环境必然会对每一个家庭的语言使用产生影响。其次，由于户主的妻子处于汉语单语的工作环境，加之其藏语基础较为薄弱，近些年藏语水平有所下降，在家庭中与父辈的交流也是以"半汉半藏"的表达方式进行，从而对整个家庭语言环境产生了影响。但同时不可忽视的是，户主语言态度的变化这一主观因素也对家庭语言使用的改变产生了重大影响，甚至是决定性的作用。

户主：我当时就跟我爱人说，咱们得朝前看，这个语言环境我们家长从小就要给她。我爱人是土族，她上学也学藏语，我们那时候学藏语，好考学，容易分配工作，那会儿甘南师专基本上是包分配，跟现在不一样。像我孩子她现在首先把汉语学好，将来再学个英语，考个好学校，现在的人们觉得英语越来越重要。如果她愿意，就再学一下藏语那当然非常好。

在 X 家庭中，存在着一种隐形的家庭语言规划，它以户主的语言态度为基础，围绕家庭第三代的语言教育而展开。在对女儿进行"汉语为基础、英语优先、藏语视情况而定"的语言习得规划中，户主的语言态度在两个方面同时发生着变化：第一，关于儿童第一语言的选择或语言教育的规划。当前语言人在某种程度上更加重视语言的经济价值，其中包括交际、升学、就业、发展等多种社会现实因素，户主对女儿语言教育认知的变化就更多地来自于他对社会发展变迁的思考。第二，与此同时，关于本族语藏语的传承问题，户主的语言观念则变得更加开放。从表面上看，户主语言态度的变化是受到社会整体语言环境改变的影响，但实质上反映了语言人在特定社会、文化环境中民族意识与民族认同的微妙变化。

户主：我是这样认为的，首先我们作为一个藏族，虽然不会藏语了，但是我们到寺院去，会磕头，能把六字真言说对，我觉得就已经是一个藏族了，怎么朝拜，怎么磕长头，还有"唵嘛呢叭咪吽"能说准确就已经不错了。我们不能单一地认为，会说藏语就是藏族，不会说藏语就不是藏族。因为我们这个地方已经受外界的影响比较大（户主在此使用了"汉化"一词形容外界的影响），本身语言方面也得不到发展。

由此可以看出，当前户主的语言态度再一次发生了改变，他已不再为女儿是学习藏语这一"天经地义"的民族义务还是学习汉语这一"现实需求"而备感矛盾。在户主的民族认同体系中，语言的认同功能正逐渐下降，取而代之的是宗教信仰或其他因素作为补充。

另一方面，户主的语言态度不仅影响着藏语在家庭中的使用与传承，同时也影响着汉语在家庭中的使用变化。X家庭目前的语言使用情况见表4。

表4　X家庭目前语言使用情况

| 语言人 | 户主 | 妻子 | 父亲 | 母亲 | 女儿 |
|---|---|---|---|---|---|
| 户主 | | 汉语普通话 | 汉语方言 | 汉语方言 | 汉语普通话 |
| 妻子 | 汉语普通话 | | 汉语方言 | 汉语方言 | 汉语普通话 |
| 父亲 | 汉语方言 | 汉语方言 | | 汉语方言 | 汉语普通话 |
| 母亲 | 汉语方言 | 汉语方言 | 汉语方言 | | 汉语普通话 |
| 女儿 | 汉语普通话 | 汉语普通话 | 汉语方言 | 汉语方言 | |

注：横列是发话者，竖列是受话者。

根据户主介绍，X家庭近些年关于汉语使用最大的变化为：除去户主的父亲和母亲外，户主、妻子和女儿之间的交流基本使用汉语普通话进行，而过去X家庭成员之间更多地使用汉语方言进行交流。这一变化主要是由于户主和女儿语言活动的共同作用所致：目前女儿受到幼儿园学习生活经历和同龄群体的影响，汉语普通话已经成为其日常交际用语，女儿仅能听懂但不会讲汉语方言；另外，户主本人也认为，鉴于当前广大民族地区的现代化建设速度，人员流动日益频繁，儿童更应该从小学习汉语普通话以适应未来社会的发展变迁，而汉语方言的使用人数则会日益减少，使用范围将会不断缩小。由此，鼓励女儿讲汉语普通话便成为X家庭语言教育的重要环节之一。

当前，户主的语言态度对家庭成员的语言使用和家庭语言环境的改变产生了巨大的影响。同时，伴随着女儿年龄的增长与未来学校教育的影响，女儿的语言行为又会进一步强化X家庭的语言环境，在语言态度与语言行为不断相互作用的家庭语言活动中，藏语在X家庭中的传承最终未能延续下去。

## 四、B 家庭：民族语言在家庭中使用的 复活与传承的延续

个案 2：B 家庭曾经一直居住在天祝县东大滩乡（与西大滩乡毗邻），8 年前由东大滩乡搬至县城居住。户主是当地某企业的普通员工，妻子过去从事牧业劳动，目前在家中照顾老人。与 X 家庭和天祝县大多数藏族家庭不同，藏语在 B 家庭中的使用经历了由衰微到复活的过程。在东大滩乡时期，B 家庭成员很少使用藏语进行交流，而当 B 家庭搬至县城居住后，家庭成员使用藏语的频率日渐提高，家庭中的藏语使用环境也逐渐得到改善，类似情况在天祝藏区很少见到。B 家庭的个案呈现了家庭成员的年龄结构、家庭观念、民族意识以及家庭语言环境的变化是如何促使藏语在家庭中实现传承的延续与使用的复活。

从目前 B 家庭成员的基本信息（见表 5）中可以发现，家庭成员的整体藏语水平较高，藏语使用能力并未出现明显的代际差异现象。在户主的 4 位女儿中，长女和三女能够熟练地使用藏语进行交流，次女和小女的藏语水平一般，但是也能够使用藏语完成日常交际，在多数藏族青年人已经转用汉语的天祝藏区，这一情况是极为罕见的。然而，根据户主及其女儿的讲述，与 B 家庭最初生活在东大滩乡时对比，当前 4 位女儿的藏语水平实际上已发生了很大的变化（见表 6）。

**表 5　B 家庭成员基本信息**

| 家庭成员 | 民族 | 年龄 / 岁 | 文化程度 | 第一语言及水平 | 第二语言及水平 |
| --- | --- | --- | --- | --- | --- |
| 户主 | 藏族 | 57 | 大专 | 藏语 熟练 | 汉语 熟练 |
| 妻子 | 藏族 | 54 | 文盲 | 藏语 一般 | 汉语 熟练 |
| 母亲 | 藏族 | 82 | 文盲 | 藏语 熟练 | 汉语 熟练 |
| 长女 | 藏族 | 29 | 研究生 | 藏语 熟练 | 汉语 熟练 |
| 次女 | 藏族 | 28 | 研究生在读 | 藏语 一般 | 汉语 熟练 |
| 三女 | 藏族 | 26 | 研究生 | 藏语 熟练 | 汉语 熟练 |
| 小女 | 藏族 | 24 | 研究生在读 | 藏语 一般 | 汉语 熟练 |

表 6　B 家庭户主女儿藏语水平变化

| 语言人 | 听藏语 | | | 说藏语 | | |
|---|---|---|---|---|---|---|
| | 20 年前 | 10 年前 | 现在 | 20 年前 | 10 年前 | 现在 |
| 长女 | 不熟练 | 比较熟练 | 很熟练 | 不熟练 | 比较熟练 | 很熟练 |
| 次女 | 不熟练 | 一般 | 很熟练 | 不熟练 | 一般 | 一般 |
| 三女 | 不熟练 | 一般 | 很熟练 | 不熟练 | 一般 | 很熟练 |
| 小女 | 不会 | 不太熟练 | 很熟练 | 不会 | 不会 | 一般 |

注：语言水平由高到低依次为："很熟练""比较熟练""一般""不熟练""不会"。

表 6 显示，在 20 年前、10 年前和现在这 3 个连续的时间段内，户主 4 位女儿的藏语水平均发生了较大的变化，特别是长女和三女的藏语水平具有明显的提升。从天祝藏区家庭语言使用变化的整体情况来看，B 家庭所呈现出的现象非常特殊：B 家庭最初生活在东大滩乡，这一地区的语言环境与西大滩乡较为类似，部分藏族居民已经转用汉语。另外，自 B 家庭从东大滩乡搬至县城居住后，实际已经完全脱离了藏语使用环境（天祝县县城为汉语单语环境）。但是，随着 B 家庭成员逐渐习惯于县城生活后，藏语在家庭中的传承非但没有中断，户主 4 位女儿的藏语水平反而得到很大的提升，这一现象与当地多数藏族家庭的语言使用变化轨迹形成了明显的对比。在访谈中得知，家庭成员的教育水平、民族意识、家庭观念与家庭成员的年龄结构等因素均对 B 家庭成员的藏语水平和家庭语言使用产生了影响。

　　首先，从 B 家庭成员的基本信息中可以看出，户主 4 位女儿的受教育程度很高，而且她们在大学所学习的专业都与藏语文密切相关，目前长女和三女在其所从事的工作中也会经常接触藏语文及其相关知识。与天祝藏区多数藏族家庭相比，户主 4 位女儿的教育背景是比较特殊的，而这也正是 B 家庭虽然居住在汉语单语的环境中，却仍然能够维系本族语传承的一个重要基础。

　　其次，伴随着语言人受教育程度的提升，其民族意识与过去相比也发生了较大的变化，这一因素对户主 4 位女儿藏语水平的提升产生了促进作用：

　　　　次女：现在我意识到了藏语的重要性，和过去相比变化特别大，4 个姐妹都是这样。我姐姐的变化最大，她的民族意识特别强，从小我们的口语水平都差不多，但是现在人家的安多语和拉萨话都说得那么好。

最后，户主 82 岁母亲的语言行为和语言态度对家庭成员的藏语水平和家庭语言环境也产生了巨大的影响。户主的母亲是一位非常传统的藏族老人，无论在家中还是出门在外，每天都坚持穿藏装、说藏语。与此同时，B 家庭成员的家庭观念又很强，对待老人非常孝顺，户主的4 位女儿在家庭中都会尽量用藏语与老人聊天。

> 次女：例如我妹妹过去很少说藏语，后来有一次我突然发现，她在和我奶奶一起做饭时，两个人用藏语对话！天哪，她们自己还都没意识到。我妹妹说藏语肯定是受到专业学习的影响，但是这几年假期她都在家陪我奶奶，而且她还和我奶奶住一个屋子里面，这肯定也有影响。

同时，老人的语言行为和语言态度不仅对户主 4 位女儿藏语水平的提升产生了作用，其作为家族中最有地位和最具权威的语言人，对整个家庭语言环境的塑形也具有非常重要的影响。

> 小女：在我们藏族的传统里，因为家里有老人在，所以家里的客人就会很多，特别是过年的时候，我们家人数最多的时候有30 多个人。家里来的一般都是老人，他们都是用藏语（讲话），家里面的人也都说藏语，只要能用藏语的就会用藏语。

在户主母亲语言行为的影响下和户主 4 位女儿藏语水平不断提高的基础上，藏语在 B 家庭使用的频率也逐渐得到了提升（见表 7）。

表 7　B 家庭藏语使用频率变化

| 时间 / 语言人 | 二代之间 | 三代之间 | 二代与三代 | 一代与二代 | 一代与三代 |
|---|---|---|---|---|---|
| 8 年前（东大滩） | 偶尔使用 | 偶尔使用 | 偶尔使用 | 有时使用 | 偶尔使用 |
| 现在（县城） | 偶尔使用 | 有时使用 | 有时使用 | 经常使用 | 经常使用 |

注：藏语使用频率由高到低依次为："经常使用""有时使用""偶尔使用"。

对于藏语在 B 家庭中使用复活这一现象的解释，户主认为家庭外部语言环境的变化也对家庭语言产生了一定的影响。从表面上看，B 家庭由东大滩乡搬至县城居住后，藏语的使用空间和生存环境是在逐步缩小。但事实情况却恰好相反，县城中更加接近城市化的居住模式和现代邻里关系反而催生出 B 家庭的藏语使用环境：在过去的传统社区中，

B 家庭成员和邻里交往密切，但由于邻里多数为土族，所以大家只能选择使用汉语进行交流，即受到社区交际网络的影响，B 家庭成员在一定程度上需要服从当时的语言使用规范。而当 B 家庭定居县城后，家庭成员由过去的传统社区生活转变为当前的现代社区生活，邻里之间几乎不来往，家庭语言环境也就变得相对独立，彼此影响较小，由此 B 家庭的藏语环境拥有了独立成长与发展的空间。

> 户主：可能是搬到这里（县城）后，接触的人少了，现在我们家周围的邻居相互都不来往。以前我们村里面的邻居关系都挺好的，邻居都是土族，我们就都讲汉语。所以现在可能家里又开始说藏语了。

与 X 家庭情况类似，随着家庭成员语言水平、家庭语言环境及语言使用情况的改变，在 B 家庭内部也逐渐形成了一种隐形的语言规划或家庭语言政策，即在某些家庭生活场景、讨论某类话题或有特定的语言人参与对话时，藏语便会成为家庭成员的主要用语（见表 8）。

表 8 　B 家庭藏语使用情景

| 参与者 | 户主 | 妻子 | 母亲 | 长女 | 次女 | 三女 | 小女 |
|---|---|---|---|---|---|---|---|
| 藏语 | | | √ | √ | | √ | |
| 场景 | 闲谈 | 吃饭 | 议事 | 节庆 | 看电视 | 家务 | 招待 |
| 藏语 | | | √ | √ | | √ | |
| 话题 | 家庭经济 | 娱乐 | 私密话题 | 老人起居 | 工作学习 | 宗教 | 成员婚事 |
| 藏语 | √ | | √ | √ | | √ | √ |

藏语在 B 家庭中的使用与传承一方面催生出 B 家庭特有的语言使用规划；另一方面，这一家庭语言使用模式也在不断地强化着藏语在 B 家庭中的生存与发展，并由此建构出一个有利于藏语传承延续的家庭语言环境。

尽管 B 家庭的语言使用情况在天祝藏区是一个极为特殊的个案，但是从这一案例中也可看出，即使家庭外界语言环境发生了巨大的改变，本族语在家庭内部的传承与复活同样可以实现。首先，家庭成员的民族意识、家庭观念、教育水平等均能在一定的语言环境下发挥促进作用，从而维系本族语在家庭内部的使用与传承。其次，家庭中核心语言人的语言态度与行为对家庭语言环境的影响巨大，以 B 家庭为例，户主母亲的权威和家庭地位不仅对语言人的家庭语言活动具有聚合作用，对语言人的语言行为同样具有规范作用。最后，在一定的客观条件下，相对独立的家庭语言使用环境也会对本族语的传承与发展起到积极作用，藏语在 B 家庭中的复活便是在一个较为封闭的语言环境中完成的。

# 五、结语

家庭是一种语言使用的最小场合，也是母语保持的坚实堡垒。同时，家庭环境也是母语传承的一个十分重要的途径（丁石庆 2009）。伴随着现代化、全球化和城市化的冲击与影响，民族语言在社会各领域的使用功能不断衰弱，家庭便日益成为民族语言生存的最重要的语域之一，家庭语言的使用对民族语言传承与保护的作用也更加凸显出来。另一方面，家庭这一社会单位虽然作为本族语或母语保持的重要语域而不断发挥着其特殊的语言维系作用，但它同时也是民族语言在衰微过程中用于交际的最后场合，若某种语言的传承在家庭层面普遍发生断裂，也就意味着此种语言将会面临全面衰微的发展困境，乃至濒危甚至是消亡。

家庭成员的语言态度在很大程度上决定了家庭内部的语言环境，从而影响着民族语言在家庭中的使用与传承。当全球化与现代化开辟和扩大了语言系统使用范围的同时，语言发展的"马太效应"也在不断地强化与传播，以至人们日趋重视语言这一高度集体化商品的经济价值。本族语或母语在家庭语域中使用的改变不仅体现了家庭语言环境的变化，更意味着在人们对某种语言价值的评价体系中，语言的工具性或使用价值的权重在逐渐上升，而对语言情感价值的认同则有所下降。那么，如果从语言的工具性这一性质来思考和评价世界上现存的各种语言，必须承认在这种发展不平衡的现实世界结构中，有一些民族的语言在历史发展的竞争态势中是居于劣势的；而另外一些语言则居于优势（马戎 2007）。语言人基于对家庭中儿童或青少年的升学、就业和个人发展等因素的考量，学习和使用汉语已经成为当前少数民族家庭语言规划的重要内容，这一趋势是历史发展的必然，体现了社会变化发展的规律，是不以人们的主观意志为转移的。

但是我们也应该看到，家庭这一社会单位也是社会语言生活中一个极富弹性和生命力的语域，在满足一定的客观条件时，即使外界语言环境已经发生了较大的改变，民族语言在家庭中的使用与传承目前依然可以得到延续。家庭中往往存在一些或隐或显的语言规划，它以家庭核心成员的语言态度为基础，围绕家庭后代的语言行为和家庭语言活动而展开。在这一过程中，与家庭成员的语言态度密切相关的民族意识、家庭观念、亲族关系等均会为语言人坚持使用本族语提供一定的情感基础，而这也恰是语言人在家庭中或本族内部不断获取象征性资本的重要途径。正是从这个意义上看，在家庭中积极宣传保持语言多样性的重要意义，鼓励家庭成员使用本族语进行对话与交流，从家庭层面设计与实施相关语言政策等措施，也是维护民族语言文化传承与发展的有效途径。

## 注释

①关于"语言社区"或"言语社区"的概念，学者们的定义不尽相同，乔姆斯基（N. Chomsky）、霍凯特（Hockett）、海姆斯（Hymes）、甘柏兹（Gumperz）都曾对这一概念下过定义。其中比较有代表性的是由甘柏兹所做出的定义，即"凭借一套共同的言语符号进行有规律的、经常性的交往，并依靠语言使用上有意义的差异而有别于其他类似的人群"（Gumperz 1968）。

②表1数据来自笔者于2014年在天祝藏区的第一手调查资料，表格中3个乡镇分别代表天祝藏区3类地理环境、民族构成、文化形态等不同的区域。西大滩乡内的藏族居民转用汉语现象已较为普遍，其语言使用情况与天祝县多数乡镇也较为相似；天堂乡是天祝藏区的宗教文化中心，位于甘、青两省交界处，近些年受到旅游开发、族际通婚等因素的影响，语言环境也发生了很大的变化；抓喜秀龙乡位于牧区，被当地居民认为是天祝县藏语保持最好的区域之一，但目前藏语传承断代、语言使用代际差异等现象在当地的表现也较为突出。

## 参考文献

博纳德·斯波斯基　2011　语言政策——社会语言学中的重要论题，张治国译，北京：商务印书馆。

邓伟志，徐　荣　2001《家庭社会学》，北京：中国社会科学出版社。

丁石庆　2009　论语言保持——以北方人口较少民族语言调查材料为例，《中南
　　民族大学学报（人文社会科学版）》第 4 期。

马　戎　2007　从社会学的视角思考双语教育，《云南民族大学学报（哲学社会
　　科学版）》第 6 期。

Gumperz, J. J. 1968. The speech community. In D. L. Sills (Ed.), *International
　　Encyclopedia of the Social Sciences*. New York: Macmillan.

发表于《西藏研究》2015 年第 3 期

# 锡伯族家庭语言态度的代际差异研究

尹小荣　李国芳

## 一、引言

　　语言态度是一个复杂的概念，而且在不同的场合有不同的描写方式，80多年来认知心理学、社会心理学和社会语言学等各学科都展开了相关的研究（Albarracin et al. 2005：6）。尽管不同的学者从不同的侧面对其进行了定义，但大家都一致认为语言态度具有多维的特征。例如：有学者（Liang 2015：38）认为语言态度具有工具性和融合性，具有精神建构性和话语实践性等；也有学者（Bradac & Mulac 1984）认为语言态度包括语言使用者对某一种语言的吸引力、社会优越性和发展动力的认识和评价。个人对不同语言吸引力的看法，可以反映出该语言的审美性、情感性和认知性特征。多语者对不同语言的社会优越性所做出的评价，可以折射出该语言在整个社会环境中所享有的权利和声望。而且，在弱势语言和强势语言的竞争中，社区成员是否认可其语言的发展力，运用开放的态度来对待双语和双文，也是该社区弱势语言能否长期保持活力，并维持和谐双语或"双言"社会的重要因素（Fishman 1967）。因此，这些对语言或变体不同角度的观念和评价，支配着人们使用和习得语言的实践。从语言生态的角度看，要了解一种语言资源在发展过程中能否保持生机和活力，必须首先了解语言使用者的语言态度。

　　个体对特定语言的态度和认同不是与生俱来的，而是在不同的情景之下，在从事社会文化活动时不断塑造而成的。个体对语言的态度在不同层次上还有不同的体现。在多语环境下成长起来的儿童尤其如此，他们对不同语言的评价很大程度上受到了家庭、学校和社区的影响。而且，家庭是儿童语言社会化的第一个场域，家长的语言使用是儿童语言输入的最初环境。父母的语言态度与子女的语言态度是否存在异同，两代人之间在哪些方面互相有影响以及如何影响，这些影响是家长有意识的规划还是无意识的传承，这些问题都值得进一步讨论。

早期的学者把家庭作为儿童语言习得的外部条件来加以研究，探索双语家庭中孩子的认知特性。后来，人们开始比较双语和单语家庭儿童的语言发展轨迹，探索儿童习得两种语言时发生的迁移，或者其他的认知特征和功能。到了 20 世纪 90 年代中期，学者们开始关注社会文化理论、语言社会化理论、情境学习理论以及社会关系论等。这些理论有助于了解父母的语言态度和语言意识如何随时间的变化在家庭中应用、实现和协商，同时也有助于观察家庭语言规划在子女语言发展上的短期和长期效应。伴随着应用语言学与其他学科的交叉，越来越多的研究开始关注家庭语言规划的动力、家庭成员间语言态度的相互影响以及子女的语言能动性（尹小荣，李国芳 2017；King 2016）。如今的信息社会使经济贸易和人际交往的疆界变得越来越模糊，很多跨国人士、少数民族、原住民和移民都生活在多种语言共存的社区，他们对家庭语言规划的意识和对语言的态度也变得越来越复杂。有的家庭愿意保持祖裔语，有的家庭却支持孩子转用主流语言。单语的家庭凭借强烈的意愿培养出了具有双语能力的孩子，而双语家庭的孩子却最终长成了单语者（Curdt-Christiansen 2018：1~24）。可见，无论从儿童语言习得的角度，还是从家庭语言规划的角度，我们都需要了解家庭成员的语言态度是何现状，不同成员间的语言态度是否存在差异以及相互间如何影响。我们以居住在新疆察布查尔锡伯自治县（以下简称察县）的锡伯族为调查对象，对中小学生及其家长分别进行了问卷调查，力图了解两代人对锡伯语的语言态度所呈现出来的特征。

锡伯语属阿尔泰语系满－通古斯语族满语支。在满－通古斯语族的活态语言中，只有锡伯语还存在相应的文字。锡伯文是在满文基础上略加改动的拼音文字。在字形结构、字母数目、拼写规则和书写形式等方面同满文都是一致的（李树兰，仲谦 1986）。现代锡伯语的书面语和口语差异非常大，具体表现为语法结构的差异、词义的演变和语音的脱落等。从 20 世纪 80 年代到现在，锡伯语的研究在语言描写、语言的历史比较研究、语言的社会表现等方面都涌现出了大量成果。学者们从语言文字的规范化和信息化、民族和国家认同、语言文字保护和传承、语言使用调查等方面展开了研究（佟加·庆夫 2009；李云霞 2013；贺元秀 2014；尹小荣，佟福 2017）。费什曼（Fishman 1964）认为全面了解语言使用现状应当考虑说话人的语言习惯、具体的语言使用场合和谈论的话题，研究的语域不仅包括私人领域，如家庭域和朋友域，也包括公共领域，如教育、工作、民族文化活动场所和大众传媒等。但关键性领域家庭域对弱势语言的保持有着至关重要的作用（张治国，邵蒙蒙 2018）。当前锡伯语的相关研究，除了广泛意义上的语言使用和语言态度的调查之外，对锡伯族家庭的语言使用调查却寥寥无几（安成山 2009；刘宏宇，李琰 2010；王远新 2011；尹小荣，刘静 2013；尹小荣 2013）；深入分析锡伯族家庭成员语言态度或语言意识形态的文章则更少见。

## 二、文献回顾

认知科学、心理学和社会语言学分别采用了不同的方法和范式来研究语言态度。认知科学认为语言态度是一种话语实践，它可以通过社会话语和互动来得以体现。认知科学通常采用交际民族志等质性研究的方法来对话语进行内容分析、话轮转换或语用分析以及交际分析等。心理学则把语言态度当作一种相对一致和持久的心理建构，认为语言态度是一定时期内人们对特定语言的一种喜好或厌恶的心理倾向。心理学通常采用语言态度心理结构模式（affective, behavioral and cognitive aspects，ABC）和配对语装实验模式（matched-guise technique，MGT）来展开研究。前者将语言态度分成情感、认知和行为 3 个部分，运用问卷调查或访谈的方法对被调查者进行调查和询问；后者利用不同语言变体的转换诱导出听话者对不同变体的偏见或倾向性的看法（Baker 1992）。

在认知科学和心理学的研究中，无论将语言态度看作话语实践还是稳定的心理建构，都主要体现了被调查者个体的心理和行为特征。虽然社会语言学也是以考察个体的价值判断为出发点，但其终极目标是要通过大量个体的心理表现来揭示某些社会群体的具有共性的精神特征，或者通过调查个别言语社区的价值观变化来探索具有普遍类型特征的变化机制。换句话说，社会语言学不仅关注个体的话语实践，还描写整个社会的语言现实和语言生态；不仅描写一定时期个体的心理倾向，还运用显像时间的方法将共时和历时研究相结合，透视语言态度的历时和代际演进。因此，我们认为社会语言学所研究的语言态度是说话人在考虑到一种语言（或变体）与其他语言（或变体）的共存关系之后，从不同维度建构出的对这种语言（或变体）的整体观念，包括不同时代的说话人对该语言的吸引力、社会优越性以及未来发展动力等方面的认识和评价（Santello 2015）。

首先，木拉克在口语方言态度量表（speech dialect attitudinal scale, SDAS）中界定了个体对语言吸引力评价的研究框架。他认为语言的吸引力取决于语言自身的知识和审美特征（Mulac & Louisa 1982）。我们引用这一理论并对其具体化和进行补充，列出了个体对语言的亲切、好听、有用和习得的难易程度等看法的指标（Xu et al. 2005；Sallabank 2013；Bullock & Toribio 2014；Ghimenton 2014）。其次，个体对语言社会优越性的界定是指个体把一种语言与其他语言进行比较，确定该语言是否具有更高的声望、社会地位和受重视程度等。科林·贝克（Baker 2011）认为：语言在日常生活和经济发展中的支配或从属地位，能够象征语言背后的财富和权力；一个国家或地区内各机构对弱势语言的支持程度会对语言的社会功能产生影响；如何理解语言中所蕴含的文化价值和精神财富，能够确定主流语言与非主流语言在社会上的功能分布。以上便是个体对某语言优越性评价的构成。最后，语言的发展动力是指语言在社会中持续发展的驱动力（Zahn & Hopper 1985），包括该语言的生存动力和潜在动力（Gibbons & Ramirez 2004：196）。语言的生存动力是指语言系统对其内外部的新生语言元素进行选择和协同的过程中，对新生语言事实接受和吸收的速率，也就是语言系统的适应力（尹小荣，等 2013）。我们认为使用者对混合语码和新词术语的态度能够反映出他们对语言本体活力的预期和规划意识。由于察县目前是国家通用语言普及率较高的静态保持双语社区（尹小荣，崔巍2013），两代人对弱势语言锡伯语的教育期望以及对该语言扩张的预期能反映锡伯语的长期潜在动力。他们如何看待双语双文的必要性，双

语在经济活动和职场就业时的功能性以及双语在个人认知能力和知识
储备上的作用，能够反映出弱势语言的短期潜在动力。

综上，国内学者对弱势语言在家庭方面的调查还不够。家庭领域是
语言保持的最后堡垒，也是不同语言和谐与竞争的场所。家庭成员如
何评价语言并在代际间传递情感和认知，如何理解不同语言的功能和
地位并预测语言的发展动力，这些都将是本文希望解决的问题。同时，
本文还将深入观察语言态度中所蕴含的家庭语言意识形态。

# 三、调查设计

## （一）调查点

据第六次人口普查，中国共有锡伯族 190 481 人，[①]大部分居住在
中国的东北地区。只有居住在新疆的察县、巩留县、霍城县伊车嘎善
锡伯族乡、塔城市喀拉哈巴克乡以及伊宁市等地的锡伯族还在使用锡
伯语。近年来，仍然将锡伯语作为公共交际用语的只有察县的不足两
万锡伯族人口。他们具有良好的国家通用语言能力，同时还可以在特
定场合使用锡伯语。这里有中国唯一的锡伯语电视台和广播电台。电
视台每周播放两次锡伯语的《察布查尔新闻》，每次半个小时。广播电
台每天播放 15 分钟锡伯语的《察布查尔新闻》。由察县主办的锡伯文
报纸《察布查尔报》每周发行两期，是目前全世界唯一一家连续发行
的满 - 通古斯语言文字平面媒体。察县的一些知识分子自发在网上成立
了专门的学习交流锡伯语的论坛、QQ 群和微信群，对有兴趣学习满语
满文、锡伯文的人进行远程指导。截至本文调查之时，察县的锡伯族
中小学每周设有 4 小时的锡伯文课程，并且每周有两小时的锡伯文化
课，如锡伯文书法、锡伯族音乐和传统射箭等课程。该县一共有 8 个
乡，其中 6 个乡有锡伯族小学，3 个乡有锡伯族初中，县城有锡伯族小
学、初中和高中各 1 所。本次大规模调查将其中 1 个乡的小学作为预调
查的调查点，在研究方案修订之后并未进行重复调查。因此，本次调
查涉及 6 所小学、4 所初中和 1 所高中学校。由于低龄儿童对问卷内容
的理解和认知存在一定困难，因此小学只从四年级开始调查。学生问

卷采用穷尽式发放，共发放 612 份，有效回收 599 份，有效率 97.9%。家长问卷共发放 176 份，有效回收 148 份，有效率为 84.1%。本文的数据来自这 148 份家长卷及其对应家庭的 148 份学生卷。

## （二）调查方法

本研究使用学生问卷和家长问卷分别对两代人进行调查，问卷语言为汉语。问卷包含 17 道题，由对语言本身的态度、语言的社会优越性和语言的发展动力 3 个部分构成。问卷答案均采取五级量表的形式要求被调查者进行勾选。问卷首先以被调查者是否觉得锡伯语"亲切"和"好听"来考察被调查者的情感性评价，以是否"容易"来代表认知性评价，以是否"有用"来代表功利性评价。锡伯语的社会优越性也通过 4 个问题来反映，即询问被调查者所感受到的锡伯语在全国范围内、在社会经济发展中、在日常生活中的地位，并请他们评价锡伯语的文化价值。问卷将语言的发展动力分成了语言的生存动力和潜在动力。语言使用者对语码混合、新词术语等的态度代表了语言现实的生存动力，对锡伯语未来的国际地位和双语双文的态度象征了锡伯语的潜在动力。至于数据分析，我们运用 SPSS23.0 软件进行描述统计、t 检验和卡方检验。问卷列表见表 1。

表 1　问卷列表

| 问题类型 | | 具体评价 |
| --- | --- | --- |
| 对语言的态度 | | 亲切（情感性） |
| | | 好听（情感性） |
| | | 有用（功利性） |
| | | 容易（认知性） |
| 语言的社会优越性 | | 在全国范围内的重要性 |
| | | 在经济发展中的重要性 |
| | | 在日常生活中的重要性 |
| | | 是国家宝贵的文化财富 |
| 语言的发展动力 | 生存动力 | 人们使用混合语码 |
| | | 人们使用新词术语 |
| | 潜在动力 | 教育期望 |
| | | 锡伯语会成为国际语言 |

续表

| 问题类型 | | 具体评价 |
|---|---|---|
| 语言的发展动力 | 潜在动力 | 两种语言的读写能力很重要 |
| | | 双语方便就业和升迁 |
| | | 双语带来经济利益 |
| | | 双语增加知识储备 |
| | | 双语提高认知能力 |

### （三）样本信息

本研究预调查的时间是 2012 年 12 月 15 日至 30 日，正式的调查时间是 2013 年 1 月 3 日至 2 月 7 日。在 148 份有效的学生问卷当中，男生 65 人，占学生总人数的 43.9%；女生 83 人，占总人数的 56.1%。在被调查的 148 位家长中，父亲 62 人，占 41.9%；母亲 86 人，占 58.1%。具体样本信息见表 2。

表 2　两代人的样本信息

| 年龄 / 岁 | 9~11 | 12~14 | ≥15 | 31~35 | 36~40 | 41~45 | 46~50 | >50 | 合计 |
|---|---|---|---|---|---|---|---|---|---|
| 百分比 /% | 37.8 | 39.2 | 23.0 | | | | | | 100.0（子） |
| | | | | 4.0 | 33.9 | 46.6 | 11.5 | 4.0 | 100.0（父） |
| 教育程度 | 小学 | 初中 | 高中 | 高等 | | | | | |
| 百分比 /% | 58.1 | 30.4 | 11.5 | | | | | | 100.0（子） |
| | 7.4 | 39.9 | 40.5 | 12.2 | | | | | 100.0（父） |
| 家庭收入 / 万元 | <0.5 | 0.5~1 | 1.000 1~2 | 2.000 1~3 | >3 | | | | |
| 百分比 /% | 6.1 | 21.6 | 26.4 | 17.5 | 28.4 | | | | 100.0 |
| 父母职业 | 农民 | 企业 | 机关事业 | 个体或其他 | | | | | |
| 百分比 /% | 63.9 | 13.2 | 15.3 | 7.6 | | | | | 100.0 |

## 四、调查结果

本研究运用单因素重复测量方差分析方法分别检验了父母和子女语言态度的 3 个维度是否存在显著性差异。我们首先进行了正态分布检验，结果显示，数据并没有违背重复测量方差分析的假设条件。描述统计表明，两代人的语言态度从对语言本身的态度、语言社会优越性的评价到语言的发展动力的评价呈现递减的趋势（父母的均值分别为 4.6、4.0 和 3.8，学生的均值分别为 4.3、4.1 和 3.5）。被调查者内效应结果达到了显著水平（家长卡方值 F=89.823，sig= .000；学生卡方值 F=96.414，sig= .000），表明了锡伯族的语言态度在不同层次上有显著的差异。对比两代人的语言态度，子女对锡伯语本身及其发展动力的评价较之父母有了显著的下降（t 值为 t=-4.409，df=147，sig= .000；t 值为 t=-4.713，df=147，sig= .000），但是两代人对锡伯语社会优越性的评价并没有出现显著差异。下文分别阐释 3 个维度之下不同变量所体现出的异同。

## （一）对语言的态度

经过描述统计发现，两代人对锡伯语的态度总体较为积极，能够体现出民族共同的精神风貌和文化心理。父母对锡伯语的情感性评价很高，对语言的心理距离和美感都有较一致的积极体验，但在锡伯语的有用性方面的认识就显著低于情感性评价。子女的情感性评价虽然与父母呈现了显著性差异（亲切的 t 值为 t=-5.084，df=147，sig= .000；好听的 t 值为 t=-5.756，df=147，sig= .000），但均值仍然较高，体现了两代人的语言情感"存小异，趋大同"。至于语言习得的难易程度，两代人的评价也呈现了显著性差异，具体表现在子女的评价明显低于父母的评价（t=-4.582，df=147，sig= .000）。子女之间的情况也大相径庭。两代人对语言的有用性评价都较为积极，且并未出现显著差异（见表 3）。

表 3　两代人对语言的态度

| | 变量 | 1/% | 2/% | 3/% | 4/% | 5/% | 均值 | 标准差 |
|---|---|---|---|---|---|---|---|---|
| 父母 | 好听 | 0.7 | 0 | 5.4 | 7.4 | 86.5 | 4.79 | .598 |
| | 亲切 | 0.7 | 0 | 4.7 | 4.7 | 89.9 | 4.83 | .564 |
| | 有用 | 0.7 | 6.8 | 6.8 | 27.7 | 58.1 | 4.36 | .926 |
| | 容易 | 0.7 | 5.4 | 5.4 | 23.0 | 65.5 | 4.47 | .876 |
| 子女 | 好听 | 0.7 | 4.1 | 8.1 | 37.2 | 50.0 | 4.32 | .841 |
| | 亲切 | 0 | 4.7 | 3.4 | 35.1 | 56.8 | 4.44 | .776 |
| | 有用 | 0 | 2.7 | 4.1 | 35.1 | 58.1 | 4.49 | .705 |
| | 容易 | 4.7 | 10.8 | 6.8 | 41.9 | 35.8 | 3.93 | 1.135 |

注：1 指完全不同意，2 指基本不同意，3 指无所谓或没感觉，4 指基本同意，5 指完全同意。表 4 和表 5 同。

## （二）对语言社会优越性的评价

父母肯定了国家对锡伯语的重视程度，而且成年人对锡伯语的文化价值认同度也比较高。但是，作为弱势语言的使用者，父母并不认为锡伯语在国家经济发展或日常生活中占有重要地位，且被调查者的看法也有较大的个体差异；子女则认为国家比较重视锡伯语的发展，同时也认为锡伯语在社会经济发展中的作用较大（国家重视程度的t值为t=2.754，df=147，sig= .007；经济发展重要性的t值为t=-7.479，df=147，sig= .000）。只是子女对锡伯语的文化价值没有很高的认识（t=-3.439，df=147，sig= .001）。两代人的相似之处在于他们都不认为锡伯语在日常生活中很重要。相关数据详见表4。

表4　两代人对语言社会优越性的评价

| | 变量 | 1/% | 2/% | 3/% | 4/% | 5/% | 均值 | 标准差 |
|---|---|---|---|---|---|---|---|---|
| 父母 | 在全国范围内的重要性 | 2.7 | 8.8 | 9.5 | 32.4 | 46.6 | 4.11 | 1.072 |
| | 在经济发展中的重要性 | 4.7 | 11.5 | 30.4 | 31.1 | 22.3 | 3.55 | 1.102 |
| | 在日常生活中的重要性 | 10.8 | 13.5 | 4.1 | 33.8 | 37.8 | 3.74 | 1.371 |
| | 是国家宝贵的文化财富 | 0.7 | 2.0 | 6.8 | 31.1 | 59.5 | 4.47 | .769 |
| 子女 | 在全国范围内的重要性 | 2.0 | 0.7 | 8.8 | 29.9 | 58.5 | 4.42 | .843 |
| | 在经济发展中的重要性 | 0.7 | 0.7 | 15.8 | 34.9 | 47.9 | 4.29 | .805 |
| | 在日常生活中的重要性 | 7.5 | 10.9 | 17.7 | 32.0 | 32.0 | 3.70 | 1.235 |
| | 是国家宝贵的文化财富 | 5.4 | 8.8 | 8.2 | 27.9 | 49.7 | 4.07 | 1.194 |

## （三）对语言发展动力的评价

调查结果表明，父母对锡伯语的国际扩张力持否定的态度，不认为自己的母语有朝一日能发展成为国际语言。而且他们对语言的生存动力也不置可否，对锡伯人使用的混合语码或新词术语持无所谓的态度。但是，他们对子女的语言教育期望却比较高，希望子女能够学好锡伯语言文字。在对待双语双文的态度上，他们肯定双文的重要性，也同意双语能力能够增加人的知识储备并提高认知能力。但在他们的眼里，成为一个同时掌握国家通用语言和锡伯语的人并不必然带来更好的职场升迁和更大的经济利益。和父母一样，子女也不认为锡伯语有成为国际语言的可能，尽管子女的评价显著高于父母（t=7.102，df=147，sig= .000）。子女对语言的生存动力评价更是显著低于父母（语码混合的 t 值为 t=-2.900，df=147，sig= .004；新词术语的 t 值为 t=-3.203，df=147，sig= .002）。他们对语言教育的自我期望也显著低于父母对他们的期望（t=-3.203，df=147，sig= .002）。至于双语双文，子女肯定两种文字读写能力的重要性，也认为双语能力能给他们带来更多的知识。但是他们不像父母那样肯定双语能力对智力发展的推动作用（t=-2.001，df=147，sig= .047）。在经济生活方面，他们不认为双语能力会带来职场升迁的机会和经济利益，而且子女在双语可能带来的经济利益方面的看法比父母还要悲观（经济能力的 t 值为 t=-5.166，df=147，sig= .000）。相关数据详见表 5。

表 5 两代人对语言发展动力的评价

| | 变量 | 1/% | 2/% | 3/% | 4/% | 5/% | 均值 | 标准差 |
|---|---|---|---|---|---|---|---|---|
| 父母 | 语码混合 | 6.1 | 14.9 | 6.8 | 39.9 | 32.4 | 3.77 | 1.235 |
| | 新词术语 | 4.7 | 16.2 | 6.2 | 46.2 | 28.3 | 3.79 | 1.150 |
| | 教育期望 | 0 | 6.8 | 12.2 | 31.1 | 50.0 | 4.24 | .916 |
| | 国际扩张力 | 39.2 | 22.3 | 19.6 | 10.1 | 8.8 | 2.27 | 1.312 |
| | 双文重要性 | 0.7 | 2.7 | 9.5 | 52.0 | 35.1 | 4.18 | .765 |
| | 双语利于知识储备 | 4.1 | 0.7 | 6.1 | 43.9 | 45.3 | 4.26 | .919 |
| | 双语利于智力发展 | 4.7 | 4.1 | 8.8 | 51.4 | 31.1 | 4.00 | .997 |
| | 双语带来就业前景 | 4.1 | 6.1 | 25.2 | 49.0 | 15.6 | 3.66 | .954 |
| | 双语带来经济利益 | 2.7 | 8.8 | 9.5 | 32.4 | 46.6 | 3.83 | .992 |
| 子女 | 语码混合 | 2.0 | 4.7 | 44.6 | 45.9 | 2.7 | 3.43 | .720 |
| | 新词术语 | 7.4 | 8.1 | 54.7 | 29.1 | 0.7 | 3.07 | .834 |
| | 教育期望 | 0 | 11.5 | 21.6 | 33.8 | 33.1 | 3.89 | 1.000 |
| | 国际扩张力 | 12.2 | 18.4 | 15.6 | 30.6 | 23.1 | 3.34 | 1.342 |
| | 双文重要性 | 3.4 | 5.4 | 14.3 | 36.1 | 40.8 | 4.05 | 1.039 |
| | 双语利于知识储备 | 4.1 | 7.5 | 8.2 | 38.8 | 41.5 | 4.06 | 1.080 |
| | 双语利于智力发展 | 7.5 | 9.6 | 20.5 | 28.8 | 33.6 | 3.71 | 1.237 |
| | 双语带来就业前景 | 8.2 | 9.5 | 21.1 | 34.0 | 27.2 | 3.63 | 1.212 |
| | 双语带来经济利益 | 15.6 | 11.6 | 31.3 | 27.2 | 14.3 | 3.13 | 1.257 |

# 五、讨论

## （一）语言态度结构上呈现层次性

上文已经提到，锡伯族父母和子女对本族语的语言态度在语言本身、语言社会优越性和语言发展动力 3 个维度上都有显著的特征，这符合前人所研究的语言态度的结构性（Garrett 2010：19）。而两代人在 3 个方面的数据又都出现了递减的趋势，体现了心理结构的内部层次性。语言具有情感功能和指示功能，这两种功能的分化导致了人们语言态度的结构化和层次化。锡伯族父母和孩子对锡伯语本身的情感体现了语言态度中的浪漫主义，像其他多语者一样，他们在第一语言上倾注了浓厚的民族情感和认知努力，并把语言当作认同的象征（Norton 2011：318~330）。他们对该语言的社会地位评价不如对语言本身的评价，体现了多语社区中弱势语言使用者的矛盾和挣扎（Shohamy 2006）。社会优越性评价还能反映出家庭成员的语言态度受到家庭与社区、国家语言意识形态的共同影响（Li 2010）；而语言发展动力的评价则反映了两代锡伯族人在语言态度这个边缘的层次上，奉行语言的纯洁主义和正确主义理念，他们不能接受混合语码和新词术语。在家庭成员的语言意识形态上还有单语主义的痕迹，他们还没有全面认识到，两种语言能力能够增加个人的知识储备并促进其智力发展，同时使用多种语言能够为他们提供更多的就业前景和经济收益（Xu 2016）。

## （二）绝对的语言忠诚导致语言忧患

当语言与民族认同一一对应时，人们就会对语言的发展动力产生忧患意识。人们忧患的内容包括民族语能否在世界语言系统中继续生存和发展，民族语能否作为族群语言继续使用或发展，以及民族语能否在文化传承和民族凝聚方面发挥重大作用，等等（冯广艺 2013）。这种忧患意识来自非通用语言使用者的宿命意识，是他们将狭义的语言观与狭隘的民族认同进行机械对应的结果。狭义的语言观把语言当作一种纯洁的、静态的、有绝对规则和固定边界的实体。在这种规则之下，子女在语言习得过程中出现的混合语码或新词术语都被视为不可接受。这样弱势语言的保持者就会认为只有能独立使用并完全掌握民族语的人才称得上是该语言的保持者。这种观念无疑会给语言保持和习得者带来更大的挫败感。

　　纵观一个族群的过去和未来，本民族的语言和文化固然可以寄托怀旧之情和民族认同，但是，现代信息化社会是一个国界和疆域模糊的社会，语言接触和语言混合已成了一种自然的现象，跨国和跨地域的移民越来越多，他们的语言实践逐渐演变为超语实践（translanguaging）。人们所使用的语言变体也越来越难以划定清晰的界限。在这样的语言生态环境中，人们可以采取 3 种适应性的策略：转用其他语言、创新话语方式、通过政治变化来增加传统语言的地位（Simpson 2013）。锡伯族显然对母语忠诚，不情愿转用其他语言。他们也不可能通过政治制度或政治权力的变更来增加传统语言的地位。因此，他们最好的适应策略就是创新话语方式，提升语言的创造力和适应力。同时，扩展民族认同的象征标志，不再使用传统单一、纯洁的语言来象征本族群体，而是使用发展、动态和包容的语言观念来象征民族认同和语言忠诚。这样，父母就能避免将纯洁的语言作为象征标识，而导致狭隘的语言忧患。锡伯语的保持者就能在现有的社区环境中，在家庭里更好地保持一定的语言能力，并通过亲子之间的语言传承，发挥家庭语言的能动性，最终实现家庭、学校、社区的相互作用和影响。

## （三）双语与双言的理解更需全面

　　弗格森（Ferguson 1959）认为拥有大量书面文学作品、基本通过正式教育习得、用于大多数书面语和正式场合的变体是高变体，而用于日常对话的变体为低变体。在精英统治的社会中，高、低变体在意识形态、符号象征和价值基础等方面的代表力都有质的不同。由于语言技能的提高具有复杂性，我们可以将双语者的口语和书面语能力区别开来。现代民主社会的进步带来了大众读写能力的提高，也增加了不同地理环境和不同言语社区成员的交往。在人口流动的社会中，语言如同其他的文化要素，产生自人民大众。低变体可以向上变化发展，高变体也可以向下渗透，两者的关系出现了使用功能和规范程度的均衡化。这就是现代社会的动态双语和双言制模型（Hudson 2002）。

但关于双语研究，国内第二语言习得和少数民族语言的研究者各自为政。前者多关注个人习得外语时的心理、认知和语言能力的成长，而后者多关注各民族的社会双语状况、双语政策的执行等宏观问题。在察县这个静态保持式的双语社区中，我们可以看到外部双语和内部双语两种不同的分布。前者指在普通话和锡伯语之间，普通话在政府、教育、银行、邮局、集市、餐厅等公共场合占有主要位置，是高变体。后者指在锡伯语的书面语和口语内部，书面语是高变体，而口语是低变体。按照双语和双言的动态模型理论，锡伯语口语变体可以用在书面语的功能和语体中，而其口语和书面语也可以向上对公共领域的通用语使用域进行渗透。因此，从弱势语言保持的角度来看，我们需要运用动态的、发展的观点来看待双语。相信多语社会的高、低变体有朝一日都能带来更好的经济收益和就业前景。同时，我们也不应割裂宏观和微观的两种双语研究，将社会双语和个人的语言习得相结合，解释个人习得过程中的社会作用，如家庭、社区或教育领域的语言实践对个人语言能力发展的影响。

### （四）家庭语言规划意识有待加强

博纳德·斯波斯基（2016：38）认为家庭语言规划可以分为家庭语言管理、家庭语言意识形态和家庭语言实践。家庭语言意识形态既是进行家庭语言管理的动机，也是改变家庭语言实践的驱动力。家庭语言意识能够决定家庭成员实施语言管理的特定目的，以及对其他家庭成员所实施的直接或间接的干预活动。如同其他领域的语言意识形态一样，家庭语言意识形态具有标识功能，因为它能代表一个家庭对语言的态度和信念，也就是说，家庭语言意识形态能反映出一个家庭是奉行维护主流语言或母语的单语主义，还是珍视语言资源和语言权利的多语主义；家庭语言意识形态还能反映出家庭语言与其所在的社区语言或社区教学语言之间的和谐与互动关系。

　　从个人对语言的态度来看，锡伯族的两代人在普遍使用汉语普通话的同时，奉行汉语和母语共同使用的双语主义。但是，父母对锡伯族浓厚的语言和文化亲近感没有在子女身上得到很好的传承，父母的语言教育期望与子女的自我期望之间也存在差距。家庭关系具有亲密性和私隐性，家长与子女情感交流的深度和广度比社区、学校或同伴等领域都要高。两代人之间的语言态度差异在一定程度上可以反映出家庭语言规划意识的薄弱。另外，两代人语言教育期望的差距也反映出子女在语言传承的问题上缺乏能动性。

## 六、结语

　　本文通过对实证数据的分析，描述了锡伯族家庭的语言态度。首先，家庭是独立的社会终端组织，但也会不可避免地受到国家和社区的经济、交通、文化和科技等发展的影响。因此家庭的语言规划会有微观和宏观两方面的影响因素（Curdt-Christiansen 2009）。微观来看，父母的语言态度、教育期望和他们的双语意识等都会影响子女的态度。但如果父母没有进行合理的规划和传承，子女的态度也不会理所当然地和父母保持一致。宏观上一个家庭不仅需要传承自身的民族、历史、文化和语言特征，还要积极适应现代社会的发展和变化。移民、原住民、少数民族、特殊儿童等各种类型的家庭需要因时因地做出不同的规划，以适应社会发展的潮流。其次，在家庭、学校和社区领域内，我们需要采取动态、包容的语言观。各个机构和主体都不应以语言的绝对纯洁和准确作为测量语言习得和语言能力的唯一标准，这样既不利于亲子间的情感传递也不利于语言习得者树立信心（Smith-Christmas 2014）。而且，动态、包容的语言教育观也能够更好地促进家校沟通，发挥子女的中介作用和语言能动性（Tse 1996）。再次，中国最大的现实是城市化，城市化带来了人口迁移的日益频繁（徐大明，王玲 2010）。语言接触和语言混合就成了必然的语言现象。如今的言语社区已然无法严格区别哪一种或哪一些语言一定是高变体，或一定能带来更多的社会和经济收益。因此，无论城市家庭还是农村家庭，都应拓宽并更新他们以往对双语和双言的认识。珍视每一种语言资源的社会价值、文化价值和经济价值。最后，语言规划是一个集宏观、中观和微观为一体的立体化格局。国家和超国家的宏观规划固然重要，但像家庭、企业、行业等微观的语言规划也必不可少。因此，生活在多语社区的家庭成员应当更加充分地认识到自己在语言规划中的作用和影响。

## 注释

①参见 http://www.stats.gov.cn。

## 参考文献

安成山 2009 新疆锡伯族语言态度探析——城市锡伯族语言使用状况，《满语研究》第 1 期。

博纳德·斯波斯基 2016《语言管理》，张治国译，北京：商务印书馆。

冯广艺 2013 论语言态度的三种表现，《语言研究》第 2 期。

贺元秀 2014 论新疆锡伯族文学古籍文献的传承与保护，《伊犁师范学院学报（社会科学版）》第 1 期。

李树兰，仲　谦 1986《锡伯语简志》，北京：民族出版社。

李云霞 2013 从满语到锡伯语：传承境遇与思考，《满语研究》第 2 期。

刘宏宇，李　琰 2010 家庭网络与少数民族语言使用——以新疆察布查尔锡伯自治县锡伯语为例，《新疆社会科学（汉文版）》第 3 期。

佟加·庆夫 2009 锡伯文与满文信息技术应用研究，《满语研究》第 1 期。

王远新 2011 新疆锡伯族聚居区的语言生活——察布查尔锡伯自治县乌珠牛录居民语言使用、语言态度调查，《语言与翻译》第 2 期。

徐大明，王　玲 2010 城市语言调查，《浙江大学学报（人文社会科学版）》第 6 期。

尹小荣 2013 家庭语言规划与民族语言保持：新疆察布查尔县锡伯语社区调查研究，南京大学博士学位论文。

尹小荣，崔　巍 2013 双语教学模式：察布查尔锡伯语保持影响因素调查，《新疆大学学报（哲学·人文社会科学版）》第 1 期。

尹小荣，李国芳 2017 国外家庭语言规划研究综述（2000~2016），《语言战略研究》第 6 期。

尹小荣，李学民，靳　焱 2013 言语社区理论下的语言资源价值评估，《江汉学术》第 5 期。

尹小荣，刘　静　2013　锡伯族家庭语言保持现状透析，《新疆师范大学学报
　　（哲学社会科学版）》第 6 期。

尹小荣，佟　福　2017　锡伯族语言群体认同的变化机制研究，《新疆社会科学
　　（汉文版）》第 1 期。

张治国，邵蒙蒙　2018　家庭语言政策调查研究——以山东济宁为例，《语言文
　　字应用》第 1 期。

Albarracin, D., Johnson, B. T. & Zanna, M. P. 2005. *The Handbook of Attitudes.*
　　New York: Psychology Press.

Baker, C. 1992. *Attitudes and Language.* Clevedon & Philadelphia: Multilingual
　　Matters.

Baker, C. 2011. *Foundations of Bilingual Education and Bilingualism.* Bristol:
　　Multilingual Matter.

Bradac, J. & Mulac, A. 1984. Attributional consequences of powerful and powerless
　　speech styles in a crisis-intervention context. *Journal of Language and Social
　　Psychology* 3(1).

Bullock, B. E. & Toribio, A. J. 2014. From trujillo to the terremoto: The effect of
　　language ideologies on the language attitudes and behaviors of the rural youth
　　of the northern dominican border. *International Journal of the Sociology of
　　Language* 227.

Curdt-Christiansen, X. L. 2009. Invisible and visible language planning: Ideological
　　factors in the family language policy of Chinese immigrant families in Quebec.
　　*Language Policy* 8(4).

Curdt-Christiansen, X. L. 2018. Family language policy. In W. Tollefson & M.
　　Pérez-Milans (Eds.), *Oxford Handbook of Language Policy and Planning.* New
　　York: Oxford University Press.

Ferguson, C. A. 1959. Diglossia. *Word* 15(2).

Fishman, J. A. 1964. Language maintenance and language shift as a field of inquiry:
　　A definition of the field and suggestions for its further development. *Linguistics*
　　2(9).

Fishman, J. A. 1967. Bilingualism with and without diglossia: Diglossia with and without bilingualism. *Journal of Social Issues* 23(2).

Garrett, P. 2010. *Attitudes to Language*. New York: Cambridge University Press.

Ghimenton, A. 2014. Reading between the code choices: Discrepancies between expressions of language attitudes and usage in a contact situation. *International Journal of Bilingualism* 19(1).

Gibbons, J. & Ramirez, E. 2004. *Maintaining a Minority Language: A Case Study of Hispanic Teenagers*. Clevedon: Multilingual Matters.

Hudson, A. 2002. Outline of a theory of diglossia. *International Journal of the Sociology of Language* 157.

King, K. A. 2016. Language policy, multilingual encounters, and transnational families. *Journal of Multilingual and Multicultural Development* 37(7).

Li, G. F. 2010. Race, class, and schooling: Multicultural families doing the hard work of home literacy in America's inner city. *Reading and Writing Quarterly* 26(2).

Liang, S. H. 2015. *Language Attitudes and Identities in Multilingual China: A Linguistic Ethnography*. Switzerland: Springer.

Mulac, A. & Louisa, L. T. 1982. An empirical test of the gender-linked language effect in a public speaking setting. *Language & Speech* 25(3).

Norton, B. 2011. Identity. In J. Simpson (Ed.), *The Routledge Handbook of Applied Linguistics*. New York: Taylor & Francis Group.

Sallabank, J. 2013. Can majority support save an endangered language? A case study of language attitudes in guernsey. *Journal of Multilingual and Multicultural Development* 34(4).

Santello, M. 2015. Bilingual idiosyncratic dimensions of language attitudes. *International Journal of Bilingual Education and Bilingualism* 18(1).

Shohamy, E. 2006. *Language Policy: Hidden Agendas and New Approaches*. New York: Routledge.

Simpson, J. 2013. What's done and what's said: Language attitudes, public language activities and everyday talk in the northern territory of Australia. *Journal of Multilingual and Multicultural Development* 34(4).

Smith-Christmas, C. 2014. Being socialised into language shift: The impact of extended family members on family language policy. *Journal of Multilingual and Multicultural Development* 35(5).

Tse, L. 1996. Language brokering in linguistic minority communities: The case of Chinese- and Vietnamese-American students. *Bilingual Research Journal* 20(3&4).

Xu, D. M. 2016. Speech community theory and the language/dialect debate. *Journal of Asian Pacific Communication* 26(1).

Xu, D. M., Chew, C. H. & Chen, S. C. 2005. *A Survey of Language Use and Language Attitudes in the Singapore Chinese Community*. Nanjing: Nanjing University Press.

Zahn, C. J. & Hopper, R. 1985. Measuring language attitudes: The speech evaluation instrument. *Journal of Language and Social Psychology* 4(2).

发表于《语言战略研究》2019 年第 2 期

# 四、城市移民家庭的方言保持

# 四代同堂的语言生活
## ——陈延年一家语言使用的初步考察

陈章太

### 一

因为历史、社会和民族习俗等各种原因，在汉民族当中，几代同堂是比较普遍的现象。在双语或双方言（包括多语多方言，下同）地区，一个家庭中使用两种以上的语言或方言也是比较常见的现象。调查研究几代同堂的语言生活，是社会语言学的重要课题，这对了解语言及方言的相互影响、社会语言生活的变化发展和加强语言规范化等，有积极的意义。

### 二

陈延年祖籍福建闽南安溪县，祖辈在清道光时期随太平军迁移落户在福建省顺昌县埔上乡。顺昌地处闽西北山区、富屯溪下流，是闽语的闽北方言、闽中方言、闽东方言和闽西北赣客方言的交界处，境内主要使用顺昌话（一种混合型的中介方言）和闽北方言，还有使用闽东方言、闽南方言、莆仙方言和客家方言、赣方言、吴方言的，几种方言彼此不能通话，普通话在全县比较普及，使用的人数不少；在顺昌县内，普通话及多种方言并存并用，人们的语言生活相当复杂。陈延年一家 15 口人，四代同堂，家庭中主要使用闽南话和普通话，也有用顺昌话、福州话（属闽东方言）和江西话（赣方言）的。家庭成员在言语交际中会因谈话对象、语言环境、交际目的等的不同而使用不同的语言（包括普通话和方言，下同），这种多元化的语言生活是比较典型的。

陈延年的父亲已经去世，他是闽南人，稍有文化，母语闽南话，也会说顺昌话，不会说普通话，宗族观念很深，语言感情强烈，要求子孙后代"不卖祖，不卖腔""离祖不离腔"，严格规定子孙必须讲闽南话，还要求嫁入陈家做媳妇的也要讲闽南话。陈延年的母亲现年 87 岁，顺昌人，文盲，母语顺昌话，也说较流利的闽南话，普通话会听不会讲，不懂其他方言，在家庭中主要使用闽南话，对懂顺昌话的后代偶尔也讲顺昌话，她的语言感情不太强烈，对后代不严格要求讲闽南话和顺昌话。这是第一代人语言使用的大体情况。

第二代人的语言使用情况和第一代稍有不同，但基本上没有变化。陈延年现年 65 岁，祖籍闽南，生长在顺昌，中等文化程度，小学教师，母语闽南话，也会讲普通话、福州话和顺昌话，语言感情比较强烈，在家庭中无论对上辈和下辈一般都使用闽南话，要求后辈也要讲闽南话，但他对外一般讲普通话或顺昌话。陈延年的爱人林宝珠现年 61 岁，福建闽侯县人，小学文化程度，家庭妇女，母语福州话，也会讲闽南话、普通话和顺昌话，在家庭中对公婆讲闽南话，对丈夫、子女一般讲闽南话，有时也用福州话，对儿媳和孙辈有时讲闽南话，有时讲普通话，有时还说顺昌话。她的家庭地位较高，对母语的感情比较强烈，但因长期生活在陈家，所以除有机会时讲些福州话外，主要还是使用闽南话。

到了第三代，其语言生活逐渐发生变化，从前两代长期坚持讲闽南话，变为有时也使用普通话及其他方言。陈延年的大儿子陈孙兴现年 39 岁，祖籍闽南，生长在顺昌，初中毕业，本县自行车配件厂工人，母语闽南话，也会讲普通话、福州话和顺昌话，江西话会听不会讲。在家庭中，对祖母和父亲讲闽南话，对母亲一般说闽南话，有时也用福州话，对妻子、女儿、弟妹、侄辈一般讲普通话，有时也说闽南话、顺昌话，对弟弟用闽南话，语言感情不太强烈，不严格要求女儿、侄辈讲闽南话。二儿子陈孙明现年 33 岁，祖籍闽南，生长在顺昌，高中毕业，种田，母语闽南话，也会讲普通话，顺昌话和福州话不太流利。在家庭中，对祖母和父亲讲闽南话，对母亲一般说闽南话，有时也用福州话，对妻子、儿子、嫂子、弟妹和侄辈一般讲普通话，有时也说闽南话和顺昌话，对兄弟用闽南话，语言感情一般。三儿子陈孙平现年 30 岁，祖籍闽南，生长在顺昌，中等文化程度，小学教师，母语闽南话，也会讲普通话、顺昌话和福州话。在家庭中，对祖母和父亲讲闽南话，对母亲一般说闽南话，有时也讲福州话，对妻子、女儿、嫂子、侄辈一般用普通话，有时也说闽南话和顺昌话，对哥哥用闽南话，语言感情比较淡薄。大儿媳何秀金现年 30 多岁，江西人，初中文化程度，自行车配件厂检验员，母语赣方言，也会讲普通话、闽南话、顺昌话和福州话。在家庭中，对祖母和公公讲闽南话，对婆婆主要说闽南话，有时用普通话和福州话，对丈夫、女儿用普通话、闽南话，有时也说江西话，对小叔、侄辈一般讲普通话，有时也说闽南话，对妯娌一般讲顺昌话，有时也说闽南话，家庭地位一般，语言感情比较淡薄，对语言使用没有什么要求，认为彼此只要能够交际就行。二儿媳张水銮现年 30 岁，顺昌人，小学文化程度，本乡印刷厂工人，母语顺昌话，也会讲普通话，闽南话不太流利，对祖母和公公、婆婆一般讲顺昌话和闽南话，对丈夫、儿子说顺昌话、普通话和闽南话，对叔伯、侄辈一般用普通话和闽南话，有时也说顺昌话，对妯娌一般用顺昌话，有时也用普通话和闽南话，家庭地位不高，语言感情一般。三儿媳林琼现年 28 岁，顺昌人，高中毕业，小学教师，母语顺昌话，也会讲普通话和闽南话，福州话不太流利，对祖母、公公用顺昌话和闽南话，对婆婆多用顺昌话、闽南话，偶尔也说福州话，对丈夫、女儿、大伯、侄辈一般讲普通话，有时也说顺昌话和闽南话，对妯娌多用顺昌话，有时也说闽南话和普通话，家庭地位不高，语言感情比较淡薄。

　　第四代有两男四女，最大的 15 岁，初中二年级学生，最小的才 4 岁，幼儿园学生。到了这一代，其语言使用情况变化更大，普通话已成为他们的第一语言，闽南话和顺昌话很少使用，而且很不流利，在家庭中，无论对长辈或同辈，一般都使用普通话，即使长辈对他们说闽南话，他们一般也都用普通话回答，只有在需要时才会讲不流利的闽南话和顺昌话，或者夹杂使用一些闽南话、顺昌话的单词。这一代人的母语较为复杂，很难说是闽南话或普通话；他们的语言既不纯正又不稳定，往往把普通话、闽南话、顺昌话三者随意糅合在一起。比如说"我卜（要）食西瓜"［˥guaˇboʔ˩ sieʔ˩ ɕi˧ ˌkoŋ］，其中的"我卜"[ˌguaˇ boˀˌˋ]是闽南话，"食"[sieˀˌˋ]、"瓜"[ˌkoˉ]是顺昌话，"西"[ˌɕiˉ]是普通话，而在"阿婆（曾祖母）我要吃红柑（橘子）"[ˌaˇ ˌpʰoˊ uoˇ iauˇ tsʰˀˌˋ ˌɦaˇ ˌkãˇ]一句中，"阿婆"[ˌaˇ ˌpʰoˊ]是顺昌话，"我要吃"[ˌuoˇ iauˇ tsʰˀˌˋ]却变用闽南普通话，"红柑"[ˌaˇˋ ˌɦaˇ ˌkãˇ]又是闽南话。又如"太妈（曾祖母）吃饭啦"[tʰʼaiˇˋ ˌmãˇ tsʰˀˌˋ xuanˇˋ laˉ]，其中的"太妈"[tʰʼaiˇˋ ˌmãˇ]是闽南话，"吃饭啦"[tsʰˀˌˋ xuanˇˋ laˉ]是延南普通话。有趣的是，在这个大家庭中，使用这种杂糅的语言，并不影响彼此的交际，大家也不感到别扭或不便，其原因恐怕是大家的语言能力都比较强，会说或听普通话及多种方言，同时也是习惯成自然了。另一方面，这一代人的语言感情已很淡薄，对闽南话、顺昌话和普通话都没有特殊的感情，因此他们的言语交际能力比较强，可以因对象、场合、语境和目的不同，随时采用普通话及其他方言，或变换不同的语码。

这个四代同堂的大家庭，如果全家人在一起活动，如逢年过节全家在一起吃饭、娱乐，多数讲闽南话，有人有时也说普通话和顺昌话，具体说，第一、二、三代多数人使用闽南话，只有第三代的二、三儿媳多用顺昌话，少用闽南话和普通话，而第四代基本使用普通话，偶尔讲不纯正的闽南话。

总之，陈延年一家四代的言语交际是复杂、多元的，他们的语言生活也是丰富多彩的。从其发展趋势来看，闽南话的作用和地位逐渐下降，而普通话的作用和地位正逐渐上升。

这一家第一代、第二代和第三代的语言生活，可以用下面3个简图（图1、图2、图3）来表示。第四代语言使用的情况前面已经说明，一般都用普通话，所以不必再用简图表示。

说明：图中的，
"普"是普通话，
"闽"是闽南话，
"福"是福州话，
"顺"是顺昌话，
加括号的普通话或
方言为辅助交际语。
下图同此。

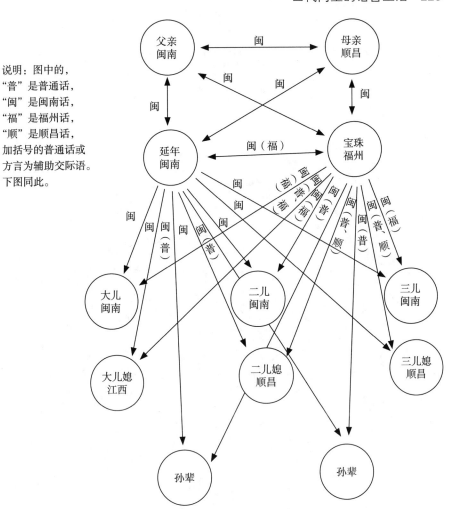

图1　第一、二代语言使用简图

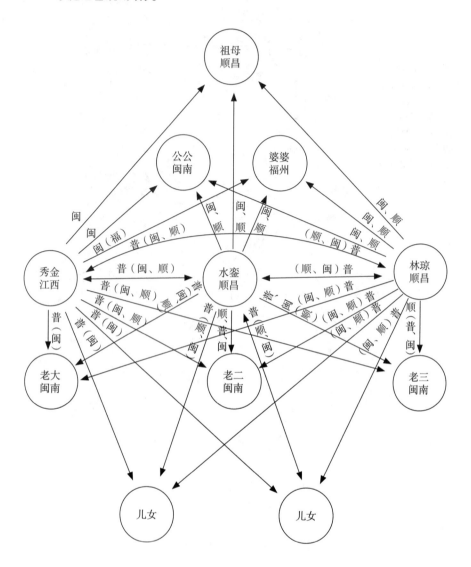

图 2　第三代女性语言使用简图

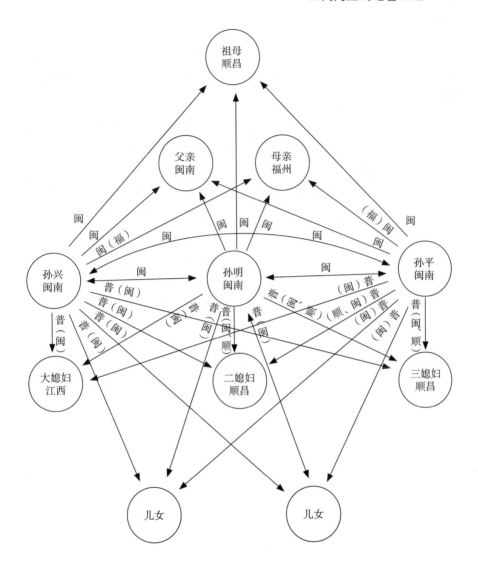

**图3　第三代男性语言使用简图**

三

　　从上述陈延年一家的语言生活，可以看到几个有趣而重要的现象，这些现象值得我们进一步研究。

　　（1）宗族观念和语言感情紧密相关，语言感情对语言的使用有较大的影响。

（2）随着社会的发展、观念的变化和交际的扩大等，宗族观念和语言感情逐渐淡化，人们的语言生活也逐渐发生变化，总的趋势是向多元化发展。

（3）在一个大家庭中，人们对语言的使用，往往同他们的语言能力、年龄大小、职业特点、文化程度、家庭地位和个性特征等有关。

（4）在双语、双方言地区，普通话在语言生活中的作用越来越大，即使在宗族观念和语言感情比较强烈的家庭中，对普通话的使用也越来越普遍，这是不以人们的意志为转移的。

发表于《语文建设》1990 年第 3 期

# 家庭谈话语码转换剖析

祝畹瑾　王润经

## 一、引言

　　本文中的语码转换是指说话人在一次谈话里从使用一语言（包括方言和普通话）转换到使用另一语言的现象。这种话语形式上的变化同语言变异一样赋有社会意义。具体地说，谈话里的语码转换有着超语言的交际功能和指示作用，双语或多语者之所以在谈话某刻使用某一语言而不用其他语言是有其社会、心理成因的。本文将通过对一个家庭日常谈话中出现的语码转换所做的调查和分析，向读者展示我们是怎样由表及里把握其实质的。人际交往中的语码转换现象复杂多变，国外的社会语言学家对此提出过不少理论观点和研究模式。[①]我们从实际出发，采纳了一些有用的观点和方法，从多方面去发掘和阐明语码转换的意义。实践告诉我们，对某种语言现象进行综合考察，有利于加深理解。

## 二、调查对象

　　调查对象是本文材料搜集人王润经（以下简称王）的祖父母家。决定要深入研究王家语言状况的缘故如下。

### （一）王家代表我国传统家庭

　　我国的传统家庭是由父子及其子女三代人组成的主干家庭。在城市里，由于实际需要，也可以是祖父母与孙子女一起生活。王家祖籍河南。20年代，王的曾祖父迁移至西安市经商，置一宅院，三世同堂。

60 年代祖父母从老宅迁出，住进某学院。其长子（即王的父亲）与长媳依旧住在老宅。次子与次媳结婚后，起初也住在老宅，后来迁到次媳工作单位。王从小和祖父母一起生活，堂妹王毛上小学时也住在祖父母家。王家现有祖孙三代八口人，虽然分散居住，却仍以祖父母为核心，经常聚在一起吃饭、谈天、娱乐、议事，并且保持着大家庭的尊卑长幼关系。从王家可以探索我国传统的家庭结构和伦理对其成员使用语言有没有影响，两者之间有没有内在联系。

### （二）王家使用三种语码

王家通用河南话、陕西话和普通话。河南话是祖辈和父辈的母语，陕西话是他们的第二方言。母亲和婶母的母语是陕西话，河南话母亲也会讲，婶母则只能说上几句。王幼年时，曾随外祖母在陕西农村生活过，陕西话和河南话他都会讲。王毛能听但不会说方言，只讲普通话。三代人相互沟通思想不存在语言障碍，然而他们日常谈话里却频繁地转换语码，为什么？王家常有亲友来访。祖父是中医师，已退休，病人常登门求医。祖父母在跟来访者的交谈中也经常转换语码。在王家这个多语环境里可以观察到家庭成员之间以及家庭成员和外人谈话时语码转换的种种情景。

### （三）搜集和分析语料比较方便

王是北京大学研究生，利用假期回家的机会搜集语料，省时又省钱。他告诉家里人要搜集方言素材，把大家的谈话录下音来，不会引起在场人的疑虑以致妨碍自然交谈。王了解家史，熟悉语料所提及的人和事，这些背景知识对于我们分析原始材料很有帮助。我们的目标是要探求特定语境中语码转换的含义。这项研究需要反复观察特定谈话者之间的言语交往，占有大量自然谈话资料，王了解谈话者所处的语言环境和社会环境以及人们对有关语言的态度和评价。以王家为调查对象，我们可以比较顺利地达到预期目标。

# 三、搜集和整理资料

我们从 1993 年暑期起到 1994 年年末止，共搜集了 4 批语料。第一批语料包括 15 段对话（共计 111 个话轮[②]），是由王听到其中含有语码转换而笔记下来的。其余 3 批语料都是用录音机随意录下来的。其中有一篇是王随叔父与其友走访某宾馆负责人时悄悄录下的谈话，以便与家庭谈话对照研究。我们总共用了 10 盘录音带。录音质量有好有坏。我们把其中音质好且内容比较完整的 10 篇谈话（共计 376 个话轮）整理成文字材料，标明每个说话人所用的语言。这 25 篇语料中，有 14 篇纯属家庭成员间日常谈话，7 篇有亲友参与，3 篇是跟病人的交谈，1 篇是跟外人在非家庭场合进行的事务性谈话。

判断特定语境语码转换的意义，须先弄清什么是特定范围内的常规用语。我们的做法如下。

## （一）计量

会话分析学创始人之一萨克斯（H. Sacks）指出，会话中最基本的结构是邻接应对，它由谈话一方先发话另一方应答一前一后两轮话构成。王家的谈话里充满了邻接应对。我们试着逐个计算谁对什么人使用了什么语言、多少轮次。遇到了两个问题：（1）有时一方的话同时对着两方，怎样配对？为了避免重复计算，我们按自然顺序只将此一话轮与上一邻接话轮配对。（2）一个话轮里出现了两种语言，怎么算法？不论话语长短，各算 1/2 轮次；如果在半轮里，又出现语码转换，则相关的两种语言各按 1/4 轮次计算（如例 4 末轮）。表 1 至表 8 分别显示王家各成员之间所用语言的频率（以话轮为计量单位）。

表 1　祖父所用语言　　　　　　　　　　　　　　单位：轮次

| 所用语言 | 受话人 | | | | | |
|---|---|---|---|---|---|---|
| | 祖母 | 父亲 | 叔父 | 婶母 | 王毛 | 王 |
| 河南话 | 23.5（57%） | 2（67%） | 2.25（98%） | | | |
| 陕西话 | 17（41%） | 1（33%） | | 1（100%） | 5（38%） | 3（50%） |
| 普通话 | 1（2%） | | 0.25（2%） | | 8（62%） | 3（50%） |
| 总轮次 | 41.5 | 3 | 2.5 | 1 | 13 | 6 |

表2 祖母所用语言 单位：轮次

| 所用语言 | 受话人 | | | | | | |
|---|---|---|---|---|---|---|---|
| | 祖父 | 父亲 | 母亲 | 叔父 | 婶母 | 王毛 | 王 |
| 河南话 | 34（94%） | 13（93%） | | 1（100%） | | | |
| 陕西话 | | | 1（100%） | | 1（100%） | | |
| 普通话 | 2（6%） | 1（7%） | | | | 3（100%） | 12（100%） |
| 总轮次 | 36 | 14 | 1 | 1 | 1 | 3 | 12 |

表3 父亲所用语言 单位：轮次

| 所用语言 | 受话人 | | | | |
|---|---|---|---|---|---|
| | 祖父 | 祖母 | 母亲 | 叔父 | 王 |
| 河南话 | 2（100%） | 11.5（96%） | | 2（100%） | |
| 陕西话 | | | 4（100%） | | |
| 普通话 | | 0.5（4%） | | | 2（100%） |
| 总轮次 | 2 | 12 | 4 | 2 | 2 |

表4 母亲所用语言 单位：轮次

| 所用语言 | 受话人 | | |
|---|---|---|---|
| | 祖母 | 父亲 | 王 |
| 陕西话 | 2（67%） | 5（100%） | |
| 普通话 | 1（33%） | | 1（100%） |
| 总轮次 | 3 | 5 | 1 |

表5 叔父所用语言 单位：轮次

| 所用语言 | 受话人 | | |
|---|---|---|---|
| | 祖父 | 祖母 | 父亲 |
| 河南话 | 2（100%） | 2（100%） | 3（100%） |
| 总轮次 | 2 | 2 | 3 |

表6 婶母所用语言 单位：轮次

| 所用语言 | 受话人 |
|---|---|
| | 祖母 |
| 陕西话 | 1（100%） |
| 总轮次 | 1 |

表7 王毛所用语言 单位：轮次

| 所用语言 | 受话人 | | |
|---|---|---|---|
| | 祖父 | 祖母 | 王 |
| 普通话 | 14（100%） | 5（100%） | 9（100%） |
| 总轮次 | 14 | 5 | 9 |

表 8　王所用语言　　　　　　　　　　　　　　　单位：轮次

| 所用语言 | 受话人 | | | |
| --- | --- | --- | --- | --- |
| | 祖父 | 祖母 | 父亲 | 王毛 |
| 陕西话 | | 0.5（3%） | | |
| 普通话 | 2（100%） | 14.5（97%） | 1（100%） | 7（100%） |
| 总轮次 | 2 | 15 | 1 | 7 |

　　从表 1 至表 8 可以看出谁跟什么人在家里通常讲什么话，我们采用斯珂腾（C. Scotton）提出的术语，称之为无标记选择。然而由于每回录音时并非全家人都在场，而且每人的谈话机会和讲话轮数不均等，因此计量结果不够理想。如有些成员的语料量太小，读者有理由对其在话轮总数中所占比重的有效性质疑。再如祖父跟王讲陕西话和普通话的次数刚巧相等，分不清主次。

## （二）面谈

　　王把全家人约在一起，请他们各自谈谈从小到大跟周围人都讲什么话，自己在家庭内外主要讲什么话。自报结果与语料所示基本吻合，还补充了一些新情况。如祖父对其子有时也讲陕西话，对次媳有时也讲普通话。祖母跟祖父开玩笑时，有时讲陕西话或普通话。母亲非常高兴或开玩笑时，跟父亲讲河南话或普通话。叔父跟王或王毛开玩笑时会随口说两句河南话。婶母跟王毛发脾气时讲陕西话。王毛顽皮时会模仿大人讲一两句陕西话或河南话，但一下子就拐到普通话上去了。王称：祖父跟他通常讲普通话，有时用陕西话跟他闲聊，他就也讲陕西话。有趣的是，祖父自称跟孙女讲普通话，然而语料显示祖父一生气就从普通话转换到陕西话。可见，感觉与实情有可能不一致。祖父对孙女讲方言是潜意识行为，本人不自觉。上述语言变换主要是由某种强烈情绪引发的，是一种超常规的语言行为，可以称之为有标记选择。

　　现在我们可以确定王家不同对话人之间的常规语码了，见表 9，括弧内为次常规或非常规语码。我们看到王家这个言语共同体有其自身的语言行为规范，它体现在集体养成的说话习惯上。所谓规范对说话人不起指令作用，它好比一根准绳用来衡量语言行为。当说话人超越常规不知不觉地做出有标记语码选择时，此刻的语言行为会促使对方注意其话语的隐义。这里存在的问题是，就一个内部交往密切的言语共同体来说，在常规语码与非常规语码这两个既对立又相通的概念间，很难截然划分其界限。非常规语码一旦定了型，在特定语境中反复出现，就会逐渐成为意料之中的选择，向着次常规语码靠近。

**表 9　王家各成员之间的常规语码**

| 发话人 | 受话人 | | | | | | | |
|---|---|---|---|---|---|---|---|---|
| | 祖父 | 祖母 | 父亲 | 叔父 | 母亲 | 婶母 | 王 | 王毛 |
| 祖父 | | 河、陕 | 河（陕） | 河（陕） | 陕 | 陕（普） | 普（陕） | 普（陕） |
| 祖母 | 河（陕、普） | | 河 | 河 | 陕 | 陕 | 普 | 普 |
| 父亲 | 河 | 河 | | 河 | 陕 | 陕 | 普 | 普 |
| 叔父 | 河 | 河 | 河 | | 陕 | 陕 | 普（河） | 普（河） |
| 母亲 | 陕 | 陕 | 陕（河、普） | 陕 | | 陕 | 普 | 普 |
| 婶母 | 陕 | 陕 | 陕 | 陕 | 陕 | | 普 | 普（陕） |
| 王 | 普（陕） | 普（陕） | 普 | 普 | 普 | 普 | | 普 |
| 王毛 | 普 | 普 | 普 | 普 | 普 | 普 | 普 | |

注：表中河、陕、普分别代表河南话、陕西话、普通话。

# 四、分析和探讨

下面我们将从不同视角分析语码转换实例，并探讨其起因、作用和意义。

## （一）无标记语码转换

例 1　祖父：（河南话）裕汇也真是，净给王毛买这些大大小小的故事书，真耽误学习。

祖母：（河南话）可不是？嗨，谁让人家是娘俩哩？

祖父：（陕西话）王经经像她这么大可没像她这样子，像现在暑假王经经小时候都是背书呢。

祖母：（河南话）人家王毛说你不关心她，都不管她的学习，净偏向她哥。

　　　祖父：（陕西话）咋没让她背书，给她一本《伤寒论》，三天

　　　　　都揉得不像样子了。

例1（及其他实例）显示祖父对祖母时而讲河南话，时而讲陕西话，从
语境上看不出有什么因素足以引发语码转换。我们知道：祖父的奶妈
是陕西人，他出生不久便接触到两种方言，学会说两种话；上学后，
同学中陕西人较多，课下主要讲陕西话。他跟妻子谈话，随意转换语
码，这种方式本身就是无标记性的，可以看作祖父愿在亲人面前显示
自己具备双重地域身份（详后）。

## （二）连续无标记语码转换／情景型语码转换

例2　祖父：（陕西话）都快八点了，叫建民建平起来。

　　　祖母：（河南话）俩人昨晚二点才睡。

　　　祖父：（陕西话）什么二点，一会儿九点就要走呢。

　　　父亲：（河南话）起来了，起来了。

　　　祖父：（河南话）起来了还不快点儿，磨蹭啥？

　　（祖父母商量一会儿外出怎么坐车，俩人都讲河南话。

　　母亲和婶母进屋。）

　　　母亲：（陕西话）妈，建民起来了么？

　　　祖母：（陕西话）起来了，你爸说……

　　（怎么坐车，略。）

　　　母亲：（陕西话）对。

　　　婶母：（陕西话）妈，王毛咋办？

　　　祖母：（陕西话）王毛也去。

　　　祖父：（陕西话）王毛不去还不行呢，小丫头非闹着要去。

这篇谈话里发生了3起语码转换：（1）祖父从对祖母讲陕西话转换到对
其子讲河南话；（2）祖母从对祖父讲河南话转换到对其长媳讲陕西话；
（3）祖父从跟长子讲河南话转换到对次媳讲陕西话。全部转换都是因
为谈话对象改变了，按照甘柏兹（J. Gumperz）的分类法，属于情景型
语码转换，转换前后所用的语码都合乎常规，因此也可以称为连续无
标记选择。下例相似。

例 3　（祖父用陕西话、祖母用河南话在谈亲戚小三考中学的事，
　　　　小三父与小三进来了。）

　　祖父：（普通话）筠倩，武志跟艾荣来了。

　　祖母：（普通话）嗨，正说小三的事呢。

　　三父：（普通话）怀仁叔，您给咱三娃再说说，我说上技校，
　　　　　　学个电，这孩子死犟，非要再考。

　　祖母：（普通话）三三，来给妗奶说说。

祖父母见到小辈亲戚进屋，从讲方言转换到讲普通话。请注意，祖父
先叫了一声祖母的名字，紧接着说某某跟某某来了，此话似乎对着祖
母，然而主要目的是招呼客人。长辈跟小辈讲普通话是无标记选择，
祖父母因谈话对象有变动而转换语码，前后的选择都是无标记性的。

例 4　祖母：（河南话）建平，几点了，现在才回来，饭都凉了。

　　叔父：（河南话）到干生那儿坐了一会儿，完了给裕汇看分
　　　　　　儿去了。

　　祖父：（河南话）裕汇分儿咋样？

　　叔父：（河南话）行了，主治医拿上了，体育场就她一个。

　　祖父：（河南话）王毛昨天还说呢："（普通话）我妈肯定能
　　　　　　考上。"（陕西话）王经经，去给你叔把卤面热一热。

祖父母、叔父彼此讲家乡话，是无标记选择。祖父引用孙女的原话时
转换到普通话，因为王毛讲普通话是无标记选择，祖父把当时的情景
搬了过来，所以转换到普通话仍然是无标记选择。

## （三）有标记语码转换 / 喻意型语码转换

　　例 4 末祖父改用陕西话叫王干事儿。语料显示祖父向孙子（或有
时向儿子）下令时通常转换到陕西话。上面交代过，王幼年住在农村，
讲陕西话，以后主要讲普通话，祖父跟他闲聊时彼此都讲陕西话，这
种情景好像回到了孙子童年时期，非常亲切。与此相似，王至今仍用
陕西话"奶（音 nài）"称呼祖母。那么祖父用陕西话下令有什么含义
呢？在探讨这个问题之前，我们另举一个祖父对孙女使用陕西话的实例。

　　例 5　祖父：（普通话）王毛，都十二点了，还看，把电视关了，

睡觉去。

　　王毛:（普通话）马上就完了。

　　祖父:（普通话）什么马上就完了，明天又是个不起来。

　　王毛:（普通话）不起来打屁股。

　　祖父:（陕西话）你就会耍贫嘴，明天不起来非拿板子揍你
　　　　不可。

祖父不许孙女看电视看得很晚，叫她去睡觉。孙女不听话，祖父生气了，从普通话转换到陕西话，威吓要揍她。祖父对孙女讲陕西话，不符合常规。这是他情绪激昂时的语言表现，比讲普通话显得更有威力，为什么？除了话语内容有关系外，使用何种语言也起作用。

　　我们认为，要想理解语言自身的含义，不能脱离其社会语境。语境从小到大可以分为 3 层:（1）情境层，包括谈话的时间、场所、话题、参与者等，其中话题和参与者两要素对于分析说话人的语言行为尤其重要;（2）领域层，指受共同行为规则约束的语言活动范围（如家庭），研究者对领域层所关注的是特定言语共同体的社会文化动态;（3）社会层，在这一层次上形成语言的社会价值。情境层与谈话关联密切，其要素的变化可能会直接影响说话人的表现，但是语言的深层意义还需要到领域层和社会层中去探求。

　　在西安市，陕西话和河南话的身价怎样呢？语言的名声归根结底在于使用者的声誉。西安这个都市历来就有许多河南人。近代迁徙者主要有两类:一类是生意人，郑州至西安的火车开通后，他们过来做买卖，定居在市内热闹地段;另一类是灾民，大多集居在城关外。据粗略估计，在市内 3 个区即新城区、莲湖区和碑林区，河南籍人及其后裔约分别占区总人口的 60%、30% 和 10%。这个庞大的群体中有许多人操两种方言。老一代人的乡土观念浓厚，亲友邻里见面时通常都讲河南话。中年一代的地域倾向不稳定，自己觉得讲河南话时就是河南人，讲陕西话时就是陕西人。年青一代则称自己是陕西人，不过他们对陕西话的评价未必胜过河南话，觉得陕西话比较"土气"。这是因为西安市内的河南籍人不仅数量大而且颇有经济实力和社会声望。难怪有人说:在省政府大楼里陕西话吃得开，在市政府大楼里河南话吃得开。足见这两种方言在西安市都相当有威望。

　　在王家，河南话一直占主导地位。第三代出世后，长辈才教他们讲普通话。陕西话的使用范围，双向性的除了祖孙闲聊外，限于祖辈父辈和媳妇之间。单向性的见于：（1）祖父跟其妻谈话；（2）祖父叫子孙干事儿；（3）祖父对孙女恼怒时。这表明祖母儿孙和祖父使用陕西话的"权利"不平等。祖父谈话时使用两种方言意味着持双重地域身份，他作为一家之长有权这般选择，而祖母儿孙不用陕西话应答则反映他们不愿在祖父面前表露自己归属异地的心态。一方任意讲陕西话，另一方回避讲陕西话，双方心理上存在的差距使得前者具有权威感。这一效果在孙女身上更加突出，因为她不会说陕西话。即便是祖父跟媳妇讲她们的家乡话，也不无权威的痕迹，因为当初这两位陕西姑娘进王家门后，正是处在上方的长辈才有权认可彼此用陕西话而不用别的话（普通话）交谈。③

　　总之，在王家，祖父讲陕西话的含义与对方在交谈中是否做出相同选择有关。双方都讲陕西话，暗含处在同等地位，陕西话就有亲切感；一方讲陕西话，而另一方不敢讲陕西话以示尊祖，陕西话就有权威感。陕西话的喻意功能与双方在特定语境下对其所持态度有关，它是可变的。

　　另外，一语码的两重性有可能在一定的话语序列中此显彼隐，请看下例：

　　例6　祖父：（普通话）王毛，把机子声音关小一点。

　　　　　王毛：（普通话）啊。

　　　　　祖父：（普通话）声音太大了。

　　　　　王毛：（普通话）我听见了。

　　　　　祖父：（陕西话）听见了还不关小一点？

　　　　　王毛：（普通话）我听音乐呢，你在屋里也听不见。

　　　　　祖父：（陕西话）你看看表，邻居们都休息了。

　　　　　王毛：（普通话）爷，你让我听么。

　　　　　祖父：（普通话）我去取板子了，看你敢犟嘴。

祖父对孙女从讲普通话转换到讲陕西话，讲了两话轮后不奏效，又改用普通话威吓孙女。这里不能机械地把从陕西话转换到普通话看成恢复到第一次语码转换前的角色关系。普通话具有两重性：它是汉族共同语，标志同胞关系；它又是施政、教育的手段，标志上下位关系。上例祖父对孙女从讲普通话转换到陕西话，突出的是双方的不对等关系，从讲陕西话又转换到普通话，突出的是教育者角色，一前一后两次转换都是为了加重话语分量，达到下令和教训目的。

## （四）语境化提示④

　　交谈过程中，发话人盼望受话人怎样理解某句话的意思以及这句话与前后话语有什么关联，往往会通过某种语言形式即甘柏兹所谓"语境化提示"表现出来。语境化提示所要传递的意思是隐含的，然而它确能起到提示作用却是谈话双方都熟知的。抓住谈话里的这类语言特征，进行"现场"分析，我们就有可能像谈话者一样理解话语的本意。

　　例7　（大年初一，全家除婶母和王毛外，都在客厅里闲谈，忽然灯光变暗。）

　　父亲：（普通话）这是灯管不行了。

　　　王：（普通话）是不是启辉器的毛病？

　　父亲：（普通话）不是，灯管不行了，找个灯管换上。

　　祖母：（河南话）咦，那次你——（普通话）经经啊，柜子上面有一个灯管，拿下来换上，这个灯管不行。（河南话）这个你看启辉器也不亮么。

　　父亲：（河南话）灯管不亮它这启辉器就亮不了。

　　祖母：（河南话）靠它才亮灯么。

　　　王：（普通话）哪个柜子呀？

　　祖母：（普通话）就我那大柜子上面。

　　（父亲、母亲、祖母、叔父谈起王毛。王把灯管拿过来了。）

　　祖母：（普通话）是不是三十瓦的？

　　父亲：（河南话）三十的。（普通话）哎呀，这也是个坏的。

　　祖母：（普通话）哟，这是个坏的，那就扔了吧。

　　母亲：（普通话）这儿还有一根呢，一会儿一块儿扔。

上面这段谈话有4人参与。头3轮父亲和王对话，第4轮祖母才加入，说："那次你——"这里的"你"是指父亲还是王呢？有 4 个语境化提示：（1）祖母用河南话说此话；（2）话未讲完，祖母就向着王转换语码；（3）接着祖母又讲河南话并再次说"你"；（4）父亲应答。可以断定"你"是指父亲。王把灯管拿过来后，祖母用普通话问是不是 30 瓦的，父亲搭茬儿（可以想象他接过灯管正在瞧），他自然而然用河南话回答祖母原本对着王的提问，随即转换到普通话说这也是坏的，提示此话是对着取灯管人的，接着祖母和母亲也先后用普通话说把坏灯管扔了，王没有吭声。单从谈话顺序上看不出他该是受话人，然而在场的人（以及研究者）都明白，3 位说话人使用普通话是在暗示扔坏灯管跟拿灯管换灯管一样也是王的事儿。

### （五）趋同与求异⑤

在人际交往中，人们一般总希望对方对自己产生好感，这种动机会驱使说话人不断地调整自己的语码以顺应对方。下面这段祖父与病人的谈话是典型例子。

例 8　祖父：（普通话）哟，孙老师，快进来，坐，坐坐。

孙：（普通话）王老师，今天还得来麻烦您，这是我的一个小侄子，腰上起得全是疹子，去四医大看了，吃的西药，就是下不去，找您给看看。（陕西话）三娃，叫王老师给你看一下。

祖父：（陕西话）来，我看看，多长时间了？

病人：（普通话）有一个月了，也不疼，也不痒。

祖父：（普通话）哦，可能是缠腰龙，我看看你舌头。

祖父和来访的孙老师讲普通话，孙老师跟侄子讲话时转换到陕西话，祖父随即也用陕西话问病情，病人用普通话回答，祖父又转换到普通话。祖父的这类语码转换可以说是一种职业习惯，其用意是为了减少与服务对象之间的差异，保持融洽的关系。与此相反，下例显示说话人有意使用与对方不同的语码，以保持距离。

例 9　（王家的常客崔爷是祖母的大学同学，陕西人，崔妻是河南人，俩人来访，闲谈中崔爷埋怨妻子。）

崔爷：（陕西话）这不是昨天，我自己去把车子弄上来。俩
　　　人？那个人是啥都不管（略）。晚上去老张家转转，还
　　　没坐稳，这人就来催了，这都是啥事么。

祖父：（普通话）人家这是关心你嘛。

崔爷：（陕西话）关心？你们河南人都是戴有色眼镜看人，
　　　可知道袒护你们河南人哩。俺这是老陕，在你们河
　　　南人这儿吃不开。

崔妻：（河南话）吃不开把嘴闭上，筠倩，你说晚上吃个饭，
　　　就俺俩人，还要再吃两顿，饭做好了，咱这老同志
　　　还要跑，说马上回来，那棋一下，3个钟头别想动，
　　　还吃啥饭？（陕西话）老同志，我说你说的对着么？

崔爷：（陕西话）对，我是捣乱分子。

祖母：（普通话）对，就得听。

祖父：（河南话）不听罚他3天不许吃饭。

崔妻：（河南话）对着呢，下次再叫不回来就别吃饭。

祖父：（普通话）啥啥？老崔，你可听见了，噢，下回再下
　　　棋可没饭吃噢。

崔爷：（普通话）甭吓我，在家回回都是我炒菜。

这是老熟人之间的一段谈话。崔爷和崔妻分别用陕西话和河南话向祖父母诉说对方的不是，显示双方各持己见，存在分歧。祖父母回避方言，用普通话劝说，以示中立。第4轮末，崔妻用缓和的口气对丈夫说话时，语码从河南话转换到对方使用着的陕西话。第7轮，祖父站在崔妻一边帮她说话，改用河南话。之后，祖父又用普通话重复崔妻的警告，口气比上一轮要缓和得多。崔爷不服，用普通话顶了一句，把矛头指向祖父。争论各方所用语言生动有趣，充分体现了运用相同或相异的语码能起到显示立场相同或相异的作用。

　　有时说话人使用相异的语码是表示不喜欢对方所用的语言。例如，叔父与友人刘某拜访某宾馆负责人张某和联系人赵某，询问宾馆经营情况。刘与赵、张相识，彼此讲本地话，叔父与刘彼此讲普通话。4人中除了赵自始至终都讲陕西话外，其余3人不断转换语码。值得一提的是，张讲普通话带很重的陕西腔，然而他对叔父却频频地讲普通话，

以突出自己的身份，而叔父则始终报以陕西话，显示不喜欢对方装腔作势。

## 五、结语

本文从社会、领域、情景、心态、会话结构等视角剖析家庭谈话里的语码转换现象，证实一个结构严密、交往频繁的言语共同体对其成员选择用语会产生一定的制约作用。我国传统多语家庭有其自身的语言行为规范。家庭谈话里转换或不转换语码与维持伦常及家庭和谐有关。

我们在调查研究中，采取计量与定性相结合、宏观透视与微观剖析相贯通的方法。在分析谈话时兼顾形式与内容、静态与动态。我们认识到：

（1）语言的社会意义来源于社会语境。所谓社会语境，是指操该语言的人在使用该语言时所涉及的种种境况。社会语境可以在高低深浅不同的层次上加以提炼和概括，因而一种语言势必会具备多种社会意义。

（2）谈话是不断发展着的语言活动，随着谈话的进展，一语码的喻意功能可能会起变化。即便情景要素不变，先后出现的相同语码其含义可能不一。

**注释**

①请参阅祝畹瑾《语码转换与标记模式——〈语码转换的社会动机〉评介》，《国外语言学》1994年第2期。第3期46页有此文的更正。

②话轮，会话分析学术语，指一名说话人的一次说话机会。

③参见祝畹瑾《社会语言学译文集》178页，北京大学出版社，1985年。

④祝畹瑾《社会语言学概论》175页，湖南教育出版社，1992年。

⑤同上书，11页。

发表于《语言文字应用》1997年第3期

# 家庭语言交际格局的动态研究
## ——两个家庭 20 年来语言生活的历时调查分析

伍　巍

　　双语家庭是双语社会相对稳定的最小运作单位。在这个"最小单位"中，包含了社会双语运作的一般模式和基本规律，所以，家庭双语的研究对社会双语的研究有着重要意义。

　　我国双语双方言的研究起步较晚，始自 20 世纪 80 年代末，其代表性的成果有陈恩泉《双语双方言》系列论文集、李如龙《福建双方言研究》（1995）等成果。这些研究主要偏重社会双语的接触与渗透、双语政策及地区双语现象的静态描写。90 年代，陈章太先生发表《四代同堂的语言生活》（1990），祝畹瑾、王润经先生发表《家庭谈话语码转换剖析》（1997），将双语的研究深入到我国的汉语家庭。在家庭共时双语生活的平面上开始涉及双语交际语码的结构形式、双语语码转换等动态的研究。

　　汉语家庭语言交际目前尚缺少历时的动态研究。横向的观察，家庭语言是一个相对稳定的格局；纵向的观察，家庭语言的格局并不是一个定式，个别家庭成员的变动往往会引起家庭语言交际格局的改变。为了弄清这个问题，本人分别对两个家庭进行了长达二十余年的追踪调查研究。我将两个家庭的语言生活面貌分别按不同时段切割成若干个相对静止的断面，以便对每个断面做静态的观察与分析，再将不同的断面按时间的顺序一个个连接起来以分别显示这两个家庭语言生活历时的变化轨迹。两个家庭所反映的共同轨迹与规律即是本文的结论。为方便起见，"双言""双方言"本文一律统称作"双语"；"语言"一词在不同的地方分别指"言语"或"语言"两个概念。所谓的"第一语言""第二语言"，实为汉语范畴内的普通话或不同方言，"语种"一词实指不同方言。个人语言习得依排列顺序的先后，标志其熟练程度。调查材料以"时段"标志家庭语言格局变动的每一个阶段。

# 一、两个家庭语言格局变动的追踪调查

家庭甲（追踪时间：1979 年～1999 年）

家庭甲先后有 5 位家庭成员，他们分别是男主人（干部）、女主人（教师）、父亲（商人）、岳母（无职业）、女儿（小学生）。在 20 年的时间里，该家庭语言格局发展变化的情况如下：

第一时段（1979 年～1981 年）

因为操不同方言的女主人的加入，家庭语言由单语（粤语）变为双语（上海话、粤语）。

男主人自幼生活于广东老家番禺农村，说粤语。小学四年级时，因母亲病故，随在上海工作的父亲读书，在学校习得第二语言上海话和第三语言普通话。起初，父子间的家庭常用语多为粤语，偶尔兼用上海话；数年后，粤语与上海话在父子间任意操用，分不出彼此。有时在同一段对话中，父子俩的语码会经历数次转换，彼此没有自觉的意识。1979 年，以上海话为母语的女主人嫁入该家庭，上海话、粤语操用成员的比例为 3∶2，上海话立即成为这一家庭的第一语言，通行于一家三口，粤语只通行于父子之间。1981 年，女儿出生，只会说上海话的岳母加入这一家庭，上海话、粤语操用成员的比例为 4∶2，强化了上海话在这一家庭双语中的地位。

第二时段（1982 年～1986 年）

会说粤语的父亲病故，家庭由双语（上海话、粤语）变为单语（上海话）。

1982 年年底，说粤语的父亲病故，男主人的粤语失去交际对象，于是粤语立即退出家庭双语圈，家庭由双语变为单语，成了上海话的一统天下。数年后，女儿在这一环境中习得上海话。

第三时段（1986 年～1991 年）

全家移居北京，因为大环境的影响，普通话正式进入该家庭，家庭语言由单语（上海话）变为双语（上海话、普通话）。

1986 年下半年，男主人调北京工作，举家北迁，女儿入北京某幼儿园。1 年后，女儿习得一口普通话，此后，普通话逐渐进入家庭双语圈。这时家庭双语的第一语言仍是上海话。1991 年，岳母去世，上海话在家庭双语圈中的势力减弱。4 年的北京生活，作为中学教师的女主人因职业的关系，普通话水平明显提高。又因外部语言大环境的影响，普通话上升为家庭第一语言，上海话下降为家庭第二语言。

第四时段（1992 年~1999 年）

全家移居广州，数年后，粤语在该家庭复活，家庭由双语（上海话、普通话）变为三语（上海话、普通话、粤语）。

1992 年，女主人以中学特级教师的身份调入广州某中学任教，1 年后，举家迁入广州，女儿入母亲任教的中学读书。3 年后，女儿在学校习得一口广州话，从此，粤语在该家庭双语圈中复活。这时家庭双语地位的排列是：（1）上海话，（2）普通话，（3）粤语。因失去普通话的外部大环境，普通话降为上海话之次。粤语只通行于父女之间。在此后数年的广州生活里，家庭成员没有变动，外部语言环境没有变动，家庭语言格局亦保持相对的稳定。

家庭甲语言格局变动小结：

20 余年中，该家庭随家庭成员、外部语言大环境的变动，语言格局先后发生了 4 次变化，大体情况见表 1。

表 1　家庭甲语言格局变动情况

| 变化时段 | 家庭语言格局的变动情况 | 变动原因 |
|---|---|---|
| 一 | 单语（粤语）→双语（上海话、粤语）初始，家庭语言仅为粤语，后兼用上海话，最后以上海话为主 | 1. 母语为上海话的女主人的加入；2. 语言大环境的改变（由番禺迁居上海） |
| 二 | 双语（上海话、粤语）→单语（上海话）粤语退出家庭交际圈 | 操粤语的父亲去世，男主人的粤语失去交际对象 |
| 三 | 单语（上海话）→双语（上海话、普通话）普通话进入家庭交际圈，并逐渐上升为家庭第一语言，上海话次之 | 1. 迁居北京，受语言大环境影响；2. 女主人教师职业的需要，使普通话上升为家庭第一语言 |
| 四 | 粤语在家庭交际圈中复活 家庭出现上海话、普通话、粤语 3 个交际圈 | 1. 迁居广州，粤语环境使女儿习得粤语，致使退出家庭交际圈达 14 年之久的粤语又在该家庭交际圈中复活；2. 远离北京语言大环境，普通话降为家庭第二语言 |

家庭乙（追踪时间：1978 年～1998 年）

家庭乙先后拥有 5 位家庭成员，他们是男主人（教师）、女主人（干部）、母亲（无职业）、岳母（无职业）、孩子（小学生）。20 年中，该家庭语言格局发展变化的情况如下：

第一时段（1978 年以前）

该家庭起初由农村迁入城市，数年中一直使用江淮官话（单语）（以下简称官话）。

早期，这个家庭的前辈世居于封闭的江淮农村，数十年中，一个大家庭变为几个小家庭，人口发生数次变动，但语言始终如一，沿用江淮官话。60 年代后期，男主人与母亲迁入江南某城市。尽管外界语言环境发生了变化，因母亲不会说其他方言，十余年间，家庭内只通行江淮官话。母亲在情感上仍对其他方言持排斥态度。

第二时段（1978 年～1979 年）

因女主人的加入，家庭打破单语（官话）格局，变为双语（普通话、官话）。一年后母亲回乡下，家庭恢复为单语，但却由普通话代替了官话。

1978 年，女主人嫁入该家庭，她不会江淮官话，只能说上海话和普通话，故将普通话引入家庭双语交际圈。男主人与母亲交际仍用江淮官话。女主人与母亲交际分别用普通话和江淮官话。因交际需要，婆媳间逐渐能听识一些对方的语言。三人在一起交际时，男女主人用普通话，母亲用江淮官话，偶有不懂的词语，男主人做翻译。这一阶段，除女主人之外，无人会说上海话，故上海话并未进入家庭交际圈；母亲在语言情感上有所改变，从对普通话的排斥转为逐渐认同。1979 年，母亲回老家，江淮官话立即退出家庭交际圈，只通行普通话。

第三时段（1979 年～1984 年）

操上海话的岳母加入，家庭立即由单语（普通话）变为双语（上海话、普通话）。

1979 年孩子出生，只会上海话的岳母来到该家庭，随即将上海话引入家庭交际圈。母女间交际完全用上海话。岳母对男主人交际亦纯用上海话，起初男主人很不习惯，因交际需要，迫使男主人学听上海话。一家人在一起交际时，普通话、上海话交叉使用，各说各的，偶有不懂的词语，女主人做翻译。此后，男主人逐渐能听一些上海话，岳母亦能听一些普通话。这时，上海话在该家庭双语圈中占绝对优势，5 岁的孩子在这一语言环境中习得上海话与普通话。

第四时段（1985 年~1986 年）

岳母离开该家庭，家庭语言立即由双语（上海话、普通话）恢复为单语（普通话）。

1985 年，岳母离开该家庭，上海话立即退出家庭交际圈，家庭常用语恢复为普通话。

第五时段（1987 年~1990 年）

操不同方言的母亲、岳母同时进入该家庭，家庭语言马上由单语（普通话）变成三语（普通话、官话、上海话）。后随着岳母的去世，上海话再度退出该家庭。

1987 年，母亲、岳母先后来到该家庭，江淮官话、上海话分别复活于该家庭双语圈。母亲仍是一口江淮官话，岳母仍是一口上海话，两位老人在一起单独交际时有一定困难，各说各的，只能彼此边说边听边猜，语言误会是常有的事。1988 年年底岳母去世，上海话第二次退出家庭双语交际圈。

第六时段（1991 年~1994 年）

因男主人外出，家庭双语除普通话外、官话由双向使用改为单向使用。

官话先前在男主人与母亲间双向使用，1989 年，男主人赴广州进修，母亲的江淮官话失去双向交际对象，孩子与女主人均说普通话，母亲仍说江淮官话，彼此只能单向使用（各说各的）。因长期生活在一起，彼此对对方语言的辨识能力均有明显的提高，交际基本无碍。

第七时段（1994 年~1998 年）

家庭人口稳定，家庭双语相对稳定（普通话、间或使用的上海话）。

1994 年年底，男主人迁调广东珠江三角洲某市工作，次年，女主人与孩子迁入该市，母亲回老家，江淮官话退出家庭交际圈。此后，孩子习得粤语，男主人亦稍稍学得一些粤语，但粤语却并未进入家庭双语圈。家庭成员稳定，语言格局相对稳定。

家庭乙语言格局变动小结：

20多年中，该家庭的语言格局先后经历了7次变动，大体情况见表2。

表2　家庭乙语言格局变动情况

| 变化时段 | 家庭语言格局的变动情况 | 变动原因 |
| --- | --- | --- |
| 一 | 单语（江淮官话）<br>家庭人口数有变动，语言一直不变 | 生活在语言封闭的农村 |
| 二 | 单语（官话）→双语（普通话、官话）→单语（普通话）<br>普通话第一次进入家庭交际圈，江淮官话第一次退出家庭交际圈 | 1. 母语为上海话、第二语言为普通话的女主人嫁入；2. 操江淮官话的母亲回老家 |
| 三 | 单语（普通话）→双语（上海话、普通话）<br>上海话第一次进入家庭交际圈 | 只会说上海话的岳母进入该家庭 |
| 四 | 双语（上海话、普通话）→单语（普通话）<br>上海话第一次退出家庭语言交际圈 | 岳母离开该家庭回上海 |
| 五 | 单语（普通话）→三语（普通话、官话、上海话）→双语（普通话、官话）<br>初时普通话、江淮官话、粤语并用，后来上海话第二次退出家庭交际圈 | 1. 初时，操江淮官话母亲和操上海话的岳母同时回到该家庭；2. 后操上海话的岳母去世 |
| 六 | 双语（普通话、双向使用的官话）→双语（普通话、单向使用的官话）<br>官话起初在母子间双向使用，后为母亲单向使用 | 男主人出外进修，母亲仍操江淮官话，与女主人、孩子的普通话单向交叉使用 |
| 七 | 家庭双语格局相对稳定<br>普通话、间或使用上海话 | 家庭成员相对稳定，外部语言环境稳定，语言格局相对稳定 |

# 二、促使家庭语言格局变动的原因

通过调查我们发现，引起家庭语言格局变动的原因主要有两个。

## （一）家庭内部原因

家庭内部原因主要是家庭人员的变动，尤其操不同语言的家庭成员的更替是引起家庭双语格局变动的直接原因。如家庭甲之一时段、家庭乙之二时段，均因操另一母语的女主人的嫁入而立即引起家庭语言格局的变化。又如家庭乙之四、五时段，操上海话的岳母先后两度离开该家庭，上海话亦随之两度退出家庭交际圈，几乎是立竿见影。这一道理不难理解，从平面的角度观察，特定时段内的家庭语言交际圈是一个有机、完整的结构体，家庭的每一个言语成员均是这一结构体中密不可分的组合部件，他（她）要与这一交际圈中的每一个成员建立相对固定的言语交际关系，家庭成员之间构成了一个平面的言语交际网络。在双语或多语家庭中，这一相对固定的网络（即"语言格局"）一旦形成，整个家庭的语言生活就要按一种相对固定的模式运转。变动这一"结构体"中的某些成员就往往要牵动整个"结构体"，如果影响到这"结构体"的组合，自然要引起家庭交际"网络"的重组。这一规律在两个家庭语言格局的数次变动中都得到了有力的证明。

## （二）家庭外部原因

外部原因主要指家庭外部的语言大环境，这是引起家庭语言格局变动的副导因素，外部原因能否引起家庭语言格局的变动要看两个方面：（1）家庭内部有无产生变动的内应机制，简单地说就是有无变动的条件。如果家庭内部不存在变动的内应机制，外部原因就无法起作用。如家庭乙之一时段，母子两人组成的家庭已由农村迁到城市，外部语言大环境有了很大的改变，但没有文化的母亲只懂江淮官话，且江淮官话完全能满足家庭内母子间的交际需要，故外部因素在这一时段里就无法对该家庭的语言格局产生影响。与此相反的是家庭甲之三时段，在原先的家庭双语圈中就并用上海话与普通话，不过上海话为第一语言，普通话为第二语言。迁居北京后，在大环境的影响下，所有家庭成员应用普通话的概率大大增加，又因女主人教师的职业的需要，她的普通话水平有了较明显的提高，女儿亦习得一口普通话。外部的整个大语言环境对家庭语言产生了较大的影响，因此，普通话上升为该家庭第一语言，上海话退守为第二语言。两种语言原先就在这一家庭中并用，这是此一时段中外部原因能够发生作用的"内应机制"。（2）外部因素影响力的大小也是外部原因能否引起家庭语言格局变动的条件。在"内应机制"具备的前提下，如果外部的副导因素的影响力小，也不能引起家庭语言格局的变动。如家庭乙之七时段，一家人虽都生活在粤语区的大环境中，男主人与孩子均有一定的粤语习得，但是居住环境与工作环境均在大学校园，来自五湖四海的人之间通行各种风格的普通话，小环境中粤语的直接影响力也就相对弱得多，所以，粤语至今未进入该家庭的双语圈。在相同的内应条件下，家庭甲之三时段的情况恰恰相反，在北京，普通话不但通过家庭成员的职业、学业对该家庭产生影响，居住区的语言环境、市面语言环境无处不对该家庭产生影响，引起该家庭语言格局的变动就是很自然的事了。

## 三、几点启示

两个家庭语言交际调查的事实给我们 3 点启示：(1) 历时的观察，家庭语言格局往往处于一个动态的发展过程。促成家庭语言格局变化的主导因素是操不同语言的家庭成员的变动，其副导因素是外部语言大环境的影响。(2) 家庭双语一般都发生在语言观念不保守或不太保守、家庭成员具备相应的双语能力的家庭中，一般以城市家庭为多。上例两个家庭由单语发展到双语均是由农村迁入城市后发生的变化。(3) 家庭也是一个语言的小社会，所以双语行为绝不是个人行为，个人的双语习得若不能进入社会双语圈，只能属于个人的双语能力而不会产生双语现象。如家庭甲，男主人具备娴熟的粤语与上海话两种语言习得，在二时段中，操粤语的父亲去世，男主人亦在家庭内失去了粤语交际圈。

**参考文献**

陈章太 1990 四代同堂的语言生活，《语文建设》第 3 期。

李如龙 1995《福建双方言研究》，香港：汉学出版社。

祝畹瑾，王润经 1997 家庭谈话语码转换剖析，《语言文字应用》第 3 期。

发表于《语言文字应用》2003 年第 1 期

# 父母语言策略与粤英双语儿童语码混合现象

叶彩燕　马诗帆
傅彦琦　代凤菊　杨纯纯（译）　吴万华（校）

## 一、概述：双语发展的输入和语码混合现象

一些学者认为，儿童所接触的输入对其语言发展起决定性作用，相对于单语发展而言，其作用在双语发展中尤为重要（Montrul 2008；Grüter & Paradis 2014）。双语儿童所接触的输入包含两种或更多语言，因此比起单语环境下的儿童，他们每种语言的输入会有所减少（Paradis & Genesee 1996）。双语输入通常是不平衡的，相应导致两种语言发展不平衡（Bernardini & Schlyter 2004）：绝大多数双语儿童会有一种语言是其优势语言，两种语言平衡发展的双语儿童并不常见。

不同的输入所产生的影响在双语儿童语言发展的不同范畴都有发现（Unsworth 2014）。在语码混合方面，已有足够的证据表明输入的影响。有研究用实验方法对输入中的混码频率进行控制，发现成人和儿童的混码频率密切相关（Comeau et al. 2003）。

语码混合往往是儿童双语能力发展过程的一部分（Yip 2013）。输入中是否包含混码取决于很多变量，包括不同的输入条件和父母话语策略。在某些文化中，父母对混码有所抵触（Lanza 2004），而在香港家庭中混码却很常见，而且某些时候还得到鼓励（Li 2000）。

### "一家长一语言"与"一家长两语言"

输入对语言发展的影响也会因儿童双语发展过程中的输入条件而有所不同。现有研究中很多是对"一家长一语言"（one-parent-one-language，1P1L）家庭进行的个案分析，而且通常是语言学家对其孩子

语言发展的研究（Döpke 1992）。在 1P1L 家庭中每位父母分别对孩子使用一种语言，也就是以自己的母语和孩子交流（Lanza 2004）。许多研究者对 1P1L 策略的利弊进行过讨论（Döpke 1998；Takeuchi 2006）。1P1L 绝不是唯一能够促进儿童双语发展的策略。"一家长两语言"（one-parent-two-languages，1P2L）就是另一种选择，指的是父母双方或其中一方讲两种语言且用两种语言和孩子交流。在许多双语和多语的语言环境中，通常的做法是每位家长都用两种或多种语言与孩子交流。家长与目标语言之间并没有严格的一一对应关系。孩子能从同一位家长口中听到好几种语言。1P2L 家庭中父母的语码混合频率往往比 1P1L 中的更高。有一点需要注意，这两种语言策略在培养双语儿童时可能是同样有效的。究竟哪种策略更好或哪种策略是达成双语目的的必要充分条件，尚无证据可以说明。而且，不可把 1P2L 个案中出现的较高的混码频率断定为语言能力不足，因为语码混合本身就是双语者语言的重要组成部分。

目前，双语发展研究的绝大多数文献都是关于 1P1L 家庭的。与 1P1L 策略相比，我们对 1P2L 策略的过程机制及其对双语儿童发展的影响还知之甚少。1P1L 常常被推荐给家长，因为普遍认为在语言输入中清晰地分开两种语言能够帮助儿童对其进行区分，但还没有实在的证据证明这一点。1P1L 家庭在香港并不是最普遍的。在香港 1P2L 才是更普遍的情况，越来越多的家庭开始采取这种策略。一般情况下，父母的母语是粤语[①]，第二语言是英语，他们用这两种语言与孩子交流，并且在两种语言的使用中会出现不同程度的混码现象。

本研究比较了同一个语料库中的 2 名来自 1P2L 家庭和 7 名来自 1P1L 家庭的儿童（Yip & Matthews 2007）。我们的研究问题是，与 1P1L 家庭相比，采取 1P2L 策略的父母和在这种环境下发展双语的儿童是否会出现更多的混码现象，或者出现不同的混码方式，而这在儿童的混码中是如何体现的。

本文研究问题如下：

（1）双语儿童的混码现象在粤语和英语语境中是否有量或质的不同？

（2）双语儿童的优势语言与其混码现象有什么关系？

（3）父母的输入是如何影响儿童混码的频率和方式的？

（4）儿童的粤英混码有何特点？而这在多大程度上取决于输入？

# 二、研究方法

本研究的数据来源于香港双语儿童语料库，在本文写作期间包含了 7 名 1P1L 儿童和 2 名 1P2L 儿童的纵向数据。表 1 是语料库中儿童的背景信息。整个语料库中包括粤语和英语的 478 份文件，用 CHAT（Codes for the Human Analysis of Transcripts）系统转写，并用 33 种词类进行标注。语料库涵盖的儿童年龄范围从 1；03 到 4；06（年；月；日）。儿童句子总数分别为粤语 57 831 句，英语 46 382 句。

表 1　儿童参与者背景信息（基于 Yip & Matthews 2007：66~67）

| 儿童 | 父母母语 | | 语料库涵盖的年龄范围（年；月；日） | 文件数量（句子总数） |
|---|---|---|---|---|
| | 母亲 | 父亲 | | |
| 1P1L | | | | |
| Timmy | 粤语 | 英语 | 2；01；22—3；06；25 | CC：35（10 631）EC：38（6241） |
| Sophie | 粤语 | 英语 | 1；06；00—3；00；09 | CC：40（6217）EC：40（6717） |
| Alicia | 粤语 | 英语 | 1；03；10—3；00；24 | CC：40（6217）EC：40（5109） |
| Llywelyn | 粤语 | 英语 | 2；00；12—3；04；17 | CC：17（3831）EC：17（4121） |
| Charlotte | 粤语 | 英语 | 1；08；28—3；00；03 | CC：19（4012）EC：19（4621） |
| Kathryn | 英语 | 粤语 | 3；01；05—4；06；07 | CC：17（4281）EC：17（4202） |
| Janet | 粤语 | 英语 | 2；10；16—3；11；11 | CC：22（5978）EC：22（4343） |
| 1P2L | | | | |
| Kasen | 粤语 | 粤语 | 2；04；07—4；00；09 | CC：20（5228）EC：20（5723） |
| Darren | 粤语 | 粤语 | 1；07；23—3；11；24 | CC：27（5079）EC：28（5305） |

每次录音时，两位研究员分别用英语和粤语与孩子交流来收集语料（Yip & Matthews 2007：66~67）。[②]第一位研究员与孩子进行半小时英语互动，第二位进行半小时的粤语互动。1P2L 儿童的录音过程也采取同样的方式，从而系统地获取每一种语言的语料。在下面的讨论中，"英语语境"（English context, EC）指的是研究员用英语与儿童互动，但不保证儿童只用英语回应。同样，"粤语语境"（Cantonese context, CC）可能包含英语句子，不过这种情况较少出现，因为本研究中大多

数儿童的优势语言都是粤语。

混码句子指的是一句话中包含了来自两种不同语言的成分（Bhatia & Ritchie 2008）。混码句子在 CHAT 转写文稿中均以 "@s" 符号标记，我们使用 CLAN 的 KWAL 命令搜索 "@s" 来获得混码句子。如，在例（1）中，粤语的动宾复合词 "冲凉"（洗澡）插入句子，作为 want（想）的补语，用 "@s" 标记：

（1） I  want  冲凉 @s

   I  want  cung1-loeng4@s

   我  想   洗澡

   '我想洗澡。'

（Alicia 2；06；13，英语语境）

在英语语境下的混码可以指儿童将粤语成分插入英语结构，如例（1）；但也可以认为是儿童将英语成分插入粤语结构（Myers-Scotton 1993）。虽然英语或粤语结构等说法方便描述，但其实很多时候都无法分辨出混码句子是使用英语结构还是粤语结构（Yip 2013：135）。

每种语境混码频率的计算，是用混码句子的数量除以儿童产出的句子总数。计算不包括以下几类句子：（1）不清楚儿童是否知道一些词汇属于不同的语言，如附加语转换（tag-switching）、缩写和专有名词；（2）无法进行句法结构分析的句子，如重复或不完整的句子。

# 三、研究结果

## （一）"一家长一语言"儿童

图 1 至图 7 展示了在 1P1L 条件下，每名儿童在一段时间内各语言的混码频率。可以看到，Timmy、Charlotte、Kathryn 和 Llywelyn 在粤语语境下的混码频率总是高于英语语境。Sophie、Alicia 和 Janet 的混码使用倾向则不那么清晰，在某些时间段她们在英语语境中的混码频率更高。这说明在英语录音时，尽管研究员或家长用英语与儿童交流，但是儿童仍然产出含有英语成分的粤语句子。

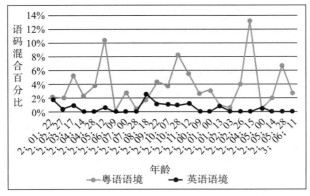

图 1　Timmy 在英语和粤语语境下的混码

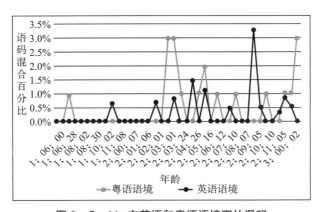

图 2　Sophie 在英语和粤语语境下的混码

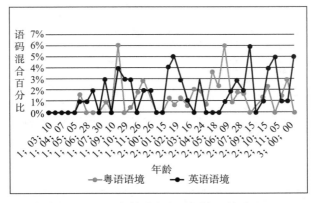

图 3　Alicia 在英语和粤语语境下的混码

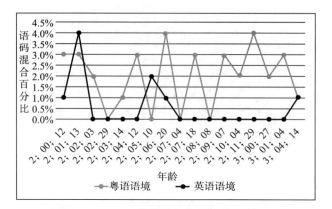

图 4　Llywelyn 在英语和粤语语境下的混码

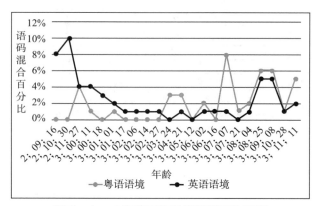

图 5　Janet 在英语和粤语语境下的混码

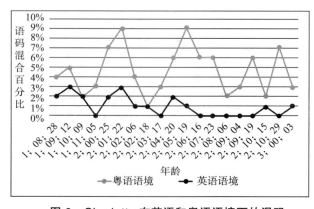

图 6　Charlotte 在英语和粤语语境下的混码

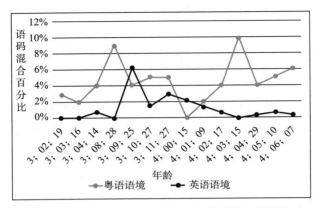

**图 7　Kathryn 在英语和粤语语境下的混码**

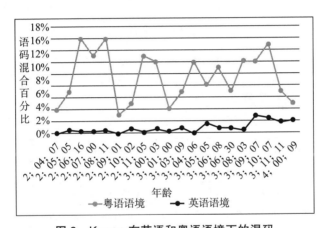

**图 8　Kasen 在英语和粤语语境下的混码**

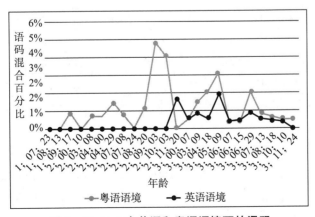

**图 9　Darren 在英语和粤语语境下的混码**

## （二）"一家长两语言"儿童

图 8、图 9 展示的是两名 1P2L 儿童的混码频率。结果再次显示，粤语语境的混码频率整体上高于英语语境。但是两名儿童在混码频率上有差异。Kasen 的混码频率高达 16%，比任何一名 1P1L 儿童都要高。数据还显示很多时候他在粤语语境下的混码频率都超过 10%。整体而言，Darren 的混码频率较低，但粤语语境的混码频率始终高于英语语境。两名 1P2L 儿童的差异或许可以从父母语言输入的角度来解释，下文四（三）将有相关讨论。

总体来看，无论是在 1P1L 还是在 1P2L 条件下，儿童在粤语语境下的混码频率都高于英语语境。表 2 呈现了每名儿童在不同语境下的混码频率，最后一列是粤语语境与英语语境的混码频率比值。

表 2　粤语和英语语境下的混码比较（基于 Au 2015）

| 儿童 | 粤语语境 | | 英语语境 | | 粤语语境与英语语境的混码比 |
|---|---|---|---|---|---|
| | 单语 | 混码 | 单语 | 混码 | |
| 1P1L | | | | | |
| Timmy | 96.8%（9492） | 3.2%（317） | 99.4%（6313） | 0.6%（35） | 5.3*:1 |
| Sophie | 99.4%（11 509） | 0.6%（63） | 99.7%（6635） | 0.3%（20） | 2*:1 |
| Alicia | 98.5%（5829） | 1.5%（87） | 98.1%（4352） | 1.9%（82） | 0.8:1 |
| Llywelyn | 98.0%（4002） | 2.0%（82） | 99.6%（4102） | 0.4%（17） | 5*:1 |
| Janet | 98.0%（5499） | 2.0%（115） | 98.0%（4151） | 2.0%（86） | 1:1 |
| Charlotte | 95.5%（3108） | 4.5%（148） | 99.2%（4019） | 0.8%（32） | 5.6*:1 |
| Kathryn | 96.0%（4309） | 4.0%（179） | 99%（3437） | 1.0%（43） | 4*:1 |
| 1P2L | | | | | |
| Kasen | 90.6%（3771） | 9.4%（389） | 99.1%（5430） | 0.9%（50） | 10.4*:1 |
| Darren | 98.9%（4846） | 1.1%（55） | 99.5%（5195） | 0.5%（24） | 2.2*:1 |

注：* 表示英语语境和粤语语境的平均混码频率有显著差异（$p < 0.05$）。

从表 2 可以清楚地总结出双语儿童在粤语语境中的混码比英语语境更多。$T$ 检验结果显示大多数孩子在这两种语境下的混码频率有显著差异，但两种语境下混码频率的比值存在较大的个体差异，比值从 Charlotte 的 1：1 到 Kasen 的 10：1 不等。我们在解读这些数值时要注意：英语语境下的混码仅仅指在录音时，成人研究员使用英语与孩子交流，引导孩子产出英语，而并不是说这种语境下的混码都是粤语成分插入英语结构。相反，有些孩子在英语语境中产出了含有英语成分的粤语句子。这也解释了为什么 Alicia 在英语语境中的混码（1.9%）多于粤语语境（1.5%）。

# 四、讨论

如图 1 至图 9 和表 2 所示，双语儿童的语码混合是不对称的：粤语互动时的混码多于英语互动。这种不对称有至少两种解释。一个是与儿童的优势语言有关：有学者提出儿童在使用弱势语言时更可能出现混码（Petersen 1988）。另外，这种不对称可能来源于父母的语言输入，详见下文（二）的讨论。

## （一）不同优势语言儿童的比较

语言的优势程度可通过计算每种语言在不同阶段的平均句子长度（Mean Length of Utterance，MLU）来确定（Yip & Matthews 2007）。计算结果显示，本研究的 1P1L 儿童中，只有 Charlotte 的优势语言是英语，Kathryn 的两种语言发展比较均衡，没有明显的优势语言，其余的 1P1L 儿童优势语言均是粤语（Yip & Matthews 2007：73~81）。

我们的研究结果显示，粤语语境下的混码受到儿童语言优势程度的影响。虽然以粤语或英语为优势语言的 1P1L 儿童都更多地将英语成分混入粤语结构，但在粤语语境下以英语为优势语言的 Charlotte 却比以粤语为优势语言的儿童产出更多的混码句。表 3 对 1P1L 儿童在粤语语境与英语语境下的混码进行了比较。

表 3　1P1L 家庭不同优势语言儿童的混码比较

|  | 粤语语境 | 英语语境 | 比值 |
|---|---|---|---|
| 粤语优势 *（N=5） | 1.9% | 1.0% | 1.9:1 |
| 英语优势（N=1） | 4.5% | 0.8% | 5.6:1 |

注：* 表示不包括 Kathryn，因为她的双语能力发展比较平衡，无法通过计算 MLU 将她划入粤语优势或英语优势的类别。

　　以粤语为优势语言的儿童，在粤语语境和英语语境下的混码频率比值约为 2：1，而以英语为优势语言的 Charlotte，比值大于 5：1。所有儿童的混码都受到语言输入中混码使用情况的影响（整体上粤语输入中的混码现象极为普遍）。除语言输入以外，还有其他因素促使 Charlotte 在讲粤语时使用混码：有些词她知道英语的说法但不知道粤语的说法，而且／或者她能更快或更容易地想到英语而不是粤语的表达方式。

## （二）不同语言策略下儿童的比较

　　儿童在粤语语境下混码的总体趋势可以归因于所接触的语言输入，而这一趋势受到具体输入情况的影响。表 4 比较了"一家长一语言"和"一家长两语言"儿童的混码频率。

表 4　不同输入条件下儿童在粤语和英语语境中的混码比较

|  | 粤语语境 | 英语语境 | 比值 |
|---|---|---|---|
| 一家长一语言（N=7） | 2.5% | 1.0% | 2.5:1 |
| 一家长两语言（N=2） | 4.9% | 0.7% | 7:1 |

从表 4 可以再次看出，所有儿童在粤语语境中的混码频率都高于英语语境。但是，在粤语语境下，来自 1P2L 家庭的两名儿童的混码频率约为来自 1P1L 家庭的儿童的两倍（分别为 4.9% 和 2.5%）。他们在粤语语境和英语语境下的混码频率比值为 7：1，而 1P1L 儿童的混码频率比值为 2.5：1。

## （三）输入的作用

　　综上所述，儿童在粤语语境下比在英语语境下出现了更多的混码。这与儿童接触的输入中混码使用的总体趋势一致。之前的个案研究（Yiu 2005）也发现，父母用粤语与孩子交流时常常使用混码，但在用英语交流时混码并不常见。在粤语和英语语境下语言输入中的混码差异有时很难进行量化：本研究使用的语料库并未系统地收集来自家长的语言输入，大部分粤语录音中都是由研究助理而不是家长与孩子进行互动。不过 Kasen 和 Darren 的语料中包含了相当数量的来自家长的语言输入，我们可以对父母输入及儿童话语中的混码频率进行比较，结果如表 5 所示。

表 5　粤语和英语语境下父母与儿童的混码比较　　　　　单位：%

| 语境 | Kasen | | | Darren | | |
|---|---|---|---|---|---|---|
| | 母亲 | 父亲 | 孩子 | 母亲 | 父亲 | 孩子 |
| 粤语 | 1.4 | 13.2 | 9.4 | 0.8 | 1.5 | 1.1 |
| 英语 | 0.7 | 0.0 | 0.9 | 0.3 | 0.0 | 0.5 |

在粤语语境下，Kasen 父亲言语产出的混码频率高达 13.2%，这说明他日常生活中习惯使用两种语言。他的混码频率与 Kasen 在粤语语境下 9.4% 的混码频率非常接近。Kasen 父亲的混码率（13.2%）是其母亲（1.4%）的 9 倍。这是因为母亲在录音中主要负责引导孩子讲粤语。她在录音中的混码频率可能无法代表她在日常言语中以及在录音环境以外与孩子交流时使用混码的频率。在英语语境下，Kasen 父母的混码频率较低（分别为 0.0% 和 0.7%），这与 Kasen 0.9% 的低混码率吻合。

Darren 在粤语语境下较低的混码频率（1.1%）也与其父母的混码频率（分别为 1.5% 和 0.8%）一致。比较 Kasen 和 Darren 可以发现，父母的语言策略对孩子的混码频率有很大影响。虽然语码混合现象在整个社区极为普遍，但在各个家庭内部和家庭之间仍然存在较大差异，这一点儿童的混码表现可以反映出来。

在质的方面，儿童混码中大多数的形态句法结构也可以在父母的语料中发现。在例（2）中，Darren 将英语动词 claim（索取）和粤语助词"返"faan1（回）结合使用，其父亲也在回应中重复了这种结合：

（2）孩子：Claim　　返

　　　　　claim　　faan1

　　　　　claim　　回

　　　　　'索回。'

父亲：係　喇,　　claim　　返　　啲　钱
　　　hai6 laa3　　claim　　faan1 di1 cin2
　　　对　SFP　　索取　　回　CL　钱
　　　'对，把钱要回来。'

（Darren 3；05；09，粤语语境）

该例也体现出父母的话语策略（discourse strategies）。父亲使用了孩子产出的"claim 返"（索回），将英语动词 claim 和粤语助词"返"结合使用，表明他接受这种混码。这比"忽略"策略（"Move on" strategy），即父母对孩子的混码不予回应的做法（Lanza 2004）更进一步。实际上，例（2）中父亲通过重复孩子使用的混码鼓励了其混码行为。

## （四）语码混合的句法类别

我们现在来看语码混合的句法类别，尤其是混码动词的特点。表6是混码句中插入成分的主要句法类别。名词混码和动词混码是两大主要的混码种类，在粤语语境下尤其如此。在英语语境下，使用最频繁的粤语插入成分是句末助词（sentence final particle，SFP），如"呀"aa3 和"啦"laa1，其次是名词和动词。

表 6　八名儿童的混码句中插入成分的句法类别

| 句法类别 | 粤语语境 | 英语语境 |
| --- | --- | --- |
| 名词 | 64% | 27% |
| 动词 | 17% | 16% |
| 形容词 | 6% | 4% |
| 其他 | 13% | 53%（SFP：16%） |

这种分布与语言接触情境中所观察到的整体趋势是一致的，即呈现出"可借用性层级"（hierarchy of borrowability）：名词 > 动词 > 形容词（Lass 1997：189）。也就是说，名词是最容易借用的，在表层接触中即可借用，而动词的借用则需要更深层的接触。这种可借用性差异有多种解释。在语义上，名词能指涉新事物，而需要借用动词表达新事物的情况却很少见。在结构上，动词更可能需要形态变化，给发音带来困难。典型的名词混码例子如下：

（3）孩子：有　　　个　　　horse　　喫

jau5　　go3　　horse　　gaa3

有　　　CL　　马　　　SFP

'有一只马。'

（Timmy 2；03；17，粤语语境）

（4）孩子：食　　　啲　　　apple

sik6　　di1　　apple

吃　　　CL　　苹果

'吃一些苹果。'

（Alicia 2；00；26，粤语语境）

可以看到，名词是以原形形式插入的：虽然在例（4）中表达的是复数含义，但仍使用了原形 apple（苹果）。

产出英语时，最常见的混码形式是加入粤语句末助词，如例（5）所示：

（5）孩子：You　　　tidy up　　啦

you　　tidy up　　laa1

你　　　收拾　　　SFP

'你收拾吧。'

（Kasen 3；06；08，英语语境）

在新加坡英语等语言接触变体中，也有英文借用汉语句子助词的现象（Lim 2004）。

## （五）混码动词和轻动词结构缺失[③]

和名词一样，英语动词插入粤语时也是以原形形式出现的，如例（6）。但屈折形式也会出现，这在以英语为优势语言的 Charlotte 的语料中尤其明显，如例（7）[④]：

（6）孩子：Put　　　呢　　　个

put　　nei1　　go3

放　　　DET　　CL

'放这个。'

（Charlotte 2；03；17，粤语语境）

（7）孩子：de1di4　　　sleeping　　　呀

　　　　　de1di4　　　sleeping　　　aa3

　　　　　爸爸　　　　睡觉　　　　　SFP

　　　　　'爸爸在睡觉。'

（Charlotte 2；10；29，粤语语境）

　　将粤语的体标记附加在英语动词后在成人的混码中很常见（Chan 2003）。因此在粤语句子中插入英语动词时，儿童会使用粤语体标记。例（8）和例（9）中，动词 turn（转）和 plant（种）后使用了完成体标记"咗"zo2：

（8）孩子：点解　　　　turn　　　咗

　　　　　dim2 gaai2　turn　　　zo2

　　　　　为什么　　　转　　　　ASP

　　　　　'为什么转了？'

（Darren 3；04；18，粤语语境）

（9）係　　　呀，　　　佢哋　　　　plant 咗

　　　hai6　　aa3　　　keoi5 dei6　plant-zo2

　　　是　　　SFP　　　他们　　　　种　　PFV

　　　嗰　　　啲　　　　㗎　　　　喇

　　　go2　　di1　　　gaa3　　　laa3

　　　那　　　CL　　　SFP　　　SFP

　　　'是的，他们已经种了那些（东西）。'

（Kathryn 3；06；18，粤语语境）

　　英语动词屈折形式也可能使用粤语体标记进行修饰，出现双重形态标记：

（10）Broken　　　咗　　　喇

　　　broken　　　zo2　　laa3

　　　烂　　　　ASP　　　SFP

　　　'打烂了。'

（Kasen 3；09；07，粤语语境）

英语语境下可能会在英语句子中插入粤语动词原形：

（11）I　　　　　推　　　　　him

　　　I　　　　　teoi1　　　him

　　　我　　　　　推　　　　　他

　　　'我推他。'

（Timmy 2；04；07，英语语境）

（12）Can't　　　开　　　　the　　　　boat

　　　can't　　　hoi1　　　the　　　　boat

　　　不能　　　开　　　　DET　　　boat

　　　'开不了这只船。'

（Charlotte 2；01；22，粤语语境）

粤语动词很少会附加英语的时体形态，但这种情况也会偶尔出现，如"咳 -ing"kat-ing（在咳嗽），发音类似英语的 cutting。

可以看到，在例（11）和例（12）中，儿童将粤语动词直接插入英语结构，没有使用 do 或者 make 之类的轻动词。同样，在例（6）至例（10）中，英语动词直接插入粤语结构，也并非全都带有体标记（正如成人粤语一样）。这与前人在多个语言对中发现混码时引入轻动词来表达屈折信息的情况不同（Chan 2003：74）。这种轻动词结构没有出现在我们的儿童语料中，在成人粤语和英语语码混合的研究中也没有相关描述（Chan 2003）。儿童和成人混码中缺失轻动词结构也许反映了粤语的类型学特征。首先动词没有屈折变化：动词原形在成人粤语中广泛使用，在儿童发展中的英语（developmental English）里也经常出现（无论混码与否），不需要轻动词来表达屈折信息。在成人的混码中，粤语是主体语言（Chan 2003），因此混码的动词也遵循粤语特性，不做屈折变化，而英语是要求动词有屈折变化的。

第二个类型学影响因素是英语和粤语在很大程度上语序一致。使用轻动词的混码复合动词通常发生在 VO 语言的动词插入 OV 语言的时候（Chan 2003：75）。这样产生的复合动词结构可以给其左边的宾语赋格，与主体语言的规则一致。但粤语和英语都是 VO 语序，因此不存在产生混码轻动词结构的条件。[⑤]

## （六）动词－助词结构及其创新用法

虽然上文讨论的儿童混码主要特征都与成人输入一致，但儿童的混码也会超出输入的范围。将英语动词－助词结构（verb-particle constructions）插入粤语句子就是其中一个例子。最简单的一个例子是将一个动词－助词结构像单个动词一样插入使用：

（13）係　　　　咪　　　　想　　　　要　　　　lie down　　呀
　　　hai6　　mai6　　soeng2　jiu3　　lie down　　aa3
　　　是　　　NEG.be　想　　　要　　　躺 下　　　SFP
　　　'是不是想躺下呀？'

（Charlotte 2；05；19，粤语语境）

例（13）中，儿童插入了英语动词－助词结构 lie down（躺下）。lie down 与其粤语对应词组"瞓低"fan3 dai1（躺下）结构一致，都是助词紧跟动词之后，如例（14）：

（14）我　　　　想　　　　瞓　　　　低　　　　呀
　　　ngo5　　soeng2　fan3　　dai1　　aa3
　　　我　　　想　　　睡　　　下　　　SFP
　　　'我想躺下呀。'

例（14）中的粤语结构与其对应的英语结构也是一致的，见例（14）的英语译文，更多例子见 Matthews & Yip（2011：243）。如果结构一致是促成混码的因素之一（Myers-Scotton 1993；Chan 2003：153），那么这种一致性将促进英语动词－助词结构插入粤语句子使用。

在一些更复杂的例子中，混码与双语儿童发展中的语法相互影响。例（15）中及物动词－助词结构 put down（放下）插入粤语结构，后接空宾语。这与儿童发展中的语法以及粤语的目标语法都是一致的（Yip & Matthews 2007：146）。同样，在例（16）中 Charlotte 使用了及物动词－助词结构 turn off（关掉），后接空宾语。

（15）佢　　　　put　　　　down　　　　呀
　　　keoi5　　put　　　　down　　　　aa3
　　　3sg　　　放　　　　下　　　　SFP
　　　'她把它放下。'

（16）我　　　想　　　turn　　　off　　　呀
　　　ngo5　soeng2　turn　　off　　aa3
　　　我　　　想　　　关　　　掉　　　SFP
　　　'我想关掉。'

（Charlotte 2；04；20，粤语语境）

因为例（15）和（16）使用了空宾语，所以我们不能分辨 Charlotte 使用了哪种语序，即不能确定是把宾语放在动词与助词之间（split order，如 turn it off）还是把宾语放在整个动词-助词结构之后（non-split order，如 turn off it），后者在成人英语中是不合语法的，但确实出现在 Charlotte 的英语语料中。

但是，也有儿童在混码中把动词和助词分别放在粤语宾语的两边：

（17）点解　　　你　　throw　　呢　　个　　away　　嘅
　　　dim2gaai2 lei5　throw　ni1　ge3　away　ge3
　　　为什么　　你　　扔　　这　　CL　开　　SFP
　　　'你为什么把这个扔掉？'

（Kathryn 3；06，粤语语境）

下面的例子中，Timmy 将粤语补语"唔到"m4 dou2（不到）接在英语动词 slide（滑）后边，然后加上助词 down（下）构成一个复杂的粤语结构，表达无法完成"slide down"（滑下去）这件事：

（18）依　　　只　　slide　　唔　　到　　down
　　　ji1　　zek3　slide　　m4　dou2　down
　　　这　　　CL　滑　　　不　　到　　下
　　　'（穿）这只（鞋）滑不下去。'

（Timmy 2；06，粤语语境）

例（17）和例（18）中，Kathryn 和 Timmy 在插入英语动词-助词结构时，都把动词与助词分隔开来。英语倾向使用这种语序，但粤语却不是（Wong 2010）。例（17）和例（18）的用法在父母的输入中没有出现，成人的混码研究中也没有相应的描述（Li 2000；Chan 2003 等）。这似乎是双语儿童自创的新用法。

鉴于英语和粤语都有宾语置于动词-助词结构之后的情况，在粤语句子中插入英语动词-助词结构时，儿童更有可能把宾语放在整个结构之后。例（17）和例（18）中的混码方式则与预期相反。一个可能的解释是儿童的两种发展中的语法之间产生了独立于混码现象之外的跨语言影响。虽然例（17）和例（18）中的混码结构与成人粤语语序不符，但双语儿童确实偶尔在粤语中把宾语放在动词与助词之间使用，如例（19）和例（20）：

（19）唔好　　　　摆　　　　佢　　　　低　　　　啦

　　　m4hou2　　baai2　　keoi5　　dai1　　laa1

　　　不要　　　　摆　　　　她　　　　低　　　　SFP

　　　'不要把她放下。'（指一个抱着的娃娃）

（Timmy 3；09；09，粤语语境）

（20）留　　　　　你　　　　　　低　　　　　　喺

　　　lau4　　　　lei5　　　　　dai1　　　　　hai2

　　　留　　　　　你　　　　　　下　　　　　　在

　　　依度　　　　好唔好　　　　呀

　　　ji1dou6　　hou2-m4-hou2　aa3

　　　这里　　　　好不好　　　　SFP

　　　'把你留在这里好不好？'

（Alicia 3；02；25，粤语语境）

　　　例（19）中的动词"摆"和助词"低"被宾语隔开，例（20）中的"留"和"低"也被隔开。这种不符合目标语法语序的结构，在成人粤语中并未发现，正确的语序是把代词放在助词之后，比如"摆低佢"baai2 dai1 keoi5（放下她）。我们认为例（19）和例（20）中的用法受到了英语对应结构语序的影响（Yip & Matthews 2007：216）。例（17）和例（18）中的混码结构虽然与粤语目标语法并不符合，但与儿童发展中的粤语语法是相符合的。这说明例（17）和例（18）的混码可能是儿童语法发展中产生的结构，而不是源于儿童所接触的语言输入。

# 五、结论

　　本研究分析了双语儿童的语码混合及其与语言输入的关系。研究显示混码频率在不同语言语境下是不对称的：粤语语境下的混码比英语语境下的更为普遍。混码的方向性很大程度上是由输入中的混码频率而不是由儿童的优势语言决定的。但是，也有证据表明儿童在使用弱势语言时更可能发生语码混合。

本文提供了输入条件影响混码频率的证据："一家长两语言"环境下儿童的混码频率约为"一家长一语言"环境下儿童的两倍。因此，输入对语码混合的频率和方向性都有很大的影响，至少生活在混码现象极为普遍的香港的双语儿童是这样的情况。

我们强调这些发现并不能作为反驳 1P2L 的理由。恰恰相反，混码在成人语言使用中很常见，其习得是语言社会化的重要组成部分。当然，也没有任何确实的证据表明语码混合对语言发展有害。语码混合也可能是儿童开动脑筋充分表达自己的一种方式。

在质的方面，我们归纳出儿童混码结构的一些特点。最常见的插入成分是名词，其次是动词。英语动词直接插入粤语结构中，不需要轻动词的辅助，这可能是粤语的类型学特征及其与英语在语序上大体一致使然。几乎所有儿童的混码方式在语言输入中都有所体现，但也有一些混码方式在输入中没有发现，比如，儿童在使用动词－助词结构时，把宾语放在动词与助词之间。这可能是双语儿童的创新用法。

## 注释

①本文中"粤英双语"指粤方言和英语，"粤语"指"粤方言"。

②虽然每名研究员仅使用一种语言与儿童交流，但事实上进行录音的研究员都是粤英双语者，一些孩子也意识到这一点，因此实际的交流可能是在双语模式中进行的。

③本文中"混码动词"指的是在粤语句子中插入英语动词或在英语句子中插入粤语动词。下文会提到我们的双语儿童在混码中插入动词时并没有使用轻动词，因此语料中没有出现混码动词复合词（mixed verbal compound）。在本文给出的例子中每个粤语音节后边的数字标示声调，这些数字在混码例子中同时标记从英语转换至粤语或从粤语转换至英语。

④我们认为例（7）的混码是英语成分插入粤语结构，因为：A. 借用词 de1di4（爸爸）的发音及其声调遵循粤语的发音规则；B. 句子以粤语的句末助

词结尾，说明该句结构存在以这个助词为中心语的标句短语（Complementizer Phrase，CP）。

⑤虽然在粤语中存在少量的 OV 结构，如焦点（focusing）和前及物式结构（pretransitive constructions）（Matthews & Yip 2011），但是在本研究考察的年龄段中儿童很少会产出这些结构，我们在儿童混码数据中也没发现这些结构。

## 参考文献

Au, C. Y. T. 2015. *Code-Mixing Patterns in Hong Kong Cantonese-English Bilingual Children.* Unpublished B. A. thesis, Chinese University of Hong Kong.

Bernardini, P. & Schlyter, S. 2004. Growing syntactic structure and code-mixing in the weaker language: The Ivy Hypothesis. *Bilingualism* 7(1).

Bhatia, T. K. & Ritchie, W. C. 2008. The bilingual mind and linguistic creativity. *Journal of Creative Communications* 3(3).

Chan, B. H.-S. 2003. *Aspects of the Syntax, the Pragmatics, and the Production of Code-Switching: Cantonese and English.* Pieterlen and Bern: Peter Lang.

Comeau, L., Genesee, F. & Lapaquette, L. 2003. The modeling hypothesis and child bilingual code-mixing. *International Journal of Bilingualism* 7(2).

Döpke, S. 1992. *One Parent, One Language: An Interactional Approach.* Amsterdam: John Benjamins Publishing Company.

Döpke, S. 1998. Can the principle of "one person-one language" be disregarded as unrealistically elitist? *Australian Review of Applied Linguistics* 21(1).

Grüter, T. & Paradis, J. 2014. *Input and Experience in Bilingual Development (Trends in Language Acquisition Research).* Amsterdam: John Benjamins Publishing Company.

Lanza, E. 2004. *Language Mixing in Infant Bilingualism: A Sociolinguistic Perspective.* Oxford, New York: Oxford University Press.

Lass, R. 1997. *Historical Linguistics and Language Change.* Cambridge: Cambridge University Press.

Li, D. C. S. 2000. Cantonese-English code-switching research in Hong Kong: A Y2K review. *World Englishes* 19(3).

Lim, L. 2004. *Singapore English: A Grammatical Description*. Amsterdam: John Benjamins Publishing Company.

Matthews, S. & Yip, V. 2011. *Cantonese: A Comprehensive Grammar* (2nd edn.). London, New York: Routledge.

Montrul, S. A. 2008. Incomplete acquisition in bilingualism: Re-examining the age factor. In *Studies in Bilingualism*. Amsterdam: John Benjamins Publishing Company.

Myers-Scotton, C. 1993. *Duelling Languages: Grammatical Structure in Codeswitching* (Reprinted). Oxford: Oxford University Press.

Paradis, J. & Genesee, F. 1996. Syntactic acquisition in bilingual children. *Studies in Second Language Acquisition* 18(1).

Petersen, J. 1988. Word-internal code-switching constraints in a bilingual child's grammar. *Linguistics* 26(3).

Takeuchi, M. 2006. *Raising Children Bilingually through the One Parent-One Language Approach: A Case Study of Japanese Mothers in the Australian Context.* Pieterlen and Bern: Peter Lang.

Unsworth, S. 2014. Comparing the role of input in bilingual acquisition across domains. In T. Grüter & J. Paradis (Eds.), *Trends in Language Acquisition Research*. Amsterdam: John Benjamins Publishing Company.

Wong, H. Y. 2010. *The Acquisition of Verb Particle Construction in Cantonese-English Bilingual Children*. Unpublished MPhil thesis, Chinese University of Hong Kong.

Yip, V. 2013. Simultaneous language acquisition. In F. Grosjean & P. Li (Eds.), *The Psycholinguistics of Bilingualism*. Oxford: Wiley-Blackwell.

Yip, V. & Matthews, S. 2007. *The Bilingual Child: Early Development and Language Contact.* Cambridge: Cambridge University Press.

Yiu, S. E. 2005. *Language-Mixing and Grammatical Development in a Cantonese-English Balanced Bilingual Child in Hong Kong*. Unpublished MPhil thesis, University of Hong Kong.

发表于《语言战略研究》2017 年第 6 期

# 广州客家家庭方言代际传承研究

## 邹春燕

　　客家是一个迁徙的民系，客家人散落在世界各地，顽强地生存、繁衍生息。历经多代数次不同的地域迁徙，客家人仍能"守其语言不变"（温昌衍 2006），传承下来的客家话成为中国语言的"活化石"，在语言发展史上留下一段佳话。目前，客家是广东境内三大民系（广府、潮汕、客家）之一，客家方言也是广东三大方言（粤方言、客家方言、闽方言）之一。据《广东统计年鉴 2010》，广东讲客家方言的人主要分布在粤东、粤北、粤西、粤中的纯客县或纯客镇（一个县或镇，如果 95% 以上的人讲客家方言，这个县或镇则被认为是纯客县或纯客镇）。改革开放以来，中国发生了大规模的人口迁徙，城镇化进程加快，社会变迁对语言使用有着巨大的影响。近 50 年来，广东地区的语言发生了重大变化（陆镜光，张振江 2003），普通话历经曲折后开始普及，粤方言的分布和使用强势扩张，而闽方言、客家方言则相对萎缩。为探索客家方言能否在家庭代际之间获得传承，本文调查、研究广州 3 个客家家庭祖孙 3 代语言的使用，运用家庭语言规划理论，探索客家方言的代际传承与变迁及其影响因素。

## 一、文献回顾

### （一）语言的传承与变迁

　　语言的传承是指一个社区的人集体沿用原有的一种或多种语言；语言的变迁指的是这个社区的人不再使用某一种语言而选择另外一种语言（Matiki 1996）。引起语言变迁的因素有很多，如双语社会、代际之间的语言转换、人口迁徙、经济和政治因素等。很多学者都做过相关的研究（于根元 2009；李如龙 2009，2017）。也有学者研究过福建龙岩客家地区儿童（石玉昌，郭晓云 2017）和广西客家方言区青少年（黄南津，李金阳 2017）的客家方言使用情况，结果不容乐观，就整体水平来看，呈下降趋势。家庭传承是客家话学习的最主要途径，而学校教育是普通话学习的最主要途径。值得玩味的是，他们发现，语言传承与受教育程度相关：母亲受教育程度越高，和孩子使用普通话就越多，使用客家话就越少。

## （二）家庭语言规划

　　家庭语言规划，反映了家长的语言意识形态，也在更大程度上反映了整个社会的语言态度、意识形态及抚养方式（King et al. 2008）。家庭语言规划和语言政策一样，由语言意识形态、语言实践和语言管理 3 部分组成（Spolsky 2004）。家庭语言意识形态是指家庭成员赋予某种语言何种价值，家庭语言实践指的是平时家庭成员间日常生活交流，也包括长期形成的家庭成员间相互交流的语言使用模式，反映出家庭代际交流中的社会文化变迁（张晓兰 2017）。

　　在家庭外部，存在 4 种与家庭语言规划共生的语言或非语言因素：社会语言因素、社会文化因素、社会经济因素和社会政治因素。这些因素相互关联、相互作用。在家庭内部，家庭语言意识形态、语言实践及语言管理在父母背景、家庭环境、经济因素影响下相互作用。社会及家庭环境在父母语言意识形态形成过程中起到了关键性的作用，并在很大程度上决定了父母在语言管理方面的决策（Curdt-Christiansen 2018）。但另一方面，孩子的语言能动性，即孩子主动选择某种语言，也极大地影响了家庭的实际语言使用（李国芳，孙茁 2017）。

## （三）家庭语言的代际传承

　　在数代同堂的家庭，祖辈帮忙照顾学前儿童，孩子上学前接触最多的是祖父母或外祖父母，这种现象在某些族群很普遍。华人家庭的祖父母在孩子习得中文方面有潜移默化的影响（Curdt-Christiansen

2013）。过去的研究表明：即使生活在异乡，移民家庭的第一代（出生和成长在母国）通常都会和第二代讲母语，但随着语言变迁的发生，到了第三代他们就只讲所在国的通用语了（Fishman 1991）。这些研究大多都是关于移民家庭移民到美国、澳大利亚等英语国家所经历的语言变迁。方言在中国是否也会经历相似的语言变迁？第三代是否基本只会讲普通话而忘记方言？目前还没有确切的量化数据得出结论。汪卫红、张晓兰（2017）在中国武汉中产阶级某家庭所做的研究显示：受访的 8 个孩子，只有 1 个孩子习得了方言。在孩子的身份认同方面，父母强调孩子应会说普通话，认可自己的中国身份，而不是认可方言地区的身份。

## （四）语言与身份认同

身份认同是人们对于"我是谁"的认知，是一种将人从职业、性别、知识、语言进行分类的认同方式（刘毓芸 2016）。从语言的角度而言，说话者在社会文化层次构建自己社会身份的过程，不仅是一个认知自己是谁，也是一个不断选择，发现"我还可以是谁"的过程。人们可以选择说何种语言，或不说某种语言。例如，少数民族的父母决定不和孩子讲母语，并不是因为他们不喜欢自己的语言，而是希望孩子有一个更好的将来（Kaufmann 2006）。"每个人都有权抛弃自己的过去，选择和塑造自己与过去的连续性或不连续性，所有这些都是自由的"（Fishman 1999：451）。生活在现代社会的少数民族群体，他们的语言大多会向强势族群的语言变迁，这是事实，虽然听起来不是那么的愉快（Paulston 1994：9）。那么，作为一种非常有特色的汉语方言，客家方言在家庭代际之间是如何传承或变迁的，如代际之间使用何种语言交流，部分使用方言还是全部使用方言？家庭成员赋予普通话、客家话或其他方言怎样的地位，如何进行家庭语言选择和管理？对于这些，目前还缺乏细致的观察描述和研究。基于上述内容，本文采取质性研究和民族志的研究方法，通过观察广州市 3 个客家家庭的语言使用情况，分析客家方言的代际传承与变迁，及其背后的社会、经济、文化因素。

# 二、数据收集

本文采取定性研究和民族志的方法来收集数据。通过访谈，了解受访家长的语言意识形态以及他们如何看待自己的客家人身份。通过家庭拜访及参与家庭活动，进入他们的生活，观察家庭成员实际的语言使用情况，并录下家庭对话录音和视频，分析普通话、客家话及其他方言在家庭成员对话中所占的比例及背后的原因。

## （一）研究对象——3个移居广州的客家家庭

根据移居广州的时间、家庭成员结构以及第二代婚姻的特点，本文选取了3个客家家庭参与本研究。具体情况见表1。

表1　参与本研究的3个客家家庭人口特征

| 家庭 | 父亲的年龄、职业、教育程度 | 母亲的年龄、职业、教育程度 | 祖父母一起生活的具体情况 | 孩子的名字 | 孩子的年龄 | 移居广州的时间 | 家庭居住环境 |
|---|---|---|---|---|---|---|---|
| 巫家 | 37岁<br>餐馆生意<br>中学 | 29岁<br>餐馆生意<br>中学 | 祖父母和父母一起经营餐饮生意，住在附近 | 佳欣<br>瑞瑞<br>琦琦 | 7岁<br>4岁<br>3岁 | 30年 | 巫家在校园经营餐馆，生活在一个客家小社区 |
| 王家 | 44岁<br>公务员<br>大学本科 | 38岁<br>大学老师<br>硕士 | 外祖父母自晨晨出生就一起生活 | 晨晨 | 8岁 | 11年 | 王家居住在广州市天河区的一个中高档楼盘 |
| 肖家 | 36岁<br>白领<br>大学本科 | 36岁<br>领事馆翻译<br>硕士 | 外祖父母（客家），祖父母（潮汕），轮流在家里居住 | 小七 | 4岁 | 14年 | 肖家居住在广州市黄埔区的一个城市花园小区 |

巫家第一代迁来广州已有30多年，改革开放后，他们为寻求经济上的发展，从老家广东梅州迁到广州。肖家和王家迁徙的主要原因是求学，这两家的第二代到广州来读大学并留在广州工作。这3个家庭第二代的婚姻各有其特点：巫家是客家与客家的结合；王家是客家与宁夏人的结合；肖家是广东两大民系的结合，潮汕男娶了客家女，也就

是说家里有两种方言——潮汕话和客家话。

## （二）数据收集方式——与祖父母、父母访谈，家庭观察，家庭对话录音、小视频

在接近 3 个月的时间里，作者分别访谈 3 个家庭的父母、祖父母 1 到 2 次，并与孩子接触，到家庭进行实地观察。巫家做生意的地方就在作者工作的学校，这有利于数据收集。作者对王家、肖家的母亲除了正式访谈外也经常和她们在网上聊天，讨论孩子们的语言发展。此外，作者还参与了孩子们的家庭作业辅导、英文辅导班、足球辅导班等。在此期间，家长们也发来家庭对话录音和小视频，录音场景包括家人吃饭，祖父母、父母陪孩子做游戏，孩子们之间做游戏和家长辅导功课等。详细数据见表 2。

表 2　数据收集方式

| 家庭 | 祖父母 | 父母 | 孩子 | 家庭对话录音和小视频 |
|------|--------|------|------|--------------------|
| 巫家 | 作者与祖父母正式半公开式的访谈 2 次 | 作者与父母正式半公开式的访谈 2 次 | 作者和孩子经常见面，有时辅导孩子家庭作业 | 5 个录音对话，1 个小视频 |
| 王家 | 作者与外祖母面谈 1 次 | 作者与母亲见面访谈 2 次，以及网上问答 | 作者见过孩子 1 次，陪孩子上足球课 | 6 个录音对话 |
| 肖家 | 作者电话访谈外祖父 1 次 | 作者与母亲见面访谈 2 次，以及网上问答 | 作者见过孩子 1 次，陪孩子上英文课 | 6 个录音对话，3 个小视频 |

所有访谈录音均被转写成文字，利用 NLPIR 平台进行语义分析。NLPIR 为自然语言处理与信息检索共享平台的英文缩写，是一个中文语义分析工具，包括网络抓取、正文提取、中英文分词、词性标注、实体抽取、文本分类、情感分析、语义深度扩展、繁简编码转换、自动注音、文本聚类等功能（钱冬明 2018）。本文主要利用新词发现和关键词提取这两个功能，来分析访谈文本。家庭对话和家庭视频则以句子为单位，标记为客家话、普通话或其他，分析各自所占比例。

# 三、研究发现

## （一）家庭语言——双言并存

分析访谈和家庭对话录音、视频数据，可以看出，这3个家庭是普通话和客家话双言并存，祖辈和父辈主要使用客家话交流，父辈和孙辈大多数情况下使用普通话交流。在王家和肖家这两个跨民系婚姻的家庭，父辈和孙辈甚至将近百分之百用普通话交流。这个发现也符合Fishman（1991）提到的代际语言变迁，第一代和第二代还是会讲母语，可是第三代情况各异。在受访的3个家庭里，孩子习得客家方言的程度很不一样，具体见表3。

**表3  3个受访家庭孩子的语言情况**

| 语言 | 巫家 佳欣 | 王家 晨晨 | 肖家 小七 |
|---|---|---|---|
| 普通话 | 流利：佳欣和爸爸妈妈大部分时间讲普通话，和弟弟妹妹讲普通话 | 流利：晨晨和爸爸妈妈用普通话交流 | 流利：小七和爸爸妈妈、外祖父母全用普通话交流 |
| 客家话 | 会听也会说：佳欣和祖父母讲客家话，爸爸妈妈跟她讲客家话，她用普通话回应 | 流利：晨晨和外祖父母讲客家话，能够在普通话和客家话之间准确转换 | 一句方言都不会说：小七能听懂简单的潮汕话，客家话听不懂，会简单英语对话 |

## （二）祖辈提供主要的方言输入

在这3个家庭里，祖辈提供了主要的方言输入。有调查显示，中国女性的劳动参与率高达70%，位居世界第一位（U.S. Bureau of Labor Statistics and International Labour Office 2010）。如此高的劳动参与率导致母亲没有太多时间陪伴学龄前儿童，祖辈成了孩子学前的主要照顾者，因此祖辈提供了大量的语言输入。这个发现也符合此前提到的Clyne（1982）的结论：代际家庭的语言生态相对核心家庭更丰富。

巫家生活在一个客家话小社区，祖父母在餐馆里帮工，邻居都是他们的老乡客家人。孩子佳欣在一个客家话小社区成长，自然习得客家话。王家的孩子晨晨，由于从小和讲客家话的外祖父母长大，也可以讲一口流利的客家话。家庭是晨晨习得客家方言的主要场所。肖家情况有些特殊，肖家的外祖父母都是大学退休教师，文化程度高，虽是客家人但考虑到女婿听不懂客家话，所以在家里不讲客家话，只讲普通话，以至孩子不会听也不会讲客家话。肖家的祖父母是潮汕人，和儿子相互只讲潮汕话，虽住家里的时间不多，但对孩子语言有影响，目前孩子听得懂少量的潮汕话。

## （三）父辈主要使用普通话和孩子交流

这 3 个家庭的第二代（父辈），主要使用普通话与孩子们交流，客家话所占比例小。具体数据见图 1。在父母、孩子这 3 人组成的核心家庭里，普通话是他们主要的交流语言。方言在核心家庭的使用频率、范围大大地缩小了。在问及为什么不和孩子讲客家话的时候，巫家的父母反映，即使父母用客家话提问，孩子也用普通话回应，慢慢地，父母也迁就孩子主要讲普通话了。这个现象符合 Clyne（2003：34）的研究：小孩去读小学或幼儿园之后，他们的语言会有一个剧烈的改变。由于学校和同伴的影响，孩子上学回来之后，再也不愿说方言，即使家长用方言提问，孩子也用学校里使用的语言来回答。另外两个家庭父母从恋爱、结婚到孩子出生都是讲普通话。

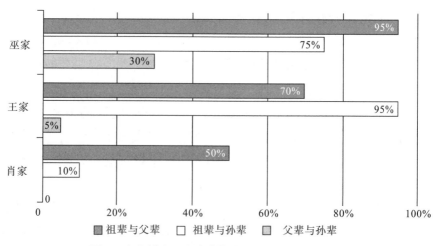

图 1　客家话在 3 个家庭祖孙 3 代对话中所占比例

# 四、讨论——家庭语言实践背后原因分析

## （一）家长心目中的语言地位影响家庭语言的选择与管理

"语言的地位与语言的传承正相关"（Finocchiaro 2004：107）。在任何双语或多语社会，不同的语言都有不同的社会地位，语言意识形态建构在社会经济价值、政治力量、历史角色和社会使用等方面之上（Curdt-Christiansen 2018）。用 NLPIR 平台对访谈语料进行语义分析，平台显示了两个"新词发现"："希望孩子"及"用普通话回答"。母亲与孩子主要使用普通话交流，高度重视孩子的英语学习，例如王家和肖家母亲每天晚上监督、陪伴孩子学英语。"没什么""遗传"是NLPIR 语义分析得出的两个关键词，对照访谈语料可以发现，母亲们对于孩子是否会讲客家话觉得"没什么"。另外，家长对语言学习的认识还有一定的误区，认为客家话是客家人骨子里就会的，即祖宗"遗传"的，不需要刻意去学（详见访谈记录）。客家方言被认为无太多的经济和社会价值，巫家母亲就认为学客家话并不能够帮助孩子与外省人交流。

以下是访谈片段。

作者与3个家庭母亲访谈片段1

巫家母亲：你说你像我们现在去湖南、湖北啊，你跟他讲客家话，那人家听得懂说什么？

王家母亲：现在就希望他英语能转码好。他现在三年级英语培训班里面虽然老师不是外教，但是氛围挺好了，他每天坚持读嘛。我9点钟设闹钟嘛，该读读英语了，他就拿去读了。

肖家母亲：英语我觉得要培养兴趣，因为我从小我觉得（学）英语就是要有兴趣才会学得比较好。所以有条件，就送他去上外教（英语）课了。

作者与3个家庭母亲访谈片段2

与巫家母亲的访谈

作者：那万一孩子长大了，不会说客家话呢？

巫家母亲：本来就是有那个祖宗啊那遗传的嘛！她两样都会，

只不过客家话她是比较少说。

　　对呀，客家话这个都没用。我们本来就是客家人了，干吗还要学习这个。

与肖家母亲的访谈（网络）

　　作者：Elena，你会希望你的孩子学会你的母语吗？（Elena 是其英文名）

　　肖家母亲：会啊，毕竟那是我的母语。而且我一直都觉得她自然就会。因为妈妈的爸爸一方就是那个血缘（孩子会继承血缘及语言），我就是这样觉得。

母亲们赋予普通话和英语很高的社会交流、经济价值，而客家方言则被认为"学了没什么用"。这种显性的语言意识形态和她们的家庭语言选择、管理基本一致。正如 Curdt-Christiansen（2016：707）指出的，"当照顾者在日常生活中刻意／无意地进行语言选择时，他们倾向于使用更广泛的交际语言时，获得母语的机会可能会大大减少。当这种情况发生时，语言的变迁就不可避免了"。

## （二）跨民系婚姻是父辈放弃客家方言的客观原因

　　跨民系的婚姻也是父辈放弃客家方言的一个主要客观原因。Clyne & Kipp（1997：463）的研究表明：对少数族群而言，与族外通婚的后裔比族内婚者的语言变迁概率要高得多。在台湾，Jan et al.（2016）对 25~27 岁的客家后裔年轻人进行调查研究（N=661），发现影响客家方言习得的显著相关因素是"异族通婚"和"非纯客镇"。"异族通婚"指的是他们的父母有一方娶或嫁的不是客家人；"非纯客镇"指的是他们居住的地方不是纯客镇。受访的这 3 个家庭都典型地反映了文献的情况：王家和肖家，因为母亲嫁的都不再是客家人，在她们的核心家庭里，普通话才是通用语。作者采访肖家外祖父的时候，他谈到自己不在女儿的家庭里说客家话的主要原因是考虑到女婿是汕头人，讲客家话女婿听不懂，因而在女儿家住的时候，肖家外祖父母都自动选择了讲普通话。跨民系婚姻使得客家方言在核心家庭里变成一种低效沟通的语言，家庭里的"主导语言"被普通话取代。由于交流功能的退缩，客家方言不可避免地"被放弃"。

## （三）在客家人身份认同上，血缘高于语言

不论是国家层面、民族层面或者家庭层面，身份认同都会影响语言的选择或管理。客家方言得以流传，正是借助客家先人立下的"不会说客家话的人不被承认为客家人"的古训。然而如今，这种观念正在悄悄地发生变化。通过对访谈内容进行语义分析发现，"客家人、小孩、客家、客家话"均为访谈里的关键词，祖辈对客家人的身份认同取决于小孩的血缘关系，而不是小孩会不会讲客家话（详见访谈记录）。例如巫家祖父认为自己的女儿嫁给了江苏人，他的外孙女就不再是客家人了；巫家祖母认为孙女不会讲客家话也没有关系，她是否是客家人由其血缘决定。因而，孙辈的客家方言学习也就被忽略了。这样的宗族观念与教育程度无关，巫家祖母和肖家外祖父（大学教授）的教育程度相差很远，可是在血缘认同这一点上极其相似。

语言忠诚指的是人们对于语言的态度及为维护本族语做出的努力，大致可体现在 3 个维度：血缘/民族认同、文化认同和国家认同。对于血缘和文化的认同程度直接决定着人们对母语的忠诚程度（王春辉 2018），但血缘/民族认同并不依赖于对母语的忠诚。换句话说，客家人认可自己的族群身份并不等于他们会高度忠诚于客家方言。客家第二代在进行家庭语言选择和管理时，已做出和自己语言意识形态冲突的选择（Curdt-Christiansen 2016）。例如肖家母亲 Elena，她在访谈中表示希望孩子可以习得客家话——她的母语，可是她从来没有和孩子讲过一句客家话，相反，她几乎每天晚上陪孩子学英语，培养孩子学外语的兴趣。

作者与 3 个家庭祖辈访谈片段

与巫家祖母

　　作者：您会不会担心说他将来不会讲客家话？

　　巫家祖母：反正普通话也行啊，普通话也在全国通用，是吧？

　　作者：可是如果孩子不会讲客家话的话，您还会觉得他是客家人吗？

巫家祖母：随便了，血缘的问题。

与肖家外祖父

作者：那比如说一个孩子他长大了，可是他又不会讲客家话，你觉得他还是客家人吗？

肖家外祖父：是啊。那骨子里就是啊。不过，我觉得她可能更认同自己是汕头人多一点吧（肖家的女婿是汕头人）。

### （四）语言环境在很大程度上影响方言的传承

"老家""祭祖""回去"这 3 个关键词是通过 NLPIR 分析作者与祖辈的访谈资料得来。被访者持有一种强烈的宗族观念。每年放假期间，受访的 3 个家庭都会接孩子回老家生活一段时间。回到老家，孩子们有大量的机会接触到方言，这为方言的习得创造了语言环境。此时，客家方言不再是一种只能在家庭里和祖父母、外祖父母交流的语言，其语言适用范围扩大，语言交际功能增强。

同样，由于缺乏方言环境，这 3 个家庭的孩子都不会讲粤方言。在问及家里的电视播放节目，或者孩子在电子设备上玩游戏接触的语言时，家长们的回答都是普通话或者英语。王家外祖母在访谈中也说，现在的孩子看电视，几乎不看粤方言节目。

## 五、结语

本文通过观察广州 3 个客家家庭的家庭语言使用情况，分析影响语言实践的因素。祖辈、父辈赋予语言的地位和价值，客家人身份认同方式，跨民系的婚姻以及缺乏使用客家方言的社区环境是影响客家方言在家庭传承和变迁的主要因素。父母赋予普通话、英语很高的社会和经济价值，而客家方言价值被忽略，这样的语言意识形态影响了他们的家庭语言实践和管理。虽然父母们都认同自己的客家人身份，可是在具体的语言实践当中，却没有强烈的愿望和语言实践促进孩子习得客家方言。祖辈们成了方言传承的关键因素，祖父母是否坚持和孙辈讲客家方言决定了客家方言是否可以在第三代得到传承。此外，如果我们用更长远的目光来看待方言的代际传承，祖父母是孩子们在家庭甚至社区里的唯一方言对话者，也就是说，方言的使用有可能随着祖辈的生命消逝而终结（Finocchiaro 2004）。Curdt-Christiansen（2018）的家庭语言模型清晰地阐释了在家庭外部社会语言、经济、文化、政治因素和家庭内部父母背景（尤其是父母自身语言学习的经历）、经济条件、家庭生活环境因素的共同影响下，家庭语言意识形态、语言实践、语言管理三者互相作用、影响。本文的观察研究基本符合该家庭语言模型。但必须指出的是，在华人社区，尤其在中国大陆，祖父母作为儿童学前照顾者这种非常普遍的抚养方式，也需纳入家庭语言规划的范畴来考虑儿童的语言发展规划。

## 参考文献

广东省统计局，国家统计局广东调查总队　2010　广东统计年鉴 2010，http://www.yearbookchina.com/index.aspx。

黄南津，李金阳　2017　普通话的推广与客家方言的传承——基于广西客家方言使用情况调查，《玉林师范学院学报》第 1 期。

李国芳，孙　苗　2017　加拿大华人家庭语言政策类型及成因，《语言战略研究》第 6 期。

李如龙　2009　濒危方言漫议，载《南方语言学》（第一辑），广州：暨南大学出版社。

李如龙　2017　现代汉语方言的萎缩和对策研究，《语言战略研究》第 4 期。

刘毓芸　2016　身份认同为什么应该被经济学家所重视？——读《身份与暴力》，http://www.sohu.com/a/117622126_4652122016-10-30。

陆镜光，张振江　2003　近五十年来广东地区语言变迁大势，《中国社会语言学》第 1 期。

钱冬明　2018　NLPIR——文本分析工具，微信公众号"数字学习工具"，10 月 24 日。

石玉昌，郭晓云　2017　客家方言传承存在的问题与建议——基于龙岩市部分客家在学儿童的实证分析，《西华大学学报》第 1 期。

汪卫红，张晓兰　2017　中国儿童语言培养的家庭语言规划研究：以城市中产阶级为例，《语言战略研究》第 6 期。

王春辉 2018 语言忠诚论,《语言战略研究》第 3 期。

温昌衍 2006《客家方言》,广州:华南理工大学出版社。

于根元 2009 推广普通话 60 年,《语言文字应用》第 4 期。

张晓兰 2017 家庭语言政策研究之过去、现在与未来,《语言战略研究》第 6 期。

Clyne, M. 1982. *Multilingual Australia*. Melbourne: River Seine.

Clyne, M. 2003. *Dynamics of Language Contact*. Cambridge: Cambridge University Press.

Clyne, M. & Kipp, S. 1997. Language maintenance and language shift: Community languages in Australia 1996. *People Place* 5(4).

Curdt-Christiansen, X. L. 2013. Implicit learning and imperceptible influence: Syncretic literacy of multilingual Chinese children. *Journal of Early Childhood Literacy* 13(3).

Curdt-Christiansen, X. L. 2016. Conflicting language ideologies and contradictory language practices in Singaporean multilingual families. *Journal of Multilingual and Multicultural Development* 37(7).

Curdt-Christiansen, X. L. 2018. Family language policy. In J. W. Tollefson & M. Pérez-Millans (Eds.), *The Oxford Handbook of Language Policy and Planning*. Oxford: Oxford University Press.

Finocchiaro, C. M. 2004. *Language Maintenance and Shift of a Three-Generation Italian Family in Three Generation Countries*. Doctoral dissertation, University of Melbourne, Australia.

Fishman, J. A. 1991. *Reversing Language Shift: Theoretical and Empirical Foundation of Assistance to Threatened Languages*. Clevedon (England) & Philadelphia: Multilingual Matters.

Fishman, J. A. 1999. Concluding comments. In J. A. Fishman (Ed.), *Handbook of Language & Ethnic Identity*. New York: Oxford University Press.

Jan, J., Kuan, P. & Lomeli, A. 2016. Social context, parental exogamy and Hakka language retention in Taiwan. *Journal of Multilingual and Multicultural Development* 37(8).

Kaufmann, G. 2006. Language maintenance and reversing language shift. In

U. Ammon, N. Dittmar, K. Mattheier, et al. (Eds.), *Sociolinguistics: An International Handbook of the Science of Language and Society*. Berlin/New York: Walter de Gruyter.

King, K. A., Folge, L. & Logan-Terry, A. 2008. Family language policy. *Language and Linguistics Compass* 2(5).

Matiki, A. J. I. 1996. Language shift and maintenance: Social determinants of linguistic change among the Lomwe people. *Journal of Humanities* 10&11.

Paulston, C. B. 1994. *Linguistic Minorities in Multilingual Settings: Implications for Language Policies*. Amsterdam: John Benjamins Publishing Company.

U. S. Bureau of Labor Statistics and International Labour Office. 2010. *Charting International Labor Comparisons*.

Spolsky, B. 2004. *Language Policy*. Cambridge: Cambridge University Press.

发表于《语言战略研究》2019 年第 2 期

五、华裔家庭与祖语传承

# 论祖语与祖语传承

郭　熙

　　20世纪70年代以来，祖语传承教育引起学术界的重视，陆续有成果问世；但是，作为事业的祖语传承教育也面临着许多挑战。中国是一个语言拥有大国，语言多而复杂，而历史上不同时期的移民又把中国的语言和方言带到世界各地，形成了多样的语言格局。海外华侨华人素有进行民族语言传承教育的传统，在不少方面积累了经验，但在理论方法上的梳理总结才刚刚起步。本文拟在前人研究的基础上，就祖语传承教育中的一些基本概念进行一些分析讨论，以期对语言传承教育的理论方法有所贡献。

## 一、"祖语"的来源和含义

### （一）"祖语"概念的产生和发展

　　"祖语"这个术语译自英语 heritage language（以下简称 HL）。HL本是20世纪70年代加拿大安大略省的一个语言学习项目，当时指加拿大的非官方语言或土著语（Cummins & Danesi 1990：8）。①20世纪90年代，中国曾有学者从加拿大语言立法（周庆生1994）、加拿大的民族语言传承教育（王燕燕，罗庆铭1998）的角度有所提及或介绍，后者在标题中直接使用了"祖语"这个名称，但作者没有说明"祖语"这个名称的来源，也没有给"祖语"下定义；而在美国，这一时期开始把 HL 作为术语广泛用于语言政策和语言教育领域（Cummins 2005；曹贤文2014）。美国外语教学委员会（ACTFL）1996年制定的《21世纪外语学习标准》中，"说祖语者"（heritage speaker）一词首次被多次使用（曹贤文2014）。一般说来，HL 这个术语在美国多用来指移民用语、土著语言或殖民者使用的语言[2]（Fishman 2001：89；Wiley 2001：29）。Fishman（2001：81）认为 HL 是指除英语之外的语言，是与学习者有"某种特殊家族联系"的语言。这可能是因为没有人把英语作为传承语言来学习。在他看来，HL 是家庭和文化传承的一部分，这门语言可能已不再使用于家庭，也可能不会说，而要作为二语来学习。不过，家庭语言传承与祖语使用的关系比较复杂，需要进一步去探讨。国外学者在不同国别的 HL 研究方面取得了不少成果。在华语方面，吴英成、邵洪亮（2014）以新加坡华裔为视角，指出国籍身份、当地的社会语言生态以及华裔的不同世代、不同家庭常用语、不同教育背景等都会使个体对祖语的认同产生深远影响。周明朗（2014）则从华人社会的语言与身份的匹配的角度对华语传承教育进行了深入的讨论。

国内对 HL 研究的关注也已经开始。它以介绍西方相关研究为起点，发展得很快，正在受到越来越多的重视。吴文（2012）介绍了 HL 研究的历程以及对中国的影响；曹贤文（2014）则在梳理"继承语"研究历程的基础上，以"继承语"作为理论视角对华文教学进行了细致的考察；郭熙（2015）在长期关注海外华语和华文教育的基础上，把海外华语定义为一种"祖语"，其学习者则为"祖语生"，并就祖语生的祖语教学提出了建议；方夏婷（2016）对澳大利亚华裔中学生的祖语学习认同问题进行了调查和分析；王汉卫的"'华二代'祖语保持研究"被批准列为国家社科基金 2016 年的重点项目。

### （二）"祖语"的中文译名

在我们将 heritage language 译为"祖语"（郭熙 2015）之前，HL 已经有多种中文译名，如"遗产语言"（周庆生 1994；秦悦 2013）、"祖裔语"（李丽，张东波，赵守辉 2013）、"祖裔语言"（赵守辉，张东波 2012）、"传承语言"（周明朗 2014）、"继承语"（吴文 2012；张广勇 2013，2014；曹贤文 2014）、"祖籍传承语"（张天伟 2014）、"族裔语"（吴英成，邵洪亮 2014）。而高虹（2010）还就 HL 的译名进行过专门讨论，作者建议译成"继承语"。

在我们看来，简单地把 heritage 翻译成"遗产""继承"或"传承"，在某种程度上限制了思考问题的范围。用"祖语"这个名称或许更能准确地表达 heritage language 的含义，更容易为中国人所理解，也更容易凸显语言传承研究的对象和范围。我们希望"祖语"这一术语能有助于从宏观上把握祖语传承的方方面面，为中国乃至世界范围的祖语传承研究的理论建设提供一些思考。

跟"传承语、继承语、族裔语、遗产语言"等相比，"祖语"的结合能力更强，更易构成概念链术语群，相关术语的语义透明度也比较高，容易"见字明义"。例如：

> 祖语现象、祖语能力、祖语生、祖语政策、祖语中断、祖语传承、祖语崇拜、祖语文化、祖语使用者、祖语环境、祖语文献、祖语生态、祖语维护、祖语景观、祖语教育、祖语教学、祖语习得、祖语学习、祖语保持、祖语认同、祖语期待、祖语压力、祖语焦虑（感）、祖语磨损、祖语失却、祖语丧失、祖语消亡、祖语共同体、祖语机制、祖语分化、祖语异化

这些术语应该会给我们带来更多的思考空间，就学科而言，涉及应用语言学、理论语言学、社会语言学、语言教学法、语言政策以及其他相关领域。

## （三）"祖语"的含义

本文的"祖语"虽源自 heritage language，但我们对它的认识则有所发展。这里的"祖语"取字面上的"祖传语言"之义，主要指社会主体语言之外作为语言文化传承的祖辈语言。西方学者还用 heritage language 指"由于个体转向另一门主体语言而没有完全习得的第一门语言"（曹贤文 2014），这是狭义的"祖语"，本文暂不讨论。

祖语不等于母语，尽管二者有密切的关系。母语这一术语不同学者、不同国家或地区有不同的理解，常跟第一语言和民族语言混淆。戴庆厦和何俊芳（1997）、李宇明（2003）、班弨（2005）、郭熙（2007：5）等分别从不同的角度对母语问题进行过论述，方小兵（2015）则在前人的基础上重新给母语下了定义。尽管如此，今后一个时期里，分歧会依然存在。在新加坡和马来西亚，不少人不理解为什

么教华人华语要用"教洋人的方法来教",他们不了解华人的华语学习者中有的确实需要用第二语言教学的方法去教。一些年轻的新加坡人还在英文报上提出英语是自己的母语,老一辈新加坡华人面临一种忧虑:英语会不会逐渐被新加坡人认为是自己的母语(周清海 2007)?显然,新加坡年轻人提出英语是自己的"母语",是"母语"这一概念的双重性所致;如果用"祖语"这个概念或许就不会产生歧义了,因为他们应该不会把英语当作祖语。因此,使用"祖语"这个术语,或许有助于厘清上述分歧,凸显研究焦点,更有利于教学教育目标的确定。

祖语也不等于民族语。不同的民族可能使用同样的语言,同一民族也可能使用不同的语言。祖语也不一定必然跟民族共同语、国家通用语或标准语相对应。它也可以指方言,例如,在澳大利亚,许多华裔都是把粤方言作为传承语言来学习的(方夏婷 2016),而在菲律宾,有的华人社会把闽南话作为文化传承的工具。而且在我们看来,方言在文化习得和传承方面的作用更为重要和突出。

最后要说明的是,本文所说的祖语和历史语言学中作为原始母语的祖语名同实异,不是同一概念;西方也有学者(Grinevald & Bert 2011)用 ancestral language 这个概念,与我们的想法相符。

## 二、祖语的性质和特点

按照我们的定义,祖语现象遍布世界各地,是一种跨文化现象。只要有移民、有殖民、有语言入侵,就会有祖语问题。因此,对祖语性质和特点的认识可以有多个角度,包括族裔、历史和社会政治,语言功能(如认同功能、情感功能和交际功能),语言学习等。下面主要从祖语的发展和现实中的地位出发做些讨论。

### (一)祖语的性质

1. 历史性
就理论上说,祖语之所以成为祖语,一定有"祖"的历史存在。

祖语现象大都是一定的历史条件下形成的。Fishman（2001：81~89）从美国社会的具体情况出发，把祖语分为3类：（1）移民祖语，指美国独立后来自世界各国的移民所使用的任何一种语言，比如华裔使用的华语，日裔使用的日语；（2）原住民祖语，指居住在美洲大陆的原住民使用的印第安语；（3）殖民者祖语，指独立之前到来的欧洲殖民者使用的语言，主要有荷兰语、德语、芬兰语、法语、西班牙语、瑞典语等（高虹2010）。可见，Fishman的分类实际上是基于"祖语"的成因。他对祖语的阐释之所以基于外延，大概也是出于这样的考虑。移民自然是导致"祖语"现象的主要因素，"原住民"之为"原住民"是因为有了"入侵者"。即使是征服者的语言，也可能伴随着征服者的语言消亡，成为弱者。他们在自己取得殖民胜利的同时，也会因为脱离"祖国"久远，无法习得自己的"祖语"而带来困扰。例如，葡萄牙语在世界各地发展很不相同。澳门的葡萄牙语曾经是唯一的官方语言，随着社会的发展，尤其是回归中国之后，逐步边缘化，只能作为一种祖语存在。2011年澳门人口普查数据显示，3岁以上用葡萄牙语的人数为4022。[3]

Fishman没有提及多民族国家内部语言竞争导致的"祖语"问题。例如，在中国，国家通用语言的推广和使用，国内经济快速发展、人口迁徙和流动以及国家通用语言基础方言的天然主体地位，汉族作为中华民族主体民族的地位，使得一些民族语言（如满语、畲语等）或方言正在或已经"祖语化"。

充分认识祖语现象发生的历史性，对于建立科学理性的祖语认识观非常重要。祖语现象的出现，不少都伴随着"语言征服"和"反征服"，伴随着各种各样的语言权利，涉及多方的利益等，而对这些问题的认识都会影响到祖语传承，祖语保持，祖语教育和教学的目标、标准的成效等。

2. 象征性

周明朗（2014）指出海外华语教育的目标有4个方面：（1）与华语匹配的身份认同；（2）提高华语沟通能力；（3）传承中华文化；（4）维系与祖籍国的联系。作为祖语教育，这是一种非常理想的境界或状态，也有其实在的意义。然而，在不少情况下，祖语教育的象征意义却大于实际意义。

祖语与家族、家庭、认同、归属密切相关，它是与生俱来的、有特殊情感关系的语言（高虹 2010）。这种情感，主要是父辈的情感，随着代际距离的拉大逐渐减弱，大量移民第三代语言发生转移的现象已经证明了这一点。或许也正是因为如此，父辈希望通过祖语教育来努力拉近或提升这一感情。除了大规模移民而且又处于聚居状态，同时有系统的祖语教育之外，其语言文化传承是相当困难的，有的或许无法避免地衰减为一种象征性的纯粹的文化符号，真正成为所谓的"遗产语言"。这种象征性的祖语很难长久维持所属者的归属感。

身份纠结在不少移民的后代中都存在。笔者不止一次地被问到几乎相同的问题。例如，一位缅甸华人后裔问：在缅甸，我们被当成中国人；而在中国，我们被当成缅甸人。我们到底是什么人？前文所说新加坡青年的母语认同也反映出了这种纠结。澳门则是另一种情况。黄翊（2007：118、121）提及葡萄牙语在澳门有 3 种：（1）葡语土语；（2）土生葡语，说法虽因人而异，但却十分接近葡萄牙的葡萄牙语；（3）中国人说的葡萄牙语。其中葡语土语有学者建议列为濒危语言，呼吁赶快抢救。土生葡人在语言的特征是通晓葡汉两种口语，不少是严格意义上的双语人，即同时以葡语和汉语粤方言为母语，但土生葡人大多认为葡语是他们的母语（黄翊 2007：117）。

3. 资源性

"语言是资源"的观念近年来得到越来越多的认可。祖语虽然是一种被边缘化的语言，但它的资源性并没有改变。祖语的资源性是其价值的一个体现。

有人把祖语当作一种政治资源或社会资源，更有学者指出，语言是一种人力资源（徐大明 2010）。在语言传承问题上，祖语在个体人力资源方面或许会缺乏活力，因为它往往不能直接获取个体利益；但作为族群或社会群体资源，祖语则具有指向群体利益的作用（郭熙 2013），成为族群的黏合剂，成为一种文化符号。语言话题很容易引起社会的共鸣，最容易跟情感联系起来，"保卫母语"之类的口号往往跟感情有关。中国纳西族的东巴文已经处于濒危状态，但在丽江古城区的语言景观中都在大量使用。这里东巴文的使用更多地体现了其作为旅游文化资源使用的文化符号（李丽生，夏娜 2017）。由此可见，祖语作为文化资源已经引起了人们的高度重视。

祖语是否可以作为经济资源还值得进一步讨论。语言的市场价值也决定了祖语的地位。一般说来，政治、宗教、科技和经济是祖语保持和祖语教育的动力，是祖语活力的决定因素。在一些地方，由于祖语教育的要求，使得它成为获取经济利益的一个手段；但与此同时，也意味着社会或者个人也得为祖语传承付出经济上的代价。

祖语作为学术资源应该是没有疑问的，因为它可以给学者带来新的研究领域，形成新的研究视角。以澳门的葡萄牙语为例。黄翊（2007）说到的 3 种形式可供不同学术背景的人分别进行研究，例如，葡语研究者去研究葡萄牙语的殖民地变体，汉语研究者可以研究土生粤方言，社会语言学可以去研究克里奥尔化。近年来展开的华语视角下的新词语研究、中国语言规划研究等也在不断地取得成果。

新加坡的发展在很大程度上获益于英华的双语资源。当我们说华语是资源的时候，就强调不只是中国的国家资源，也是华语所在地区的资源（郭熙 2010b）。在中国内地，葡萄牙语是一门外语，但在中国澳门，如果我们充分重视它的祖语地位，对中国的发展会有不少的帮助。

## （二）祖语的特点

目前对祖语的特点还缺乏足够的认识。这里从社会中的地位和祖语自身的使用两个方面做些讨论。

1. 边缘化

被"边缘化"是祖语的一大特点。从历史和现状看，随着祖语使用者社会生活环境发生的各种变化，祖语的应用价值不断衰减。这种衰减首先表现在交际功能的弱化上。作为主流社会以外的语言，祖语的使用范围受到一定的限制，是劣势语（罗伯特·迪克森 2010：67），它的交际范围和场合十分有限，通常主要是在家庭或社区使用，在更广阔的领域往往失去了交际功能，甚至在社区和家庭也无法讨论"高层次"的问题。在新加坡，华语虽然被作为官方语言之一，但它不是行政语言，只限于华人社会使用，很多情况下，只是"巴沙语言"（郭熙 2008）。在马来西亚，所谓"福建话"只用于家庭，华人社会讨论高层次的问题，要使用华语。④

　　导致祖语边缘化的原因各种各样。人们通常会首先想到生态。由于历史和现实的各种因素，不同祖语的生态并不相同。祖语的生态可以从内外两个方面考虑。祖语外部生态主要指祖语的母体的活力，内部生态则主要指内在的活力。例如，海外华人祖语的母体是中国的汉语，包括汉语的各种形式，如方言、不同时期的标准语或通用语等；澳门葡萄牙人的祖语母体是葡萄牙语；东干人的祖语是汉语西北方言。在共时状态下，有的祖语母体仍活跃在它的发源地，如华语和葡萄牙语；也有的祖语母体已经不存在，或处于濒危中，如中国的满语。历史上也有不少例子。西夏亡国后，党项族人遭受蒙古人屠杀，失去了共同生活的地域，少数幸存者不得不与其他民族间错杂居，从而渐渐为藏族、蒙古族等族所同化，而南徙川康的党项人的后裔，即现在所谓的四川木雅人的语言特征至今尚未完全泯灭。但该语言使用人口在减少，范围在缩小（达瓦卓玛 2015）。

　　祖语的生存和发展与祖语国或地区的关系非常复杂。祖语母体的强弱对祖语传承会有影响，但影响力似乎非常有限。

　　祖语的边缘化也受到内部生态的影响。国家的语言政策决定了内部生态的基调。不同国家、地区祖语的地位和生命力各不相同。所谓地位包括政治地位、经济地位、文化地位、功能地位等，生命力包括活跃、稳定、衰减等。其中语言地位的影响应该是很大的。以新加坡为例，无论是人口比例还是华人的地位，华语在这里都不应该成为一种"祖语"。但是，新加坡的社会实际决定了新加坡的语言政策，从而构成了新加坡的祖语生态。在这里，马来族群是少数，但是由于地缘关系，保证了马来语传承的正常进行；印度族群因为自身的英语化，其使用的泰米尔语也就自然"祖语化"了。

　　语言功利主义带来了祖语的危机，但这种功利主义似乎又无可厚非：因为语言之所以存在就是以工具为前提的。政府对某种语言地位的确立，使得有的语言更易获取经济利益；也有使用者自身的原因，特别是处于双语状态下，其中一种语言的使用不如另外一种自如，或者其中一种语言的某种功能变体的适用范围受限，于是选取更方便的一种。陈保亚（2016）则认为提升语势需要提升语言积淀，政治、军事、经济条件不能完全取代语势在走向国际化中的作用。此外，祖语体系在不同国家、地区和群体中的发展也不同，有的存在体系性差异，也有的甚至"走样"，例如东干语。

2. 需要学习

关于祖语需要学习的情况，Lynch（2003）有过详细的讨论。Chao（1968）发现，美国华人原先的语言在一代或两代人以后就会消失。"第二代"只对口语拥有有限的被动知识，而"第三代"就完全融合在这个大熔炉里了。父母和祖辈常常煞费苦心保留祖语，但所有这一切都全盘消失。

由于缺乏习得环境，或是语言政策的不支持，加上一些移民无条件或无意愿让下一代自然获得祖语，祖语学习就成了祖语传承的重要途径。

祖语学习的内容包括几个方面：（1）祖语的语言系统，包括语音、词汇、语法和语用；（2）祖语所负载的文化；（3）祖语书面语。可以看出，与一般的母语学习相比，祖语学习的压力要大得多。除了多出语言系统的学习外，还要跟主流社会语言或强势语言争时间。如何安排、调节祖语学习安排，是相关语言规划设计的重点和难点。

祖语学习也不同于一般的二语学习，可惜的是我们在这方面还所知甚少。就目前的情况看，有习得的，也有非习得的；所习得的，有的是方言，有的是共同语。习得有不同的过程，学习也有不同的阶段。可以从静态的角度去看，也可以从动态的角度去看；可以从群体的角度去看，也可以从个体的角度去看。祖语生在祖语学习中有两端。一端是社会或家庭希望传承的语言，另一端则是祖语生的语言使用结果。

Campbell & Rosenthal（2000）提到祖语学习者的一些语言特征：类似母语[5]的发音和流利性，掌握大部分句法规则，词汇量丰富，熟悉与语言使用有关的基本隐性文化规范（转引自曹贤文2014）。这里说的显然是"一语"祖语生的情况。作者还谈到这些学生缺乏正式的、高级的语域知识，读写能力差，使用不标准的变异形式，以及不同继承语说话者在语言能力上存在很大的差异等，这应该是属于语文学习的问题。事实上，祖语使用的主要问题是词汇量不足，尤其是文化词汇缺乏，表达不自如等，而也正是这种表达的不自如，使得祖语学习或使用者缺乏自信，从而减少使用频率，进而导致学习成果的不稳固。不应该把语言习得和语言学习混为一谈。有的祖语本身就没有书面语。把基本语言能力和经历过学校教育的语文水平混起来，是语言教育界的一个普遍现象，应引起注意。

影响祖语学习和使用的还有交际本身。例如，在新加坡，一些华语使用者不知道对方的祖语状况，为了避免交际的困惑，只好采用回避祖语使用的方式，优先选择地位强势的英语；为了照顾对方，还会采用语码混合的方式。我们曾调查了 40 多个华文水平优良的中学生词语使用情况，他们在说华语时大量使用英语词汇，而且多是常用词。这样的一个后果是，下一代无法习得这些常用词，而只能通过第二语言学习的方式来获得（郭熙 2010a）。

祖语传承需要动用大量社会和个人资源，尤其是移民后裔，会把祖语学习看成是一个包袱，因为祖语教育给他们带来了学习上的压力，需要许多付出。即使是华人占多数的新加坡，也因种种原因出现了"来生不愿做华人"的现象。英语华人语群为政府逼迫自己的孩子学习华语而愤愤不平（郭熙 2008），一些人曾经为下一代祖语学习的压力而离开新加坡。可以说，新加坡为保持祖语所付出的代价是巨大的。

## 三、对祖语传承研究的初步思考

祖语传承的理论问题讨论得已经不少，下面根据已有的观察和研究对祖语传承的类型做些初步的归纳，并就祖语传承研究应关注的方面做些讨论。

### （一）祖语传承的类型

就目前已知的情况来看，祖语传承类型主要有以下几个方面：

1. 完全传承

完全传承者通常有其社会和家庭基础，除了完整习得母语外，还有机会接受系统的祖语教育，例如马来西亚华裔、新加坡部分华裔。

2. 传承中断

祖语传承中断的情况远比我们过去所想的复杂。

就新移民后代而言，大体有两种情况：一是习得期中断；二是语言教育期中断。例如西班牙、葡萄牙、意大利、匈牙利有大量的新移民，其后代有的尚未完成母语习得，即随父母到新的居住地生活；也有不少是在学龄阶段随父母到这些地方。这些类祖语生虽说已经受到关注，但目前还缺乏具体的数据。在美国有相当数量的收养儿童，其中不少都出现了不同程度的祖语中断，也可以归属此类。

就史上华裔来说，又有种种不同的情况。例如，有的是家庭中部分习得祖语，但缺乏后续的祖语教育；有的则是部分接受了祖语教育，但没有持续下去。不同地方的学习情况不同，有的纳入正规的民族语言教育，如菲律宾的华文教育；也有的地方仅以半日制、周末班等方式进行。

3. 完全隔绝

这里所说的完全隔绝是说下一代完全没有接触祖语的情况。当然，所谓完全隔绝其实并不绝对，因为他们所处的祖语家庭或者社区或多或少地给了他们一定程度的接触机会。

上述复杂情况导致了祖语生群体的复杂性，也带来了祖语层级复杂多样。吴英成（2003）采用 Kachru（1982）的理论，把全球华语划分为三大同心圈：内圈、中圈与外圈。他们各自的祖语学习是不同的。从语言习得的角度看，祖语生可以分为一语祖语生和二语祖语生两类。一语生显然不同于外语生，但二语祖语生也与外语生有一定的差别。有迹象表明，他们中尽管有的并不会祖语，但其学习祖语的速度高于同等情况下的二语学习者，可惜的是还缺乏系统的比较。另一方面，第二语言教学在理论和方法上都取得了巨大的成就，但对祖语教学的研究才刚刚开始。探寻这两种学习的不同，显得非常重要。传统上有人把祖语限定在习得中的第一顺序，这可能会把具有祖语基因的学习者排斥在外。祖语教育在不同的国家会呈现不同的状态，甚至在一个国家的不同地区也呈现不同的状态，需要区别对待。有一些祖语生习得了祖语，但可能是祖语源地社会的方言，这种源语言的优势如何利用，也是这些祖语标准语教学应该注意的。

## （二）祖语传承研究

祖语和祖语传承的复杂性带来祖语传承研究的广泛性和复杂性。下面提出几个较为迫切的话题做些初步讨论。

1. 母语到祖语的演变过程

从母语到祖语，是一个复杂的演变过程。祖语传承研究应该重视这一演变过程。祖语现象多发生在移民及其后裔身上。由于多语言、多文化引起沟通的障碍和文化冲突，因此移民语言历来被有关方面看作问题，而且很长时间里一直致力于去解决它；但长久以来，对母语演化为祖语的条件研究不够。前面我们曾试图从不同的方面讨论祖语被边缘化的因素，包括外部和内部生态等，这些实际就是祖语化的因素，但并未能将其具体化。联合国教科文组织曾就濒危语言的确定制定了各种活力指标，母语和祖语的鉴别似乎也需要类似的指标或标准。事实上，明确了这些指标，也就明确了祖语形成的条件；而了解了这些条件，也就为防止"祖语化"打下了基础，做好了准备。

Montrul（2016：26）讨论了美国华人祖语传承的情况。他发现，这些祖语使用者属于中等社会经济地位，受过较好的教育。他们重视教育，即使孩子以前没学过英语，也会很快掌握以求在学校表现好一些，即使他们使用祖语，可能也不如其英语好。这一研究给我们的启示是，祖语使用者的经济地位、学习态度以及家庭和社会传统的影响或许都可以成为检验指标。

2. 祖语教育目标的确定

何纬芸、苗瑞琴（2007）认为，祖语生（heritage language learner）"是对祖裔语言产生兴趣的人"，他们具有某种"传承动机"。

但事实情况并非如此。就目前的祖语生来说，多是迫于家庭或社会的压力学习华文的。从社会和家庭的角度，不少家长希望下一代能尽可能地传承好自己的语言，希望他们能具有一定程度的祖语能力，而不仅仅限于家庭使用，但他们对下一代的最终能力未必能真正地认识。例如传承什么？是语言能力、语文能力还是其他？这种视角更加关注继承语学习者的语言能力及其水平上的差异。因此，如何建立与之相适合的教育目标非常重要。祖语生有责任也有权利学习和掌握祖语，重拾丢失的传统以再造历史。祖语教育是一种特殊情况下的语言文化传承教育。中国素有祖语教育的传统，打开华文教育的历史，到处都可以看到对祖语的重视。从私塾式教学到新式学堂，都是以祖语文化传承为目标的。然而，中国的祖语教育传统的贡献只是近年来才为人们所重视（郭熙 2013）。

3. 祖语保持与祖语教育的形式

祖语保持是祖语社群所迫切希望的。在祖语、当地主流语言和国际语言之间的角逐中，祖语保持并不占优势。祖语保持需要多重努力，祖语教育是一个重要方面，但不是唯一的方面。祖语生组成复杂，背景动机各异，如何有针对性地开展教育，用何种方式进行教育，需要有更多的研究投入。祖语保持一直以来的理念是建立在教育上的，但"永久第二代"应该是很有诱惑力的一种假想。教育的关键期应该予以重视。有必要进行关键期前的祖语储备，一旦祖语生的祖语意识得到增强，这将为他们提供更好的学习资源。上学和受教育有不同。上学是受教育的条件，但如果学校教育不能很好地开展，就等于打断了孩子受教育的过程。与上学相比，教育更具开放性，内容更广泛，可以在任何场合下进行。

4. 祖语本体研究

祖语有原祖语，也有变异或本土化后的祖语。祖语的混合和交错也是常见现象。祖语在核心区会继续发展，这种发展的新形式也属于祖语；祖语使用者因种种原因也会拉大与祖语母体的距离，"世界英语""世界西班牙语"和"全球华语"这些概念都表明了语言在不同区域的发展和变化。其中的共性和个性及其关系，需要有更多的关注。世界英语、世界西班牙语的研究有不少成果，全球华语研究也开始了词汇、语法的系统研究。这种研究既有学术意义，也有传承实际上的需要。

5. 祖语资源库建设

祖语是一种资源，建设祖语资源库既是祖语传承教育的需要，也是语言研究的需要，更是语言服务的需要。祖语资源库可以给祖语传承者提供线上虚拟现实服务。祖语资源库可以包括语言景观或风貌、语言实况的数字化转化，以及语料、相关典藏、数据等。不少语言研究者都在濒危语言、方言方面做了类似的工作，但祖语资源库的建设还很少看到，而这些祖语在各地的足迹留下的历史印证，是一批宝贵的语言遗产。《全球华语词典》《全球华语语法》的编纂和研究过程一再给我们提出了类似的警示。

6. 祖语活力调查与祖语能力评估

祖语活力是从社会的角度看相关祖语的存活状况或前景预测。可以通过不同的方式评价一种祖语的活力，应该充分认识祖语的外部生态和内部生态，就内部而言，包括祖语政策和祖语地位、祖语使用者及下一代的祖语态度、祖语的功能、祖语使用的场合等。

祖语能力评估则是祖语使用或学习者个体的祖语潜力和使用能力。祖语能力缺失有群体和个体两种情况。就华语作为祖语来说，目前所谓的"华二代、华三代"规律在不同的地方情况并不相同。"华二代"未必是实际上的第二代，在有的地方，第四代、第五代，仍然可能是祖语的第一代。如何保持祖语处于第二代状态应该是祖语传承的一个重要任务。

# 四、结语

本文试图建立一套与祖语传承相关的概念，并以此推动语言传承研究。祖语现象是世界范围内的一种复杂的语言现象。在推崇多元语言文化的时代，祖语传承受到越来越多的重视。世界的语言多种多样，祖语现象也多种多样，有的语言以祖语状态呈现，有的则是二者并行，还有的则没有祖语形式存在。这些都值得我们去分析，去思考。以往的研究多就单一祖语的现象进行观察和分析，缺乏宏观的理论思考。祖语传承中的一系列问题该有一个整体的理论框架和概念系统。祖语的历史性、象征性和资源性以及边缘化和需要学习的特点，促使我们关注祖语的外部生态和内部生态，有针对性地对祖语状况、祖语态度、祖语活力和各种祖语中断现象进行研究；祖语的变异、祖语规范的缺失、祖语规范的依赖、祖语的"独立"等也应该逐步进入我们的视野。此外，祖语在与当地主流语言和国际语言的角逐中不占优势的情况下，如何处理祖语保持和融入主流社会，获取更多政治、经济资源等的关系，更应引起重视。语言学、应用语言学和社会语言学家们可以从不同的角度来研究祖语问题。

## 注释

①欧洲则用 ethnic minority/language 来指劳工、移民和难民及其语言，同样的意思的"社区语言"（community languages）1975 年以后也出现在澳大利亚的研究者中（Clyne 1991）。国际上还有以 *Heritage Language Journal* 命名的专门学术期刊（http://www.heritagelanguages.org/）。

②应该是非英语的殖民语言。

③这些数据由黄翊教授提供。

④马来西亚华语从大规模聚居、下一代母语习得以及有系统的母语教育的角度看，仍是华人社会语言生活的主体，是母语；尽管从整个马来西亚社会来说，它也在逐步边缘化，长远看也面临"祖语化"的威胁。

⑤作者这里的"母语"指向当是"第一语言"。

## 参考文献

班　弨　2005　关于母语和本族语，《民族语文》第 6 期。

曹贤文　2014　"继承语"理论视角下的海外华文教学再考察，《华文教学与研究》第 4 期。

陈保亚　2016　语势：汉语国际化的语言条件——语言接触中的通用语形成过程分析，《语言战略研究》第 2 期。

达瓦卓玛　2015　甘孜州木雅语濒危现象分析，《中国藏学》第 4 期。

戴庆厦，何俊芳　1997　论"母语"，《民族语文》第 2 期。

方夏婷　2016　《澳大利亚华裔中学生祖语学习与认同研究》，暨南大学博士学位论文。

方小兵　2015　多语环境下"母语"概念的界定：困境与出路，《语言文字应用》第 2 期。

高　虹　2010　Heritage language 的由来及其中文译名，《中国科技语》第 2 期。

郭　熙　2007　《华文教学概论》，北京：商务印书馆。

郭　熙　2008　多元语言文化背景下母语维持问题：新加坡个案，《语言文字应用》第 4 期。

郭　熙　2010a 新加坡中学生华语词语使用调查,《华文教学与研究》第 4 期。

郭　熙　2010b 华文课程 B 应该真正"外语化",新加坡《联合早报》,3 月 26 日。

郭　熙　2013 华语传播和传承:现状和困境,《世界华文教育》第 1 期。

郭　熙　2015 论汉语教学的三大分野,《中国语文》第 5 期。

何纬芸,苗瑞琴 2007 继承语之习得及其社会化,载姬建国、蒋楠主编《应用语言学——西方人文社科前沿述评》,北京:中国人民大学出版社。

黄　翊　2007《澳门语言研究》,北京:商务印书馆。

李　丽,张东波,赵守辉 2013 新加坡华族儿童的家庭华语读写环境与词汇知识和阅读能力,《华语文教学研究》(台北)第 4 期。

李丽生,夏　娜　2017 少数民族地区城市语言景观中的语言使用状况——以丽江市古城区为例,《语言战略研究》第 2 期。

李宇明　2003 论母语,《世界汉语教学》第 1 期。

罗伯特·迪克森 2010《语言兴衰论》,朱晓农等译,北京:北京大学出版社。

秦　悦　2013 加拿大官方双语政策背景下的汉语教育,《国际汉语教育研究》第 1 期。

王燕燕,罗庆铭 1998 加拿大的祖语教育和华文教育,《语文建设》第 3 期。

吴　文　2012 继承语研究:应用语言学界冉冉升起的新星,《西安外国语大学学报》第 1 期。

吴英成　2003 全球华语的崛起和挑战,载新加坡华文研究会编《新加坡华文教学论文三集》,新加坡:泛太平洋出版社。

吴英成,邵洪亮 2014 华裔汉语学习者解读:新加坡视角,《世界汉语教学》第 2 期。

徐大明　2010 有关语言经济的七个问题,《云南师范大学学报(哲学社会科学版)》第 5 期。

张广勇　2013 美国继承语教育对我国少数民族语言保护的启示,《贵州民族大学学报(哲学社会科学版)》第 3 期。

张广勇 2014 国外继承语习得研究新进展,《现代外语》第 1 期。

张天伟 2014 美国祖籍传承语者英语提升项目:启示与思考,《语言政策与规划研究》第 2 期。

赵守辉，张东波　2012　语言规划的国际化趋势：一个语言传播与竞争的新领域，《外国语》第 4 期。

周明朗　2014　语言认同与华语传承语教育，《华文教学与研究》第 1 期。

周清海　2007　全球化环境下的华语文与东南亚华人的语言困境，载陈剑主编"南洋大学学术论丛 1"（周清海卷）《全球化环境下的华语文与华语文教学》，新加坡：新加坡青年书局。

周庆生　1994　语言立法在加拿大，《语文建设》第 4 期。

Campbell, R. & Rosenthal, J. 2000. Heritage languages. In J. Rosenthal (Ed.), *Handbook of Under-Graduate Second Language Education*. Mahwah: Lawrence Erlbaum Associates.

Chao, Y. R. 1968. The language problem of Chinese children in America. In Y. R. Chao, *Aspects of Chinese Sociolinguistics*. Stanford: Stanford University Press. （中译文见卢德平《美国华裔儿童的语言问题》,《国外外语教学》1987 年第 4 期）

Clyne, M. 1991. *Community Languages: The Australian Experience*. Cambridge: Cambridge University Press.

Cummins, J. 2005. A proposal for action: Strategies for recognizing heritage language competence as a learning resource within the mainstream classroom. *Modern Language Journal* 89(4).

Cummins, J. & Danesi, M. 1990. *Heritage Languages: The Development and Denial of Canada's Linguistic Resources*. Toronto: Our Schools/Our Selves Education Foundation.

Fishman, J. A. 2001. 300-Plus years of heritage language education in the United States. In J. K. Peyton, D. A. Ranard & S. McGinnis (Eds.), *Heritage Languages in America: Preserving a National Resource*. Washington, D. C. & McHenry: Center for Applied Linguistics & Delta Systems.

Grinevald, C. & Bert, M. 2011. Speakers and communities. In P. K. Austin & J. Sallabank (Eds.), *The Cambridge Handbook of Endangered Languages*. Cambridge: Cambridge University Press.

Kachru, B. 1982/1992. *The Other Tongue: English across Culture* (2nd edn.). Urbana: University of Illinois Press.

Lynch, A. 2003. The relationship between second and heritage language acquisition: Notes on research and theory building. *Heritage Language Journal* 1(1).

Montrul, S. 2016. *The Acquisition of Heritage Languages.* Cambridge: Cambridge University Press.

Wiley, T. G. 2001. On defining heritage languages and their speakers. In J. K. Peyton, D. A. Ranard, & S. McGinnis (Eds.), *Heritage Languages in America: Preserving a National Resource.* Washington, D. C. & McHenry: Center for Applied Linguistics & Delta Systems.

发表于《语言战略研究》2017 年第 3 期

# 想象：跨国移居家庭传承语维持与转用的关键因素

李　嵬　祝　华

连美丽（译）　许小颖（校）

## 引言

想象指人们对自己未来的设想，包括将来在什么地方生活，成为什么样的人等。在异国生活中，跨国移居家庭在传承语维持和转用问题上面临诸多选择——是否维持家庭传承语？如何维持传承语？是否放弃传承语？放弃传承语后学习并使用什么语言？在这一抉择过程中，想象发挥着关键作用。

跨国移居家庭个人和群体都有频繁而复杂的移居经历，想象是其中具有较高一致性和稳定性的影响因素，对代际之间的语言传承以及日常语言选用有着至关重要的影响。

文章以保持传承语和放弃传承语的两类英国华裔跨国移居家庭为对象，进行了长达二十多年的语言民族志调查研究。调查采用叙事性访谈方法，访谈分两个阶段进行：在第一个阶段的访谈中，主要请跨国移居家庭成员设想未来十年会在什么地方生活，会做什么，以及会成为什么样的人。十年之后，从接受访谈的家庭中挑选一部分家庭进行第二阶段的回访。我们对访谈结果进行了分析，分析内容包括：（1）过去的生活经验；（2）对未来经历与环境等的设想；（3）对各地及不同文化的认知与想象；（4）引起主要行为变化的重新评估或重新想象的关键时刻；（5）对各种想象的自我评价。文章还重点分析了同一家庭不同成员在想象方面的分歧和冲突，以及随着时间的推移在想象方面发生的变化。通过分析，证明了想象在跨国移居家庭构建"传承""传承语"

以及"传承语维持"等概念的动态本质方面所发挥的作用。

文章首先简要介绍语言维持与转用领域的研究方法、想象的概念，以及本文的研究背景；讨论在语言民族志访谈过程中各个家庭普遍谈到的主题，他们构建想象的方法，以及我们对十年来所收集的数据的分析结果；其后，以简家的故事为例，说明不同主题和相关因素在受访家庭中的具体表现，并对研究的主要发现与观点进行了总结。最后，文章还讨论了在语言维持与转用研究以及双语研究领域，把想象作为一个关键因素来研究所具有的理论及方法上的指导意义。

# 语言维持与转用研究

1964 年，Joshua Fishman 发表《语言维持和转用作为一个研究领域的倡议书及其未来发展》一文，首次把语言维持与转用（language maintenance and language shift，LMLS）定义为一个研究领域。他指出该领域"研究的是操不同语言的人彼此接触交往时，语言使用习惯的变化或维持，及其与变化中的心理、社会或文化进程之间的关系"（Fishman 1964：32）。五十年来，社会语言学家们发现了一系列影响语言维持或转用的因素（例如，Garrder 1977；Conklin & Louris 1983；Baker 2011），以及停止与逆转语言转用（reversing language shift，RLS）的方法（例如，Fishman 1991）。这些因素通常可分为如下几类：语言因素（例如传承语是否标准化，传承语的文学水平），文化因素（例如有没有传承语语言机构，有没有传承语文化与宗教活动，以及对家庭和社群关系的重视程度等），政治、社会与人口学因素（例如传承语说话人总人口数，社群的社会经济状态，社群关系，同原居国的联系，以及祖国与居住国之间的关系）。Fishman 在其研究中强调家庭是一个重要的分析单位，是决定语言维持与转用之速度与结果的一个关键因素。同时，一些学者还提出了不同世代的语言维持与转用模型以及语言转用逆转模型。这些包括 García & Díaz（1992）以及 Li（1994）记录的三代传承语转用模型。该模型描述的是家庭中语言使用习惯变化最快的一种情况——祖父母一代仅使用传承语，父母亲一代出现不同程度的双语现象，而孙辈一代只使用社会主流语言。Paulston（1994）

曾描述过美国匹兹堡的一个希腊社群四代继承语转用模型。Von Gleich & Wölck（1994）曾描述过秘鲁的一个五代转用模型。

目前，在语言维持与转用和语言转用逆转研究领域，有一种"追溯"的趋势，即研究者记录过去曾经发生的事情，找出过去曾经影响人们在不同场合选用不同语言的因素。Fishman（1991）发现追溯的研究方法有一些潜在的问题。比如，他指出未来的不确定性和人们对未来的焦虑通常都是导致语言转用的核心因素。他认为为了维持传承语，除了机构支持以外，移民与少数语言群体"需要更多的社会文化上的自足，更加自助，更强的自我约束并提高主动性"（Fishman 1991：4）。他号召各社群提升对传承语的继承意愿，倡导研究者去寻找有助于维持传承语以及逆转语言转用现象的各种因素。

本研究中，我们首次使用了一种"前瞻"的方法，研究想象在跨国移居家庭代际语言传承与语言使用的决策中所发挥的作用。迄今为止，学界还没有充分探讨过想象这一因素，我们希望借此能够对语言维持与转用研究有所贡献。我们相信，这对发现 Fishman（1991）所谓的逆转语言转用的"当务之急"，应该也会有所助益。

## 想象与新侨民思维

《难译词词典》（Cassin et al. 2014）把"想象"（imagination）作为词条，用于说明把一些术语从希腊语翻译成拉丁语，继而翻译成其他欧洲语言的过程中所经历的种种困难。"想象"概念来源于希腊语的 phantasia（幻想）一词，后演变为 fantasy（幻想）和 phantasm（幻象）的意思，之后被翻译成拉丁语的 imaginatio（想象、想象力）。英语采用的正是拉丁语中这个相对模糊的说法。phantasia（幻想）和 imaginatio（想象、想象力）的区别是"幻影的创造力和图像的再生力之间的区别"（Cassin et al. 2014：479）。哲学家们对此进行了相当广泛的讨论，他们认为这两个初始概念之间的区别对于"想象力在现实世界中的能力与模态关系之间的地位"是很重要的（Cassin et al. 2014）。例如，康德在《纯粹理性批判》（Kant 1781/1999）中，区分再造式的经验想象和能够产生图型的先验想象，做出这一区分是我们表象事物的前提条件。心理学家通常认为，想象是人们在头脑中构建当时无法看到、听到或感觉到的新观点、新形象或新感觉的能力和过程（Byrne 2005）。想象受到人们以往经验和当前环境的影响，但比（过去的）记忆和（当前的）感知更能影响人们的信念与行为。心理学家和哲学家都把想象看作产生内在力量与和谐的源泉，它使人们的渴望与归属产生融合，影响人们的日常社会行为（Harris 2000；Sallis 2000；Byrne 2005）。认知神经心理学的进展，使人们对记忆、感知与想象之间的关系产生了新的兴趣。核磁共振成像实验研究表明，人脑的两个相似部位——丘脑与新大脑皮质——在记忆与想象任务中都被激活了，说明这两个过程之间有着某种密切的联系（Leahy & Sweller 2007；Costa et al. 2010）。同时，致力于移民研究的历史学家和社会科学家也认为，过去的经验，当前的境况，将来的意愿与抱负之间，有着内在的联系（Salazar 2011）。

在我们的研究中，我们把想象定义为人们对自己未来的设想，包括将来在什么地方生活，成为什么样的人等。多年来，在对移民群体和跨国移居家庭的研究中，我们发现他们不仅只是回顾过去，也非常关心未来，想象在他们的日常生活中发挥着关键作用。想象和我们所谓的"新侨民思维"之间有着密切的关联。新侨民思维重点强调跨国移居者所具有的能力。他们能够看到现在所处环境的潜在可能，即能为自己与后代创造新的社会空间。侨民现象作为一个概念存在已久，原本指的是人们在不同地区的散居现象。几个世纪以来，主要指历史上对犹太人、非洲奴隶和中国劳工（即大家熟知的苦力）的大规模驱散、迁居。显然，以往文献都强调这种迁居与驱散的非自愿性。20世纪，跨国移民研究倾向于使用一些新术语，如移民、客工、政治避难者、少数民族、无家可归者等。进入21世纪以后，研究者们逐渐发现诸如"移民"与"少数民族"之类的术语也不尽人意。正如 Clifford（1997：255）指出的，一种新的"侨民语言似乎正在取代，或者至少补充说明了少数民族话语这一说法"。跨国联系打破了"少数"群体与"多数"群体的二元关系（有关研究，请参阅 Li 2016）。

目前学术界一种流行的看法是侨民现象就是一种"高度多样化"的现象（Vertovec 2007）。有着不同移民动机与经历、不同教育与社会经济背景、不同地位的个体聚居于一地；新近迁入的移民与定居时间很长的移民彼此混居，操不同语言、方言与口音的说话人，通常以一种混杂的方式进行交流。然而，他们发现彼此之间有很多共同点，这足以使他们认可每个人都是侨民群体中的一分子，从而创造出一个"想象的"社群。这种对于侨民现象的想象通常包括忽略过去的差异或保持中立，建立共性和关联性，并借此对新身份展开协商（Sofos 1996）。过去，人们关注的是侨民群体所受到的伤害以及背井离乡和流离失所等情况。现在，新侨民思维表明，人们更加关注的是侨民群体构建新跨国体验空间的能力，这些新跨国体验空间和侨民群体的居住地以及所谓的族裔地所代表的经验相互作用，非常复杂（Morley 2000）。例如，Tsagarousianou（2004：58）提到，侨民群体的"潜力"在于"侨民群体在当地以及跨国移居的各种活动中所开发的各种富有创意的可能性"。她还进一步指出，我们要关注的不是侨民群体失去与被迫迁居的经历或者对"祖国"的思念，更重要的是要去关注"侨民群体在构建与协商身份认同、日常生活与跨国活动方面的能力，他们通常都能够化解民族身份认同与同化的两难困境"（Tsagarousianou 2004）。Tsagarousianou 认为，侨民群体准备并愿意去构建跨国想象与联系这一点，就已经说明他们与"少数族裔"不同。按照 Brah（1996：193）的话来说，"侨民群体是……孕育希望和新起点的地方"；侨民群体不是一直在思乡中努力寻求、恢复或保持他们的身份认同，他们主要对自己是谁以及实质上自己渴望什么样的家等问题进行探寻并展开预想。

侨民现象研究兴趣与重心的转移在应用语言学领域中已经拉开序幕。例如，Block（2008）在研究多语、跨国移居的个体与群体过程中，对使用"失去"这个比喻的适切性提出质疑，指出过去看待语言维持与转用问题的立场过度情绪化与浪漫化，希望研究者能够改变立场。对于许多跨国移居的个体和群体而言，在日常生活中，他们日思夜想的并不是失去了什么，而是需要为自己拓展与构建什么。用 Mandaville（2001：172）的话来说，在侨居情形下，个人或群体表现出来的对传承语的疏离"通常会引起人们更加强烈地去寻求与协商其身份认同"。因此，能够看到移居环境带来的机会很重要，这些机会既包括离开故土和异地定居带来的限制性后果，又包括多方面新联系带来的创造性潜力。多方面新联系创造了一个"想象的"而非既定的社群（Anderson

1983/2006），在本地与跨国情形下，成员之间经过建立长期联系的过程，该"想象的社群"不断地得以再创造与再构建。

我们既研究个体想象又研究群体想象，后者特指一个家庭对于未来的共同设想。个体与群体的想象并不总是保持一致，如何解决个体想象与群体共有想象之间的差异与冲突，会影响家庭所有成员。个体想象在个人决策中能成为一个决定性因素，而家庭共有想象是构成所属社会群体族语活力的一个重要部分。同时，想象可能是积极乐观的，也可能是消极悲观的。积极的想象凸显光明的、令人兴奋的且成功的未来，而消极的想象则强调阴暗负面的未来。两种想象都会对语言的维持与转用产生影响。

## 研究思路

本文的数据来自一个大规模家庭民族志调查项目，该项目在大约三十年前（1986）启动。其研究重点是居住在英国的多语跨国移居家庭，这些家庭的原居地在中国内地及香港、澳门、台湾地区，很多家庭同原居住地仍有联系。该项目研究对象大约有 70 个家庭。作为家庭民族志项目，该研究考察的是整个家庭，尽可能包括大家庭的所有成员。因此，该研究得到的数据非常丰富且多样，除了观察与访谈，还包括家庭相册等。研究主要关注家庭代际关系与变化。我们对该项目研究中的 30 个三代华裔家庭进行了详细研究，考察了他们的语言维持与转用模式及其在不同领域的日常多语实践。本文的数据来源是这 30 个家庭中的 13 个家庭。访谈内容包括：（1）移民经验与改变人生的关键时刻；（2）在未来十年内，他们对自己的设想，包括身处何地，会成为什么样的人，以及如何评价自己（从参加访谈那一刻算起）。按照是否使用传承语作为代际交流主要用语这个标准，我们挑选了两组家庭就上述两个话题进行访谈，第一组是成功维持了传承语的家庭，共有 5 个家庭（M1~M5）。其中 3 个家庭的传承语是广东话[①]，2 个家庭的传承语是国语[②]，共 37 人。第二组是经历了主要语言转用的 8 个家庭（S6~S13）。5 个家庭的传承语是广东话，其中有 2 个家庭还讲一些客家话；1 个家庭的传承语是客家话，2 个家庭的传承语是国语，共 61 人。十年之后，挑选其中一些家庭（两个语言维持家庭 M1 和 M4，5 个语言转用家庭 S6、S9、S10、S12 与 S13），共 18 人，进行观察研究，并邀请他们向研究者讲述自己的经历。表 1 是这些家庭的基本情况。

表 1　本研究访谈的家庭概况

| 家庭序号 | 成员 | 传承语（第一代移民的第一语言） | 目前代际交流所使用的主要语言 | 后续观察与访谈成员 |
|---|---|---|---|---|
| M1 | GP=2 男性；2 女性<br>P=1 男性；1 女性<br>C=1 男性；2 女性<br>GC=1 男性 | 广东话 | 绝大多数情况下使用广东话 | P=1 男性；1 女性<br>C=1 女性<br>GC=1 男性 |
| M2 | GP=1 男性；2 女性<br>P=1 男性；1 女性<br>C=1 男性；1 女性 | 广东话 | 绝大多数情况下使用广东话，同时使用一些英语 | |
| M3 | GP=1 男性；1 女性<br>P=1 男性；1 女性<br>C=1 男性；2 女性 | 广东话 | 绝大多数情况下使用广东话，同时使用一些英语与国语 | |
| M4 | GP=2 男性；1 女性<br>P=1 男性；1 女性<br>C=2 女性 | 国语 | 绝大多数情况下使用国语 | P=1 男性；1 女性<br>C=1 女性 |
| M5 | GP=1 男性；1 女性<br>P=1 男性；1 女性<br>C=2 男性 | 国语 | 绝大多数情况下使用国语 | |
| S6 | GP=1 男性；2 女性<br>P=1 男性；1 女性<br>C=1 男性；2 女性<br>GC=1 男性 | 广东话 | 绝大多数情况下使用英语，只在同祖父辈交流时使用一些广东话，还使用一些国语 | P=1 男性<br>C=1 女性<br>GC=1 男性 |
| S7 | GP=2 男性；1 女性<br>P=1 男性；1 女性<br>C=2 男性；1 女性 | 广东话 | 绝大多数情况下使用英语，在同祖父辈交流时使用广东话 | |
| S8 | GP=2 女性<br>P=1 男性；1 女性<br>C=2 女性 | 广东话 | 绝大多数情况下使用英语，在同祖父辈交流时使用广东话 | |
| S9 | GP=1 男性；1 女性<br>P=1 男性；1 女性<br>C=1 男性；1 女性<br>GC=2 女性 | 广东话与客家话 | 绝大多数情况下使用英语，在同祖父辈交流时使用广东话和一点儿客家话，还会使用一些国语 | P=1 男性；1 女性 |

| 家庭序号 | 成员 | 传承语（第一代移民的第一语言） | 目前代际交流所使用的主要语言 | 后续观察与访谈成员 |
|---|---|---|---|---|
| S10 | GP=1 男性；1 女性<br>P=1 男性；1 女性<br>C=1 男性；1 女性 | 广东话与客家话 | 绝大多数情况下使用英语，在同祖父辈交流时使用广东话 | P=1 男性<br>C=1 女性 |
| S11 | GP=2 男性；2 女性<br>P=1 男性；1 女性<br>C=1 男性；1 女性<br>GC=1 男性；1 女性 | 客家话 | 绝大多数情况下使用英语，在同祖父辈交流时使用客家话，还会使用一些广东话和国语 | |
| S12 | GP=1 男性；2 女性<br>P=1 男性；1 女性<br>C=2 男性<br>GC=1 男性 | 国语 | 绝大多数情况下使用英语，在同祖父辈交流时使用国语 | P=1 女性<br>GC=1 男性 |
| S13 | GP=1 男性；1 女性<br>P=1 男性；1 女性<br>C=2 男性 | 国语 | 绝大多数情况下使用英语，在同祖父辈交流时使用国语 | P=1 女性<br>C=1 男性 |

符号说明：M=维持；S=转用；GP=（外）祖父母；P=父母；C=孩子；GC=（外）孙子（女）。

访谈数据构成了一个很大的数据库，有大量的叙述性描述和观察笔记，可用于不同目的的量性和质性分析。到目前为止，我们所做的工作是先对访谈数据进行内容分析，重点分析了参与者作为跨国移居家庭成员的经历，社会文化与社会语言环境，语言实践以及对未来的设想。近年来，社会语言学与应用语言学研究经常使用"叙事转向"（narrative turn）的方法，我们也采用了类似的同叙事研究相关的分析方法（De Fina & Georgakopoulou 2008），例如，关键事件分析法（critical incident analysis）（Spencer-Oatey & Harsch 2016）、"小故事"分析法（the analysis of "small stories"）（Georgakopoulou 2006），以及时刻分析法（moment analysis）（Li 2011）。我们的研究重点是受访者所谈到的经验性内容，尤其是直接提到的或附带提到的生活中微观的、稍纵即逝的体验。我们使用的分析方法也受到了诠释现象分析方法（interpretative phenomenological analysis，IPA）的影响。诠释现象分析法是一种质性心理学分析方法，分析重点是叙述性数据，其中参与者试图理解的是自己所处的世界，而研究者尝试理解的是参与者（Smith & Osborn 2008）。因此，只要可能，我们都会客观地、原封不动地呈现这些数据。但是，在展示这些数据时，我们是按照主题来组织的；为了讨论有关家庭使用什么语言以及如何使用这些语言的问题，我们挑选了最合适的、最能揭示真实情况的一些例子。

在内容分析过程中，我们发现了一个普遍的模式：有些家庭一直想象着将来有一天要回到原居地，而有些家庭则想象着很可能会定居英国，或至少不会再回到中国。在维持传承语方面，前者要比后者好。我们意识到，对于将来的设想，尤其对于在将来的某个时间点上可能在哪里，或者可能成为什么样的人的设想，在跨国移居家庭的语言选择与日常语言实践决策方面发挥着关键作用。在此基础上，我们重点分析了同一家庭的不同个体在想象方面的差异与冲突，以及一段时间后想象的变化。对于想象的变化，我们研究了他们谈到的促使他们对未来进行重新评估或者重新想象的关键时刻，重新评估或重新想象可以引发重要的行为变化。接下来，我们讨论数据中不同家庭的共同经历。然后再专门讨论想象在他们的叙述中是如何得以构建和展示的，以及想象在语言维持与转用中能起到什么样的作用。

## 不同家庭的共同经历

为了将不同背景家庭分开，我们首先研究语言维持家庭与语言转用家庭的共同经历。在这里，我们只关注访谈过程中普遍出现的主题。本文引用部分呈现的是参与者访谈时所使用的语言的记录，非中文语句在其后加中文译文。③

### 语言维持家庭

对于代际交际中总体上维持了传承语的家庭，我们对其分别进行了访谈，受访人谈到了4个主题：

（1）（外）祖父母因素；

（2）回归原居地的愿望；

（3）对未来的期待与为孩子们所提供的机会；

（4）对英国生活的不满。

语言维持与转用的研究发现，（外）祖父/母是一个特别重要的因素，即家庭中有不会说英语的（外）祖父/母或曾（外）祖父/母（例如，Li & Zhu 2010）。从研究数据来看，这些家庭想确保（外）祖父/母和曾（外）祖父/母也能参与家庭交流，因而当他们在场时会避免使用英语。长期如此，在英国出生的年轻一代就会大量使用传承语。其中几个家庭在访谈中声称，他们觉得他们需要学习并使用传承语，要不然"就是不尊重不会说英语的（外）祖父/母"。有些家庭还提到由于不能说中文而引起的尴尬，甚至羞愧等问题。由此而言，语言维持似乎成为一个家庭社会心理问题；在语言实践中，要考虑家庭凝聚力、长幼有序和对长辈的尊重。一位四十多岁的有两个孩子的母亲，这样告诉我们：

1.（M4 家庭中的母亲，原居地中国内地。）

　　我们一大家人有他们两个不会说话怎么行？不只是我们做父母的觉得不好意思，老人也会不高兴的，自己的孙子孙女没法和自己交流，多难堪呢！

其中一些家庭告诉我们，在（外）祖父/母去世后，其家庭在交流中使用英语的量增加了，但是也有一些家庭在（外）祖父/母去世后，仍然坚持尽量使用传承语。

与（外）祖父/母同住的家庭和与（外）祖父/母不同住的家庭，就传承语的使用量而言，我们没有发现任何有意义的差别。这可能因为虽然没有住在一起，（外）祖父/母与曾（外）祖父/母同家庭其他成员之间的互访与接触还是非常频繁。

在一些语言维持家庭，虽然（外）祖父/母并没有同他们住在一起，但是相互的接触，包括互访和电话，实际上每天都在进行。在这些家庭中，每周周末的家庭大聚餐也似乎是惯例。甚至对于那些（外）祖父/母没有生活在英国，而生活在中国的家庭来说，保持频繁的联系似乎同语言维持也有关联。这包括诸如 QQ、微信和 Skype 网络电话等新媒介。事实上，所有语言维持家庭同他们原居地的亲戚们都保持着亲密且频繁的联系，不但包括（外）祖父/母，还包括大家庭中的其他成员。

我们对以科技为中介同世界其他地方的家人进行交流的作用，尤其对维持中文读写水平可能产生的促进作用，非常感兴趣。但是，大多数参与研究的家庭都表示，他们孩子那一代在与海外亲戚沟通交流时，倾向于使用口头形式，有时会利用电子平台，但不会使用书面形式。现在还没有证据表明，他们会为了与世界各地的大家庭成员保持联系而去学习认读和书写汉字。一位五十多岁的 3 个孩子的母亲说道：

2.（M1 家庭中的母亲，原居地中国香港，用广东话表述。）

　　老人家都想看到他们，喜欢给他们写信或写邮件，他们想看到孙辈，跟他们聊天。

有趣的是，在参与研究的家庭中，很少有家庭强调他们过去的经历是其语言维持的一个因素。他们在陈述语言维持动机时，更多的是"前瞻"，而非"追溯"。很多语言维持家庭明确表达了希望回归其祖国或原居地的愿望，即中国内地或香港地区，或者希望他们出生在英国的孩子能"回到"其祖国或原居地。在其他研究报告中，我们已经提到过汉字"返"（广东话）或者"回"（国语）出现频繁这一事实。我们还提到过一个悖论，即一些出生在英国的年轻一代从来没有在这些地方生活过，但他们仍然会使用"返或回这样的话语"（Zhu & Li 2016）。在我们目前的研究中，我们发现在这种明确的回归祖国或原居地的愿望和语言维持之间，存在着密切的联系。可是在我们的研究中，现实情况却是这些英国华裔家庭在长达三十年的时间里几乎没有几个家庭曾经一起回到中国内地或香港地区生活和工作过。在这些家庭中，有一些人曾经因为工作、学习或医疗原因去过中国内地和香港地区，但大多数情况都是暂时的。然而，他们却经常提到回归的话题，这似乎是他们想象和身份认同构建的一部分。我们曾经就为什么会使用"回国"这样的话语，询问过一些人。他们对此的回答，部分摘录如下：

3.（M2 家庭中的母亲，年近四十岁，有两个出生在英国的孩子，用广东话表述。）

　　我就是 miss（想念）香港，那种味道、噪音、店铺、人、海港、山。我唯一不 miss（想念）的是天气。我的小孩也喜欢那里，因为学校没有压力。但他们不知道他们 miss（错过）了什么。

从语言上来看，值得注意的是，她说了 3 遍英语的 miss。前两个 miss 表达了由于某人或某物的缺席而引起的伤感，第 3 个 miss 的意思是"没有去体验或做"。第一种意思对应的是中文的"想"。但是，正如我们在之后会进一步讨论的那样，中文的"想"还带有"想做某事"的意思，更加符合"前瞻"而不是"追溯"的思维。该母亲的话是为了解释她为什么想维持中文，为什么想让她的孩子维持中文，同时她自己说话时却又切换到英语，用于强调她的缺失感，而不是在强调她对将来的实际打算。通过语码转换，她把这些不同的意思进行了仔细的区分。

4.（M5 家庭中的父亲，五十多岁，居住在英国的时间超过三十年。）

等我老了的时候没人管我。国内我有很多亲戚，等我退休我可以回国。

我们很明确地问这位父亲，他所提到的那种情况会对其孩子维持中文的行为有什么影响。他是这样解释的：

5.（M5 家庭中的父亲，五十多岁，居住在英国的时间超过三十年。）

国内照顾我的人都说中国话呀。他们也得跟人家交流哇。再者说了，我老了也许只能说中国话了，谁还跟他们天天讲英语？他们不说中国话，也就等于不跟我说话了。

6.（M3 家庭中一位女性，四十几岁，十几岁时来到英国，用广东话表述。）

中国发展很快，孩子们有很多工作机会。他们需要语言。不像英国，好工作很难找。

中国在经济上越来越强大，因此会讲中国话会有助于就业。这一观点的产生可能是受到了媒体的影响。但是从上述引文中大家可以看到，这同该说话人在英国明显感觉到好工作不好找的自身经历相关。

摘录 7 中，女性的丈夫更加详细地描述了他的经历。他出生在中国的广东省，十几岁时移居到中国香港，后来二十多岁时移民到英国。

7.（M3 家庭中的男性，四十多岁，用英语表述。）

三十年了，还是不能适应。仍旧感觉不轻松、不自在。不是种族主义什么的，而是"异化"。他们把我们称为"外国人"，我想他们也确实把我们当"外国人"看。中国的崛起使情况变得更糟糕了。他们认为我们对他们是一个威胁。我们来这里是要来抢他们工作的。

他的描述，连同他妻子提到的在英国好工作难找的情况，表明在语言维持家庭中似乎有一个共有因素，即他们对英国的生活不满意，梦想或想象着"祖国"的生活会比英国好。这位男士把期待和归属交织在一起，他对英国缺少归属感。尤其是他使用了代词"they / their"（他们 / 他们的）和"us / we"（我们），更加证明了这一点。

## 语言转用家庭

有些家庭在其使用的语言上出现了很大程度的转用，其家庭用语变成了英语。这些家庭都清楚地提到了几个具有共性的话题，而这些话题常常在同一个人的叙述中出现。这些话题包括：

（1）在英国生活更容易，但不一定更快乐；

（2）在英国有朋友；

（3）强烈希望孩子 / 年轻一代能够拥有更美好的生活，会讲英语能帮他们过上更好的生活；

（4）希望能够融入当地社会；

（5）语言和民族身份认同之间的联系不紧密。

下面的摘录证明了上述几点：

8.（S7 家庭的母亲，有 3 个孩子，四十多岁，原居地中国香港，用英语表述。）

> 我觉得在英国生活更容易。当然，是对于他们（孩子们）而言。在香港，竞争太激烈了。当然，这儿也有竞争，我必须勤奋工作。但是，还是有些不一样的。你可以做不同的事情。你不需要一直靠高分或者奖项来证明自己。另外，这儿也有更多的空间。香港太拥挤了。在香港，我们永远也买不起大房子。

这表明，这些家庭的经历同我们在上面讨论的语言维持家庭的经历有很大差别。该名妇女意识到英国和中国香港在文化期待和实践上的差异，并清楚地表达了自己的喜好。

通常，朋友圈的作用至关重要。如下所述：

9.（S8 家庭中的女性，三十出头，两个孩子，用英语表述。）

　　我们在邻居以及学校④家长中交了很多朋友。要想交朋友，你的英语必须要好，有朋友也会使人快乐，是吧？如果你的英语更好，比我好的话，交朋友就会更容易，也会找到更好的工作。他们还是可以同我讲国语。但是，在工作中我必须讲英语。所以，我觉得讲英语完全没问题。我想让他们（孩子）讲好的英语。

有几个人反复提到，如果能讲英语，特别是讲得比较"好"，在某种程度上会使人更开心或者有助于找到更好的工作。请再看一个例子。

10.（S12 家庭中的男性，年近六十，有两个已成年的孩子，还有一个刚出生的孙子，祖籍中国。）

　　人家一看你就知道你是中国人，not British（不是英国人）。会不会说中文无所谓。但你英语要是说得特别好，他们可能 surprised（感到很惊讶）。"Oh you speak good English."（哦，你的英语很好。）还能找好一点儿的工作。要在这儿生存就得有好的英语！

对于这名男性来说，中文的能力在英国华人生活中似乎并不是至关重要的。然而能讲英语，特别是"好的英语"，对于融入英国社会而言是相当重要的。对于他们所说的"好的英语"这个概念，我们深感好奇。为此，我们向受访人提了一些相关的特定问题。下面是一些参与者的回答。

11.（S8 家庭中的女性，三十出头，有两个孩子，同上述摘录9系同一受访人。）

　　Good pronunciation. To be able to speak clearly. 我们广东人讲英文 terrible accent. I don't think people can understand what we are saying.

　　（好的发音。表达清晰明了。我们广东人讲英语口音很重。我觉得其他人听不懂我们在说什么。）

12.（S12 家庭中的男性，年近六十，有两个已成年的孩子，还有一个刚出生的孙子，祖籍中国。同上述摘录10系同一受访人。）

　　Accent. Not like Chinese English. Indian English accent 我就听不懂。I think it must be hard for the English people to understand the

Chinese accent too. 用词也很重要。

（口音。不像中国式英语。带印度口音的英语，我就听不懂。我想，英国人听我们说英语，也应该觉得很难懂。用词也很重要。）

13.（S10 家庭中的女性，四十多岁，原居地中国香港，用英语表述。）

我认识这个从中国来的女孩子。她的英语非常好，人们都喜欢她。她讲的英语听起来很地道。当然，她可以在任何地方找到工作。

他们的这些想法说明他们在内心把语言按照国别做了区分。因此，为了在英国取得成功，无论实际情况如何，大家都期待一些华裔群体能够讲一口好的英语。他们经常说的"好工作"指的是大公司的工作，如银行、会计公司和律师事务所，或者一些公共机构，如医院和大学。不是那些社区的商店或饭馆，不是任何专为华人社区服务或同华人相关的职业。

我们注意到语言转用家庭的很多成员对语言都有明确的评价。他们似乎都知道在其家庭中出现了语言转用现象，他们也极力为之辩护。一位参与者这样说：

14.（S10 家庭中的男性，四十多岁，来自中国香港，用英语表述。）

现在，中国都说英语。而我们在英国。所以，讲英语没有任何错。是的，我们想让我们的孩子学习中文。但是，当你回到中国时，他们会说：哦，你从英国来，你会说英语吧？所以，你的英语真的需要很好，才能同那儿的人竞争。

有时候，影响他们对语言维持与转用态度的是发生在过去的某件特定的事情（详见下文有关想象重建部分的讨论）。一位年近五十的母亲，向我们讲述了她家房子被盗后同警察打交道的经历。

15.（S13 家庭中的母亲，四十多岁，有两个孩子，原居地中国内地。）

两个警察来了不跟我们说，以为我们不懂英语。我的英语是不好。可是也不跟我先生说话，问小孩可不可以给我们翻译，需不需要 interpreter（翻译）。而且不相信我们说的。（采访者：你是说他们不相信你丢了东西？）对。他们以为我们的什么花瓶呀、jade（玉器）呀，还有那些屋里的，you know（你知道），decorations（装饰品），被盗了，都是 made up（编造的）。So I suffered because my English isn't good. So I told the kids, if you want to live here, you need to speak really good English to survive.（我英语不好，所以我才会遭到这样的对待。因此，我告诉我的孩子，如果你们想在这里生活下去，你们的英语真的需要很好才可以。）

接下来，我们探讨语言维持与转用中的想象这个因素。

## 想象是如何构建和展示的

"imagination" 在中文的意思是 "想象" 或者 "幻想"，暗示着某种虚幻的与不真实的想象，这同其希腊语的词源 phantasia 相似。我们的研究数据表明，受访人在构建想象时使用最频繁的词是 "想"，这是一个多义词。翻译成英语的动词时，表示 think、wish、believe、feel like doing、miss、suppose 等所表达的意思；翻译成助动词时，相当于 would like。还可以当名词使用，意思是 thought、idea。常见搭配有：想望，想到，想起，想要，想念，假想，猜想，幻想，妄想，思想。在参与者的描述中，我们发现了不同类别的想象，包括代际想象，关系想象，必然与命运，机会与机遇，还有新侨民思维。我们将举例逐一讨论这些类别。

### 代际想象

在参与者的想象描述中，出现频率最高的话题之一是孩子的未来。替下一代的未来考虑并做打算，对所有家庭来说都是一件很正常的事。但是，我们研究的这些跨国移居家庭，他们对孩子未来的设想同其移民经历、在现居住地的地位，以及他们同其他家庭和社会团体的关系紧紧地交织在一起，密不可分。下面的例子表明了被访者早期的移民经历对其语言维持与转用态度的影响。

16.（S7 家庭中的祖父，年近七十，原居地中国香港，用广东话表述。)

　　　　我刚到英国的时候不会说英语，什么都听不懂，只能靠朋友，帮商店搬货物。等他们（指孙辈）长大就没有问题了，他们的英语很好，可以找到自己喜欢的工作。

　　有时，一个特定事件就会使家庭成员更加坚持他们在语言学习和使用上的态度，或者会引起家庭成员重新思考语言选用问题（请参阅下面有关想象重建的讨论）。如下所示：

　　17.（S12 家庭中的母亲，四十五六岁，有两个孩子，原居地中国内地。）

　　　　爷爷在这儿时闹了一场大病，把我们全家都折腾得不可开交，天天得有人陪。不懂英语呀，有什么办法！除非将来他们也都回中国去住，在这儿还得会英语。当然懂点儿中文也会有用。（访谈者：你觉得有什么用呢？）中国现在发展得不错啊，做生意机会多啊。（访谈者：那你会让他们回中国做生意吗？）听他们的吧。

　　18.（S13 家庭中的男性，年近五十。）

　　　　我听人家说老人中风后只会说母语，外语就忘了。我老了也许就得回中国，不然在这儿也没人跟我说话。

　　第二个例子（摘录 18）很有趣。说话者似乎把英语当成了一种"外语"。但是，他们在绝大多数情况下使用的是英语。

　　在谈到孩子未来这个话题时，尤其有关婚姻和就业时，出现更多代际想象的数据。如下所示：

　　19.（M4 家庭中的母亲，有两个十几岁的女儿，原居地中国内地。）

　　　　谁知道她们将来会嫁给中国人还是外国人。我希望她们和华人结婚。（如果她们嫁给外国人，）生活习惯上会有些不同。

　　"外国人"这个词，指的是任何不属于中华民族的人。

　　20.（M2 家庭中的父亲，有一个 15 岁的儿子和一个年龄较小的女儿，原居地中国香港。）

　　　　他说他想去香港找工作。那你广东话就不能忘，也要学普通话。

　　当然，家庭中不同时代的人对未来的看法不尽相同。我们花了大量的时间，同这些家庭讨论如何解决家人对未来设想的差异与冲突。其中，比较典型的回答如下：

21.（S13 家庭中的男性，年近五十，与摘录 18 中的男性系同一人。）

老人有老人的愿望，孩子有孩子的想法。当然要尊重老人的愿望，但我看最终还是要以孩子的想法（来做）决定。

## 关系想象

除了上述例子表明的代际想象之外，我们经常发现，大家庭成员之间的关系在参与者的想象中也有一定的作用。下面的例子就是一个很好的证明：

22.（M5 家庭中的父亲，原居地中国内地，称呼他十几岁的儿子为 LL。）

我大舅的儿子从澳大利亚回来，先是在别人（的律师）事务所干，后来自己在上海开了个公司，结婚（了），挺稳定的，孩子都上学了。我们回上海玩儿，LL 特别喜欢他那里，两人可好了。他说等 LL 毕业可以到他那里工作，条件不错，比英国还好。（对着 LL 说）就是得懂中文，不懂中文什么也不行。

诸如此类的例子不仅仅说明参与者在世界各地都有关系，还说明他们有全球化意识。他们意识到移民和离散移居给他们带来的机遇，并期望能够好好利用这些机遇。

## 必然和命运

有些家庭似乎已经把家庭主要用语从中文变成了英语，关于为什么会出现这种变化，我们特别询问了这些家庭。就像上面几个部分中的一些例子所表明的那样，一些家庭提到了过去的经历或者对未来就业的期待等原因，还有一些家庭则表达了一种必然规律的感觉。如下引文所示：

23.（S13 家庭中的母亲，四十多岁，有两个孩子，原居地中国内地。）

谁不想保持自己的语言？！我们原来也是特别想让他们学中文，可是后来他们的朋友都是外国人，都在一起说英语，也没办法了。

24.（摘录24中那位女性的丈夫，S13家庭中的父亲，有两个孩子，年近五十，原居地中国内地，用英语表述。）

> 我们能做什么呢？到处都讲英语。他们的朋友都讲英语，甚至连他们的中国朋友都讲英语。我们也必须讲英语。对他们来说，中文太难了。他们能听明白我们所说的一部分内容。但是他们不会读不会写。对此，我们无能为力。

这些引文似乎可以证明，朋友圈子在语言选择、语言维持与转用方面起着重要作用，这在我们之前的研究中已经有所体现（例如，Li 1994）。

## 机会和机遇

对于一些家庭来说，一些偶发事件似乎对他们之后生活中的语言使用产生重大影响，如下例所示。这是一个讲广东话的家庭（S6），其原居地是中国香港，以前住在英国西北部相当偏远的一个小村子里。家中的父母亲都会讲一口相当流利的国语。我们很好奇他们是在哪儿又是怎么学会的。

25.（S6家庭中女性，五十几岁。）

> 当时刚好有空的外卖店，我们就买了，结果就搬到这里。附近根本就没有别的华人。小孩子上学也没有讲中国话的朋友。后来有一家人搬到附近，我和他们讲普通话。（访谈者：你以前能讲吗？）一点点。后来跟他们慢慢学，后来就可以说多一点了。但小孩子还不太会讲。

## 新侨民思维

无论是语言维持家庭，还是语言转用家庭，因为要同世界其他不同地方的亲戚保持联络，他们因此更加希望拥有更强的流动性和更紧密的联系，而不是传统意义上的稳定性。我们同语言维持家庭的一名年轻参与者的交谈就证明了这一点，如下所示：

26.（F 代表 M4 家庭中的一名在英国出生的十几岁的女孩。W 代表实地考察工作人员。F 和 W 均用英语表述。）

　　F：我父母经常说："学中文。中文对你的未来会很重要。看看谁谁的孩子，都找不到好工作，只能在鞋店之类的地方工作。他们的家人为此受了不少罪。如果你会中文，在中国你总能找到一个真正的好工作，挣很多很多钱。中国发展真的很快。最后一定会统领全世界。"而我告诉他们，如果我去中国的话，他们需要的是我的英语，而不是中文。

　　W：那么，他们想要你去中国工作吗？或者你想在中国工作吗？

　　F：我不知道他们是否真的想让我回中国。现在，他们所有的兄弟、姐妹和堂 / 表兄妹似乎都不在中国了，都在其他地方。我（外）祖父母同我姑姑 / 姨妈住在新西兰。我觉得他们并不是真的想把我送到中国去。我觉得我也不想去中国，不想住在那儿。

　　W：那么，你觉得他们为什么还跟你说你要学中文呢？

　　F：我想他们只是想让我们懂中文。我想他们是觉得，如果告诉我们有一天会回到中国，我们就会更加认真对待。然而无论如何，我都不认为他们会真的这样做。我妈妈有时会说"哦，我想去夏威夷住"，或者"我想去澳大利亚"。他们总是说，"好好学习，你们就可以上一所好大学"。他们指的是英国的大学。我觉得他们并不是真的想回中国。他们住在这儿的时间比在中国还长。

这则摘录中的女孩可以清楚地从想象中分辨出什么是现实。但是，促使家庭前行并影响其语言使用决策的正是想象，是从家庭移民经历和他们同世界各地的亲戚之间所进行的联系之中萌发的想象。

　　下面，我们再举一个例子。是一名母亲，来自语言转用家庭，原居地是中国香港。

27.（S6 家庭中的母亲，用英语表述。）

　　我们和家人一直用 Skype 联络。我们有一个大家庭，亲戚遍布多地，巴西、澳大利亚、意大利、加拿大等。（W：你们经常去看他们吗？）当然。我们都有假期。有时，我们一起到其他地方度假。去年圣诞节，我们去了印度尼西亚。印尼并没有家人，但我们想如果一大家子在那里团聚也不错。总共去了 24 个人。（W：你们都说英语吗？）大多数时间都讲英语。但也有孩子说葡萄牙语。他们中还有人想来英国学习和工作。我们的孩子想去澳大利亚。旅游对他们，尤其是孩子，挺好的。他们可以学到新的东西。

对于全球的华裔家庭来说，这名母亲所描述的绝不是什么特殊情况。他们中有很多人在世界不同地方，都有一个庞大、复杂的社会关系网。他们能接触到很多不同的语言和文化。保持家人之间的联络有助于他们提高语言文化意识，形成新的全球视野。

# 十年后

现在，我们来讨论一下时隔十年之后我们所观察和再次访谈的一小部分家庭（两个语言维持家庭：M1、M4；5 个语言转用家庭：S6、S9、S10、S12、S13）。十年后，情况不可避免地会出现变化，有几位成员搬到了其他地方。我们多年以来同这 18 个人一直保持联系。他们很期待分享他们的故事，因为这给了他们一个机会，使他们既能够利用过去的经历帮助他们理解现在的情形，同时也可以参照他们的现在再去理解他们的过去。

在对他们的观察和访谈中，我们发现所有家庭都竭力维持其传承语。下面的引文反映了他们在这方面做出的努力。一名二十五六岁的年轻女子告诉我们：

28.（S6 家庭中的女性，二十几岁，出生于英国，父母来自中国香港，用英语表述。）

妈妈经常把我们锁起来，不是真的锁起来，你知道我的意思吧。这样，我们就可以去做中文学校布置的中文作业了。我确实过了英国普通中学教育证书考试（GCSE）。那不太难。但是，当我学（中文）学到 A 级水平时，我就放弃学中文了。太难了。

她的妈妈补充道：

29.（S6 家庭中的母亲。她接受了女儿的语言选择，她是用英语向我们讲述的。）

我真的希望她能继续学习中文。我想让她学到中文 A 级。但是，她确实有很多作业要做。我想，好吧，她要上一所好大学。中文只是加分科目，重点是其他科目。我觉得她说中文还算说得很好，阅读差些，但不会写。

另外一名父亲是一名商人，有两个孩子。现在，还有了两个（外）孙子／女。他向我们反思了他们家为什么没有把中文维持得像他们希望得那样好的原因。

30.（S9 家庭中的男性，六十多岁，原居地中国香港，用英语表述。）

在讲中文方面，我觉得我们太乐观了，或许太幼稚了。我们想和他们（孩子们）讲中文，开始时我们也是这样做的。但是，等他们上学之后，似乎什么内容都是英语的。我忙着工作，我妻子也工作，她现在还在工作。当我们面对他们的学校作业时，作业都是英文的。所以，渐渐地，而不是有意地，我们彼此说话就开始用英语了。孩子们知道我们会说英语。因此，想要假装听不懂他们在说什么是困难的。我们会尽可能地多讲中文，当然并不是任何时候都这样。

即使是语言维持家庭，这种矛盾也很明显。一位接近三十岁的女性这样告诉我们：

31.（M4 家庭中的女性，在英国出生，来自语言维持家庭。最初对她进行访谈时，她才十几岁。用英语表述。）

我觉得我父母都疯了。他们在我的卧室放满了这些中文海报，试图鼓励我去想象我待在中国什么的。他们要我学唱中文歌。我喜欢唱歌。我妈妈会说，"哦，你能成为下一个'阿妹'（张惠妹）"之类的，我想她很喜欢阿妹。为此，我经常逗我妈妈。有时，她会说："我能给你在有线电视的中国流行音乐偶像节目上或者诸如此类的节目上报个名吗？"她也会假装听不懂我说的。如果我爸爸同我们讲英语，她也会同他发生争执。

当我们问这位年轻女性，她觉得妈妈的努力有没有得到回报时，她说：

32.（M4 家庭中的女性，在英国出生，来自语言维持家庭。最初对她进行访谈时，她才十几岁。用英语表述。）

我想是有回报的。我肯定能讲中文，也能读懂不少东西。但是，我觉得我的写作不好。她当然要确保我明白在家要说中文这一点。或者不管怎么样，她都倾向于这么做。同我的父母，我会讲中文。我妈妈对这一点很坚持。

有几个人认为，不管成功与否，在家里他们共同为维持中文所做出的努力确实拉近了家人的距离。如下所示：

33.（M4 家庭中的父亲，原居地中国内地。）

她们明白我们家是中国人的家，她们应当尽量说中国话。我知道不那么简单，但也要努力啦。她们回家时会跟我们用中文打招呼，有时也用中文 text（发短信），但有很多错。可是她们是在 trying（努力）。

34.（S9 家庭中的女性，原居地中国香港，用广东话表述。）

奶奶几年前去世之后，我就死心了。孩子们不会再想讲中文了。因为他们知道我会说英语，他们的中文不太好。但事实上他们还跟我说中文。有时我的女儿说："哦，妈妈，我不会抛弃你，我会跟你说中文。"

上述两段引文也反映出，语言维持与转用在本质上是破碎的、不全面的。一些人的中文保持得比另外一些人多一些；一些人可以说中文，也可以听懂，但不会读，也不会写；一些人放弃了其父母的方言，却学会了普通话。他们对 21 世纪华裔离散家庭与社区的凝聚力提出了一个重要挑战。

## 重新想象

对于很多跨国移居家庭而言，情况不断发生变化。他们对其后代可能会有长期的计划。但是，就像上述一些例子表明的那样，他们的计划常常会面临着变化，有时是突然发生的变化。事情的变化继而促发他们重新想象未来的情景。十年之后我们的随访就包括几个这样的重新想象的例子。如下所示：

35.（S12 家庭中的母亲。）

其实我们原来都是跟他们讲中文的。带他们回中国去，他们也很开心。后来国内没人了，老人不在了，其他的都出去不回来了。我们也就没再坚持。可他们（指儿子）有时说将来会回中国去，也想让他们的孩子学中文。

36.（S9 家庭中的父亲，原居地中国香港。其实，他在此处说的是国语，为了要表明其广东话背景，特转录成了繁体字。）

我們以前是和他們講廣東話的。後來他們上大學自己學講中文了，我看他們有很多從中國來的朋友。我也和他們講中文。

## 不同的观点

对家庭在语言维持方面所做的努力，人们当然会有不同的观点，不同的经历。一些在英国出生的家庭成员告诉我们，他们觉得周末去中文补习学校上课是浪费时间，其观点如下所示：

37.（S10 家庭中的女性，在英国出生，二十五六岁，父母来自中国香港，用英语表述。）

我们并不是真的是被逼着才去上课的，这是一种习惯。学期中的每个星期天下午，我们都会开车去中文学校，在那里学上三四个小时。我认为，老师教得并不好。现在，已经记不得学过什么了。在大学里，仅仅通过和华人学生（同学）聊天，特别是和中国学生聊天，我觉得我学会的中文可能比在中文学校学会的多。

但是，也有一些人对此有不同的看法，如下所示：

38.（英国出生，大学生，来自 M1 家庭，父母来自中国香港，用英语表述。）

我觉得中文学校很有意思。我确实学了很多东西，虽然可能还不够多。但是，能认识其他华裔孩子，交很多朋友，我觉得挺好的。现在，同他们还有联系，有时一起出去玩。有些中文学校的老师就是家长。我们就认识其中一两位家长。他们都在非常努力地帮我们学中文。

我们感到有意思的是一些受访人评论说，该研究项目帮助他们更加强烈地意识到跨国移居家庭维持其传承语的意义。如下面两则评论所示：

39.（M4 家庭中的母亲，年近五十岁，原居地是中国内地。）

我从来没想到保持你自己的语言会这么难。还是跟你谈过以后，我们在家谈，说"得有个计划"，我们得想，要孩子将来做什么，我们一家想去哪儿。我们是想两种语言都能保持。但我们更需要为中文努力，因为在家外边没有学习使用的机会。

她的丈夫这样认为：

40.（M4 家庭中的丈夫。）

我们本来没有计划在英国长期居住。我们其实是想应该尽量努力多学英语，快点学，回了国可以说一口好英语，小孩的英语也不会忘。但你这个项目让我们见到其他人家，才知道保持中文反而更难。他们在幼儿园、学校就能学英语。可只能跟我们学中文，而我们又不是专业（的）。不知道怎么教中文。

到目前为止，我们已经举例说明了出现在家庭民族志研究项目中的一些话题。这些话题构成影响代际语言维持与转用的重要因素。通常情况下，这些不同的因素会以某种复杂的方式共同作用，而这取决于所讨论的特定家庭的具体情形。为了证明这些因素的作用方式以及想象的作用，我们现在向大家讲述一位姓简的家庭的故事。这个家庭经历了一系列的语言转用，但也尽力维持了很不错的中文水平。

## 简家的故事

在简家，我们最先认识的是简夫人。她年近七十，是第一代移民，现在已经是一位祖母了。她的语言背景是客家话，来自中国香港新界的一个村子。在 20 世纪 60 年代，快三十岁时移民到了英国。她告诉我们，她是在英国遇到她丈夫的，她丈夫讲广东话。很明显他们之间是包办婚姻，因为在她离开香港之前其实就已经和简先生是合法夫妻了。简先生那时也快三十岁了。他先是在一家建筑公司工作，时间不长，英文水平有限。后来，又在同乡开的一家中餐馆打工。简夫人来到英国后，先是在同一家中餐馆打工。在餐馆工作期间，她学会了一点儿英语和广东话。她丈夫后来又回到了建筑行业工作，参与了伦敦的一些主要建筑项目。赚到足够的钱之后，他们自己开了一家外卖店。雇了香港的一个远房亲戚做兼职助手，他会说英语，负责给顾客下单并且在前台招待顾客。不过，主要还是简夫人在管理他们的家庭生意。简先生还在建筑行业继续工作，是兼职的、自由职业式的工作。

在中餐馆，简夫人从她丈夫和其他人那里学会了广东话。同简先生讲话时，用的是广东话。当简夫人快要生第一个孩子时，她的父母为了帮他们照看孩子住在了他们家。外祖父/母说的是客家话。他们能听懂一些广东话，但是除了同简先生交流之外，大部分都说客家话。简夫人说她的两个孩子，一个女儿和一个儿子，由于是外祖父/母带大的，所以客家话也很好。但后来，由于那时没有其他中文补习学校，周末就会把孩子送到教广东话的中文补习学校。事实上，英国到现在也没有任何提供客家话教学的中文补习学校。简先生和简夫人都懂一些国语，也非常乐意使用国语同我们交谈。当问到他们是如何学会国语时，他们说是在同讲国语的朋友交往的过程中学会的。这反映了英国华裔群体最近在人口数量上的变化，20世纪80年代以来，英国说国语的人口数量明显上升。

在很多场合，我们都同简先生与简夫人的女儿和儿子进行交谈。他们彼此之间讲英语，同我们讲话时虽然也讲国语，但更倾向于讲英语。他们说自己已经忘记客家话了，他们的广东话"还可以，但不够好"。他们说，自从外祖父/母在20世纪80年代去世后，他们家就开始主要使用广东话进行交流，而不再讲客家话了。他们还说，在大学里从中国和新加坡的华裔朋友那里学会了一些国语。简先生的女儿嫁给了一个来自马来西亚的华裔男人，他懂国语以及一些方言，但他们彼此之间主要还是用英语进行交流。不过，他们会观看中国电视节目，国语也说得很好。简先生的儿子同一位在英国出生的华裔女子结了婚，在家里使用的是国语。他们表示，希望他们的孩子将来既要学习广东话，也要学习国语。

简先生和简夫人在2000年年初的时候，卖掉了外卖店。他们不断地说要回香港。其实，在他们来英国近四十年的时间里，他们在香港地区居住的最长时间也不过七个月，并且只有简先生一个人回去了。虽然简先生说他家在香港新界有一些土地，但家境不能算富裕。下面是简先生用普通话讲的一段话：

41.（为了表明其广东话背景，用繁体字转写。）

　　　　風俗習慣的確是個問題，我在這裏三十多年也覺得不習慣，還是比較習慣香港。想起香港就開心。

　　另一方面，简夫人承认在处理各种语言问题上的努力与挑战。作为一个嫁给了广东人的讲客家话的女人，她必须学会丈夫的语言。为了在华人餐饮业工作，她也觉得必须学会广东话。即使后来经营自己的生意，她知道他们也必须同其他华人打交道，包括供应商，而大部分供应商都讲广东话。他们真的非常关心孩子学习中文这件事，所以才把孩子送到广东话学校。但是，他们同样也能接受在英国生存就需要英语这一点。简先生的英语其实非常好。简夫人说自己能听懂大部分内容，也定期观看英文电视节目。她用国语告诉我们，客家话活在她的记忆里。

42.（为了表明其广东话背景，用繁体字转写。）

　　　　我現在也很少講客家話了。沒人跟我講。反而越來越多是講普通話。我們兩個孩子上大學後，我在家裏一個人沒意思，出去找朋友。後來又給別人幫忙，學說普通話。

　　让我们感兴趣的是，简先生和简夫人的国语都学得很好，而简夫人就像上文摘录 25 中的那位女性一样，采用了中国大陆的说法把国语称为普通话。简先生说，从 20 世纪 90 年代以来，因为生意的原因，他认识了讲国语的人，尤其是来自中国大陆的人，越来越多。他并没有正式地去学习国语，而是通过和那些讲国语的人交往学会的。简夫人也学会了一些国语，也很热衷于练习国语。鼓励孩子在大学学习国语的人就是简夫人。她在一些场合说过，她想让女儿和儿子，以及未来的（外）孙子／女，都学习国语。因为，如果有一天他们决定去中国工作的话，一定很有用。她把国语称为"我们中国话"，还在一些场合称之为"普通话"，并且还谈到了国语在当今这个社会的用处。有一次，我们去拜访他们，碰巧他们的儿子也在家，结果我们同简先生和简夫人都是在用国语谈话。似乎简家所有人都看到了国语作为一种未来世界语言的潜力，同时把国语，而不是客家话或广东话，重新构建成能够代表他们的民族文化根源的传承语。

简家的故事表明，语言转用不是单向或者单个线性的过程。在不同时间点上，家庭中的重大事件，例如结婚、生子、就业、教育与孩子离家独自生活，都会影响家庭成员对家庭语言选择的协商方式。早期的选择也可能被后来所发生的事情推翻，对于同一家庭的不同成员来说，平行过程可能同时发生。然而，他们对未来的设想却一直都在继续。我们有必要指出，在研究数据中有很多例子都包含表达想象的句子或词语，例如，"要是……就好了""要是……该多好""当初真应该……"，还包括简夫人最爱说的"如果有一天"和"假如有一天"。这说明，尽管国语表面上缺少与英语虚拟语气对等的结构，但国语说话人也能进行假设，也能进行虚拟式思考［Au 1983；Liu 1985；Wu 1994；蒋严 2000；Yeh & Gentner 2005。比较 Bloom（1981）的研究，他曾假设国语话语者由于缺少虚拟语气而不能进入虚拟的王国］。事实上，在我们的研究中有很多人似乎都很珍视幻想以及虚拟的想法，他们对于自己和家人未来的想象也都非常生动精彩。研究数据中的大多数例子都表现出一种"向上的虚拟"，即相信能够产生实用的或有益的积极作用（Roese & Olson 1995；Roese 1997）。

# 结　语

本文主要是为了说明在语言维持与转用的研究中我们应该重视想象所发挥的作用。在研究了大量的访谈数据后，我们意识到尽管影响语言维持与转用的因素很多，但之前，并没有人系统研究过跨国移居家庭是如何对未来进行想象的，而想象却至关重要。就像上述例子和引文所表明的那样，想象会使期待和归属融合，反过来又会给人们一种憧憬，成为促使人们在日常奋斗中前进的内在力量源泉。移民和他们的家人并不一直都是"追溯"的；他们也会以未来为出发点，开发在当前环境中的潜在可能。想象既受到个人与家庭过去经验的影响，也受到现状的影响，与包括语言选择和实践在内的决定社会行为的其他因素相互作用。同时，我们还观察研究了其他一些更为物质的因素，这些因素同样影响人们的语言维持与转用，包括是否要求在使用英语的地方工作，在家里是否有一种共同的语言（例如就像简家一样大家都可以说客家话与广东话），以及与他们的（外）祖父/母是住在一起还是住在他们附近。下一步，我们要重点研究这些更为持久的因素对想象的影响，想象对这些因素的影响，以及他们共同对跨国移居个人和对新离散思维带来的影响，同时进一步研究想象与这些因素的相互作用。

人们构建想象与表达想象的方法，有时是明确的，有时是隐含的。人们的想象既有积极的，也有消极的。但是，人们应对同一类想象的策略却不同。例如，一些家庭想象着他们在英国长住，因此他们想确保孩子能够把中文维持在较高的水平。而另外一些家庭则认为他们应该好好利用在英国的（想象的）短暂时间，把英语提高到一个很高的水平。对于所有家庭来说，想象随着周围情形的变化而变化，在同一家庭的不同个体之间存在着想象方面的差异和冲突，这就使得大家在态度和行为上也会出现差异。想象和重新想象有助于生成有关"传承"和"传承语"的新的动态概念，也有助于产生更加复杂的归属感（详见作者的其他研究，Li 2016）。

我们的研究采用了一个重要而特定的设计，提出了调查语言维持与转用的新方法。在调查中，我们不只是简单地询问参与者过去发生了什么，而是观察了跨国移居的人们从个人和家庭的角度是如何想象他们的未来，而想象又是如何影响他们的态度和行为的。因此，在向参与研究的这些家庭提问时，特别问到了下面这些问题：他们对未来的计划，他们的语言选择、语言学习与语言使用同计划之间可能会产生什么样的相互作用。为了捕捉到想象是影响语言维持与转用的重要因素的论据，我们把分析重点放在了小故事和转瞬即逝的事情上面，最终证明这一做法非常有用。社会语言学和应用语言学对语言维持与转用的分析，一贯把重点放在整体模式或者高频、惯常的行为选择上面。我们的研究表明，看起来很小的事情、很平凡的时刻，最后证明都是非常有意义的。在简短、非正式的对话过程中，家庭和个人可能会渐渐意识到哪些事情是很重要的，这可能会从根本上影响到他们的态度和行为。在今后的研究中，我们应该努力找到一些捕捉这些时刻的更加精确的方法。

## 注释

①指粤方言。受访人自称"广东话",本文采用这一概念。

②因受访者的原居地为中国香港和台湾地区,而且在访谈的过程中他们一般自称"讲国语""讲中文",本文使用"国语"(Mandarin)这一概念。

③访谈材料全译为汉语普通话,但混用汉英(包括粤方言)语言用汉语普通话和英语呈现。所用语种在被访者介绍中加以说明。

④学校指的是孩子所在的学校。

## 参考文献

蒋　严 2000 汉语条件句的违实解释,《语法研究和探索》第 10 辑,北京:商务印书馆。

Anderson, B. 1983/2006. *Imagined Communities: Reflections on the Origin and Spread of Nationalism.* (First published in 1983, revised edition with additions, 2006). London: Verso.

Au, T. K.-F. 1983. Chinese and English counterfactuals: The Sapir-Whorf Hypothesis revisited. *Cognition* 15.

Baker, C. 2011. *Foundations of Bilingual Education and Bilingualism* (5th edn.). Bristol: Multilingual Matters.

Block, D. 2008. On the appropriateness of the metaphor LOSS. In P. Tan & R. Rubdy (Eds.), *Language as Commodity: Global Structures, Local Marketplaces*. London: Continuum International Publishing Group.

Bloom, A. H. 1981. *The Linguistic Shaping of Thought: A Study in the Impact of Language on Thinking in China and the West*. Hillsdale: Erlbaum Associates.

Brah, A. 1996. *Cartographies of Diaspora: Contesting Identities.* London: Routledge.

Byrne, R. M. J. 2005. *The Rational Imagination: How People Create Alternatives to Reality*. Cambridge: MIT Press.

Cassin, B., Apter, E., Lezra, J., et al. 2014. *Dictionary of Untranslatables: A Philosophical Lexicon*. Princeton: Princeton University Press.

Clifford, J. 1997. *Routes: Travel and Translation in the Late Twentieth Century*. Cambridge: Harvard University Press.

Conklin, N. & Louris, M. 1983. *A Host of Tongues*. New York: The Free Press.

Costa, V. D., Lang, P. J., Sabatinelli, D., et al. 2010. Emotional imagery: Assessing pleasure and arousal in the brain's reward circuitry. *Human Brain Mapping* 31(9).

De Fina, A. & Georgakopoulou, A. 2008. Analysing narratives as practices. *Qualitative Research* 8(3).

Fishman, J. A. 1964. Language maintenance and language shift as a field of inquiry: A definition of the field and suggestions for its further development. *Linguistics* 2(9).

Fishman, J. A. 1991. *Reversing Language Shift: Theortical and Empirical Foundations of Assistance to Threatened Languages*. Clevedon: Multilingual Matters.

García, R. L. & Díaz, C. F. 1992. The status and use of Spanish and English among hispanic youth in Dade County (Miami) Florida: A sociolinguistic study, 1989–1991. *Language and Education* 6(1).

Garrder, A. B. 1977. Language maintenance or language shift. In W. F. Mackey & T. Andersson (Eds.), *Bilingualism in Early Childhood*. Rowley: Newbury House.

Georgakopoulou, A. 2006. Thinking big with small stories in narrative and identity analysis. *Narrative Inquiry* 16(1).

Harris, P. 2000. *The Work of the Imagination*. London: Blackwell.

Kant, I. 1781/1999. *Kritik der reinen Vernunft/Critique of Pure Reason*. English translation by P. Guyer & A. Wood. Cambridge: Cambridge University Press.

Leahy, W. & Sweller, J. 2007. The imagination effect increases with an increased intrinsic cognitive load. *Applied Cognitive Psychology* 22(2).

Li, W. 1994. *Three Generations, Two Languages, One Family: Language Choice and Language Shift in a Chinese Community in Britain*. Clevedon: Multilingual Matters.

Li, W. 2011. Moment analysis and translanguaging space: Discursive construction of identities by multilingual Chinese youth in Britain. *Journal of Pragmatics* 43(5).

Li, W. 2016. *Multilingualism in the Chinese Diaspora Worldwide*. London:

Routledge.

Li, W. & Zhu, H. 2010. *International Journal of the Sociology of Language* 205.

Liu, L. G. 1985. Reasoning counterfactually in Chinese: Are there any obstacles? *Cognition* 21.

Mandaville, P. 2001. Reimagining Islam in diaspora: The politics of mediated community. *Gazette* 63(2&3).

Morley, D. 2000. *Home Territories: Media, Mobility, Identity.* London: Routledge.

Paulston, C. B. 1994. *Linguistic Minorities in Multilingual Settings: Implications for Language Policies.* Amsterdam: John Benjamins Publishing.

Roese, N. J. 1997. Counterfactual thinking. *Psychological Bulletin* 121(1).

Roese, N. J. & Olson, J. M. 1995. *What Might Have Been: The Social Psychology of Counterfactual Thinking.* New Jersey: Erlbaum.

Salazar, N. B. 2011. The power of imagination in transnational mobilities. *Identities: Global Studies in Culture and Power* 18(6).

Sallis, J. 2000. *Force of Imagination: The Sense of the Elemental.* Bloomington: Indiana University Press.

Smith, J. & Osborn, M. 2008. Interpretative phenomenological analysis. In J. Smith (Ed.), *Qualitative Psychology* (2nd edn.). London: SAGE Publications Ltd.

Sofos, S. 1996. Interethnic violence and gendered constructions of ethnicity in former Yugoslavia. *Social Identities* 2(1).

Spencer-Oatey, H. & Harsch, C. 2016. Critical incident analysis. In H. Zhu (Ed.), *Research Methods in Intercultural Communication.* Hoboken: Wiley-Blackwell.

Tsagarousianou, R. 2004. Rethinking the concept of Diaspora: Mobility, connectivity and communication in a globalized world. *Westminster Papers in Communication and Culture* 1(1).

Vertovec, S. 2007. Super-Diversity and its implications. *Ethnic and Racial Studies* 29(6).

Von Gleich, U. & Wölck, W. 1994. Changes in language use and attitudes of Quechua-Spanish bilinguals in Peru. *Language in the Andes.* Newark: University of Delaware Press.

Wu, H.-F. 1994. *"If Triangle Were Circles, ... " : A Study of Counterfactuals in Chinese and English.* Taipei: The Crane Publishing Co., Ltd.

Yeh, D. & Gentner, D. 2005. Reasoning counterfactually in Chinese: Picking up the pieces. In *Proceedings of the Twenty-Seventh Annual Meeting of the Cognitive Science Society.*

Zhu, H. & Li, W. 2016. Transnational experience, aspiration and family language policy. *Journal of Multilingual and Multicultural Development* 37(7).

发表于《语言战略研究》2017 年第 3 期

# 加拿大华人家庭语言政策类型及成因

李国芳　孙　茁

## 一、引言

每一个家庭都是一个独立的"家庭语言生态"（Luykx 2003）。每个家庭语言生态都会因为家庭成员对语言的选择、对语言的态度以及对语言的使用的不同而不同。也是因为这些不同，每个家庭语言生态都是个动态的变化过程。家庭语言生态作为动态的变化过程对于儿童的语言发展及使用可以起到促进或者抑制的作用。对于移民家庭来说，家庭语言政策，即语言使用者"在家庭范畴内或与家人之间语言使用的明确公开的规划"，对创造两/多文环境、实现儿童两/多文能力至关重要（King et al. 2008）。

加拿大国内拥有庞大的华裔群体。2011 年统计数据显示，在加拿大的华人人口已超过了 50 万，成为加拿大的第二大移民群体（The Canadian Magazine of Immigration 2011）。而中文（包括普通话和粤方言）在加拿大也成为继其两种官方语言（英语、法语）之后的第三大家庭常用语言（Statistics Canada 2011）。但因为语言替换及语言流失广泛存在于华裔移民家庭中，汉语作为祖语往往不能得到有效的维系或在移民代际间得不到有效的发展。一系列针对加拿大华裔家庭语言教育的研究表明，加拿大华裔父母极其重视子女的中文语言及语言素养的培养，但是这些孩子们学习中文的效果很不理想（Li 2002，2006a，2006b；Curdt-Christiansen 2009，2012；Riches & Curdt-Christiansen 2010；Shi 2016）。这些研究还发现，以往的对于华裔家庭的祖语及双文双语教育研究多专注于儿童在家庭环境中习得语言的过程，而忽视了家庭成员在此过程中在语言规划方面的能动性（agency）以及宏观社会文化情境对家庭语言规划的影响。将关注点置于家庭语言生态背后的能动性，并突破家庭环境的局限，将能动性置于宏观社会文化情境中可能会为华裔汉语祖语维护和发展提供全新的、更为广阔的理论视角。

再者，以往的对华裔家庭的祖语及双文双语教育的研究多专注于个案研究，即在个案中获得横向的、深入的认识，却忽略了对于中文在移民家庭环境中的教育和习得的整体认识。在本文中，作者整理出以往在加拿大不同地区华裔移民家庭搜集到的访谈及观察数据，并从中撷取 4 个具有代表性的家庭，从宏观、微观、社区以及儿童个体能动性等方面来对加拿大华裔社区中不同的家庭语言政策进行归因。此外，作者通过不同家庭之间的横向数据对比及分析，构建了加拿大华裔家庭语言政策的类型及其连续发展的模型，以提供一个解读家庭语言政策的概念框架。本文在现有的家庭语言政策的理论框架基础上，为海外多语的宏观社会环境下移民家庭的语言政策与少数裔语言保护提供了另一种概念化的视角。本文主要关注如下两个问题：

（1）加拿大华人家庭中存在哪些类型的家庭语言政策？

（2）这些不同类型的家庭语言政策背后的成因有哪些？

## 二、体现家庭语言政策的三个方面

家庭语言政策是语言使用者在家庭语言生态变化过程中的原动力（Luykx 2003）。一般体现在家庭成员的语言意识形态、语言管理及语言实践 3 个方面（Curdt-Christiansen 2014）。语言意识形态是语言使用者对于不同语言价值、权利、效用方面的感知，是"语言使用者明确表达的、用来合理化感知语言结构及使用的观念的集合"（Silverstein 1979：93）。在移民家庭中，语言意识形态往往包括父母对移民国家的官方语言和祖语（母语）的价值、权利及效用的衡量；同时也体现出他们在宏观和微观的层面上对于不同语言表达出的或重叠或竞争的语言态度。宏观社会因素对于语言意识形态的影响是模型的一个主体组成部分。移民在社会中通过与宏观社会环境（包括社会经济、政治、语言、文化等）的不断接触和交往，形成了对于语言价值、语言特权、语言功能及语言活力的不同感知。而这些语言方面的感知则会通过语言意识形态在家庭语言行为中得到体现。

　　除语言意识形态外，语言管理和语言实践也是家庭语言政策的具体组成部分。语言实践是对于家庭语言行为的具体描述。在本文中，语言实践包含了家庭环境中父母及目标儿童的语言使用类别（即中文、英文、法文等）、语言熟练程度、语言功能及涉及不同语言使用的读写活动等。语言管理是在实时语言互动中对于语言实践的尝试性干预，因此也被称为语言干预或者语言规划（King et al. 2008）。语言管理通常是语言意识形态的具体化和执行。在移民家庭中，父母对移民国家的官方语言和祖语（母语）的价值、权利及效用的衡量往往会影响父母在日常交谈中对子女的语言使用进行的控制或干预以及他们对孩子不同语言学习方面的投入（Curdt-Christiansen 2009，2014）。值得注意的是，家庭环境中的语言管理并非完全在语言实践中有所体现；换言之，并不是父母所有的对于子女语言行为的干预都能转化为他们所期待的语言实践。稍后本文在这个问题上也会进行具体的讨论及归因分析。

　　在家庭语言政策 3 个方面的体现中，语言意识形态被认为在家庭语言政策中起决定性作用，因为其联结了家庭外部的宏观社会因素以及家庭内部的微观生态（King 2000）。家庭中的语言意识形态是对于宏观社会环境的映射，间接参与到家庭环境中的语言实践和语言管理的决策过程中（Li 2006a，2006b；Canagarajah 2008；King et al. 2008；Lane 2010；Curdt-Christiansen 2012），存在于父母与儿童的沟通互动过程中（King et al. 2008）。因此，家庭语言政策实际受到意识形态支配，很多家庭成员对于家庭语言政策的决策和执行是在无意识或者下意识中进行的。

## 三、加拿大华人家庭实例

　　本文通过 4 个家庭实例来分别阐述不同的家庭语言政策。文中的4 个家庭实例来源于作者在加拿大两省（萨斯喀彻温省和不列颠哥伦比亚省）三市（里弗维尤市、米尔克里克市和萨斯卡通市）的家庭调研（Li 2002，2006a，2006b）。其中，本文第一作者先后在萨斯喀彻温省的萨斯卡通市以及不列颠哥伦比亚省的里弗维尤市进行了历时性的多案例研究，以探索加拿大华裔家庭中儿童（小学适龄儿童）的读写、文化实践以及华裔家庭与加拿大主流学校在不同文化背景中的教育意识形态冲突。与以前发表的一系列文章不同，本文用一个全新的家庭语言政策理论框架进行分析，因此突破之前研究成果的局限，增添了对华裔家庭语言使用方面的独特见解。

　　在前一项为期 7 个月的调研中，作者针对 4 个来自中国大陆的移民家庭进行了家庭环境下中英文读写实践的观察及访谈；后者历时一年，其间涉及一、二年级和四、五年级各 4 个目标儿童以及他们的一代移民父母。本文中另一组数据来源于第二作者在不列颠哥伦比亚省米尔克里克市进行的为期 3 个月的个案调研，用以了解青少年华裔家庭的语言生态及语言行为。该案例着重研究一对来自中国大陆的技术移民夫妻以及他们就读高中三年级的女儿。4 个家庭的自然情况如表 1 所述。

表 1　家庭信息表

| 家庭成员（粗体为目标儿童） | 父母教育及职业背景（移民前/后） | 父母语言能力 | 移民经历 | 社区/学校概况 |
|---|---|---|---|---|
| 里弗维尤市，不列颠哥伦比亚省 | | | | |
| 陈家，中国香港父母：陈先生、陈太太；子女：安东尼[①]（7 岁），生于加拿大，家中独子 | 陈先生、陈太太：在中国香港受过高等教育 | 二人均为粤方言、普通话、英语使用者 | 1987 年移民加拿大 | 学校所有教师均为白人；学校实行"全英语"政策 |
| 萨斯卡通市，萨斯卡切温省 | | | | |
| 张家，中国大陆父母：张先生、张太太；子女：张悦（7 岁），4 岁半随母亲移居至加拿大，是家中独女 | 张先生：大学教授，加拿大博士后/计算机科学专业本科生张太太：在中国受过高等教育，高校图书管理员/纺织厂工人 | 二人均为英汉双语使用者 | 3 年前移居加拿大 | 大学城周边有两所小型公寓 |
| 米尔克里克市，不列颠哥伦比亚省 | | | | |
| 李家，中国大陆父母：李先生、李太太；子女：木兰（18 岁），12 年级，家中独女，4 岁移民至加拿大 | 李先生：中国一本院校矿务工程本科毕业李太太：中国顶尖大学电气工程硕士毕业 | 二人均为普通话、英语、法语三语使用者 | 15 年前通过技术移民加拿大，并在蒙特利尔接受继续教育，后在不列颠哥伦比亚省落户 | 安静的中产社区，英法双语学校，但高年级核心课程以英文为主 |

续表

| 家庭成员<br>（粗体为目标儿童） | 父母教育及职业背景<br>（移民前/后） | 父母语言能力 | 移民经历 | 社区/学校<br>概况 |
|---|---|---|---|---|
| 萨斯卡通市，萨斯卡切温省 | | | | |
| 刘家，中国广东<br>父母：刘先生，刘太太；子女：**德温**（8岁）和三个姐姐，皆出生于加拿大 | 刘先生，刘太太：中国小学和初中文化，经营自家餐馆 | 二人仅掌握非常有限的英语 | 在加拿大工作并生活了近20年 | 靠近低收入社区，治安环境较差 |

## 四、加拿大华裔家庭语言政策的发展、形成及实践

下面我们通过这 4 个家庭实例来分别阐述他们的家庭语言政策的形成及实践。在接下来的 4 个家庭实例的介绍中，我们从语言意识形态、语言管理和语言实践 3 个方面来展现每个家庭的语言行为和家庭语言生态发展的动态。就语言意识形态而言，加拿大的华裔家庭一般要衡量英文、法文及中文对于他们的重要性，以及每种语言在他们孩子的社会经济、政治资源方面的用途，因此呈现出"英语即优势""双/多语即优势"和"母语即资源"等不同的感知模式。这些不同的语言意识形态影响华裔家庭的语言管理模式，特别是中文、英文或法文在家庭语言使用中所占的比重以及父母对每种语言学习在人力及财力上的投资。按照中文在家庭语言使用中所占的比重，可以归为 4 种典型的家庭语言政策，即"零中文"、中文作为过渡语言、多语及中文作为唯一语言的家庭语言政策。这些不同的家庭语言意识形态，不同的家庭语言管理及实践形成了不同的家庭语言政策。

### （一）从"全中文"到"零中文"的家庭语言政策的形成——安东尼·陈的案例

1. 安东尼·陈家的语言意识形态

陈先生和陈太太在 20 世纪 80 年代末移民潮到来之前就移居加拿大，但他们却从未找到过归属感。陈太太用了一个形象的比喻："就好比你去朋友家做客，谁是主人、谁是客人，一目了然。在别人家里你永远不可

能以主人自居。"陈先生和陈太太的这种"旅居者"的感受极大地影响了他们对于儿子安东尼教育方面的态度，尤其是语言学习方面的态度。在她和先生看来，纯正的英语是儿子在加拿大取得学业成功的必备条件；而只有在教育上获得成功，儿子才能够摆脱贴在自己身上的"旅居者"的标签。因此，为了让安东尼能够讲一口"纯正"的英语，让儿子成为一名真正的加拿大人，陈先生和陈太太最终决定在家里用英语跟儿子交流。

2. 安东尼·陈家的语言管理及实践

安东尼在上学前班的时候还跟班上大多数香港地区新移民的孩子们全天用中文交流。可是在上小学之后不久他就开始抗拒讲中文了。由于安东尼的学校只准许学生们使用英语，他跟其他很多中国移民家庭的孩子一样开始"掩饰"自己会讲中文。在家里，当陈先生、陈太太用中文跟安东尼讲话时，除非是以他非常想要的东西来引导他，否则他都只会用英语回答。夫妻二人曾经尝试要求安东尼在周末的时候只许在家里说中文，但由于儿子极度不配合，最终也只能作罢。即便如此，他们仍希望安东尼能用中文交流，并且能够书写简单的汉字（比如自己的名字）。尽管课后生活已经被各项课余的体育活动及补习活动排得满满当当，他的父母仍坚持把他送到中文学校，每周学习两个小时的中文。但是安东尼本人却对中文学习完全提不起兴趣来。在他看来，中文又难学又无聊，总有写不完的作业，所以最后中文学校也不去了。他们一度可以在家里收看到中文的电视节目，但是由于安东尼并不经常收看，陈先生和陈太太最终退订了中文频道。至此，安东尼在家里唯一能接触到的中文就只剩下父母偶尔收听的中文广播了。相较于中文，安东尼在家里所使用的英文显得十分丰富。他热爱英文阅读，喜欢看类似富兰克林乌龟系列一类的英文故事书。宠物小精灵、数码宝贝这类的英文卡通片也是他的最爱。

## （二）"中文作为过渡语言"的家庭语言政策的形成——张悦的案例

1. 张悦家的语言意识形态

张先生和张太太一度十分担忧女儿张悦在学校的表现。女儿在刚来到加拿大开始上小学的时候，由于语言不通，一度对学习失去信心。据张太太观察，很多在国内上过小学的中国移民子女都能很快地在加拿大的学校里脱颖而出，这是因为加拿大小学课程与国内同龄儿童的学习内容相比要简单很多。张太太认为孩子在国内学习的经历可以帮助他们更好、更快地掌握加拿大小学里的课程内容；同样，中文在她看来也可以有效地转化成学习和提高英文能力的资源。这种中文作为过渡语言的家庭政策主要体现在张太太训练女儿英文读写的思路上。由于张太太认为自己的学术英文能力有限，在辅导女儿时经常使用中文作为指导语言。张太太表示，由于中文和英文之间有很多相通之处，中文的作文构思同样可以帮助女儿用英文写作。

2. 张悦家的语言管理及实践

张太太对于女儿的语言管理主要体现在她对女儿学校课程学习的监督和督促上。由于女儿在英文拼写和数学方面相对薄弱，每天晚饭后张太太都会给她布置相关的作业，包括用学校制作的单词表听写单词、背诵故事和默写，还包括完成张太太从中文数学教材上找到的数学练习题。张太太和张先生都希望女儿能够保持中文的语言能力。因此，张太太有时趁着作业少也会教女儿写一些汉字。而夫妻二人也坚持在家里跟女儿用中文交流沟通。除了用中文跟父母交流以外，张悦每周末去中文学校，而且会在家里完成中文学校老师布置的汉字书写、组词练习。由于当地中文资源有限，张先生和张太太只能偶尔拜托国内的亲人朋友购买少量中文少儿读物。其他时候他们只能通过网络来给张悦搜集一些中文阅读材料。

用中文过渡英文对张悦来说很成功。尽管张悦是在 4 岁多来到加拿大后才开始接触英文的，但她现在的英文阅读水平在班上已经是名列前茅了。刚满 7 岁的她已经开始阅读章节类的小说（chapter books）[2]了。张悦不仅可以声情并茂地朗读故事书里的内容，还可以通过拼读顺利地读出很多自己不认识的单词。如今，家中客厅里的一整面墙都悬挂着她在各种读书竞赛中获得的奖状。

### （三）从"一语"到"多语"的家庭语言政策的形成——木兰·李的案例

1. 木兰家的语言意识形态

李先生和李太太二人是中英双语使用者，夫妻二人均可熟练地使用中英双语进行交流和读写。李先生是个曾经参加两次大学英语四级考试均未通过的"失败者"，但他现在不但可以用流利的英语运营自己的报税公司，同时还掌握了简单的法语口语。夫妻二人参照自己后天习得英语和法语的经验和经历，认为但凡有沉浸式的自然语言环境和学习语言的动机，学习一门语言是水到渠成的事情。因此，虽然女儿到加拿大时只会中文，他们并不担心女儿的英文和法文的习得和发展；相反，他们对多语共存有非常积极的看法。

2. 木兰家的语言管理及实践

加拿大的双语政策以及李先生一家在加拿大不同语言环境的移居轨迹为这个家庭营造了颇为独特的语言生态。在李家，中文是家中的绝对主导语言。除日常交流外，夫妻二人频繁地使用中文及汉字与同为中国移民的朋友以及在国内的亲友通过手机信息、语音和视频交流。李先生和李太太二人保留了与国内家庭相同的娱乐休闲传统：观看电视剧。家中客厅的沙发前摆放了一台大屏液晶电视，通过网络电视夫妻二人时常观看国内电视台同步播出的最新国产电视剧。此外，在一楼书房以及二楼客厅的书架上摆放了许多与夫妻二人专业相关的或者有关养生保健的中文书籍。

李先生和李太太有意坚持一直跟木兰用中文交流。在他们看来，家庭是唯一可以为木兰提供沉浸式中文环境的地方，也是唯一木兰可以使用中文沟通交流的环境。跟众多中国的移民父母一样，李太太曾经将木兰送到当地教堂组织的中文学校里去学习。然而，由于教法和材料往往枯燥无趣，木兰很快就失去了兴趣。木兰在移民加拿大之前仅在幼儿园认识 100 个左右的汉字，加之在加拿大成长期间并未持续接受中文教育，原有的汉字储备也已所剩无几。虽然她不能用中文读写，但偶尔会通过拼音输入法在微信上给家人发中文的祝福信息。

与爸爸妈妈不同，木兰在家庭语言实践中不仅有更多语言的选择，具体语言的功能和使用形式也大不相同。由于木兰在不列颠哥伦比亚省一直就读于英法双语学校，在家庭环境中，木兰的法语使用通常是围绕家庭作业展开的读写活动（如图1）。

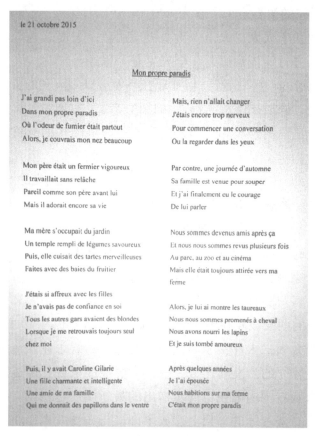

图1　木兰的法语诗歌课程作业

　　与中文和法文的使用相比，木兰在家里更多使用英文来进行社交活动、探索自己感兴趣的东西。闲暇时木兰会通过Facebook、Twitter等社交媒体浏览朋友或者明星的信息，或者通过短信与同学朋友们交流。木兰也会时常通过家里的台式电脑或者手机登录英文网站浏览、搜索信息。当然，木兰的英文使用中也包含了传统的纸质读物。木兰酷爱读书，她卧室内的书架上摆满了北美青少年的小说读物。木兰对于超自然类型的小说很感兴趣，《暮光之城》《吸血鬼日记》等系列读物都有收藏，同时也借阅了当地图书馆几乎所有青少年类别的书籍。

## （四）"中文为唯一语言"的家庭语言政策的形成——德温·刘的案例

### 1. 德温·刘家的语言意识形态

尽管刘先生和刘太太已经在加拿大工作生活了20多年，他们始终没能掌握英语这项技能。夫妻二人早年在来餐馆打工的学生的帮助下将菜单翻译成了英文；遇到付账单、写支票或者阅读信件之类需要用到英语的地方，他们就需要孩子们的帮助了。他们最终在萨斯卡通市的唐人街拥有了属于自己的中餐厅。在离唐人街不远的地方，德温一家连同祖父母、姑姑和姑姑的两个孩子共同居住在一幢由之前家里的旧餐厅改造而成的房子里。德温在作者搜集数据的时候已经8岁了，彼时他已经连续4年在一年级就读了。他是家里最小的孩子，也是唯一的男孩子。在他上面还有3个已经上中学的姐姐。姐弟4人均出生在加拿大。由于房子坐落于萨斯卡通市低收入社区，出于安全考虑大人们很少准许孩子们在外面活动。几个孩子放学后除了偶尔光顾自家的餐厅以外，绝大部分的时间都是在家里度过的。因为餐馆从上午10点到晚上11点营业，德温平时在家里极少能见到父母，有时甚至连续几天都见不到他们。

刘先生和刘太太都表示学会英语很重要，因为如果他们掌握了英语就能更好地了解孩子们在学校的表现了。然而早年餐馆里繁忙的工作以及与"英语"世界有限的接触，最终使他们放弃了学习英语的念头。中文也就是家里唯一的交流语言。

### 2. 德温家的语言管理及实践

德温的家庭语言环境的主题可以概括为"电视"。德温很小就跟电视"结缘"了。由于家里的餐馆生意，德温的爸爸妈妈变得更加繁忙，无暇照顾他，只能把他留给祖母照顾。然而祖母彼时也在疲于照看家里的其他几个孩子，只能将他一个人留在电视机前。在德温的家里一共有5台电视机、录像机，每台电视机旁边的架子上都放满了各种各样的录像带，包括迪士尼卡通片及中英文电影等。其中两台宽屏的电视全天开着。大一点的女孩子们通常会在楼上的客厅里观看港产电影，像德温这样小一点的孩子们则在楼下收看儿童电影。由于极少外出，德温和家里的其他孩子会通过看电视消磨掉大部分的课后时间。他们在学校没有朋友，因此也不会像大多数同龄的孩子那样花很多时间在互相通话上。如果在学习上遇到什么困难，他们只会给住在圣丹斯的表姐打电话寻求帮助。

尽管德温的英文好过他的中文，但他的英文水平也远不及在加拿大本土出生长大的同龄孩子。他的语言使用十分碎片化，因此德温通常是通过肢体语言、手势和一些嘟嘟囔囔的声音来表达自己的想法。由于父母和其他长辈们的英文水平十分有限，而德温又极少在家里使用中文，他已经很少跟家人进行相对长一些的对话和沟通了。8岁的德温仍然不具备读写的能力，不论是英文还是中文。尽管他能用英文写出自己的名字，却连名字中的字母都认不全；他尚不能数数或者辨识颜色。每当有人鼓励他把心里的一些想法写出来的时候，德温都表现出强烈的抵触情绪：他会跑开或者把头深埋下去然后用英语说"我不会"。妈妈意识到了小儿子在语言学习和发展方面遇到的问题，也尝试让他的姐姐们来帮他，但是女儿们同时又要兼顾自己中学里繁重的学业，能为小弟弟提供的帮助十分有限。最终，德温还是会回到电视机前，自己一个人或跟堂姐妹们一起观看迪士尼动画，消磨时间。

## 五、加拿大华人家庭语言政策类型的连续性发展模式

这三市家庭调研的结果显示，华裔家长通常对子女的双语教育持有十分积极的态度，然而加拿大华裔家庭中的语言意识形态、语言管理和语言实践无不呈现出动态的变化过程（如图2）；这些过程对少数裔语言儿童的双语双文的发展起到决定性作用。因受到多变的宏观和微观环境因素影响，任何一个家庭的语言政策都不是静止不变的。任何家庭内部、外部的环境变化都会导致特定家庭的语言政策的动态变化。纵向比对各个家庭，这些家庭中所持的语言政策也呈现出一个逐渐发展的过程。

**图2　加拿大华人家庭语言政策的连续发展模式**

如图2所示，上述4个加拿大华裔家庭的家庭语言政策体现出了连续发展的流动性。所有家庭在移民或子女成长之初均使用中文作为家庭中的唯一语言；然而随着子女的加拿大官方语言及语言素养的不断发展，这些家庭呈现出了不同的家庭语言政策演变轨迹（图3）。安东尼的父母为了让儿子掌握纯熟的英语语言技能无奈放弃了家庭环境中的中文使用，因此完成了由"中文作为唯一语言"向"零中文"政策的巨大转变。出于类似的考虑，张悦的妈妈将中文作为辅助工具来支持女儿英文读写的习得和发展，因而张家已逐渐发展为"中文作为过渡语言"的家庭语言政策，英文逐渐取代了中文在家庭中的核心地位。而对于木兰家来说，由于父母作为多语习得的亲历者而对多语产生了十分积极的态度，在木兰先后习得了法语和英语之后，她的家庭环境中保持了中、英、法三语共存的丰富语言生态。值得注意的是，由于木兰在家庭中的中文语言使用仅限于口头表达，而在中文读写方面语言实践甚少，因而不排除木兰家在未来向"零中文"家庭语言政策发展的可能。与此同时，考虑到诸如中文学校对于安东尼家庭语言管理及中文语言实践等方面的可能影响，我们保留了"零中文"政策向双语、多语政策流动发展的潜在趋势。

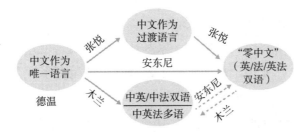

**图3　加拿大华人家庭语言政策的连续发展趋势（含目标儿童）**

# 六、加拿大华人家庭语言政策类型归因及分析

以上加拿大华裔家庭的家庭语言政策连续发展的流动性体现了Curdt-Christiansen（2014）的家庭语言政策模型里强调的宏观社会环境以及微观家庭环境对于父母语言意识形态的影响。就本文的案例来分析，除了宏观社会的影响，社区环境、父母本身的学习、移民经历，以及儿童的能动性因素等都会影响家庭语言政策的形成及语言管理。其中，King et al.（2008）提出的儿童能动性因素推翻了人们对于父母是家庭语言政策核心制定者及执行者的惯常认识，他们认为儿童作为家庭外部社会文化活动的参与者，其语言意识形态和家庭语言实践同样会对家庭语言政策的形成和流动产生积极影响。这个观点在本文的案例研究中也得到了验证。

## （一）社会及社区环境因素

在本文所涉及的4个案例中，几乎每一对父母都希望自己的子女能够成为双语的使用者；而他们对于英语重要性的感知大多来自于对于英语作为社会经济、社会政治资源的认识。对于安东尼的父母来说，他们作为少数裔移民群体的成员，承受了来自接收国家的社会结构层面的限制。由于属于非主流群体，因此华裔移民父母在社会待遇方面承受了与主流社会成员的区别待遇。在陈先生和陈太太眼中，只有能讲"纯正英语"的人才能真正成为加拿大社会的"主人"；而自己作为一代移民则是一辈子的"客人"。因此，在绝大多数的移民家庭中，家庭语言政策均以英语作为主导，家庭资源的分配也以子女的英文语言及语言素养发展优先，体现了父母对后辈们可以突破社会结构的限制与不公、能够"反客为主"的期待。

除了社会结构层面的影响，家庭环境中的语言使用模式与家庭外部言语社区存在交集，从而影响了家庭语言政策的形成及管理和实践（Hazen 2002）。对于儿童而言，当他们的日常活动开始逐渐拓展到了家庭以外的环境中时，他们会在社区中的同辈群体里找到身份认同。若同族的同辈群体重视祖语，则群体中其他成员也会受到激励，对祖

语的学习产生正向的牵引。因而是否能接触到对于祖语持有积极态度、能够流利使用共有祖语的同辈群体是祖语能否成功维系并持续发展的重要影响因素（Tse 2001）。比如，虽然在语言意识形态上木兰的父母意识到了中文在社会经济层面以及女儿民族身份认同上的重要性，却并没有强求女儿学习中文的读写。在他们看来，女儿在没有中文读写的环境中很难有效地学习和保持她的中文读写方面的知识。

除同族同辈群体，社区内外的教育机构不论是民族社区内的机构（如社区内的语言学校）还是社区以外的语言教育机构（如公立学校），对祖语的态度是重要的影响因素。如果它们支持少数族裔语言的维护和发展，则移民家庭子女会对自己的祖语产生积极的态度（Hinton 1999；Tse 2001；Oh 2003）；反之，祖语则极有可能逐渐退出移民家庭子女的语言实践，他们甚至会对自己的祖语产生消极的情绪和抵触的态度（Valdés 2001；Li 2002，2006c）。比如，安东尼（和其他所有的孩子）所在公立学校"唯英语"的语言政策会对他们对于中文的态度和使用产生影响。学校对于少数族裔语言的消极态度直接影响到安东尼以及他们同族裔同学们对于中文的民族语言活力的感知。在学校里，中文非但不是可以用来支持他们学业发展和进步的资源，相反，中文的使用经常与被批评、被否定等消极概念联系在一起，孩子们也不会主动地在家庭语言实践中运用中文。安东尼从既会说粤方言又懂得英语发展到粤方言逐渐从他的语言实践中消失了。

与公立学校相比，其他社区内的机构，如公立图书馆等，则对形成家庭语言政策的类别有着关键性的作用。以木兰和张悦两家为例，尽管两个孩子年龄差距较大，但二人在家庭环境中的中英文读写实践模式却十分相近。她们都极少涉及中文阅读和写作，但却阅读了大量的英文书籍。从社区环境角度分析不难看出，社区中各类公共机构的不同语言类别阅读资源的可供性很大程度上影响或间接塑造了两个孩子的家庭语言实践。对于这两个家庭来说，父母将当地的公共图书馆作为子女阅读资源的主要来源。然而，公立图书馆里中文读物及其他以中文为载体的资源稀缺，因此木兰和张悦的中文读写能力的发展并不能获得与英文同等力度的目标语言文字输入。为了支持张悦的中文学习，张先生和张太太不得不通过国内的亲戚朋友采购少量书籍，或者在繁忙的工作学习中挤出时间来从网上为女儿搜集学习资源。而在木兰父母看来，居住在远离华人聚居区的大温哥华地区的外围，接触不到高质量的中文教育和中文资源，是他们最终放弃在现阶段培养木兰中文读写能力的主要原因。

## （二）父母因素

父母是家庭语言政策的主要制定者和实施者。这4个家庭中父母关于子女教育的决策更倾向于参考自己及其他家庭成员过往的语言学习经历（King & Fogle 2006）。木兰的父母从自身后天外语习得的成功经验中得出结论：外语的习得需要有积极的学习动机以及沉浸式的语言学习体验。这两点在他们引导木兰的中、英、法三语的语言管理上得到了充分的体现。木兰的父亲在移民之前直至大学本科毕业都没有通过大学英语四级考试。然而，从零基础开始最终掌握了法语的日常交际能力。从木兰家庭的案例不难看出，他们作为外语学习和使用者的主观经历和经验能有效地引导家庭语言政策的制定，构建积极的家庭语言生态。

除了经历外，父母自身的语言能力很大程度上决定了家庭语言生态的模式，也影响了父母在家庭语言管理上的能力。在本文关注的4个案例中，除德温家庭以外，另外的3个家庭的父母都是多语使用者，因此他们在家庭语言管理方面掌握着主动权。比如，陈先生和陈太太在发现安东尼使用"港式英语"后，决定通过用英语跟孩子交流来帮助他讲出"更纯正"的英语。木兰的父母也能够在中英双语间自由切换，这使得他们在跟子女沟通的过程中能有更多可以利用的语言资源。而以上这些都是德温的父母所不能达到的。受到自身英语语言能力的限制，德温的妈妈在发现小儿子语言方面的问题后，只能求助于年长的女儿们，因而不能直接为德温带来有效的语言管理方案，以提高他的双语技能。除此之外，英语语言能力的缺失也使德温的父母在主观上不能够及时有效地与学校沟通，也间接为德温的语言发展和学习制造了障碍。

## （三）儿童的能动性因素

在通常的分析与讨论中，人们习惯于将儿童视为家庭语言政策的被动接受者，认为儿童在家庭环境中的语言行为受到父母语言意识形态的影响（King et al. 2008；Smith-Christmas 2016）。然而，我们的研究显示，儿童作为核心家庭成员同样具备能动性。他们的语言行为同样会影响到父母对于家庭语言教育的理念和策略，从而参与到家庭语言政策的形成与执行中来（King et al. 2008）。实际上，学龄儿童语言态度和实践往往会影响到父母的语言政策（Tuominen 1999）。本文中的4个孩子都对中文有不同程度的抵触情绪，他们的语言选择在一定程度上决定了家庭的语言政策。因此，从这个意义上看，与其说他们被父母社会化，倒不如说他们与父母互相社会化。比如，安东尼家庭中的"零中文"语言政策在一定程度上就受到了安东尼自身语言行为的影响。起初，安东尼的父母与其他3个家庭的父母一样，希望能将儿子培养成双语使用者。除去宏观社会环境的影响，安东尼全英语式的家庭语言实践以及他对于中文的消极态度最终间接促使父母放弃了在中文方面的语言管理。即便陈先生和陈太太曾经尝试鼓励安东尼周末在家里使用中文，也由于儿子的极度不配合最终不了了之。

## 七、结语

在本文涉及的4个华裔家庭中，4对父母均表现出对于子女能够成为多语使用者的期待；然而，在实际家庭语言政策的形成和执行过程中，4名核心儿童在不同语言的使用及读写能力的发展上都表现出了不同程度的差异。本文通过对这4个加拿大华裔家庭具有代表性的家庭语言政策类别的叙述及归因分析，揭示了这些少数裔家庭所处的复杂多变的社会环境（Dagenais & Day 1999）。其中家庭内部、外部原因交替共存，促成了这些家庭复杂而丰富的家庭语言生态和语言行为。家庭语言政策的3个构成部分，即语言意识形态、语言管理以及语言实践，既是宏观社会环境的映射，同时在家庭环境中又相互关联、相互影响。

就具体的影响因素而言，Curdt-Christiansen（2014）在其理论模型中构建了详尽的与宏观社会因素和微观家庭因素密切关联的家庭语言政策运行机制，这在本文的实例分析中得到了很好的验证。然而，本文在对家庭语言政策归因分析中发现，在现实环境中，对少数裔移民家庭的语言政策分析同样需要将族裔社区环境也考虑在内。此外，子女作为重要家庭成员的能动性并没有被囊括在家庭语言政策模型中。尽管社会及家庭环境在父母语言意识形态形成过程中起到了关键性的作用，并在很大程度上决定了父母在语言管理方面的决策和潜能，但社区环境及儿童个体能动性也极大地影响了家庭环境中的实际语言使用，即语言实践。家庭语言政策中语言意识形态、语言管理及语言实践这 3 个构成部分相互关联，家庭语言实践同样可以反作用于语言意识形态，因而为家庭语言政策的动态形成、发展提供另一个维度的解读。

此外，本文重点论述家庭语言政策的连续统一性，即家庭语言政策的类型在加拿大华裔家庭群体中是连续且动态存在的，而非固化的。Dauenhauer & Dauenhauer（1998）曾经提出，相较于移民父母对于少数裔语言/祖语的维护及发展的期待，他们作为少数族裔在接收国主流社会中体验到的权利、资源、文化的不对等导致他们主流语言的倾向更为根深蒂固。家长对于祖语和主流语言之间冲突的语言态度及意识形态使得家庭语言政策在语言实践及语言管理方面很难得到持续、统一的贯彻（King 2000）。因此，在加拿大华裔移民社区中，个体家庭的语言政策会随着父母对于多变的宏观及微观因素的感知以及子女在家庭语言实践中体现出的渐变的语言态度和主观能动性而产生动态变化。在从"零中文"到"中文作为唯一语言"的转变过程中，中文作为祖语在家庭语言政策中所占的比重也会上下浮动，营造出流动性的家庭语言生态和语言行为。

## 注释

①文中所用名字均为化名。

②在北美读写教育体系中，chapter books 一般是为 7~10 岁的有中级阅读能力的学生准备的，由短章节组成，附有简单插图。

## 参考文献

Canagarajah, S. 2008. Language shift and the family: Questions from the Sri Lankan

Tamil diaspora. *Journal of Sociolinguistics* 12(2).

Curdt-Christiansen, X. L. 2009. Invisible and visible language planning: Ideological factors in the family language policy of Chinese immigrant families in Quebec. *Language Policy* 8(4).

Curdt-Christiansen, X. L. 2012. Implicit learning and imperceptible influence: Syncretic literacy of multilingual Chinese children. *Journal of Early Childhood Literacy* 13(3).

Curdt-Christiansen, X. L. 2014. Family language policy: Is learning Chinese at odds with learning English? In X. L. Curdt-Christiansen & A. Hancock (Eds.), *Learning Chinese in Diasporic Communities: Many Pathways to Being Chinese*. Amsterdam/Philadelphia: John Benjamins Publishing Company.

Dagenais, D. & Day, E. 1999. Home language practices of trilingual children in French immersion. *Canadian Modern Language Review* 56(1).

Dauenhauer, N. & Dauenhauer, R. 1998. Technical, emotional, and ideological issues in reversing language shift: Examples from southeast Alaska. In L. A. Grenoble & L. J. Whaley (Eds.), *Endangered Languages: Language Loss and Community Response*. Cambridge: Cambridge University Press.

Hazen, K. 2002. The family. In J. Chambers, P. Trudgill & N. Schilling-Estes (Eds.), *The Handbook of Language Variation and Change*. Malden: Blackwell.

Hinton, L. 1999. Involuntary language loss among immigrants: Asian-American linguistic autobiographies. In J. Alatis & A. Tan (Eds.), *Georgetown University Roundtable on Language and Linguistics*. Washington, D. C.: Georgetown University Press.

King, K. 2000. Language ideologies and heritage language education. *International Journal of Bilingual Education and Bilingualism* 3(3).

King, K. & Fogle, L. 2006. Bilingual parenting as good parenting: Parents' perspectives on family language policy for additive bilingualism. *International Journal of Bilingual Education and Bilingualism* 9(6).

King, K., Fogle, L. & Logan-Terry, A. 2008. Family language policy. *Language and Linguistic Compass* 2(5).

Lane, P. 2010. We did what we thought was best for our children: A nexus analysis of language shift in a Kvan community. *International Journal of Social Language* 202.

Li, G. 2002. *"East Is East, West Is West"? Home Literacy, Culture, and Schooling.* New York: Peter Lang.

Li, G. 2006a. What do parents think? Middle-Class Chinese immigrant parents' perspectives on literacy learning, homework, and school-home communication. *The School Community Journal* 16(2).

Li, G. 2006b. Biliteracy and trilingual practices in the home context: Case studies of Chinese-Canadian children. *Journal of Early Childhood Literacy* 6(3).

Li, G. 2006c. *Culturally Contested Pedagogy: Battles of Literacy and Schooling between Mainstream Teachers and Asian Immigrant Parents.* Albany: SUNY Press.

Luykx, A. 2003. Weaving languages together: Family language policy and gender socialization in bilingual Aymara households. In R. Bayley & S. Schecter (Eds.), *Language Socialization in Bilingual and Multilingual Societies.* Clevedon: Multilingual Matters.

Oh, J. S. 2003. *Raising Bilingual Children: Factors in Maintaining a Heritage Language.* Unpublished PhD dissertation. University of California, Los Angeles, CA.

Riches, C. & Curdt-Christiansen, X. L. 2010. A tale of two montreal communities: Parents' perspectives on their children's language and literacy development in a multilingual context. *The Canadian Modern Language Review* 66(4).

Shi, Z. 2016. *Supporting Children's Chinese Heritage Language Maintenance in the Home: A Case Study of One Chinese Canadian Immigrant Family.* Unpublished doctoral dissertation. University of Victoria, Victoria, B. C., Canada.

Silverstein, M. 1979. Language structure and linguistic ideology. In R. Clyne, W. Hanks & C. Hofbauer (Eds.), *The Elements: A Parasession on Linguistic Units and Levels.* Chicago: Chicago Linguistics Society.

Smith-Christmas, C. 2016. *Family Language Policy: Maintaining an Endangered Language in the Home.* New York: Springer.

Statistics Canada. 2011. Immigrant languages in Canada. Retrieved from http://

www12.statcan.gc.ca/census-recensement/2011/as-sa/98-314-x/98-314-x2011003_2-eng.cfm.

The Canadian Magazine of Immigration. 2011. Chinese immigrants to Canada. Retrieved from http://canadaimmigrants. com/chinese-immigrants-to-canada/.

Tse, L. 2001. Resisting and reversing language shift: Heritage-Language resilience among U. S. native biliterates. *Harvard Educational Review* 71(4).

Tuominen, A. K. 1999. Who decides the home language? A look at multilingual families. *International Journal of the Sociology of Language* 140(1).

Valdés, G. 2001. Heritage language students: Profiles and possibilities. In J. K. Peyton, D. A. Ranard & S. McGinnis (Eds.), *Heritage Language in America: Preserving a National Resource*. McHenry: Center for Applied Linguistics.

发表于《语言战略研究》2017 年第 6 期

# 美国加州维塞利亚镇拉祜族家庭的母语传承

## 刘劲荣　张　琪

语言认同是民族认同的一项重要指标，也是民族认同感的重要表现形式。它可以体现一个民族共同的文化和心理。就语言本身而言，影响语言认同的因素主要是语言行为和语言态度，两者孰重孰轻，还是两者并重，尚存分歧。我们认为，语言行为与语言态度密不可分，对"语言认同"来说同样重要。民族成员对母语持有积极的"语言态度"才能自愿付之"语言行动"，一直讲着母语的民族成员才拥有更积极的"语言态度"。盛柳柳、严建雯（2014）认为，语言认同是指群体在交际过程中使用同一种语言或方言的交际行为，或群体对同一种语言或方言的态度、情感、认知等心理活动的趋同。黄行（2012）认为，作为民族识别的标准，语言认同感与语言结构特征可能不吻合，在我国，语言认同感、民族身份比语言结构更重要，相比之下，国外学术界往往更注意语言结构特点。生活在美国加利福尼亚州维塞利亚镇的拉祜族是迁移民族，他们虽然已移居美国四五十年，但仍然顽强地保留着母语及其认同感。笔者作为国内操母语的拉祜族，曾到该镇拉祜族家庭调查过其母语传承情况。在之前互不认识的情况下，笔者尝试用拉祜语介绍自己的身份；在调查过程中，也使用拉祜语交流。美国拉祜族同胞从最初的语言认同变而为民族身份认同，以上宾之礼接待了笔者。我们选取了其中较具代表性的5个家庭，通过对他们语言使用情况的描写，探究语言行为和语言态度与民族认同的关系。

## 一、加州维塞利亚镇拉祜族概况

美国的拉祜族有4000余人，分别居住在加利福尼亚州、纽约州和明尼苏达州。大部分拉祜族聚居在加利福尼亚州的维塞利亚镇，有500

户 2700 人左右。另外，纽约州纽约市 30 户 150 人左右，明尼苏达州 200 户 1000 人左右。

维塞利亚镇共有 4 万多人口，包括 3 万多美国白人和黑人，1 万左右的后期移民。此镇的移民主要有苗族、瑶族、汉族，以及老挝人、越南人、菲律宾人和墨西哥人等，形成来自不同国家不同民族的移民杂居地。由于战争原因，老挝的拉祜族从老挝逃往泰国难民营，20 世纪 80 年代到 90 年代陆续移民到美国。移居美国加州维塞利亚镇的拉祜族，第一代和第二代的拉祜语保留完好，可以讲流利的拉祜语，但第三代和第四代人的母语已经有转用美语的趋势，很多年轻人或小孩不愿讲或者只能略听懂一些简单的拉祜语，第二代人和第三、四代人沟通时基本用美语。这里的拉祜族大都信仰基督教，他们所用的《圣经》和唱诗本全部采用拉祜文[①]印刷本。大部分的拉祜族都懂拉祜文，只有少部分老年人和第三、四代人不懂。拉祜文的学习和传承主要是在教堂，如果有 5 到 10 人愿意学习拉祜文，教堂就将他们编成一个班，请牧师教授拉祜文字。

## 二、美国加州拉祜族家庭个案调查

家庭，是语言使用的一个重要社会单位，又是语言得以生存和延续的一个阵地。语言功能的变化，包括语言的衰退或消亡，往往在家庭语言生活中有着强烈的反映。家庭代际语言使用的变化，反映出语言变化的趋势。可以说，家庭语言的使用状况如何，是衡量语言功能变化的寒暑表。了解一个语言的功能，从家庭的语言使用状况入手比较便捷，也容易捕捉关键（戴庆厦 2012）。多数美国拉祜族的家庭用语仍为母语，部分族际婚姻家庭开始转用美语。但总体来说，美国拉祜族的母语和美语是互补的，不存在对立的关系。母语是拉祜族维持身份认同和民族认同的重要因素，他们同时保持着对两种文化的认同。一方面，母语有逐渐被美语取代的趋势，语言和文化被"美国化"的程度不断加深；另一方面，他们正努力传承自己的语言文化，保留拉祜族身份的特征。

我们选取的 5 户调查对象，第一、二代大多是族内婚姻，第三代不可避免地演变成族际婚姻，族际婚姻的通婚对象有美国白人或黑人，也有移居本地的瑶族、缅甸人等。这些日益增加的族际婚姻会给这些家庭的语言使用带来什么样的影响，会使家庭结构发生什么样的变化，这些迁移民族的语言态度对民族认同有何影响，从以下5个案例中我们试图找出答案。

## （一）个案一：保罗一家四代人的语言使用情况

以下描述的是加州维塞利亚镇的保罗一家四代人的语言使用特点及其变化。

1.保罗父母（第一代）的语言使用情况

保罗的父母都是老挝的拉祜族，族内婚姻，第一语言都是拉祜语。具体情况见表1。

表1　保罗父母语言使用情况

| 家庭关系 | 姓名 | 年龄 | 民族 | 文化程度 | 第一语言及水平 | 第二语言及水平 | 第三语言及水平 |
|---|---|---|---|---|---|---|---|
| 父亲 | 扎妥 | 80 | 拉祜 | 文盲 | 拉祜语熟练 | 老挝语略懂 | 汉语略懂 |
| 母亲 | 依绸 | 79 | 拉祜 | 文盲 | 拉祜语熟练 | 老挝语略懂 | 无 |

父亲扎妥，80岁，拉祜族，拉祜语熟练，老挝语略懂。在老挝居住时和汉族做邻居并且和汉人有生意上的往来，学习了一些汉语。

母亲依绸，拉祜族，拉祜语熟练，老挝语略懂。夫妻间的交流用语是拉祜语。

2.保罗夫妇（第二代）的语言使用情况

保罗夫妇同上一代一样也是族内婚姻，第一语言都是拉祜语。[②]具体情况见表2。

表2　保罗夫妇语言使用情况

| 家庭关系 | 姓名 | 年龄 | 民族 | 文化程度 | 第一语言及水平 | 第二语言及水平 | 第三、第四语言及水平 |
|---|---|---|---|---|---|---|---|
| 丈夫 | 保罗 | 51 | 拉祜 | 小学 | 拉祜语熟练 | 美语熟练 | 老挝语、泰语略懂 |
| 妻子 | 依瑞琳 | 46 | 拉祜 | 文盲 | 拉祜语熟练 | 美语一般 | 泰语略懂 |

丈夫保罗，51 岁，食品加工厂工人。保罗工作时用美语和别人交流，和妻子依瑞琳的交流用语为拉祜语，和儿女们的交流用语多为拉祜语，偶尔用美语。

3. 保罗子女（第三代）的语言使用情况

保罗现共有 4 个子女，他们的第一语言都是拉祜语，并且能够熟练运用。具体情况见表 3。

表 3　保罗子女语言使用情况

| 家庭关系 | 姓名 | 年龄 | 民族 | 文化程度 | 第一语言及水平 | 第二语言及水平 |
|---|---|---|---|---|---|---|
| 儿子 | 扎毕 | 27 | 拉祜 | 本科 | 拉祜语熟练 | 美语熟练 |
| 女儿 | 可涵 | 过世 | 拉祜 | | | |
| 儿子 | 奕撒 | 24 | 拉祜 | 高中 | 拉祜语熟练 | 美语熟练 |
| 女儿 | 依拉 | 21 | 拉祜 | 高中 | 拉祜语熟练 | 美语熟练 |
| 女儿 | 娜塞 | 14 | 拉祜 | 初中 | 拉祜语熟练 | 美语熟练 |

儿子扎毕，27 岁，公司职员，已婚，育有 3 子，族内婚姻，夫妻间的交流用拉祜语，同 3 个子女交流时多用拉祜语，偶尔用美语。在外面有房，不和父母同住。

儿子奕撒，24 岁，在社区敬老院工作，未婚，随父母同住，母语拉祜语熟练。

女儿依拉，21 岁，母语拉祜语熟练，家庭主妇，已婚，育有两子，族际婚姻，丈夫是墨西哥人，夫妻交流用语为美语。

女儿娜塞，14 岁，正在读初中，随父母同住，家庭使用语言为拉祜语，学校使用语言为美语。

4. 保罗子女配偶（第三代）的语言使用情况

保罗夫妇的两个已婚子女家庭，1 个族内婚姻 1 个族际婚姻。具体情况见表 4。

表 4　保罗子女配偶语言使用情况

| 家庭关系 | 姓名 | 年龄 | 民族[3] | 文化程度 | 第一语言及水平 | 第二语言及水平 |
|---|---|---|---|---|---|---|
| 女婿 | 蒙 | 35 | 墨西哥人 | 高中 | 美语熟练 | 无 |
| 儿媳 | 森格翰 | 21 | 拉祜 | 高中 | 拉祜语熟练 | 美语一般 |

儿媳森格翰，21 岁，拉祜族，族内婚姻，夫妻间的交流用拉祜语，

同 3 个子女交流时多用拉祜语，偶尔用美语。

女婿蒙，35 岁，墨西哥人后裔，美语单语人，夫妻交流用语为美语。

5. 第四代人的语言使用情况

第四代的 5 个孩子中，只有 1 个入学，拉祜语和美语双语人，第一语言为拉祜语。具体情况见表 5。

**表 5　保罗家庭第四代语言使用情况**

| 家庭关系 | 姓名 | 年龄 | 民族 | 文化程度 | 第一语言及水平 | 第二语言及水平 |
|---|---|---|---|---|---|---|
| 孙女 | 凯西 | 7 | 拉祜 | 小学 | 拉祜语熟练 | 美语熟练 |
| 孙子 | 科赞 | 4 | 拉祜 | | 拉祜语熟练 | 美语略懂 |
| 孙子 | 凯特 | 1 | 拉祜 | | | |
| 外孙子 | 布拉登 | 2 | 墨西哥人 | | | |
| 外孙女 | 布拉亚 | 1 | 墨西哥人 | | | |

长子扎毕是族内婚姻，并且夫妇两人的拉祜语都很熟练，家庭使用语为拉祜语，所以两个孙辈凯西和科赞的第一语言都为拉祜语，并且能够熟练掌握。因为凯西已入学，所以她的美语程度好于未入学的科赞。

6. 语言态度

保罗认为拉祜族不仅应该会说拉祜语，并且很有必要学习拉祜文。他在家里和孩子们首选的交流用语是拉祜语，如果听不懂，再改用美语。他想教他的孙子（女）们学习本民族的语言和文字，但是孩子们消极的语言态度让保罗很无奈。他对拉祜语的未来感到担忧，特别是现在教堂里的传经布道，因为一些年轻人听不懂拉祜语，有时就只能改用美语。

保罗希望他的子女们能找本民族的配偶，但是女儿还是嫁给了一个墨西哥人后裔，他只能选择接受。他很担心他的两个外孙子（女）未来的语言使用情况，因为他们是族际婚姻的后代，并且他们家周围没有拉祜族居住，附近的邻居都是美国人和墨西哥人后裔，他们只能和这些孩子们交朋友，交流用语就只能是美语而不是拉祜语。但是保罗对于两个外孙子（女）的族别选择却采取自愿的态度，允许他们可以按自己的意愿来确定自己的族称。

7.保罗家庭四代人拉祜语使用无明显代际差异

通过以上调查，我们可以看到保罗一家四代人的拉祜语使用没有发生太大的代际差异。原因有以下两点：

（1）族内婚姻。保罗家庭中的第一、二、三代的主要成员都是族内婚姻，并且拉祜语都很熟练，家庭交流用语都为拉祜语，母语保留完好。

（2）母亲在一个家庭中对语言使用情况的影响。在访谈时我们发现保罗的妻子依瑞琳美语程度一般，只会一些简单的交流，不能用美语进行更为深入的交谈。这就迫使这个家庭的使用语必须是拉祜语，不能像其他家庭那样转用美语。

当然这个家庭中也有族际婚姻，女儿依拉和女婿蒙是族际婚姻，蒙是墨西哥人，从目前来看，他们的两个孩子尚小，不会说话，但我们推测这种族际婚姻中的孩子一般都是美语单语人。

## （二）个案二：拉斯一家三代人的语言使用情况

以下描述的是加州维塞利亚镇的拉斯一家三代人的语言使用特点及其变化。

1.拉斯夫妇（第一代）的语言使用情况

拉斯夫妇是出生于老挝的拉祜族，都是多语人，是迁居美国的第一代。具体情况见表6。

表6　拉斯夫妇语言使用情况

| 家庭关系 | 姓名 | 年龄 | 民族 | 文化程度 | 第一语言及水平 | 第二、第三语言及水平 | 第四、第五、第六语言及水平 |
|---|---|---|---|---|---|---|---|
| 丈夫 | 拉斯 | 60 | 拉祜 | 高中 | 拉祜语熟练 | 老挝语、泰语熟练 | 美语熟练，苗语、瑶语略懂 |
| 妻子 | 络 | 59 | 拉祜 | 文盲 | 拉祜语熟练 | 老挝语、泰语熟练 | 美语一般 |

丈夫拉斯，60岁，高中文化，在社区学校工作，拉祜语、老挝语、泰语、美语熟练；在老挝居住期间曾和苗族、瑶族杂居在一起，所以也略懂苗语、瑶语。

妻子络，59 岁，没有上过学，家庭主妇，拉祜语、老挝语、泰语熟练，美语一般。

夫妻的交流用语为拉祜语，偶尔用美语、泰语和老挝语进行交流。同子女的交流用语为拉祜语，偶尔用美语。

2. 拉斯子女（第二代）的语言使用情况

拉斯夫妇共育有 4 个子女，4 个子女全部是族内婚姻，第一语言都是拉祜语，并且都能熟练掌握。具体情况见表 7。

表 7　拉斯子女语言使用情况

| 家庭关系 | 姓名 | 年龄 | 民族 | 文化程度 | 第一语言及水平 | 第二语言及水平 | 第三、第四语言及水平 |
|---|---|---|---|---|---|---|---|
| 女儿 | 赛 | 31 | 拉祜 | 文盲 | 拉祜语熟练 | 泰语熟练 | 无 |
| 儿子 | 瑟牧 | 27 | 拉祜 | 高中 | 拉祜语熟练 | 美语熟练 | 泰语、老挝语略懂 |
| 女儿 | 方 | 25 | 拉祜 | 本科 | 拉祜语熟练 | 美语熟练 | 无 |
| 女儿 | 苏 | 23 | 拉祜 | 高中 | 拉祜语熟练 | 美语熟练 | 无 |

大女儿赛，31 岁，族内婚姻，因为丈夫不愿来美国定居，所以她现仍随夫居住在泰国，育有 3 子。除母语拉祜语熟练外，还熟练掌握泰语。

儿子瑟牧，27 岁，族内婚姻，多语人，拉祜语、美语熟练，泰语、老挝语略懂，夫妻交流用语为拉祜语。

女儿方，25 岁，族内婚姻，拉祜语、美语熟练，夫妻交流用语为拉祜语。

女儿苏，23 岁，族内婚姻，拉祜语、美语熟练，夫妻交流用语为拉祜语。

3. 拉斯子女配偶（第二代）的语言使用情况

拉斯家庭里的 4 个子女组成的家庭全部是族内婚姻。具体情况见表 8。

表 8　拉斯子女配偶语言使用情况

| 家庭关系 | 姓名 | 年龄 | 民族 | 文化程度 | 第一语言及水平 | 第二、第三语言及水平 |
|---|---|---|---|---|---|---|
| 女婿 | 米尔 | 35 | 拉祜 | 文盲 | 拉祜语熟练 | 老挝语、泰语熟练 |
| 儿媳 | 马塔 | 26 | 拉祜 | 高中 | 拉祜语熟练 | 美语熟练 |
| 女婿 | 艾森 | 26 | 拉祜 | 高中 | 拉祜语熟练 | 美语熟练 |
| 女婿 | 多尔 | 24 | 拉祜 | 高中 | 拉祜语熟练 | 美语熟练 |

4个子女配偶中只有大女婿米尔仍居泰国，其他3个家庭都现居美国。因为全部是族内婚姻，并且家庭所有成员的母语掌握程度都非常好，所以他们的家庭用语都是拉祜语。

4. 第三代的语言使用情况

拉斯家庭里共有9个第三代人，全部入学。具体情况见表9。

表9　拉斯家庭第三代语言使用情况

| 家庭关系 | 姓名 | 年龄 | 民族 | 文化程度 | 第一语言及水平 | 第二语言及水平 | 第三语言及水平 |
|---|---|---|---|---|---|---|---|
| 外孙女 | 瓦萨娜 | 19 | 拉祜 | 大专 | 拉祜语熟练 | 泰语熟练 | 美语一般 |
| 外孙女 | 帕内 | 17 | 拉祜 | 大专 | 拉祜语熟练 | 泰语熟练 | 美语一般 |
| 外孙女 | 阿玛拉 | 15 | 拉祜 | 高中 | 拉祜语熟练 | 泰语熟练 | 美语略懂 |
| 孙女 | 拉扬 | 11 | 拉祜 | 初中 | 拉祜语熟练 | 美语熟练 | 无 |
| 孙女 | 鲁皮亚 | 9 | 拉祜 | 小学 | 拉祜语熟练 | 美语熟练 | 无 |
| 孙女 | 克里斯蒂 | 7 | 拉祜 | 小学 | 拉祜语熟练 | 美语略懂 | 无 |
| 孙子 | 基恩 | 6 | 拉祜 | 小学 | 拉祜语熟练 | 美语略懂 | 无 |
| 孙女 | 赦内尔 | 6 | 拉祜 | 小学 | 拉祜语熟练 | 美语略懂 | 无 |
| 孙女 | 克里斯托 | 5 | 拉祜 | 小学 | 拉祜语熟练 | 美语略懂 | 无 |

瓦萨娜、帕内和阿玛拉是随母亲赛居住泰国的3个孩子，双语人，拉祜语和泰语熟练，因为受过高中以上的教育，会一些美语。

其他6个孩子全部在美国上学，第一语言都为拉祜语。拉扬和鲁皮亚入学时间相对较长，第二语言美语已经能够熟练掌握；克里斯蒂、基恩、赦内尔和克里斯托刚刚入学，第二语言美语还正在学习中。

5. 语言态度

拉斯的家庭用语为拉祜语，相对而言，他并不担心后代的母语使用情况，他的妻子在家专心教孩子们拉祜语。如果孙子（女）们回家讲美语的话就会遭到家长们的制止，强迫他们讲自己的母语。拉斯要求孩子们全部到教堂学习拉祜文。

6. 拉斯一家三代人拉祜语使用没有出现大的代际差异

通过以上分析，我们可以看到拉斯一家三代人的拉祜语使用没有发生大的代际差异。原因有以下3点：

（1）族内婚姻。拉斯家庭中的第一、二代的主要成员都是族内婚姻，并且拉祜语都很熟练，家庭交流用语都为拉祜语。

（2）母亲在一个家庭中对语言使用情况的影响。在访谈时我们发现拉斯的家庭情况和保罗的类似，拉斯和保罗的妻子络和依瑞琳都只能用一些基本的美语单词进行简单的交流，不能用美语和别人深入交流。这就迫使这些家庭的交流用语一定是母语——拉祜语，而不能像其他家庭那样转用美语。

（3）学校教育对孩子语言的影响。6 个在美国上学的孩子，第一语言和家庭用语都是拉祜语。入学时间相对较长的拉扬和鲁皮亚，第二语言美语已经能够熟练掌握；而刚刚入学的克里斯蒂、基恩、赦内尔和克里斯托，第二语言美语的掌握程度相对较弱。

## （三）个案三：艾都一家三代人的语言使用情况

以下描述的是加州维塞利亚镇的艾都一家三代人的语言使用特点及其变化。

1. 艾都夫妇（第一代）的语言使用情况

艾都夫妇是出生于老挝的拉祜族，第一语言都是拉祜语，是迁居美国的第一代。具体情况见表 10。

**表 10　艾都夫妇语言使用情况**

| 家庭关系 | 姓名 | 年龄 | 民族 | 文化程度 | 第一语言及水平 | 第二语言及水平 | 第三、第四、第五语言及水平 |
|---|---|---|---|---|---|---|---|
| 丈夫 | 艾都 | 46 | 拉祜 | 大专 | 拉祜语熟练 | 美语熟练 | 泰语、老挝语、瑶语略懂 |
| 妻子 | 南乔 | 44 | 拉祜 | 高中 | 拉祜语熟练 | 美语一般 | 瑶语略懂 |

丈夫艾都，46 岁，出生于老挝的拉祜族，11 岁的时候跟随父母从老挝迁居泰国，16 岁时离开泰国来到美国，现在美国的一所中学里当清洁工。艾都是多语人，除了可以熟练掌握拉祜语和美语外，还略懂泰语、老挝语和瑶语。在泰国居住的 5 年间，艾都和瑶族住在同一个村子，那时学会了一些瑶语。

妻子南乔，44 岁，也是出生于老挝的拉祜族，后随家人移民美国。南乔第一语言是拉祜语，她的第二语言美语没有丈夫艾都说得流利，居泰国期间和同村的瑶族人学会了一些瑶语。

艾都夫妇间用拉祜语交流，偶尔用美语。同子女们的交流用语是拉祜语，和孙辈交流用语大多是美语，偶尔用拉祜语。

2. 艾都子女（第二代）的语言使用情况

艾都夫妇共育有 5 个子女，已婚的有 4 个，两个族内婚姻，两个族际婚姻。5 个子女的第一语言都是拉祜语，并且能熟练掌握。具体情况见表 11。

表 11　艾都子女语言使用情况

| 家庭关系 | 姓名 | 年龄 | 民族 | 文化程度 | 第一语言及水平 | 第二语言及水平 | 第三语言及水平 |
|---|---|---|---|---|---|---|---|
| 女儿 | 乔 | 27 | 拉祜 | 硕士 | 拉祜语熟练 | 美语熟练 | 西班牙语一般 |
| 儿子 | 以利亚 | 26 | 拉祜 | 高中 | 拉祜语熟练 | 美语熟练 | 无 |
| 儿子 | 所罗门 | 25 | 拉祜 | 大专 | 拉祜语熟练 | 美语熟练 | 无 |
| 儿子 | 丹尼尔 | 24 | 拉祜 | 高中 | 拉祜语熟练 | 美语熟练 | 无 |
| 女儿 | 斯蒂芬尼 | 21 | 拉祜 | 高中 | 拉祜语熟练 | 美语熟练 | 无 |

大女儿乔，27 岁，硕士研究生学历，现在房地产公司工作，已婚，族际婚姻，丈夫是墨西哥人后裔，育有 1 女（未学会说话）。乔是双语人，可以熟练掌握拉祜语和美语，也可以用西班牙语进行一般的交流，乔夫妻间的交流用语是美语。乔现和父亲艾都同住，但已经买了房子，准备搬出去居住。

儿子以利亚，26 岁，机器修理工，族际婚姻，妻子是墨西哥人后裔，育有 5 子。以利亚和父母的交流用语是拉祜语，同妻子和子女间交流用语是美语。

儿子所罗门，25 岁，大专在读，未婚，拉祜语和美语双语人，和父母的交流用语是拉祜语。

儿子丹尼尔，24 岁，族内婚姻，育有两子，拉祜语和美语双语人，和父母的交流用语是拉祜语。

女儿斯蒂芬尼，21 岁，族内婚姻，育有 3 子，拉祜语和美语双语人，和父母的交流用语是拉祜语。

3. 艾都子女配偶（第二代）的语言使用情况

艾都夫妇的 4 个已婚子女家庭中两个族内婚姻，两个族际婚姻。具体情况见表 12。

表 12　艾都子女配偶语言使用情况

| 家庭关系 | 姓名 | 年龄 | 民族 | 文化程度 | 第一语言及水平 | 第二语言及水平 |
|---|---|---|---|---|---|---|
| 女婿 | 杰西 | 26 | 墨西哥人 | 高中 | 西班牙语熟练 | 美语熟练 |
| 儿媳 | 罗克珊娜 | 28 | 墨西哥人 | 高中 | 西班牙语熟练 | 美语熟练 |
| 儿媳 | 路嘉美 | 20 | 拉祜 | 高中 | 拉祜语熟练 | 美语熟练 |
| 女婿 | 杰里 | 22 | 拉祜 | 高中 | 拉祜语熟练 | 美语熟练 |

女婿杰西，26 岁，水利管理员，墨西哥人后裔，西班牙语、美语双语人。

儿媳罗克珊娜，28 岁，护士，墨西哥人后裔，西班牙语、美语双语人。

儿媳路嘉美，20 岁，家庭主妇，拉祜族，拉祜语和美语双语人。

女婿杰里，22 岁，机器修理工，拉祜族，拉祜语和美语双语人。

4. 第三代人的语言使用情况

艾都家庭里共有 12 个第三代人，起了名字的有 8 个，已入学的有 3 个，其中玛丽亚是儿媳罗克珊娜和前夫之女，现随母生活在这个家庭。具体情况见表 13。

表 13　艾都家庭第三代语言使用情况

| 家庭关系 | 姓名 | 年龄 | 民族 | 文化程度 | 第一语言及水平 | 第二语言及水平 |
|---|---|---|---|---|---|---|
| 养孙女 | 玛丽亚 | 14 | 墨西哥人 | 初中 | 美语熟练 | 西班牙语略懂 |
| 孙女 | 利亚 | 8 | 拉祜 | 小学 | 美语熟练 | 无 |
| 孙女 | 伊丽莎白 | 6 | 拉祜 | 小学 | 美语熟练 | 无 |
| 孙子 | 达里安 | 4 | 拉祜 | | 拉祜语熟练 | 美语熟练 |
| 孙子 | 布兰得利 | 3 | 拉祜 | | | |
| 外孙女 | 乔伊斯 | 2 | 拉祜 | | | |
| 外孙女 | 格里斯 | 2 | 拉祜 | | | |
| 孙女 | 帕里斯 | 2 | 拉祜 | | | |

玛丽亚，是墨西哥人后裔的儿媳罗克珊娜和前夫所生，美语熟练，西班牙语略懂。

孙女利亚和伊丽莎白是族际婚姻家庭的孩子，母亲罗克珊娜是墨西哥人后裔，美语单语人，不会讲拉祜语，祖父母艾都夫妇同两个孩子交流时只能用美语。

孙子达里安是族内婚姻家庭的孩子，双语人，拉祜语和美语都可以熟练掌握。祖父母艾都夫妇同达里安等几个族内婚姻家庭的孙辈们交流时多用拉祜语，偶尔用美语。

5. 语言态度

艾都十分担心拉祜语言会消失，他有机会就教自己的孙子（女）们拉祜语，但孩子们接触更多的是父母和学校，所以艾都没有更多的时间和机会完成这样的家庭教育。他准备送孙子（女）们到教堂学习拉祜语言和文字，他认为教堂是传承拉祜语言文字的理想场所。

艾都十分关心拉祜文的使用和统一问题，他呼吁中国、泰国、缅甸、美国的拉祜同胞共同商议，由中国拉祜族学者牵头承担这项工作，尽早把拉祜文字统一成中国目前所使用的拉祜文，以便更好地让孩子们学习，他认为中国政府为国内拉祜同胞创制的拉祜文字是最为科学和适用的。

6. 艾都一家三代人拉祜语使用出现分裂性代际差异

通过以上调查，我们可以看到艾都一家三代人的拉祜语使用出现分裂性代际差异，主要表现在第三代人的拉祜语使用水平上。产生这种差异的原因是这个家庭的第二代同时存在有族际婚姻和族内婚姻。孙女利亚和伊丽莎白是族际婚姻家庭的孩子，族际婚姻使家庭语言从拉祜语转变为美语。因此，第三代人中的利亚和伊丽莎白已经不再会讲母语——拉祜语。而孙子达里安等几个第三代人因为是族内婚姻家庭的孩子，所以他们的第一语言仍是拉祜语，并且能够熟练掌握。

## （四）个案四：艾森一家三代人的语言使用情况

以下描述的是加州维塞利亚镇艾森一家三代人的语言使用特点及其变化。

1. 艾森夫妇（第一代）的语言使用情况

艾森现居住在维塞利亚镇，多语人，具体情况见表14。

### 表 14　艾森夫妇语言使用情况

| 家庭关系 | 姓名 | 年龄 | 民族 | 文化程度 | 第一语言及水平 | 第二、第三语言及水平 | 第四、第五、第六语言及水平 |
|---|---|---|---|---|---|---|---|
| 丈夫 | 艾森 | 57 | 拉祜 | 成教三年 | 拉祜语熟练 | 老挝语、泰语熟练 | 瑶语、美语熟练，苗语一般 |
| 妻子 | 娜柯 | 49 | 拉祜 | 成教三年 | 拉祜语熟练 | 美语一般 | 无 |

　　艾森，57 岁，出生于老挝的拉祜族，战争时迁居泰国，在泰国居住一段时间后，于 1981 年和另外的 6 户拉祜同胞一同移民美国。艾森母语为拉祜语；少年居住在老挝和泰国时学会了较为流利的老挝语和泰语；居住泰国期间和一些相邻的瑶族学会了瑶语，艾森十分喜欢学习语言，移居美国几年后，就学会了美语。除此之外，艾森还和维塞利亚镇的苗族人学会了一些苗语。艾森会吹芦笙，会唱一些拉祜歌曲。

　　妻子娜柯，49 岁，拉祜语熟练，美语一般，家庭主妇，夫妻间的交流用语为拉祜语。

　　2. 艾森子女（第二代）的语言使用情况

　　艾森共有 3 个子女，全部在美国出生，他们的第一语言都是美语，都会一点拉祜语。具体情况见表 15。

### 表 15　艾森子女语言使用情况

| 家庭关系 | 姓名 | 年龄 | 民族 | 文化程度 | 第一语言及水平 | 第二语言及水平 |
|---|---|---|---|---|---|---|
| 儿子 | 安吉 | 29 | 拉祜 | 高中 | 拉祜语一般 | 美语熟练 |
| 儿子 | 大卫 | 27 | 拉祜 | 高中 | 拉祜语熟练 | 美语熟练 |
| 女儿 | 露丝 | 25 | 拉祜 | 高中 | 拉祜语熟练 | 美语熟练 |

　　艾森的 3 个孩子，全部随父为拉祜族，两个已婚，1 个未婚。

　　长子安吉，29 岁，高中文化，未婚，第一语言虽为拉祜语，但程度一般，相比较而言，他的第二语言美语的程度却更为熟练。安吉成人后就搬离维塞利亚镇，不再和父母住在一起，所以讲拉祜语的机会越来越少，现在同父母的交流用语已完全转用为美语。

　　次子大卫，27 岁，高中文化，公司职员，双语人，第一语言为拉祜语，第二语言为美语。族际婚姻，妻子是墨西哥人，育有 3 子，现和父母居住在一起。大卫和妻子、儿女的交流用语是美语，和父母的交流用语为拉祜语。因为大卫现在仍与父母同住，所以他的拉祜语程度比哥哥安吉好得多，他可以熟练地掌握拉祜语。

女儿露丝，25岁，高中文化，族内婚姻，育有3子，随夫住在本镇。丈夫也是拉祜族，可以讲流利的拉祜语，夫妻两人的交流用语为美语和拉祜语，和孩子的交流用语为美语，但露丝同时也正在努力地教3个小孩拉祜语。

3. 艾森子女配偶（第二代）的语言使用情况

艾森3个子女中有两个已婚，1个族际婚姻，1个族内婚姻。具体情况见表16。

表16　艾森子女配偶语言使用情况

| 家庭关系 | 姓名 | 年龄 | 民族 | 文化程度 | 第一语言及水平 | 第二语言及水平 | 第三语言及水平 |
|---|---|---|---|---|---|---|---|
| 儿媳 | 珍宁 | 28 | 墨西哥人 | 高中 | 美语 | 西班牙语略懂 | 拉祜语略懂 |
| 女婿 | 斯莫克 | 26 | 拉祜 | 初中 | 拉祜语熟练 | 美语熟练 | 无 |

儿媳珍宁，28岁，出生于美国的墨西哥人后裔，高中文化，婚前做护士工作，婚后做专职家庭主妇，美语单语人，略懂西班牙语和拉祜语，夫妻间用语为美语。

女婿斯莫克，26岁，拉祜族，初中文化程度，现在公司做清洁工。拉祜语和美语双语人，夫妻间交流用语为拉祜语和美语。

4. 第三代人的语言使用情况

第三代的6个孩子当中，有4个已经入学，第一语言全部为美语并且熟练，略懂拉祜语。具体情况见表17。

表17　艾森家庭第三代语言使用情况

| 家庭关系 | 姓名 | 年龄 | 民族 | 文化程度 | 第一语言及水平 | 第二语言及水平 |
|---|---|---|---|---|---|---|
| 孙子 | 亚纶 | 9 | 拉祜 | 小4 | 美语熟练 | 拉祜语略懂 |
| 孙子 | 埃琳 | 8 | 拉祜 | 小4 | 美语熟练 | 拉祜语略懂 |
| 孙子 | 周旦 | 7 | 拉祜 | 小2 | 美语熟练 | 拉祜语略懂 |
| 外孙子 | 埃迪 | 7 | 拉祜 | 小2 | 美语熟练 | 拉祜语略懂 |
| 孙子 | 科伦 | 3 | 拉祜 | | | |
| 孙女 | 奥伯瑞 | 1 | 拉祜 | | | |

孙子亚纶，9岁，拉祜族，小学4年级，属族际婚姻家庭，第一语

言为美语。和父母交流时多用美语，用拉祜语的时候较少。上学前会说拉祜语，但是上学后讲拉祜语的机会越来越少，语言水平退化。

孙子埃琳，8岁，拉祜族，小学4年级，属族际婚姻家庭，第一语言为美语。和父母交流时多用美语，用拉祜语的时候较少。上学前会说拉祜语，但是上学后拉祜语语言水平退化。

孙子周旦，7岁，拉祜族，小学2年级，属族际婚姻家庭，第一语言为美语。和父母交流时多用美语，用拉祜语的时候较少。上学前会说拉祜语，但上学后拉祜语说得越来越少。

外孙子埃迪，7岁，拉祜族，小学2年级，属族内婚姻家庭，第一语言为美语，和父母的交流用语为美语，但妈妈露丝正在努力地教他拉祜语。

5.语言态度

艾森家的家庭日常交流用语多为美语，平时父母都忙于工作，周末又要到教堂做礼拜，所以晚辈接触的大多是美语，除了教堂外很少有机会学习拉祜语。艾森的晚辈都不懂拉祜文。他担心拉祜语会在他家的第四代人中消失，但同时他认为拉祜语作为自己的母语应该得到很好的传承。

6.艾森一家三代人的拉祜语使用出现代际差异

通过以上分析，我们可以看到艾森一家三代人的拉祜语使用已经发生了很大的差异。主要的差异表现在3个方面。一是第一代人能熟练使用拉祜语。二是第二代人分为两种情况:(1)仍和第一代共同居住的或者是族内婚姻的会讲拉祜语;(2)搬出拉祜族聚居区的已不再使用拉祜语，拉祜语水平有很大程度的降低。三是这个家庭中的第三代人只略懂一些基本的拉祜语。

产生这种差异的原因有以下3点:

第一，族际婚姻。与外族的通婚，使家庭语言从拉祜语转变为美语。儿子大卫是族际婚姻，他的妻子和子女只会讲美语。因此，家庭中的子女只能讲美语而基本不会讲拉祜语。

第二，迁居生活。艾森夫妇早年就移民到美国，这使得他家庭周围的语言环境发生了变化，孩子们和外界的主要交流用语变成美语。长子安吉成年后搬离拉祜族聚居区生活，他的生活用语已全部转为美语。女儿露丝虽为族内婚姻，在拉祜族聚居区居住，但是为了她3个子女的学习，将家庭用语由拉祜语转为美语。

第三，长辈的美语使用能力。外出工作的艾森可以讲流利的美语，所以有条件在家庭中和晚辈讲美语。这样，他的孩子们就没有必须讲拉祜语的理由。

从中可以看出，迁居生活、族际婚姻、学校教育是艾森一家第二、三代出现美语能力增强、拉祜语水平衰退的主要原因。

## （五）个案五：艾帕一家四代人的语言使用情况

以下描述的是加州维塞利亚镇的艾帕一家四代人的语言使用特点及其变化。

1. 艾帕父母（第一代）的语言使用情况

艾帕父母的具体情况见表18。

表 18　艾帕父母语言使用情况

| 家庭关系 | 姓名 | 年龄 | 民族 | 文化程度 | 第一语言及水平 | 第二语言及水平 |
|---|---|---|---|---|---|---|
| 父亲 | 帕苏 | 过世 | 拉祜 | 文盲 | 拉祜语熟练 | 汉语熟练 |
| 母亲 | 妹苏 | 过世 | 拉祜 | 文盲 | 拉祜语熟练 | |

父亲帕苏，于2002年在美国过世，出生于老挝的拉祜族，迁居泰国后同邻村的中国人学会了说汉语，第一语言是拉祜语。

母亲妹苏，出生于老挝的拉祜族，结婚后随老公和小孩来到泰国，后又移民美国。

夫妻两人都不会说美语，没有外出工作过，和孩子们的交流用语是拉祜语。

2. 艾帕夫妇（第二代）的语言使用情况

艾帕出生于老挝，因为战争全家逃到缅甸，之后移居泰国，并在泰国居住了5年，学会了泰语和美语，之后艾帕夫妇及艾帕的父母一家人从泰国迁居美国。

艾帕夫妇的第一语言都是拉祜语，具体情况见表19。

表 19　艾帕夫妇语言使用情况

| 家庭关系 | 姓名 | 年龄 | 民族 | 文化程度 | 第一语言及水平 | 第二、第三语言及水平 | 第四、第五、第六语言及水平 |
|---|---|---|---|---|---|---|---|
| 丈夫 | 艾帕 | 52 | 拉祜 | 大专 | 拉祜语熟练 | 老挝语、泰语熟练 | 美语熟练 |
| 妻子 | 依恋 | 46 | 拉祜 | 高中 | 拉祜语熟练 | 老挝语、泰语熟练 | 美语熟练，缅语、瑶语一般，西班牙语略懂 |

　　妻子依恋，出生于老挝，9 岁迁居泰国，14 岁时和丈夫艾帕在泰国的难民营相识结婚，15 岁随夫家移民美国。依恋是多语人，可以熟练掌握拉祜语、老挝语、泰语和美语。除此之外，还会讲一些缅语、瑶语和西班牙语。

　　艾帕夫妇间的交流用语为拉祜语，偶尔用美语。艾帕夫妇共育有5 个子女，在孩子们没长大时，父母和孩子们的交流用语是拉祜语，但孩子长大后已全部转用美语。

　　3. 艾帕子女（第三代）的语言使用情况

　　艾帕夫妇共育有 5 个子女，已婚的有 3 个，全部是族际婚姻。5 个子女中除老大是聋哑人外，其他人的第一语言都是拉祜语，他们幼年时可以熟练掌握母语，但随着学校教育在他们生活中的比重增加，现在他们和父母的交流用语几乎全部转用美语，偶尔才用拉祜语和父母交流。具体情况见表 20。

表 20　艾帕子女语言使用情况

| 家庭关系 | 姓名 | 年龄 | 民族 | 文化程度 | 第一语言及水平 | 第二语言及水平 |
|---|---|---|---|---|---|---|
| 儿子 | 禅 | 30 | 拉祜 | 高中 | | |
| 女儿 | 比克利 | 26 | 拉祜 | 高中 | 拉祜语一般 | 美语熟练 |
| 儿子 | 查森 | 25 | 拉祜 | 高中 | 拉祜语一般 | 美语熟练 |
| 儿子 | 罗杰 | 24 | 拉祜 | 高中 | 拉祜语一般 | 美语熟练 |
| 女儿 | 丽塔 | 23 | 拉祜 | 大专 | 拉祜语一般 | 美语熟练 |

　　儿子禅，30 岁，已婚，族际婚姻，妻子是美国白人，育有两子。禅儿时因为一起医疗事故变成聋哑人，妻子也是聋哑人，夫妻俩和孩子们沟通时用手语。

女儿比克利，26岁，已婚，族际婚姻，丈夫是墨西哥人和美国白人的后代，育有3子。夫妻间的交流用语为美语，和父母以及孩子间的交流用语为美语。

儿子查森，25岁，现在单身，曾有过两次族际婚姻史。第一任妻子史蒂芬，美国白人，和他育有1子，离婚后孩子随母亲生活。查森和史蒂芬、孩子间的交流用语是美语。第二任妻子特蕾西，缅甸人，和他育有3子，离婚后孩子也随母亲生活。查森和特蕾西与孩子间的交流用语是美语。

儿子罗杰，24岁，未婚，和父母的交流用语已转用美语。

女儿丽塔，23岁，模特，未婚，现在旧金山生活，和父母的交流用语已转用美语。

4. 艾帕子女配偶（第三代）的语言使用情况

艾帕夫妇的5个子女组成的3个家庭全部是族际婚姻。具体情况见表21。

表21　艾帕子女配偶语言使用情况

| 家庭关系 | 姓名 | 年龄 | 民族 | 文化程度 | 第一语言及水平 | 第二语言及水平 |
|---|---|---|---|---|---|---|
| 儿媳 | 澈利 | 22 | 美国白人 | 大专 | | |
| 女婿 | 丹尼尔 | 27 | 美国白人和墨西哥人的后代 | 大专 | 美语熟练 | 无 |
| 儿媳 | 史蒂芬 | 22 | 美国白人 | 高中 | 美语熟练 | 无 |
| 儿媳 | 特蕾西 | 21 | 缅甸 | 高中 | 缅语熟练 | 美语熟练 |

儿媳澈利，22岁，美国白人，聋哑人。

女婿丹尼尔，27岁，美国白人和墨西哥人的后代，夫妻间的交流用语为美语，和岳父母以及孩子间的交流用语为美语。

儿媳史蒂芬（儿子查森第一任妻子），美国白人，美语单语人。

儿媳特蕾西（儿子查森第二任妻子），缅甸人，缅语和美语双语人。

5. 第四代的语言使用情况

艾帕家庭里共有6个孩子为第四代人，具体情况见表22。

表 22 艾帕家庭第四代语言使用情况

| 家庭关系 | 姓名 | 年龄 | 民族 | 文化程度 | 第一语言及水平 | 第二语言及水平 |
|---|---|---|---|---|---|---|
| 外孙女 | 艾希莉 | 9 | 美国白人 | 小学 | 美语熟练 | 无 |
| 外孙子 | 普勒斯顿 | 7 | 美国白人 | 小学 | 美语熟练 | 无 |
| 孙子 | 苗莫 | 8 | 拉祜 | 小学 | 美语熟练 | 无 |
| 孙子 | 普勒斯顿 | 4 | 拉祜 | | 美语熟练 | 缅语略懂 |
| 孙女 | 珍爱 | 2 | 拉祜 | | 美语熟练 | 缅语略懂 |
| 孙女 | 查斯蒂 | 2 | 拉祜 | | 美语熟练 | 缅语略懂 |

外孙艾希莉和普勒斯顿是女儿比克利的孩子，美国白人，都已入学，美语单语人。

孙子苗莫是儿子查森和第一任妻子史蒂芬的孩子，父母离婚后和母亲史蒂芬一起生活，美语单语人。

普勒斯顿、珍爱和查斯蒂是儿子查森和第二任妻子特蕾西的子女，父母离婚后和母亲特蕾西一起生活，美语熟练，略懂缅语。

6. 语言态度

艾帕十分担心那些不会讲拉祜语的晚辈，平时他会鼓励孩子们到教堂学习拉祜语和拉祜文，他自己还编写了一些拉祜语的教材并刻录了一些光盘，以便年轻人学习拉祜语。但大多数年轻人不愿意学习拉祜语，他们认为学习拉祜语会使人更贫穷，只有学会了美语才会富有。

7. 艾帕一家四代人拉祜语使用出现明显代际差异

通过以上调查，我们可以看到艾帕一家四代人的拉祜语使用已经发生了很大的差异。主要的差异表现在第一、二代同第三、四代的拉祜语使用水平上。产生这种差异的原因有以下几点：

（1）族际婚姻。艾帕夫妇的 3 个已婚子女全部是族际婚姻，与外族的通婚，使家庭语言从拉祜语转变为美语。因此，这个家庭中的第三代人只能讲美语而不会讲拉祜语。

（2）学校教育。艾帕夫妇的 4 个健全孩子第一语言都是拉祜语，在幼年时可以熟练掌握运用拉祜语，但上学后几乎全部转用美语，偶尔才用拉祜语和父母交流。

（3）母亲在一个家庭中对语言使用情况的影响。这个家庭中的女主人依恋美语程度较好，可以熟练地运用美语表达自己。在她既可以用拉祜语又可以用美语和孩子们交流时，她选择了用美语，这样可以让上学的孩子们更好地用当地通用语和外界沟通。这样就使这个家庭的交流用语由拉祜语转变为美语。

（4）外出工作。艾帕夫妇两人在美国有工作或曾经有过工作经历，由于工作的需要，他们使用通用语的水平高于其他没有工作的拉祜族。为了让自己的孩子更好地融入社会，他们在和孩子们交流时更愿意使用当地通用语美语而不是母语。

因此，艾帕家庭中的第三、四代出现美语能力增强、拉祜语水平衰退甚至消失的趋势。

## 三、结语

周庆生（2016）认为"触异而认同"，当一个人群接触异类人群，认同问题就会产生。移民群体的前几代，用保留母语的方式表达思乡之情，母语是民族身份的象征，它让民族成员的关系更加紧密，更加突显。虽然移居美国几十年，但美国拉祜族依靠教堂和家庭两个重要场所使母语保留，特别是宗教在母语的传承与保护方面发挥了重要的作用。另外，我们从这些案例中可以发现，身份认同并不完全受地域的制约。高梅（2006）认为一个民族到异地生存，其原来使用的语言发生变异，会产生新的语言认同。我们认同这种观点，但这种新的语言认同，可能需要经过几代人甚至更长的时间，还需要考虑当地政府的相关政策和语言环境等综合因素。美国拉祜族虽然移居几十年，使用的主体语言虽有发生变异的趋势，但仍能继续保留和使用着自己的语言。

通过5个族际婚姻家庭语言使用个案调查，可以看出，这5个家庭中，第一和第二家的家庭语言使用未发生太大的代际差异，而第三、第四和第五家的家庭语言使用发生了较大的代际差异。具体分析如下。

### （一）第一和第二家庭个案中，家庭语言使用未发生太大的代际差异

1. 这两个家庭中的第一、二代的主要成员都是族内婚姻。族内婚

姻里父母双方拉祜语都很熟练，家庭交流用语都为拉祜语。

2. 这两个家庭中的女主人美语程度一般，平时只会一些简单的交流用语，拉祜语成为家庭用语的主要语言。

3. 由于受家庭用语的影响，孩子们的第一语言和家庭用语都是拉祜语，为该语言的传承和保护起到了积极的作用。

4. 长辈对母语抱有积极的语言态度，特别是父母语言的使用，对孩子产生较大的影响。

5. 强烈的民族认同感。拉祜语的使用不仅表现在家庭用语中，还体现在公共场所教堂，经书和唱词必须使用拉祜文和拉祜语，并且拉祜族家庭要求孩子们全部到教堂学习拉祜文。

由于上述几个原因，我们认为这两个家庭的拉祜语使用水平没有出现明显的代际差异，但都表现出对未来拉祜语能否保留的担忧。陈新仁（2008）认为自人类社会形成民族以后，民族语言就成为保持民族一体感和认同感的标志。可以看出，母语是一个民族成员情感联系的纽带，它让民族成员形成共同的文化归属。

## （二）第三、第四和第五的家庭个案中，家庭语言使用发生了较大的代际差异

1. 族际婚姻。在美国出生长大的一代，通婚对象的选择面更广（族内婚姻选择对象较窄），这样的族际婚姻使家庭语言由拉祜语转变为美语，随着族际婚姻家庭逐渐增多，家庭成员结构也随之发生变化。强势民族成员的进入，就会使母语在家庭中的保留受到威胁。

2. 父母的美语使用能力。为了寻求更好的发展或工作，提升美语的使用和表达成为必然，如果这个家庭中的家长有工作或曾经有过工作经历，那么他们就具有很好的美语使用能力，这样他们在家庭中和孩子们交流时就可以或者更愿意使用通用语而不是母语。

3. 学校教育。随着年级的增高，孩子的母语使用能力降低。一些孩子的第一语言虽然是拉祜语，但是入学后，学校的语言环境是美语，这样他们接触拉祜语的时间就越来越少。

从5个家庭中的三代或四代人语言使用情况变化中可以看到，第一

代和第二代没有太大的变化，第三代和第四代变化比较大，其原因有族际婚姻、迁居生活、外出工作、学校教育以及母亲在一个家庭中的影响等，其中最主要的原因有族际婚姻、迁居生活和学校教育。可以看出，教堂和家庭用语是保留拉祜语的重要场所和渠道，但随着多种语言文化的交融，族际婚姻家庭将逐渐增多，家庭成员结构随之发生变化，特别是强势民族成员的进入，就会使母语生态发生变化，母语的保留受到威胁。特别是，全球范围的文化交流和语言接触不可避免地产生语言借用、语言变异和外语内化（尹小荣 2016）。

我们希望通过 5 个家庭个案的分析，为迁移民族语言文化的传承保护以及语言和民族认同等方面的研究提供有益的参考。

## 注释

① 19 世纪美国传教士为传播基督教所创制的拉祜拼音文字。

②保罗夫妇是保罗家庭迁居美国的第一代人。

③这里民族主要指民族，也包括移民来源国、美国本国族群。

## 参考文献

陈新仁 2008《全球化语境下的外语教育与民族认同》，北京：高等教育出版社。

戴庆厦 2012《老挝南塔省克木族语言使用情况及其演变》，北京：中国社会科学出版社。

高　梅 2006 语言与民族认同，《满族研究》第 4 期。

黄　行 2012 论国家语言认同与民族语言认同，《云南师范大学学报（哲学社会科学版）》第 3 期。

盛柳柳，严建雯 2014 语言认同和城市归属感研究——基于宁波方言和城市归属感的调研分析，《语言应用研究》第 2 期。

尹小荣 2016 语言与民族认同国外研究综述，《语言战略研究》第 1 期。

周庆生 2016 语言与认同国内研究综述，《语言战略研究》第 1 期。

发表于《语言战略研究》2018 年第 3 期

# 福建侨乡"洋留守儿童"语言生活现状调查研究
## ——基于福清市江阴镇的田野调查

孙浩峰　苏新春

## 一、引言

"洋留守儿童"是主要存在于我国福建、广东、浙江沿海侨乡农村的特殊群体。与国内城乡间人口流动所产生的一般"留守儿童"不同，侨乡"留守儿童"因拥有"外国国籍或居留权（绿卡）"的特殊身份又被称为"洋留守儿童"。①"洋留守儿童"是人员跨国流动的产物，异国身份决定了他们未来将远渡重洋的命运。语言生活层面，对比一般"留守儿童"，侨乡"洋留守儿童"既要面临普通话与方言学习、使用选择上的现实问题，又有掌握身份国语言（外语）以融入未来海外生活的长远需求。

为了更好地了解"洋留守儿童"语言生活现状，我们于 2017 年 9 月~2018 年 1 月多次赴福建省重点侨乡福清市江阴镇就"洋留守儿童"语言生活实态进行调查。江阴镇海外移民历史悠久，其海外移民史可追溯至明代中叶。数据显示，截至 2017 年年底，该镇共有本地人口约 8.9 万人，外来人口约 1.4 万人，旅外华人华侨约 3.4 万人，"洋留守儿童"约 0.7 万人。历史上，江阴为离岸海岛，20 世纪 70 年代初起通过多次围海造陆演变为今日的半岛。近些年岛内兴建了大量化工、能源、港口运输及仓储物流企业。孤岛状态下，单一的海运交通限制了岛内外人员流动，社区内主要通行江阴话。自然地貌的改变，使得交通不再是限制社区人员流动的瓶颈。众多企业的入驻，带来大量外来务工人员入岛，进一步促进了岛内外人员流动。普通话随着外来人员进入社区语言生活，并逐渐形成与江阴话平分秋色的态势。②

江阴镇共有完全小学 18 所，完全中学 1 所，其中浔头小学和江阴中学坐落于镇政府所在地浔头村，毗邻镇中心商业街，其余学校散布于其他村落。考虑到研究对"洋留守儿童"语言使用分语境考察的需要，仅选取就读于浔头小学和江阴中学的"洋留守儿童"作为调查对象，以保证他们在家庭、学校、社区等领域均能保持较高的参与度。

针对"洋留守儿童"的调查采用问卷、非结构式访谈、观察相结合的方法。问卷涉及 29 个问题，分属 3 个方面：（1）特征信息：性别、年龄、出生地、就读年级、国外生活经历、父母学历、父母所在国、从业领域、国内监护人、同父母联系方式及频率等；（2）语言使用：启蒙语言是什么，现在会讲哪些语言，不同语境下的语言使用情况，家庭内同父母、国内监护人的交流，学校、商店等不同场合的语言使用等；（3）语言态度：对语言的情感判断，身份标记语言的判断等。涉及语言有普通话、江阴话、外语等。此外，研究还采用非结构式访谈、观察法调查了部分"洋留守儿童"家长、侨务工作人员。本文是基于调查数据的分析。

## 二、"洋留守儿童"的群体特征

调查共发放问卷 150 份，收回 141 份，其中有效问卷 138 份，问卷有效率 92.0%。所选"洋留守儿童"性别男女刚好各半，年龄集中于 10~15 岁。浔头小学 42 人，江阴中学 96 人。

96 人国内出生，42 人国外出生，国外以阿根廷（21 人）、南非（16 人）两国出生的儿童为主。多数儿童没有海外生活经历。具有海外生活经历的 42 人中，11 人国内出生，31 人国外出生，反映出部分国外出生的儿童刚一出生便被送回国内寄养。23.8% 的儿童国外生活时长不到一年，31% 的儿童为 1~2 年，5 年以上的为 26.2%。

76.1% 的儿童随爷爷奶奶、外公外婆等祖辈生活，家庭结构为隔代直系家庭。13.3% 的儿童随叔、伯、舅、姑、姨等父母辈亲戚生活。

79.4% 的儿童借助微信、QQ 等即时通信软件与父母沟通交流。68.8% 的儿童与父母保持每周至少 2 次的联系频率，其中 23.9% 的儿童能够每天与父母联系。

"洋留守儿童"父母学历普遍较低，初中学历者占多数。61.6%的男性学历为初中，86%的女性学历为初中，父母学历均为初中的儿童有 62 人。49.3%的父母去往阿根廷，22.5%的父母去往南非，其余零星分布于哥伦比亚、厄瓜多尔、秘鲁、阿尔及利亚、刚果（金）、澳大利亚、斐济、俄罗斯、保加利亚等南美洲、非洲、大洋洲、欧洲国家。主要从事商品批发与零售业，少数资金雄厚的会扩大投资经营酒店、开办工厂等。

上述数据反映出：国内出生但持有外国国籍或居留权（绿卡）的儿童是构成"洋留守儿童"群体的主体；"洋留守儿童"国内寄养家庭以隔代直系家庭为主；互联网技术便利了"洋留守儿童"与海外父母的沟通联系；侨乡海外移民呈现出"集中去往某一国家，从事某一领域经营"的特点。

## 三、"洋留守儿童"语言生活现状

### （一）语言使用

考虑到问卷所选对象均为学龄"洋留守儿童"，基于社会角色和社会活动参与度等因素，确定其语言生活主要集中于家庭、学校两个领域，并有限地参与社区公共领域的语言生活。家庭领域，交际对象以祖辈为主，虽然与父母有联系，但频度有限，语言以江阴话和普通话为主；学校领域，受国家语言教育政策影响，普通话是校园推广用语，但也存在使用方言的情况；社区公共领域，以购物、娱乐活动为主，交际对象既有本地人，也有外来经商、务工人员，语言以普通话和江阴话为主。综合各领域情况，结合外语使用长远需求，对"洋留守儿童"语言使用的研究采用多选题形式，分别考察了"家庭""学校""社区"三大领域内"普通话""江阴话""外语"和"其他（语言或方言）"的使用情况，具体数据见表1。

表1　"洋留守儿童"的语言使用情况（N=138）[③]

| 考察领域 | | 普通话 | | 江阴话 | | 外语 | | 其他 | |
|---|---|---|---|---|---|---|---|---|---|
| | | 人数 | 百分比/% | 人数 | 百分比/% | 人数 | 百分比/% | 人数 | 百分比/% |
| 家庭 | 父母 | 119 | 86.2 | 30 | 21.7 | 3 | 2.2 | 1 | 0.7 |
| | 监护人 | 90 | 65.2 | 56 | 40.6 | — | — | — | — |
| 学校 | | 124 | 89.9 | 17 | 12.3 | — | — | — | — |
| 社区 | 朋友 | 122 | 88.4 | 19 | 13.8 | 1 | 0.7 | 1 | 0.7 |
| | 购物 | 121 | 87.7 | 20 | 14.5 | — | — | — | — |

表1数据显示，"洋留守儿童"的语言使用整体呈现出"双言并存，普进方退"的特点。作为法定通用语的普通话在不同语境下均保持较高使用率。普通话虽然主导家庭语言生活，但方言在家庭中依然扮演重要角色。外语极少出现在语言生活中，有过海外生活经历的儿童外语磨蚀情况普遍。总的来看，侨乡"洋留守儿童"语言生活所表现出来的"双言并存，普进方退"现状同当前大多数儿童的语言生活现状并无太大差异。值得注意的是，"洋留守儿童"家庭领域内普通话使用率超过了50%，这与伏干（2016）关于农村"留守儿童"语言使用调查所得结果刚好相反。对于该现象产生的原因，本文暂不做讨论。

## （二）语言态度

对"洋留守儿童"语言态度的考察，研究采用Likert五级量表形式，从"好听""亲切""好学""有用"4个维度，让儿童对普通话、江阴话、外语分别进行评价打分，1分为最低，5分为最高。"好听""亲切"为言语行为人的主观心理感受，"好听"为听觉心理反馈，"亲切"为情感心理反馈；"好学"指语言学习的难易度，是对语言习得成本的评价；"有用"为语言实用性，是对语言交际功能价值的评价。具体统计情况如表2所示。

表2　"洋留守儿童"对三种语言的评价得分（N=138）　　　单位：分

| 评价项目 | 普通话评价均值 | 江阴话评价均值 | 外语评价均值 |
|---|---|---|---|
| 好听 | 4.20 | 3.10 | 2.12 |
| 亲切 | 3.62 | 4.17 | 1.78 |

续表

| 评价项目 | 普通话评价均值 | 江阴话评价均值 | 外语评价均值 |
| --- | --- | --- | --- |
| 好学 | 4.60 | 3.35 | 2.21 |
| 有用 | 4.60 | 3.38 | 3.25 |

表 2 数据显示，普通话在好听（4.20）、好学（4.60）、有用（4.60）3个维度的得分均高于方言和外语。江阴话亲切维度的评价得分（4.17）在 3 种语言中最高。外语各维度的评价得分在 3 种语言中均为最低，其得分最高项为有用（3.25）维度。我们进一步对普通话、江阴话、外语的评价均值进行两两配对样本 $T$ 检验。结果显示，"洋留守儿童"除了对江阴话与外语有用维度的评价不具有显著差异（$p=0.461 > 0.05$）外，对普通话与江阴话（$p=0.000 < 0.05$）、普通话与外语（$p=0.000 < 0.05$）、江阴话与外语（$p=0.000 < 0.05$）多个维度的评价均具有显著差异，儿童对普通话的评价在好听、好学、好用维度的得分均显著高于江阴话和外语；对江阴话亲切维度的评价显著高于普通话和外语。

对于身份标记语言的判断，65.9% 的儿童选择江阴话作为自己的身份标记语言。结合"洋留守儿童"语言评价得分数据，可以判断："洋留守儿童"语言生活中存在语言使用与情感认同的反差，即普通话虽然占据儿童语言生活的主导地位，但对江阴方言仍保持强烈的情感认同。

在当前全面推广普通话、新生代儿童方言流失现象普遍的社会大背景下，拥有外国身份的"洋留守儿童"为何能对方言保持如此强烈的情感认同？影响方言情感认同建构的因素有哪些？这些问题值得我们进一步探讨。

## 四、方言情感认同构建的影响因素

### （一）乡族观念与方言认同的双向互动

陈衍德、卞凤奎（2007）指出：地缘和血缘是中国人群体认同的两个基本法则；方言群认同是华人社会的基本认同之一，闽南方言是海内外闽南人共有的基本文化表征之一。实际上，这种基于地缘和血缘而形成的乡族观念与方言认同的双向互动不只存在于闽南地区，在闽东、闽北等侨乡社区同样存在。乡族观念对江阴镇"洋留守儿童"方言情感认同的构建发挥了重要作用。

调查发现，江阴镇存在严、庄、翁、林等几个较大姓氏家族，各姓氏家族相对集中地分布于一个或几个村落，在族人聚居的中心村落修筑有祠堂，祠堂内供奉有家族先祖及先贤的牌位。逢春节、清明等重要节日，族亲们会于祠堂举行祭宗拜祖仪式，以传递尊宗敬祖精神、弘扬忠孝思想、密切族亲血脉联系。2018年春节后，我们受邀参加了该镇严氏家族新春祭祖活动。通过观察及与部分参加活动的严氏家族成员交流，发现：无论是旅居海外多年的人，还是在国内外省打拼的人，都对严氏宗祖和江阴故土保持着强烈的情感归属；即便是离开故土多年的人，在与族亲交谈时大都能够熟练使用江阴话。江阴话成为维系宗族亲情和江阴乡情的重要纽带。我们还注意到，儿童也会跟随家中长辈参与到祭祖活动中，这种浸入式的体验和经历必然会对儿童乡族观念的养成产生重要影响，并进一步影响到方言情感认同的建构。

乡族观念对"洋留守儿童"方言情感认同构建的影响，还会通过其父母发挥作用。调查发现，江阴镇海外移民呈现出"集中去往某一国家，从事某一领域经营"的特点。传统上，华人华侨谋生于海外，为了更好地生存与发展，多会基于地缘和血缘自发形成固定的利益群体，并采用"聚族聚乡，大分散小聚居"的模式组成海外华人社区，社区内主要通行来源地乡土方言。社区成员对操别种方言或语言的外来者往往会表现出明显的排斥与抗拒，但对非本族本乡却能讲自己方言的外来者却表现出一定的宽容和接纳。江阴镇海外移民主要为"传帮带"的模式：先期出国的人在海外事业相对稳定后，会优先考虑邀请亲友或雇佣乡族出国参与或协助经营管理；后来之人，在积累一定经验和资金后往往又会自立门户。与此同时，移民还会自发成立同乡会、联合商会等社团组织以联络乡族，交流信息，解决纷争，谋求更好发展。这种基于乡族观念的"传帮带"移民模式，成功地将江阴故土的乡族亲情、生活习俗、语言习惯移植到海外社区，并成为维系"海外社群与家乡母体之间从乡缘亲情到经济利益的长期互动"（李明欢 2005）的重要纽带。结合个人海外生存经验，基于对子女未来融入海外华人移民社区、继承海外事业的长远规划，父母除了重视普通话和外语教育外，并未忽视对"洋留守儿童"乡族观念的培育和方言情感的培养，这一点在我们参加严氏家族新春祭祖活动时与部分回国参加祭祖活动的"洋留守儿童"家长的交谈中都有所体现。

在个人浸入式体验和父母言传身教的双重作用下，乡族观念逐渐成为"洋留守儿童"的文化烙印，并通过方言认同这一外在文化表征体现出来，成为传承和延续血脉乡情的重要纽带。

## （二）方言对隔代直系家庭的情感维系

"学习语言有两个主要环境，一个是家庭语言环境，一个是社会语言环境"（陈保亚 2017）。一般情况下，儿童的语言能力和语言情感养成在学龄前阶段主要依赖家庭环境。家庭成员，尤其是父母的语言实践和语言理念往往会左右儿童的语言生活走向。进入学龄期后，随着儿童在学校、社区参与度的逐渐提高，学校的语言教育政策、社区的言语习惯又会对儿童的语言生活产生重要影响，但家庭在儿童语言生活中的地位并不一定会被削弱，甚至可能会有所加强，这一点在"洋留守儿童"方言情感认同的形成中也得到充分体现。

研究表明，76.1%的"洋留守儿童"国内寄养家庭的家庭结构以隔代直系家庭为主。王跃生（2006）认为这种隔代直系家庭主要是"祖父母与孙辈子女构成的生活单位"，家庭中儿辈夫妇多双双出国谋生，将未成年孙辈留在家中随祖辈生活。虽然有79.4%的"洋留守儿童"父母能够借助电话、即时通信软件等方式参与儿童语言生活，但其参与程度毕竟十分有限，家庭语言生活参与者主要是祖辈及"洋留守儿童"，因而祖辈对"洋留守儿童"语言生活的影响更为直接。

访谈发现，"洋留守儿童"的祖父母长期被禁锢在农业生产和家务劳作上，加上大多年龄偏高，文化程度偏低，他们更多地保留并延续了海岛乡村传统的生活方式，语言生活中以江阴话作为主要交际语言。家庭语言生活中，受儿辈嘱托，老人会在语言习惯上做出妥协，努力向孙辈靠拢，学说普通话。但因其多未曾接受过专门的普通话学习，普通话能力普遍较弱。同时，受尊宗敬祖思想影响，孙辈也并非一味地扮演家庭语言生活的获利方。日常家庭语言生活中，为了照顾祖辈的语言习惯，更好地同祖辈交流，"洋留守儿童"也会学用江阴话，以达到祖孙之间语言交际习惯的相对平衡。这也导致了之前研究所显示出来的"家庭语境下江阴话仍然扮演重要角色"的结果。无形中，江阴话就成为维系隔代直系家庭祖孙两代人情感交流的重要纽带。我们相信，只要隔代直系家庭结构继续存在，这种祖孙两代人之间语言选择上的相对平衡状态就会继续存在下去，江阴话的情感维系功能也将继续发挥作用，"洋留守儿童"的方言情感认同也将会得以继续保持甚至强化。

### （三）传统婚嫁习俗对家庭方言环境的维持

婚姻是家庭形成的基础和前提条件，婚姻活动在带来家庭人口结构变动的同时，一定程度上也会引起家庭固有生活习惯的改变，语言生活往往也会受到影响。婚姻对家庭语言生活的影响，在跨地区婚姻家庭中表现得尤其明显。单韵鸣、李胜（2018）研究发现，粤语传承在"父母一方或双方不在广州出生长大"移居背景的家庭中受到了挑战，而"父母双方均在广州出生长大"的本土家庭则不存在这种问题。从婚姻对家庭语言生活影响的角度看，"洋留守儿童"方言认同的形成一定程度上也受到侨乡传统婚嫁习俗的影响。

梁云昌（2005）的研究表明，中国传统的婚姻制度是维护族权、父权、夫权权威的手段，婚姻活动中形成了"男主女从""包办""买卖""顺从"等婚姻规范。新中国成立后，以追求个人婚姻自由和个性解放为代表的现代婚姻制度虽然已成为婚姻的主旋律，但传统的婚姻制度及规范在我国某些农村及偏远落后地区仍然存在。调查发现，江阴镇早婚早育现象普遍，大多数青年甚至少年在父母的包办安排下早早结婚成家。受"门当户对""熟人社会"等观念影响，父母在为子女选择结婚对象时基本以相熟相知、条件相当的本乡青年为主，外娶外嫁的跨地区婚姻现象较为少见。

侨乡传统的本乡婚嫁习俗导致婚姻活动带给家庭的往往只有人口结构的变动，家庭生活习惯并未受到太大影响，很少会出现跨地区婚姻家庭中因家庭成员方言不同而折中使用普通话或某一方言的现象，家庭原有方言习惯得以维持。这种祖辈、父母辈主要使用方言的家庭语言环境对"洋留守儿童"的方言学习、方言保持和方言情感的养成也起到了积极作用。

### （四）"非遗进校园"活动的助推

近年来，伴随普通话普及而产生的方言式微，国民尤其是儿童方言能力退化问题逐渐引起社会各界的广泛关注。不少省市在不同领域开展了不同形式方言保护的有益探索。福建省内的闽南、闽东部分县市就"相继出现了由教育部门主导、教师具体实施的校园方言文化活动"（李佳 2017）。就江阴镇所在的福清市来说，该市并未像同省的厦门、泉州、漳州一样由教育主管部门出台类似"闽南方言与文化进课堂"的行政文件，以自上而下的方式推行方言文化教育，而是借助"非遗进校园"活动的形式在全市中小学全面推广优秀乡土文化，其中就包括以方言为载体的闽剧、评话等。同时，该市教育主管部门还刊印了《福清俗语》《闽都俗语童谣》《福清方言词典》《福清方言熟语》等"方言文化"系列丛书并加以推广。

福清市教育主管部门所推广的"非遗进校园"活动，虽然很难达到闽南厦漳泉三市"设立闽南文化学科""开设方言课程"对儿童方言能力提高立竿见影般的效果，但对于学生感受传统文化底蕴、培养保护传统文化遗产的热情起到了积极作用。传统地方歌谣、戏曲及"方言文化系列"丛书的学习，一定程度上加深了学生对"乡土文化"的理解与认识，并进一步增进了学生对方言及乡土文化的理解和认同，这一点在我们调研时与中小学教师及"洋留守儿童"的访谈中也得到了反馈。某种意义上，"非遗进校园"活动对"洋留守儿童"方言情感认同的培养也起到了助推作用。

## 五、两个访谈个案的分析

上文是通过问卷、非结构式访谈、观察获得的数据所呈现出来的

"洋留守儿童"语言生活的整体面貌及对影响方言情感认同建构因素的分析。下面看两个"洋留守儿童"的访谈个案。为保护受访人隐私，名字均以英文符号代替。文中所涉内容仅在文字上进行了压缩整理，并保留受访人的第一人称。访谈时间为2018年春节后。

个案一：严A，男，14岁，江阴中学初二学生。调查时间为2018年3月2日。

严A 2004年生于阿根廷首都布宜诺斯艾利斯（以下简称布市），阿根廷籍，3岁左右回国，有多段布市生活经历。父母均为江阴本地人，主要讲普通话和江阴话。父亲40岁，19岁到布市，西班牙语听说较好，读写尚可；母亲婚后到布市，略懂西班牙语。祖父母早年亦于布市经商，主要讲江阴话，普通话尚可，西班牙语基本不会。姐姐17岁，生于布市，2017年8月随父母到布市读书，主要讲普通话和江阴话，会英语，略通西班牙语。弟弟13岁，生于布市，江阴中学初一学生，主要讲普通话和江阴话，略懂英语，不懂西班牙语。以下为严A的访谈实录：

> 我能流利使用普通话，会听、说基本的江阴话。在学校有学英语，但成绩不太好。去布市生活过，学过一些西语，但已经忘记，基本不会讲。
>
> 家庭内和姐姐、弟弟主要讲普通话，和爸爸、妈妈、爷爷、奶奶更多地讲普通话，有时候也会讲江阴话。家人现在没有刻意让我学西语。有一个西语名字叫贝利多（Vellido），家人都叫我这个名字。
>
> 在学校课堂内只讲普通话，课外会讲江阴话。家里之前想让我和姐姐一样去福清读双语（中英）学校，我不想去，就没去成。不太喜欢学英语。以后会和姐姐一样出国念书，她现在已经会说一些西语。买东西的时候，主要使用普通话。碰到认识的人，普通话和江阴话都有用。
>
> 家里一直教育我们，我们是中国人，老家在江阴。不会忘记江阴话。以后出国读书也要像姐姐一样学好西语。

个案二：林B，男，13岁，福清某双语学校初一学生。调查时间为2018年3月1日。

林 B 2005 年生于福清市, 南非籍, 曾随父母到南非生活过 4 年, 7 岁左右回国。父母均为江阴本地人, 主要说江阴话和普通话。父母早年在南非约翰内斯堡经商, 后转往刚果（金）首都金沙萨, 会说简单的英语、法语和金沙萨当地话。以下为林 B 的访谈实录:

> 我能流利地说普通话, 英语还不错, 也会说江阴话, 不会说法语。在学校主要学英语和普通话。小时候在南非学过英语。

> 家里在福清买了房子, 平常就我和阿姨（保姆）两个人住, 阿姨是江阴人, 和她主要说普通话, 有时候也会说江阴话。爷爷奶奶周末会从江阴过来看我, 和他们更多地说江阴话。和爸爸妈妈主要说普通话, 也会说江阴话和英语。

> 在学校主要说普通话和英语, 很少说江阴话。喜欢学英语, 也喜欢学普通话。学校是半封闭制的, 外出时间比较少。去超市买东西主要是说普通话。

> 我是中国人, 也是福清人。会记住江阴话。不想去刚果（金）, 也不想学法语。

从这两份个案可以看出:普通话在"洋留守儿童"语言生活中占据重要地位, 江阴话在家庭环境中有较大生存空间。学校是儿童学习普通话的主要途径。针对儿童外语学习, 家长会做具体的语言规划和投资, 同时也会尊重孩子个人意见, 做出妥协。乡土情结是维系"洋留守儿童"方言使用和方言认同的关键因素。清晰的国家意识、民族意识确保了普通话未来将在"洋留守儿童"语言生活中继续扮演重要角色。

# 六、余论

通过对江阴镇"洋留守儿童"语言生活现状的调查与分析, 可以看出:该群体的语言生活整体呈现出"双言并存, 普进方退"的特点, 普通话取得了实际的统治、权威地位, 方言在家庭领域占据重要位置, 外语成为语言生活弱侧。存在语言使用和情感认同的反差, 即普通话虽然占据语言生活的主导地位, 但对江阴方言仍保持强烈的情感认同。侨乡社会特有的乡族观念、家庭结构、婚嫁习俗以及方言教育政策成为构建和维系方言情感认同的重要因素。"洋留守儿童"生活在侨乡，熟练掌握普通话和保持一定的方言能力能够帮助他们更好地适应侨乡留守生活，而外语能力的缺失必然会对他们未来融入海外生活造成不利影响。因此，我们应当正视"洋留守儿童"语言生活所存在的外语能力弱势问题，未来应在全面调研、深入了解"洋留守儿童"语言尤其是外语需求的基础上，建立由侨务部门牵头、教育部门和社会力量共同参与的语言服务体系，保持并深化普通话优势，厚植方言情感认同，更要全面补齐外语短板。

从国家侨务战略的高度来看，"洋留守儿童"是新生代华人，更是我国未来重要的侨务资源。

长久以来，"海外侨胞和归侨侨眷是中国联系世界的重要纽带，是促进国家发展的重要依靠力量"。而根植于情感深处的母语，特别是方言情感认同，则成为海内外侨胞根系故土、情牵祖国的重要纽带。"在国家持续推动侨务工作改革创新，扎实做好各项为侨服务"的当下，海内外华人华侨的母语，特别是方言情感认同，正是"凝聚侨心、汇集侨智、发挥侨力，团结调动广大海外侨胞和归侨侨眷积极投身国家建设"的有效发力点。[④]作为语言学研究者，我们的任务就是在进行充分的语言国情调查基础上，获取真实可靠的第一手材料，全面深入了解侨乡"洋留守儿童"及海外移民家庭的语言生活状况和现实需求，为侨务工作决策提供科学的咨政参考，为涉侨群体提供必要的语言服务，以达到涵养和培育侨务资源、助力侨务工作的最终目的。

## 注释

①在《广东"洋留守儿童"揭秘：是中国人却不懂中国话》（腾讯教育，2010 年 9 月 7 日）、《丽水 6000 多名洋留守儿童调查：普遍缺乏归属感》（新蓝网，2016 年 4 月 27 日）、《"洋留守儿童"的异样童年：心灵的缺失，亲情的淡漠》（中国网，2017 年 3 月 17 日）、《六一国际儿童节，让我们一起关注"洋留守儿童"》（搜狐教育，2018 年 6 月 1 日）等有关"洋留守儿童"的新闻报道中，都有就"洋留守儿童"概念的相关界定。综合来看，"拥有外国国籍或居留权（绿卡）"是最主要的判定标准。

②综合《福清方言研究》研究内容和调研所得，确定江阴方言属闽语闽

东区侯官片江阴小片，社区内主要通行普通话和江阴话。综合观察发现，参考
《江阴华侨史》(1999，未公开出版)及研究者对江阴侨联、镇政府工作人员访
谈所得数据，确定江阴历史、侨情、自然地貌、语言生态等信息。文中江阴镇
地图为研究者依据调研所得信息，借助地理信息系统软件 MapInfo 15.0 绘制而
成。

　　③因语言使用的多选设计，故总计量可能会出现大于 100% 的情况。

　　④引自《习近平对侨务工作作出重要指示强调：凝聚侨心侨力同圆共享
中国梦》，中国共产党新闻网，2017 年 2 月 18 日，http://cpc.people.com.cn/
n1/2017/0218 /c64094-29090242.html。

## 参考文献

陈保亚 2017 家庭语言环境：传承母语的最后家园，《语言战略研究》第 6 期。

陈衍德，卞凤奎 2007《闽南海外移民与华侨华人》，福州：福建人民出版社。

伏　干 2016 父母外出打工对农村儿童语言使用影响的研究：以江苏省阜宁县
　　为例，《语言文字应用》第 1 期。

李　佳 2017 也论"方言文化进课堂"，《语言文字应用》第 2 期。

李明欢 2005《福建侨乡调查：侨乡认同、侨乡网络与侨乡文化》，厦门：厦
　　门大学出版社。

梁云昌 2005 论中国传统婚姻制度的现代化，《延安大学学报（社会科学版）》
　　第 1 期。

单韵鸣，李　胜 2018 广州人语言态度与粤语认同传承，《语言战略研究》第
　　3 期。

王跃生 2006 当代中国家庭结构变动分析，《中国社会科学》第 1 期。

发表于《语言文字应用》2019 年第 2 期

# 家庭中的"声音"：海外华人家庭语言规划案例二则

## 董　洁

## 一、引言

　　中国的语言资源非常丰富，随着全球化进程不断加深，人们的语言生活状况也呈现出更加多样化的趋势。每个家庭都是一个小型的语言生态系统（李国芳，孙茁 2017）。处在全球化之中的家庭，多种语言①可能混杂并用。这些语言之间可能存在互补或者竞争关系，也会与家庭之外的社区和社会产生不同程度的相互影响，因此家庭语言生态系统愈加复杂。当有多种语言可供选择时，应该在家庭中使用哪种语言？选择这种语言将会对儿童语言发展产生什么样的影响？能否增加第二代移民的社会竞争力？是否会导致祖语（heritage language）最终消失？这些问题以及其他许多相关问题，都属于家庭语言规划的研究范畴。家庭语言规划，或称家庭语言政策、家庭语言政策与规划，是指家庭内部对其成员之间的语言使用进行的显性或者隐性的规划（Schiffman 1996；Shohamy 2006；King et al. 2008）。家庭语言规划是语言政策研究的一部分。语言政策研究出现在 20 世纪 60 年代，与当时西方殖民体系崩溃、民族国家兴起、发展中国家加快现代化进程等时代大背景息息相关。早期的语言政策与规划研究注重解决语言问题，并将对语言的规划看作是语言专家使用技术手段对语言资源进行分配，进而从国家政策层面解决后殖民时代国家独立运动中遇到的语言问题（Nekvapil 2006）。近年来，随着国际学界进入"后问题"时代（不再把社会现象看作是问题），语言政策研究从解决语言问题，转而关注在动态的社会、文化、意识形态体系内语言政策是如何发生变化的

（King et al. 2008）。一批采用自下而上模式的语言政策与规划研究不断涌现（如 Wiley & Wright 2004；Ricento 2006；Robinson et al. 2006；Cooper 1989）。这些研究主要关注行政机构、学校、工作场所等公共空间范畴内的语言使用，而家庭语言政策和规划研究相对较少。但是，家庭等私人空间中语言使用状况在儿童语言习得、双语发展、身份认同、家庭及社会关系、民族语言传承等方面都有重要意义，因此越来越多的学者将注意力转向家庭语言规划研究。

　　本文使用声音理论（voice）对得自两个家庭的访谈语料进行分析，探讨海外华人移民家庭语言规划。声音理论传统上有巴赫金的声音理论和海姆斯的声音理论（Dong & Dong 2013）。巴赫金（Bakhtin 1931/1981）将声音与特定的人物个性或社会角色联系起来，并将声音区分为个人声音（individual voice）和社会声音（social voice）。海姆斯（Hymes 1996）提出当人们发出声音，他们不因为自己的语言而失去机会，同时可以自由地使用自己的语言而满足其交际需求。本文先对家庭语言规划研究和声音理论进行回顾和讨论，之后主要使用海姆斯的声音理论进行语料分析，探讨海外华人家庭对多种语言资源的选择和运用，以及家庭语言规划对子女全球移动能力的影响。

# 二、家庭语言规划研究

　　King（2016）将对家庭语言的研究分为 4 个阶段，前两个阶段偏重认识研究：（1）第一阶段是 20 世纪初以经典的日志研究为基础，观察和分析研究者自己小孩的语言发展状况，代表性成果是"一人一语言"模式（One-Person-One-Language，简称 OPOL）（如 Ronjat 1913，转引自 King 2016）。（2）第二阶段在心理语言学和应用语言学框架下，以儿童双语发展研究为主，关注单语儿童和双语儿童不同的发展轨迹、语言迁移（linguistic transfer）的本质，以及双语现象与认知特征之间的关系等。比如，De Houwer（1990）对荷兰语-英语双语儿童进行调查后，认为儿童早期句法发展与具体语言相关，而且语言之间缺乏迁移。Lanza（1997）通过社会语言学和语篇分析方法回答了一个经典的心理语言学问题，即儿童语言区分能力是在 3 岁以前还是 3 岁以后形成的。通过对家长和儿童之间语言互动的深入分析，Lanza 认为 3 岁以前的儿童有能力进行语码转换。（3）第三阶段开始在社会语言学框架下对家庭语言规划研究进行定义，并形成了这一领域中的两个主要分支，即家长语言意识形态研究和儿童语言发展研究。在这一阶段，家庭语言规划研究的短板也逐渐显露出来。比如，传统的家庭语言规划注重典型家庭（如两家长、中产阶级、欧洲语言等）研究，而对非典型家庭（如单亲、非欧洲语言、移民家庭等）尚缺乏研究。另外，关于儿童在家庭语言规划中的主体性、身份认同、家庭（重）构建等方面的研究也很不足。（4）第四阶段，也就是当前阶段，研究重点不再是家庭语言规划的结果，而转为在跨国移民家庭、非典型家庭，以及多语环境中家长和孩子如何通过家庭语言定义自己和他们各自的家庭角色，以及语言规划对家庭生活的影响等（如 Zhu & Li 2016；Curdt-Christiansen 2009，2016）。

　　华人学者对家庭语言规划研究的贡献令人瞩目。例如，Zhu & Li（2016）对 3 个情况各异的英国华人移民家庭（一个朝鲜族家庭、一个香港家庭、一对退休夫妇）的语言规划进行了深入研究。他们没有讨论汉语或者朝鲜语能否得到传承，而是关注这些家庭的未来发展、身份认同、社会网络与语言使用之间的关系。Curdt-Christiansen（2009，2014，2016）对加拿大、新加坡华裔家庭等的研究认为，家庭成员对语言的看法很多元，这些不同的看法来自他们对民族身份和文化实践的不同态度；这些态度和看法又与移民国家的语言政策和教育政策交织在一起，使得移民家庭在语言选择上尤其纠结，常常以减少母语的使用为代价解决这些存在于价值观和意识形态层面的多语选择问题。Li（2002，2006a，2006b，2006c）对华人移民家庭的双文双语教育进行研究，强调少数族裔社区环境和子女能动性在家庭语言政策中的重要影响。Zhao & Liu（2008）对新加坡华人家庭及儿童的语言使用进行研究，认为汉语已经逐渐让位于英语，并且失去了相应的语言资本。此外，《语言战略研究》2017 年的家庭语言规划专题也在国内学界引发了很大的研究热情，国内多家期刊不断涌现对这一领域的理论探讨和实证研究。

# 三、声音理论

巴赫金的著作自从 20 世纪 70 年代末被西方学术界重新发现以来，对文学批评、语言研究、历史、哲学、社会学、人类学和心理学等多个学科领域都产生了重要影响。巴赫金的声音是指"个性的言语表达，即说话的意识。声音背后总有某种意志或欲望，有它自己的音色和弦外之音"（Bakhtin 1931/1981：434）。巴赫金（Bakhtin 1930/1984，1931/1981）区分个人声音和社会声音，并强调声音的社会维度。个人声音与特定的、独特的、情境化的人物有关；社会声音则指社会认可的、典型的语言区别，如阶级话语、性别话语和职业话语。诸如"他（说话）真像个大老板""我（在你的话里）听到了他的声音"，或者"你为什么说话像个小女孩"这样的话语属于社会声音。Agha 发展了巴赫金的声音理论，认为声音是人物形象，与社会声音接触就是与真实或想象的人接触。人们在这些实践中接触声音，识别与其相关的人物形象，并对有关的人物形象进行角色定位（Agha 2005）。

声音理论的另一个主要来源是海姆斯的著作《民族志、语言学、叙事不平等性：对声音的理解》。海姆斯（Hymes 1996：64）提出："[声音]的两个因素由来已久。一种是负面自由，即人们拥有不会因为其语言而失去机会的自由，不论是说话、阅读，还是书写中使用的语言。另一种是正面自由，即人们使用语言得到满足……我用'声音'把这两种自由结合起来，即人们有发出自己声音的自由，以及自己的声音得到倾听的自由。"海姆斯想象了这样一个社会：人们不会因为他们说话的方式而失去机会；不会因为他们使用的语言而被污名化；人们敢于发出声音，并且知道他们的话语会得到倾听。Blommaert（2005）发展了海姆斯的声音理论，认为声音是人们通过调动可用的符号资源来实现预期沟通效果的过程，是语言形式与预期功能之间能否形成对应关系的能力。语言形式与功能之间的关系与该语言是否可以作为移动资源有关（Blommaert 2010）。一些语言资源，如普通话，是较好的移动资源并具有较高社会声望，人们凭借普通话可以去中国各个省市，与那里的人们沟通交流；而另一些语言则只有较低的移动能力，比如有些方言可能只在某些特定的地区使用，离开这个地区就难以以之沟通了。在这种情况下,人们的语言形式与他们所期望达到的交际效果不能匹配,就会产生"失声"的现象,即他们的话语没有达到预期效果,没有实现预期功能,或没有被倾听。

虽然学者们通常只使用这两个声音理论之中的一个,但是这两者却不是相互排斥的。声音在不同层面呈现出不同的形态:在其原始意义的层面上,人们能分辨出声音的音量、音色、旋律等性质;在巴赫金的理论层面上,人们可以在话语中识别出多种声音,如个人声音、社会声音、性别声音等;在语言形式与功能层面上,海姆斯的理论可以衡量人们的声音会不会被倾听,能否实现预期功能,在交谈中是包括所有在场者,还是排除一些人。因此,对同一段话语进行不同层面的分析时,可以使用不同的声音理论,二者之间并不互相排斥,本文着重使用海姆斯的声音理论对语料进行分析。

# 四、家庭中的"声音"

本文中的两则案例都取自海外华人移民社群的民族志田野调查。海外华人通常掌握多种语言,具有较高的移动能力。早期劳动力移民倾向于在移民目的国定居下来,努力工作,以期融入主流社会,并实现社会向上流动;新一代移民由于受教育程度更高,可调动的社会资本更多,同时也由于中国经济快速增长,发展前景广阔,他们在移民目的地和家乡之间的移动轨迹更加复杂,完全打破了"一生漂泊海外,老来落叶归根"的传统模式。案例一的访谈对象王先生是笔者居住的一座荷兰中型城市的中餐馆厨师,属于传统的劳动力移民。我们起初在王先生工作的餐馆进行调查,之后王先生邀请我们为他的孩子辅导汉语拼音。经过一段时间的参与式观察后,我们对王先生进行深度访谈。案例二的访谈对象吕先生是笔者的学生,大学4年修过笔者两门专业课。毕业后我们仍然追踪他的语言状况、个人发展和全球移动轨迹。经过长时间的参与式观察后,我们对吕先生进行深度访谈。

**案例一："如果他说方言，我们就不理他……"** ②

早期海外华人移民以使用粤方言、闽南话、客家话为主，移民社区中通常广泛使用粤方言；近年来使用普通话的留学生、高技术移民、投资移民越来越多。除了普通话和汉语方言以外，英语和移民国当地语言也是华人家庭重要的语言资源。本案例中的王先生40多岁，20多年前从福建移民荷兰，此后一直在中餐馆打工。由于当时的餐馆老板多数是来自中国香港和其他东南亚地区的移民，餐馆里的工作语言是粤方言。为了工作需要，王先生首先学习粤方言，因此尽管他来荷兰已经20多年了，荷兰语水平还是较低，需要妻子帮忙翻译。他的妻子是同一家中餐馆的服务员，可以熟练使用粤方言、闽方言、普通话和荷兰语。他们有两个儿子。大儿子9岁，在荷兰当地一所公立学校上学，周六在一所中文学校学习中文。中文学校提供粤方言和普通话课程，王先生为儿子选了普通话课程。小儿子3岁，之前一直在福建老家由亲戚照看，近期才接来荷兰，因此小儿子在来荷兰之前大部分时间接触到的是福建方言。田野调查期间，王先生请我们每周给他的大儿子辅导汉语拼音，因此我们对他家庭内部的语言使用状况有比较深入的了解。在一次交谈中，王先生说他只允许孩子们在家说普通话，不允许说方言、荷兰语或者英语。于是我们就其家庭语言规划对王先生做了访谈。访谈是用普通话进行的。

语料一：

（1）董岩：你儿子是在哪里长大的？

（2）王先生：他在福建长大，我的家乡，他的姑姑照顾他。

（3）董岩：你为什么把他带回荷兰？

（4）王先生：他快3岁了，很快要上学了。所以我们把他带回来。

（5）董岩：你觉得他在这里上学比在中国好吗？

（6）王先生：是的。他现在应该开始学荷兰语了。他会在荷兰学校学习荷兰语。

（7）董岩：他现在会说荷兰语吗？

（8）王先生：不会，基本不会。

（9）董岩：你在家教他荷兰语吗？

（10）王先生：不。他去荷兰学校，很快就学会了。

（11）董岩：你们在家和他讲什么语言？

（12）王先生：我们在家和他讲中文。

（13）董岩：你们不和他讲福建方言吗？

（14）王先生：不。他在中国时，讲福建方言。我家里没人讲普通话。我妈妈只会讲方言。她不识字。我儿子在国内上过半年的幼儿园，学了普通话。但是他只能听（普通话），他不会讲（普通话）。

（15）董岩：现在怎么样了？

（16）王先生：现在他好多了。我们只和他讲普通话。

（17）董岩：他有什么进步吗？

（18）王先生：是的。他必须讲（普通话）。如果他讲方言，我们就不理他，装作没听见。所以他必须和我们讲普通话。

（19）董岩：你不教他讲粤语吗？

（20）王先生：不。现在普通话最重要，连香港人也开始学（普通话）。粤语已经不重要了，这几年在荷兰也是这样。你看，这两个孩子（老板的儿子），他们的普通话非常好。

这则语料是一则元语用话语（meta-discourse），即关于人们怎样使用语言的话语（Dong 2010）。在这则元语用话语中，王先生谈到他对家庭语言的显性规划：虽然有多种语言和方言可选择，但是他规定孩子们在家只讲普通话。从第1话轮到第10话轮（T1~T10），他指出把小儿子接来荷兰的最重要原因是他到了上学年龄，而在荷兰当地学校学习荷兰语是最便捷有效的方式。因此他不需要在家中教孩子们荷兰语，而且他本人的荷兰语也不足以教孩子们。这种在荷兰工作生活多年却不会荷兰语的现象在老一代华人移民中非常普遍，主要是因为早期的劳动力移民通常到荷兰后很快会加入中餐的餐饮行业，可以不需要和荷兰主流社会过多接触就能够工作和生活。近年来留学生和高技术移民普遍英语水平较高，而英语在高校等公共空间内相当普及，所以他们也没有学习荷兰语的迫切要求。这也呼应了之前对荷兰华人的研究发现（如 Blommaert & Huang 2010；Li & Juffermans 2011）。不过对于早期劳动力移民来说，不会荷兰语（同时也不会英语）仍然限制了他们的空间移动能力以及社会上升空间。由于不懂荷兰语，又不能熟练使用英语，他们的生活局限在华人社区，尤其是餐饮行业中。比起自身发展，他们通常更重视子女能否在本地学校学地道的荷兰语，期望子女融入荷兰主流社会，从而有更好的前途。对这些移民家庭来说，荷兰语是一种公共空间语言，这种语言可以让他们今后在荷兰社会有更大的话语权，让他们的"声音"被听见。

虽然王先生认为孩子们学习荷兰语非常重要，但是他并不打算让他们在家里练习荷兰语。他的家庭语言规划是：每个人在家都必须说普通话（T11~T18）。考虑到在荷兰并没有说普通话的社会大环境，王先生完全可以继续使用福建方言，毕竟这是每位家庭成员都可以熟练使用的语言。但是王先生和太太非常坚定地选择了普通话，"他（小儿子）必须讲（普通话）。如果他讲方言，我们就不理他，装作没听见。所以他必须和我们讲普通话。"（T18）小儿子才到荷兰不久，所以更习惯说福建话。但是如果坚持说福建方言，他就会"失声"（Blommaert 2005），也就是他的话语会被忽略，他的语言形式与预期功能不匹配。这里我们看到海姆斯的声音理论，即为了使自己的声音被倾听并得到应有的反馈，小儿子必须说普通话，因此普通话成为家庭中唯一有用的语言。

王先生和太太的语言规划的确有些超前于孩子的认知水平，但是他们这样做也不是没有道理。首先，普通话在国内是通用语言，具有重要的沟通功能；其次，王先生的语言规划也指向全球层面的语言秩序的转变，即在海外华人社区普通话不仅是家庭语言之一，而且与粤方言一起（或者正在超过粤方言）成为华人社区的通用语。王先生的老板、一个多年前来荷兰开餐馆的香港人，也要求他的孩子们学普通话。普通话赶超粤方言的一个原因是来自中国大陆的移民越来越多，但是更重要的原因是这些新移民多数是留学生、高技术移民、知识移民等，他们更加富裕，也更有影响力，因此他们使用的语言也更有影响力。这些移民人口结构的变化是全球化进程的一部分，而微观层面的语言变化会指向宏观层面的结构性变化。

## 案例二："他们切换到温州话，我就听不懂了"

案例二中的访谈对象吕先生 30 岁左右，是西班牙华裔，祖辈移民海外，在西班牙开餐馆，父辈开始投资其他领域。吕先生和弟弟在本科和硕士期间到中国读书，之后留在中国从事投资工作，准备积累一些工作经验，以便将来接手家族企业。由于吕先生的家族来自浙江温州，后移居安徽黄山，所以除了西班牙语和英语以外，他日常接触到的语言有温州话、安徽话和普通话。就家庭语言规划来说，他的父母没有像案例一中王先生那样明确规定家庭语言，但是在实际的家庭语言使用中，不同语言的使用范畴很明确。首先，西班牙语和英语是公共场合语言，在家里较少使用这两种语言。到中国以前，吕先生和弟弟之间有时候会用西班牙语和英语交流，但是由于 18 岁以后两个人先后来到中国，所以普通话就逐渐成为他们之间的主要沟通语言了。其次，虽然家庭可选择的方言较多，但是吕先生的父亲和孩子们交流时很少使用方言，而是使用普通话；父母之间、父亲和叔叔们之间交流时通常使用方言。

语料二：

（1）吕先生：温州话或者安徽话用不上。

（2）董洁：嗯嗯，用不上，用不上指的是，就是比如说温州话或者安徽话没有特别广泛的用途，所以没有让你说？

（3）吕先生：因为教育方面我父亲对我影响很大，他本人语言说得很好，会说西语、英语，会说普通话、温州话、安徽话，但是他从来不和我说方言。他要么说普通话，要么说英语。因为，就是，谈吐这一块很重要，因为方言说多了，是英语还是中文，口音上自然而然就会带一些当地的腔调进去，他希望我（的口音）更纯净一点儿吧，不是很多 mixed。

从语料二我们可以看到，吕先生的父亲认为方言"没有用"，并不是指方言的用途不广泛（T1、T2），而是指方言和他为孩子们设计的教育目标不相匹配（T3）。他认为孩子们的谈吐是重要的教育内容之一，而使用方言会使他们的口音不够"纯正"，进而产生语言混杂现象。语言本身是一种交际工具，并不存在哪个好、哪个不好的分别；而且在现实生活中，语言混杂是常态，正如吕先生在话轮 3 中也使用了英语 mixed 一词，这本身也是语言混杂的一种表现。但是当语言在社会中使用时，就难免被赋予社会意义和社会价值。人们给语言贴上标签，比如哪种语言优雅，哪种语言洋气，甚至是哪种语言更科学，以及口音是否纯正，都与人们的家庭背景、教育程度、社会层次乃至身份构建直接相关。当人们认为这样的标签是自然而然、理所应当的时候，他们就已经接受了语言被额外赋予的社会意义和社会价值。当绝大多数人都接受时，这种社会意义和社会价值因而上升成为语言意识形态（Dong 2009，2010；Bourdieu 1991；Silverstein 1996；Blommaert 2006）。语言意识形态就像我们赖以生存的空气那样充斥在我们的周边，我们却很少想到它，更少反思它。

语料三：

（1）吕先生：他们谈和我不相关的事情的时候，可能会说（温州话或者安徽话）；跟我聊和我有关系的事情的时候，就会用普通话说。生意上的事情他们就不会告诉我，他们还希望我再练几年，所以有时候过节或者碰面的时候，他和我母亲、和家里的亲戚就会切换到温州话，我就听不懂了。

（2）董洁：你是说他们这种语言之间的切换是有意的？

（3）吕先生：对，是有意的选择，就是涉及一些我现在不应该听到的事情的时候，他们会（使用方言）。

语料三显示，吕先生的父母对家庭语言的规划不仅与孩子们的教育有关，而且与家族生意和对未来的规划有关。当交谈内容和吕先生有关时，父母会使用普通话；无关时，则使用方言（T1）。可见这一语言选择与交谈对象、交谈内容等因素相关。什么是有关的内容，什么是无关的内容呢？吕先生列举说，家族生意方面的内容就（暂时）和吕先生无关，因此父母和亲戚们讨论生意上的话题时，就会改用方言交流。根据交谈对象、交谈内容切换语码本来是很常见的语码转换现象，人们都会下意识地根据对话发生的环境、对象、话题等因素进行语码转换，以期更好地进行交流。但不同的是，吕先生的父母是有意识地选择吕先生不能熟练掌握的语言进行交流，以达到中断与他交流的目的（T2、T3）。这就与案例一中的"失声"现象相反，也就是说，并不是让没掌握方言的子女失去发出自己声音的机会，而是使用他们不懂的方言以达到自己的声音不被听见、将他们排除在外的效果。这种排除现象虽然在表面形式上与海姆斯的声音理论不尽相同，但是回顾海姆斯的理论不难发现，海姆斯（Hymes 1996）认为人们应该拥有"免于因为语言失去机会的自由和使用语言得到满足的自由"，语料三中吕先生恰恰是因为语言而"失去"了参与家族生意的讨论。这也印证了 Blommaert（2005）的看法，即声音是语言形式与预期功能之间的对应关系，是人们通过调动可用的符号资源来实现预期的沟通效果。在本案例中吕先生的父母调动他们可用的符号资源，实现排除吕先生的沟通效果。

# 五、结　语

　　本文两个海外华人移民家庭中，父母均表现出对家庭语言的规划。案例一中的家庭语言规划更为显性，案例二中的相对隐性。同时两个家庭都表现出对普通话的重视以及在家庭中使用普通话的语言实践。与多数前期研究结果不同，本文案例显示普通话在二代移民乃至三代移民中都得到保持。不过，本文案例有其特殊性：案例一中王先生的孩子们年纪尚小，普通话在他们中间的保持情况有待长期观察；案例二中的吕先生和弟弟在18岁左右相继回国，因此普通话的使用得到加强。不过，两个家庭都认为子女应该在正规教育中学习英语和移入国语言（在这里是荷兰语和西班牙语），而在家庭环境中则以普通话为主，目的是保证子女将来能够使用普通话进行交流。这样的语言规划和选择在海外华人移民家庭中非常普遍，实践效果因家庭具体情况和家庭未来发展规划不同而有所差异。

　　两个家庭的子女都有方式各异但本质相同的"失声"经历。在案例一中，王先生的小儿子如果不用普通话交谈就会被忽略，他的声音不被倾听，也得不到相应的反馈。先不论王先生和太太的做法是否得当，就家庭语言规划来说，这是一则非常突出的显性规划案例。这种做法也不罕见。笔者曾对中国中产阶层家庭做过田野调查（如 Dong 2017，2018），其中有多个案例都是家庭为了培养子女英语能力而规定在家庭中只说英语的案例。案例二中声音不被倾听的情况看似与案例一相反，即家长发出的声音不能被子女听到；但其本质可以看作是一种"逆向的声音过程"，即不是使交谈对方的话语不被听见，而是使自己的话语不被听见，在这一过程中语言形式与其预期功能相匹配，家长达到了将子女排除在家族生意之外的交际目的。这种或有意、或无意的以排除为目的的交际事件在实际生活中也很常见。

　　总之，海外华人移民家庭可调动多种语言资源，这些语言资源使他们具有了较强的全球移动能力。英语和移民目的国语言是移民家庭的主要语言资源。随着中国经济实力的增长，汉语普通话与汉语方言不同，不是海外移民寄托乡愁的语言，随着中国经济增长，普通话更具实用价值，使海外华人不仅可以在移民社区进行交际互动，而且为他们以及他们的子女提供了了解国内动态、参与国内经济社会发展的机会，因此也越来越为华人移民家庭所重视。由本文案例可见，微观的家庭语言常常可以反映宏观层面语言秩序的变化和全球政治经济秩序的变化，是语言政策研究中不可或缺的基本领域和研究方向。

## 注释

　　①为引文方便，本文"语言"亦可指方言。

　　②此案例中的部分语料和分析发表在 Dong & Dong（2013）。

## 参考文献

李国芳，孙　苗　2017　加拿大华人家庭语言政策类型及成因，《语言战略研究》第 6 期。

Agha, A. 2005. Voice, footing, enregisterment. *Journal of Linguistic Anthropology* 15(1).

Bakhtin, M. M. 1930/1984. *Problems of Dostoevksy's Poetics.* Minneapolis: University of Minnesota Press.

Bakhtin, M. M. 1931/1981. *The Dialogic Imagination: Four Essays.* Austin: University of Texas Press.

Blommaert, J. 2005. *Discourse.* Cambridge: Cambridge University Press.

Blommaert, J. 2006. Language ideology. In K. Brown (Ed.), *Encyclopedia of*

*Language & Linguistics* (2nd edn). Oxford: Elsevier.

Blommaert, J. & Huang, A. 2010. Semiotic and spatial scope: Towards a materialist semiotics. *Working Papers in Urban Language & Literacies Paper* 62.

Bourdieu, P. 1991. *Language and Symbolic Power.* Cambridge: Polity Press.

Cooper, R. 1989. *Language Planning and Social Change.* Cambridge: Cambridge University Press.

Curdt-Christiansen, X. L. 2009. Invisible and visible language planning: Ideological factors in the family language policy of Chinese immigrant families in Quebec. *Language Policy* 8(4).

Curdt-Christiansen, X. L. 2014. Family language policy: Is learning Chinese at odds with learning English. In X. L. Curdt-Christiansen & A. Hancock (Eds.), *Learning Chinese in Diasporic Communities: Many Pathways to Being Chinese.* Amsterdam: John Benjamins.

Curdt-Christiansen, X. L. 2016. Conflicting language ideologies and contradictory language practices in Singaporean multilingual families. *Journal of Multilingual and Multicultural Development* 37(7).

De Houwer, A. 1990. *The Acquisition of Two Languages from Birth: A Case Study.* Cambridge: Cambridge University Press.

Dong, J. 2009. "Isn't it enough to be a Chinese speaker" : Language ideology and migrant identity construction in a public primary school in Beijing. *Language & Communication* 29(2).

Dong, J. 2010. The enregisterment of *Putonghua* in practice. *Language & Communication* 30(4).

Dong, J. 2017. Chinese elite migrants and formation of new communities in a changing society: An online-offline ethnography. *Ethnography* 18(2).

Dong, J. 2018. Taste, global mobility, and elite identity construction: How Chinese new urban migrants construct elite identities with lifestyle discourses. *Journal of Sociolinguistics* 22(4).

Dong, J. & Dong, Y. 2013. Voicing as an essential problem of communication: Language and education of Chinese immigrant children in globalization. *Anthropology & Education Quarterly* 44(2).

Hymes, D. 1996. *Ethnography, Linguistics, Narrative Inequality: Toward an Understanding of Voice.* London: Taylor & Francis Group.

King, K. A. 2016. Language policy, multilingual encounters, and transnational families. *Journal of Multilingual and Multicultural Development* 37(7).

King, K. A., Fogle, L. & Logan-Terry, A. 2008. Family language policy. *Language and Linguistics Compass* 2(5).

Lanza, E. 1997. *Language Mixing in Infant Bilingualism: A Sociolinguistic Perspective.* Oxford: Oxford University Press.

Li, G. 2002. *East Is East, West Is West? Home Literacy, Culture, and Schooling.* New York: Peter Lang.

Li, G. 2006a. What do parents think? Middle-class Chinese immigrant parents' perspectives on literacy learning, homework, and school-home communication. *The School Community Journal* 16(2).

Li, G. 2006b. Biliteracy and trilingual practices in the home context: Case studies of Chinese-Canadian children. *Journal of Early Childhood Literacy* 6(3).

Li, G. 2006c. *Culturally Contested Pedagogy: Battles of Literacy and Schooling between Mainstream Teachers and Asian Immigrant Parents.* Albany: State University of New York Press.

Li, J. & Juffermans, K. 2011. On learning a language in transformation: Two final year students' experiences in Chinese complementary education. *Tilburg Papers in Culture Studies* 7.

Nekvapil, J. 2006. From language planning to language management. *Sociolinguistica* 20(1).

Ricento, T. 2006. Language policy: Theory and practice—An introduction. In T. Ricento (Ed.), *An Introduction to Language Policy: Theory and Method.* Oxford: Blackwell Publishing.

Robinson, J. P., Rivers, W. P. & Brecht, R. D. 2006. Demographic and sociopolitical predictors of American attitudes towards foreign language policy. *Language Policy* 5(4).

Ronjat, J. 1913. *Le Développement du Langage Observé chez un Enfant Bilingue.* Paris: Champion.

Schiffman, H. 1996. *Linguistic Culture and Language Policy.* New York: Routledge.

Shohamy, E. 2006. *Language Policy: Hidden Agendas and New Approaches.* New York: Routledge.

Silverstein, M. 1996. Monoglot standard in America: Standardization and metaphors of linguistic hegemony. In D. Brenneis & R. Macaulay (Eds.), *The Matrix of Language.* Boulder: Westview.

Wiley, T. G. & Wright, W. E. 2004. Against the undertow: Language minority educational policy and politics in the age of accountability. *Educational Policy* 18(1).

Zhao, S. H. & Liu, Y. B. 2008. Home language shift and its implications for language planning in Singapore: From the perspective of prestige planning. *The Asia-Pacific Education Researcher* 16(2).

Zhu, H. & Li, W. 2016. Transnational experience, aspiration and family language policy. *Journal of Multilingual and Multicultural Development* 37(7).

发表于《语言战略研究》2019 年第 2 期

# 附录：家庭语言规划研究中英文目录索引

阿拉腾宝力格 2016 蒙古族家庭语言政策研究，内蒙古大学博士学位论文。

巴战龙 2016 如何打造双语家庭——裕固族语言文化遗产传承问题研究，《西南民族大学学报》第 5 期。

白 娟 2017 家庭语言规划在华文教育中具有重要的地位，《语言战略研究》第 6 期。

白 娟 2019 华文教育中的家庭语言政策驱动机制和影响分析，《语言战略研究》第 4 期。

曹 波，丁石庆 2016 家庭网络与人口较少民族青少年母语保持——撒拉族、鄂温克族、达斡尔族个案考察，《青海民族研究》第 3 期。

陈保亚 2013 语势、家庭学习模式与语言传承——从语言自然接触说起，《北京大学学报》第 3 期。

陈保亚 2017 家庭语言环境：传承母语的最后家园，《语言战略研究》第 6 期。

陈敏倩，冯晓霞，肖树娟，等 2009 不同社会经济地位家庭儿童的入学语言准备状况比较，《学前教育研究》第 4 期。

陈前瑞 1996 中国儿童语言学的长成之作——读李宇明《儿童语言的发展》，《语言文字应用》第 3 期。

陈 颖 2014 美国纽约华人家庭语言认同的代际差异，《八桂侨刊》第 4 期。

陈章太 1990 四代同堂的语言生活——陈延年一家语言使用的初步考察，《语文建设》第 3 期。

丁 洁 2019 文化认同视角下的青少年家庭语言政策研究，《吉林省教育学院学报》第 7 期。

丁 鹏 2019 中国跨国婚姻家庭的语言规划研究，《语言战略研究》第

2 期。

丁石庆 2007《社区语言与家庭语言：北京少数民族社区及家庭语言调查研究》，北京：民族出版社。

丁石庆 2012《社区语言与家庭语言及相关分析：北京少数民族社区及家庭语言调查研究》，北京：民族出版社。

董　洁 2019 家庭中的"声音"：海外华人家庭语言规划案例二则，《语言战略研究》第 2 期。

凡妮莎·马诺利 2019 我在海外培养双语子女的亲身经历，阎喜译，《语言战略研究》第 2 期。

方小兵 2018 从家庭语言规划到社区语言规划，《云南师范大学学报（哲学社会科学版）》第 6 期。

弗朗西斯·瓦尔斯 2019 巴塞罗那英语家庭遭遇代际传承困难，曹佳译，《语言战略研究》第 2 期。

付　伊 2017 家庭语言规划亟须指导，《语言战略研究》第 6 期。

葛　茜 2020 闽籍日本新华侨华人子弟的语言习得与身份认同研究——两例民族志研究报告，《海外英语》第 16 期。

谷玉英 2016 北京城中村农民工随迁子女语言生活及身份构建研究，北京交通大学硕士学位论文。

顾祯艳 2019 乡村振兴进程中的家庭语言规划——以苏中三市调查为例，《教育现代化》第 41 期。

郭　熙 2017 论祖语与祖语传承，《语言战略研究》第 3 期。

郝　杰 2010 多语言环境下少数民族儿童及其家庭语言选择行为的分析，《民族教育研究》第 3 期。

黄　明，朱宾忠 2010 新加坡双语教育模式与华族家庭语言转移趋势调查分析，《外语教学与研究》第 5 期。

吉　晖 2019a 国外家庭教育环境与儿童语言能力发展研究，《教育评论》第 4 期。

吉　晖 2019b 家庭社会经济地位对儿童语言能力发展的影响分析，《语言文字应用》第 3 期。

贾红霞 2018 非目的语环境下学龄前儿童外语家庭教育的理念与策略，《现代教育科学》第 11 期。

贾红霞，陈绍敏　2008　试析文化对儿童语言习得的影响，《北京广播电视大学学报》第 4 期。

贾　莉　2008　《美国华人移民子女语言社会化研究》，开封：河南大学出版社。

凯瑟琳·布伦南　2019　英国双语学校语言态度影响家庭语言规划，阎喜译，《语言战略研究》第 2 期。

康晓娟　2015　海外华裔儿童华语学习、使用及其家庭语言规划调查研究——以马来西亚 3~6 岁华裔儿童家庭为例，《语言文字应用》第 2 期。

劳红叶　2019　印尼新生代华裔祖语保持研究，暨南大学硕士学位论文。

雷　军　2017　家庭语言政策研究的视域拓展，《语言战略研究》第 6 期。

李德鹏　2018　我国家庭语言规划的基本要素分析，《云南师范大学学报（哲学社会科学版）》第 6 期。

李国芳，孙　苗　2017　加拿大华人家庭语言政策类型及成因，《语言战略研究》第 6 期。

李慧敏，张　佳　2019　农村学龄前留守儿童句法能力研究——以安徽省肥西县为例，《江淮论坛》第 3 期。

李　佳　2019　汉语能力对边境地区缅甸底层家庭意味着希望和出路，《语言战略研究》第 4 期。

李晋霞　2020　儿童语言研究与儿童发展研究的宝库——读李宇明教授《人生初年——一名中国女孩的语言日志》，《语言战略研究》第 3 期。

李丽芳　2013　国外家庭语言政策研究现状分析，《云南农业大学学报》第 5 期。

李　琳，廖诗意　2020　家庭语言规划国内研究述评（2003—2019），《淮北师范大学学报》第 5 期。

李　倩　2012　广州多方言家庭学龄前儿童语言规划情况调查，暨南大学硕士学位论文。

李　嵬　2016　语言与人口：计划生育政策及人口变化对语言和语言学的启示，张天伟、李艳红译，《语言战略研究》第 5 期。

李　嵬　2017　家长应多和孩子一起读书写字，《语言战略研究》第 6 期。

李　嵬，祝　华 2017 想象：跨国移居家庭传承语维持与转用的关键因素，连美丽译，《语言战略研究》第 3 期。

李　鑫 2019 泰国华裔和非华裔 3—6 岁儿童家庭语言生态、语言规划与语言学习状况对比研究，华侨大学硕士学位论文。

李秀锦 2018 家庭语言政策与儿童文化认同建构，鲁东大学硕士学位论文。

李秀锦，刘媛媛 2016 家庭语言政策与儿童文化认同建构——两例民族志研究个案报告，《语言政策与语言教育》第 2 期。

李英姿 2015 家庭语言政策研究迫在眉睫，《中国社会科学报》12 月 22 日第 003 版。

李英姿 2017 重视在华国际家庭的语言教育规划研究，推动汉语传播，《语言战略研究》第 6 期。

李英姿 2018a 家庭语言教育不可小视，《光明日报》3 月 25 日第 12 版。

李英姿 2018b 家庭语言政策研究的理论和方法，《语言战略研究》第 1 期。

李英姿 2019 《多语言世界的家庭语言政策——机遇、挑战与效应》述评，《语言战略研究》第 2 期。

李宇明 1989 聋儿语言康复的目标、原则及其有关问题，《民政研究》第 5 期。

李宇明 1991a 1~120 天婴儿发音研究，《心理科学》第 5 期。

李宇明 1991b 儿童习得语言的偏向性策略，《华中师范大学学报（哲学社会科学版）》第 4 期。

李宇明 1991c 国内儿童语言研究鸟瞰，《中文自学指导》第 4 期。

李宇明 1991d 聋儿语言康复与言语行为模式，《聋儿康复》第 2 期。

李宇明 1993a 论儿童第二信号系统建立的判定标准，《语言学通讯》第 1~2 期。

李宇明 1993b 乳儿话语理解的个案研究，《语言研究》第 1 期。

李宇明 1993c 文化对儿童语言习得的影响，载刘焕辉、陈建民主编《言语交际与交际语言》，南昌：江西高校出版社。

李宇明 1994a 儿童语言发展的连续性及顺序性，《汉语学习》第 5 期。

李宇明 1994b 母语获得理论与幼儿语言教学，《幼儿教育》第 11 期。

李宇明　1994c　幼儿语言教学的若干原则，《幼儿教育》第 10 期。

李宇明　1995《儿童语言的发展》，武汉：华中师范大学出版社。

李宇明　1998a　儿童词义的发展，载邵敬敏主编《句法结构中的语义研究》，北京：北京语言文化大学出版社。

李宇明　1998b　语言教学和儿童语言研究，《语言文字应用》第 1 期。

李宇明　2000a《儿童语言·导读》，载 Jean Stilwell Peccei《儿童语言》，北京：外语教学与研究出版社。

李宇明　2000b　借鉴儿童语言研究成果，促进对外汉语教学，载张德鑫主编《回眸与思考》，北京：外语教学与研究出版社。

李宇明　2002　儿童语言习得研究，载林焘主编《20 世纪中国学术大典·语言卷》，福州：福建教育出版社。

李宇明　2003a　论母语，《世界汉语教学》第 1 期。

李宇明　2003b　努力培养双言双语人，《长江学术》第 4 期。

李宇明　2014　双言双语生活与双言双语政策，《语言政策与规划研究》第 1 期。

李宇明　2019《人生初年》，北京：商务印书馆。

李宇明，白丰兰　1990a　父母的答话艺术，《演讲与口才》第 8 期。

李宇明，白丰兰　1990b　父母的许诺艺术，《演讲与口才》第 9 期。

李宇明，白丰兰　1990c　父母怎样给孩子讲故事，《演讲与口才》第 10 期。

李宇明，白丰兰　1990d　父母的问话艺术，《演讲与口才》第 7 期。

李宇明，白丰兰　1991《父母语言艺术》，北京：北京语言学院出版社。

李宇明，陈前瑞　1997a　儿童问句理解的群案与个案的比较研究，《语言教学与研究》第 4 期。

李宇明，陈前瑞　1997b　儿童问句系统理解与发生之比较，《世界汉语教学》第 4 期。

李宇明，陈前瑞　1997c　群案儿童的问句理解，《华中师范大学学报（哲学社会科学版）》第 2 期。

李宇明，陈前瑞　1998《语言的理解与发生：汉族儿童问句系统理解与发生的比较研究》，武汉：华中师范大学出版社。

李宇明，陈三定，徐昌洪　1995　汉族聋童语音发展的规律及康复对策，

　　《中国聋儿康复》第 1 期。

李宇明，李　汛，汪国胜，等 1987　试论成人同儿童交际的语言特点，
　　《华中师范大学学报（哲学社会科学版）》第 6 期。

李宇明，唐志东 1989　汉族儿童"吗""吧"问句的发展，《语言研究》
　　第 2 期。

李宇明，唐志东 1990a　三岁前儿童反复问句的发展，《中国语文》第
　　2 期。

李宇明，唐志东 1990b　四岁前儿童"谁"字句的发展，《语言研究》
　　第 2 期。

李宇明，唐志东 1991a　儿童反复问句和"吗""吧"问句发展的相互
　　影响，《中国语文》第 6 期。

李宇明，唐志东 1991b　儿童问句系统的发生和发展，《语言学通讯》
　　第 1~2 期。

李宇明，唐志东 1992　汉族儿童"W 呢"简略问句的发展，《语言学通
　　讯》第 1~2 期。

李宇明，唐志东，周小兵 1991《儿童语言的教育与训练》，长沙：湖
　　南师范大学出版社。

李宇明，汪国胜 1988　中国儿童语言研究概述，《语言学通讯》第 3~4
　　期。

李宇明，徐昌洪 1992　聋童声母获得状况研究，《语言文字应用》第
　　1 期。

李正清，虞永平 2017　不同社会经济地位家庭儿童在集体教学活动中
　　的语言符码使用倾向研究——基于伯恩斯坦的符码理论，《幼儿教
　　育》第 15 期。

李智勇 2006　北京哈萨克族社区语言与家庭语言现状调查，《山西师大
　　学报（社会科学版）》第 S1 期。

梁德惠 2020　美国中西部城市华人移民家庭的语言规划研究，《云南师
　　范大学学报（对外汉语研究版）》第 2 期。

刘慧丽，连　翔 2012　自闭症儿童语言干预的内容、反思与建议，《现
　　代特殊教育》第 12 期。

刘劲荣，张　琪 2018　美国加州维塞利亚镇拉祜族家庭的母语传承，

《语言战略研究》第 3 期。

刘俊飞，许梦杰，杨亦鸣 2018 聋童早期语言干预：究竟是口语还是手语？《南京师范大学文学院学报》第 3 期。

刘　群 2017a 国内家庭语言规划研究述评，《湖北文理学院学报》第 6 期。

刘　群 2017b 家庭语言规划与语言关系，《江西师范大学学报》第 6 期。

刘　群 2019a "无方言"家庭语言规划状况调查与研究，《湖北文理学院学报》第 9 期。

刘　群 2019b 家庭语言规划多元化特征缘由探析，《长江大学学报》第 5 期。

刘　洋，冯建新 2018 家长敏感性行为在自闭症谱系障碍儿童语言干预中的作用，《中国特殊教育》第 12 期。

刘伊尧 2019 西语美洲华二代祖语保持研究，暨南大学硕士学位论文。

刘玉兰 2012 跨国瑶族家庭语言使用现状研究——以泰美刘家四代人为个案，《民族论坛》第 2 期。

吕　斌 2017 城市移民家庭的语言规划研究——对语言态度与语言实践关系的个案考察，上海外国语大学硕士学位论文。

吕梦婵 2020 基于北京与开封城市家庭的家庭语言规划比较研究，北京外国语大学硕士学位论文。

孟雪凡 2019 少数民族家庭语言政策个案研究——以云南大理喜洲白族家庭为例，云南师范大学硕士学位论文。

倪　兰，雷红波 2020 重视听力障碍儿童的家庭语言规划，《中国社会科学报》11 月 10 日第 004 版。

齐汝莹 2017 双语的优势：父母子女终身受益，《语言战略研究》第 6 期。

仇漫漫 2013 儿童语言习得研究新视角：人类家庭语言计划，《文教资料》第 31 期。

申慧淑 2008 鄂温克族家庭语言个案研究——访鄂温克旗辉苏木的布和吉日嘎拉一家，《满语研究》第 1 期。

沈椿萱，姜文英 2017 儿童的汉语保持水平与父母的角色——基于布里斯班五个华人移民家庭的个案研究,《海外华文教育》第 1 期。

沈　玲 2013 印尼华人家庭媒体使用现状分析——基于对雅加达 500 余名新生代华裔青少年的调查,《东南亚纵横》第 12 期。

盛　静 2012 中国父母在华裔儿童汉语保存与双语发展中的困惑及作用——以英国华裔儿童为例,《延边大学学报》第 5 期。

盛　静 2017 世界家庭中的多语言发展与规划,《语言战略研究》第 6 期。

石　静 2020 自闭症谱系障碍儿童的居家语言干预,《中国社会科学报》6 月 3 日第 007 版。

石　静,许　靖 2019 重塑语言教育在自闭症干预中的作用,《中国社会科学报》5 月 21 日第 003 版。

舒　华,李文玲,辜玉敏,等 2002 家庭文化背景在儿童阅读发展中的作用,《心理科学杂志》第 2 期。

苏　怡,莉蒂希娅·蕾格斯 2020 汉语自闭症学前儿童语言表达能力实证研究,《语言战略研究》第 2 期。

苏　怡,谢　帆 2018 汉语孤独谱系障碍儿童早期语言及沟通发展水平研究,《语言文字应用》第 2 期。

孙宝琦 2017 家庭语言政策为探索普通话与方言关系提供新视角,《语言战略研究》第 6 期。

孙浩峰,苏新春 2019 福建侨乡"洋留守儿童"语言生活现状调查研究——基于福清市江阴镇的田野调查,《语言文字应用》第 2 期。

妥洪岩,李增垠 2019 撒拉族家庭语言政策个案调查研究,《民族论坛》第 2 期。

万　松 2018 国内家庭语言政策研究现状述评,《校园英语》第 21 期。

万　松 2019 家庭语言政策视域下的多言和谐研究——以新疆生产建设兵团一五零团西苑社区为例,云南师范大学硕士学位论文。

汪卫红,张晓兰 2017 中国儿童语言培养的家庭语言规划研究:以城市中产阶级为例,《语言战略研究》第 6 期。

汪卫红,张晓兰 2019 方言代际传承中的父母媒介转译行为,《语言战略研究》第 4 期。

王博雅,李珊珊,岳　爱,等 2019 我国西部贫困地区儿童早期语言发展现状及影响因素分析，《华东师范大学学报（教育科学版）》第 3 期。

王浩宇　2015　论民族语言在家庭语域中的使用与传承——以民族语言衰微地区的调查材料为例，《西藏研究》第 3 期。

王　莲　2019　贵州台江苗族家庭语言政策调查研究，《贵州民族研究》第 4 期。

王　玲　2016　家庭语言政策与语言意识，《语言研究》第 1 期。

王　玲　2017　语言规划视角下"家庭语言"及其研究，《语言战略研究》第 6 期。

王　玲，支筱诗　2020　美国华裔家庭父母语言意识类型及影响因素分析，《华文教学与研究》第 3 期。

王晓玲　2019　裕固语在家庭中的传承——以肃南县一个裕固族家庭的语言使用状况为例，《河西学院学报》第 3 期。

王晓梅　2019　家庭语言规划应该放在言语社区中研究，《语言战略研究》第 2 期。

魏岩军，王建勤，魏惠琳，等　2012　影响美国华裔母语保持的个体及社会心理因素，《语言教学与研究》第 1 期。

邬美丽　2008　家庭语言使用的代际差异及思考，《语言文字应用》第 4 期。

吴斌华　2012　中美联姻家庭子女语言社会化调查——个案研究，西南大学硕士学位论文。

吴红波　2020　不同家庭类型小学生语言规划状况调查与研究，《现代交际》第 17 期。

吴　庄，邵士洋　2019　双语（方言）经历对儿童习得名词指称对象的影响，《现代外语》第 3 期。

伍　巍　2003　家庭语言交际格局的动态研究——两个家庭 20 年来语言生活的历时调查分析，《语言文字应用》第 1 期。

武　丹　2019　广州市小学生家庭语言规划调查，广州大学硕士学位论文。

许静荣　2017　家庭语言政策与儿童语言发展，《语言战略研究》第 6 期。

许静荣　2019　提高对家庭语言规划认识，处理好家庭与学前教育机构关

　　系,《语言战略研究》第 2 期。

许政援　1996　三岁前儿童语言发展的研究和有关的理论问题,《心理发展与教育》第 1 期。

杨翠芳　2009　今天,我们该怎样对孩子"说话"？——访语言学家、教育部语言文字信息管理司司长李宇明,《家长报》3 月 23 日第 1 版。

杨红燕　2019　家庭语言政策为探索进城农民工社会融合问题提供新视角,《语言战略研究》第 2 期。

杨　丽　2020　关注儿童语言障碍 尽早进行外部干预,《新华日报》11 月 10 日第 14 版。

杨荣华,陈钰莹　2020　《家庭语言政策：在家庭中保持一种濒危语言》评介,《中国语言战略》第 1 期。

杨田甜　2019　家庭语言政策对城市低年级小学生英语学习的影响研究——以昆明市盘龙区三所小学为例,云南师范大学硕士学位论文。

叶彩燕,马诗帆,傅彦琦,等　2017　父母语言策略与粤英双语儿童语码混合现象,《语言战略研究》第 6 期。

叶　铭　2011　广州原居民家庭与外来家庭语言使用现状的实证研究——以广东省清远市清城区为例,《广东外语外贸大学学报》第 1 期。

叶小燕,高　健　2016　家庭语言政策研究述评,《语言政策与语言教育》第 1 期。

伊丽莎白·兰扎,何霜,叶延容　2017　家庭与多语发展,《语言战略研究》第 6 期。

尹　静　2009　家长对保姆使用方言的态度与影响认识,《学前教育研究》第 5 期。

尹　静　2019　家庭社会经济地位对儿童语言发展的影响,《学前教育研究》第 4 期。

尹小荣,李国芳　2017　国外家庭语言规划研究综述（2000—2016）,《语言战略研究》第 6 期。

尹小荣,李国芳　2019　锡伯族家庭语言态度的代际差异研究,《语言战略研究》第 2 期。

尹小荣,刘　静　2013　锡伯族家庭语言保持现状透析,《新疆师范大学学报（哲学社会科学版）》第 6 期。

于善江　2006　从奥克兰华人日常对话看语码转换和母语保持，《语言教学与研究》第 4 期。

余文婧　2020　云南勐腊"直过民族"哈尼族儿童家庭国家通用语言规划调查研究，云南师范大学硕士学位论文。

俞玮奇　2011　苏州市外来人口第二代的语言转用考察，《语言教学与研究》第 1 期。

俞玮奇，苏　越，李如恩　2020　我国国际化城市外籍家庭语言政策研究——基于上海韩籍家庭的考察，《语言文字应用》第 1 期。

苑鑫琦　2020　北京中小学生家庭多语规划调查研究，北京外国语大学硕士学位论文。

曾　洁，刘　媛　2017　妈妈语的动态调整与儿童语言发展的关系，《学前教育研究》第 3 期。

张　会　2015　美国华裔儿童家庭语言状况调查与思考，《国际汉语教学研究》第 3 期。

张　倩　2018　家庭语言态度与子女汉语学习的相关性研究——基于菲律宾华人家庭的语言调查，福建师范大学硕士学位论文。

张晓兰　2017　家庭语言政策研究之过去、现在与未来，《语言战略研究》第 6 期。

张　杨　2016　城市二代移民语言生活状况考察，浙江师范大学硕士学位论文。

张振江，张晓斌　2008　多族群家庭的语言生活——以揭东县会中岭村为例，《广西民族大学学报》（哲学社会科学版）第 5 期。

张治国　2017　家庭语库的不断丰富及其管理，《语言战略研究》第 6 期。

张治国，邵蒙蒙　2018　家庭语言政策调查研究——以山东济宁为例，《语言文字应用》第 1 期。

赵翠兰　2011　精神追寻：农民工子女的语言与自我认同，南京师范大学博士学位论文。

赵凤珠　2010　对傣族语言产生影响的诸因素——以嘎洒镇部分村寨为例，《云南师范大学学报（哲学社会科学版）》第 1 期。

赵守辉，刘永兵　2008　新加坡华族社群家庭用语的社会语言学分析，

《社会科学战线》第 8 期。

郑　璇　2015　聋人家庭内部手语年龄差异调查研究——以武汉某聋人家庭为例,《现代特殊教育》第 4 期。

郑迎霞　2019　新加坡华人家庭汉语使用情况调查研究,西安石油大学硕士学位论文。

周　贝,肖向一,刘　群　2018　杭州市区学龄前儿童家庭语言规划状况调查——以父母学历大专以上背景的家庭为对象,《湖北科技学院学报》第 1 期。

周凤玲　2018　内蒙古蒙古族家庭父母语言意识与家庭语言使用调查研究——以内蒙古 0—3 岁儿童蒙古族家庭为例,《汉字文化》第 20 期。

朱学佳　2002a　从移民家庭的语言变异透析社会及社会心理,《语言与翻译》第 1 期。

朱学佳　2002b　家庭语言变异现象分析,《新疆师范大学学报(哲学社会科学版)》第 4 期。

祝　华　2017　方言和儿歌有助于开发儿童外语习得能力和语音意识,《语言战略研究》第 6 期。

祝畹瑾,王润经　1997　家庭谈话语码转换剖析,《语言文字应用》第 3 期。

邹春燕　2019　广州客家家庭方言代际传承研究,《语言战略研究》第 2 期。

邹为诚,石涛阳,张少林,等　2005　家庭背景对上海市义务教育阶段英语学习的影响,《国外外语教学》第 4 期。

邹晓琼　2018　家庭语言政策在培养双语儿童家庭中的应用,《海外英语》第 7 期。

Bezcioglu-Goktolga, I. & Yagmur, K. 2018. Home language policy of second-generation Turkish families in the Netherlands. *Journal of Multilingual & Multicultural Development* 39(1).

Caldas, S. J. 2006. *Raising Bilingual-Biliterate Children in Monolingual Cultures*. Clevedon: Multilingual Matters.

Caldas, S. J. 2012. Language policy in the family. In B. Spolsky (Ed.), *The*

*Cambridge Handbook of Language Policy*. Cambridge: Cambridge University Press.

Choi, J. Y., Shin, J. H. & Cho, A. 2018. Maintaining three languages: The teenage years (parents' and teachers' guides). *International Journal of Multilingualism* 15(1).

Coetzee, F. 2018. Hy leer dit nie hier nie ( 'He doesn't learn it here' ): Talking about children's swearing in extended families in multilingual South Africa. *International Journal of Multilingualism* 15(3).

Curdt-Christiansen, X. L. 2009. Invisible and visible language planning: Ideological factors in the family language policy of Chinese immigrant families in Quebec. *Language Policy* 8.

Curdt-Christiansen, X. L. 2016. Conflicting language ideologies and contradictory language practices in Singaporean multilingual families. *Journal of Multilingual & Multicultural Development* 37(7).

Curdt-Christiansen, X. L. & Gao, X. S. 2020. Family language policy and planning in China: The changing langscape. *Current Issues in Language Planning*.

Curdt-Christiansen, X. L. & Lanza, E. 2018. Language management in multilingual families: Efforts, measures and challenges. *Multilingua* 37(2).

Curdt-Christiansen, X. L. & Lanza, E. 2018. Multilingual family language management: Efforts, measures and challenges. *Multilingua* 37(2).

Curdt-Christiansen, X. L. & Morgia, F. L. 2018. Managing heritage language development: Opportunities and challenges for Chinese, Italian and Pakistani Urdu-Speaking Families in the UK. *Multilingua* 37(2).

Curdt-Christiansen, X. L. & Wang, W. H. 2018. Parents as agents of multilingual education: Family language planning in China. *Language, Culture & Curriculum* 31(3).

De Houwer, A. 1999. Environmental factors in early bilingual development: The role of parental beliefs and attitudes. In G. Extra & L. Verhoeven (Eds.), *Bilingualism and Migration*. New York: Mouton de Gruyter.

Döpke, S. 1992. *One Parent One Language: An Interactional Approach.* Amsterdam/Philadelphia: John Benjamins.

Fantini, A. E. 1985. *Language Acquisition of a Bilingual Child: A Sociolinguistic Perspective.* Clevedon: Multilingual Matters.

Fernandes, O. A. 2019. Language workout in bilingual mother-child interaction: A case study of heritage language practices in Russian-Swedish family talk. *Journal of Pragmatics* 140.

Fishman, J. 1966. *Language Loyalty in the United States: The Maintenance and Perpetuation of Non-English Mother Tongues by American Ethnic and Religious Groups.* The Hague: Mouton.

Fogle, L. W. 2013. Parental ethnotheories and family language policy in transnational adoptive families. *Language Policy* 12(Special SI).

Fuentes, R. 2020. Transnational Sri Lankan Sinhalese family language policy: Challenges and contradictions at play in two families in the U.S. *Multilingua* 39(4).

Gallo, S., Hornberger, N. H., King, K., et al. 2019. Immigration policy as family language policy: Mexican immigrant children and families in search of biliteracy. *International Journal of Bilingualism* 23(3).

Higgins, C. 2018. The mesolevel of family language policy. *International Journal of Multilingualism* 15(3).

Hirsch, T. & Lee, J. S. 2018. Understanding the complexities of transnational family language policy. *Journal of Multilingual & Multicultural Development* 39(10).

Hoffman, C. 1985. Language acquisition in two trilingual children. *Journal of Multilingual and Multicultural Development* 6(6).

Justice, L. M., Jiang, H., Purtell, K. M, et al. 2019. Conditions of poverty, parent-child interactions, and toddlers' early language skills in low-income families. *Maternal & Child Health Journal* 23(7).

Kang, H. S. 2015. Korean families in America: Their family language policies and home-language maintenance. *Bilingual Research Journal* 38(3).

Kaveh, Y. M. 2018. Family language policy and maintenance of Persian: The stories of Iranian immigrant families in the northeast, USA. *Language Policy* 17(4).

King, K. A. 2000. Language ideologies and heritage education. *International Journal of Bilingual Education and Bilingualism* 3(3).

King, K. A. 2016. Language policy, multilingual encounters, and transnational families. *Journal of Multilingual & Multicultural Development* 37(7).

King, K. A. & Fogle, L. 2006. Bilingual parenting as good parenting: Parents' perspectives on family language policy for additive bilingualism. *International Journal of Bilingual Education and Bilingualism* 9(6).

King, K. A. & Fogle, L. W. 2017. Family language policy. In T. L. McCarty & S. May (Eds.), *Language Policy and Political Issues in Education*, 315–327. Cham: Springer.

King, K. A., Fogle, L. & Logan-Terry, A. 2008. Family language policy. *Language and Linguistics Compass* 2(5).

Kirsch, C & Gogonas, N. 2018. Transnational experiences, language competences and worldviews: Contrasting language policies in two recently migrated Greek families in Luxembourg. *Multilingua* 37(2).

Lanza, E. & Curdt-Christiansen, X. L. 2018. Multilingual families: Aspirations and challenges. *International Journal of Multilingualism* 15(3).

Liu, W. & Lin, X. B. 2019. Family language policy in English as a foreign language: A case study from China to Canada. *Language Policy* 18(2).

Lyon, J. 1996. Patterns of parental language use in Wales. *Journal of Multilingual and Multicultural Development* 12(3).

Nakamura, J. 2020. Language regrets: Mixed-Ethnic children's lost opportunity for minority language acquisition in Japan. *Multilingua* 39(2).

Nandi, A. 2018. Parents as stakeholders: Language management in urban Galician homes. *Multilingua* 37(2).

Obojska, M. A. 2019. 'Ikke snakke norsk?' — Transnational adolescents and negotiations of family language policy explored through family interview. *Multilingua* 38(6).

Obojska, M. A. & Purkarthofer, J. 2018. 'And all of a sudden, it became my rescue': Language and agency in transnational families in Norway. *International Journal of Multilingualism* 15(3).

Palviainen, A. & Bergroth, M. 2018. Parental discourses of language ideology and linguistic identity in multilingual Finland. *International Journal of Multilingualism* 15(3).

Pan, B. A. 1995. Code negotiation in bilingual families: "My body starts speaking English". *Journal of Multilingual and Multicultural Development* 16(4).

Purkarthofer, J., King, K. & Lanza, E. 2019. Building expectations: Imagining family language policy and heteroglossic social spaces. *International Journal of Bilingualism* 23(3).

Revis, M. 2019. A Bourdieusian perspective on child agency in family language policy. *International Journal of Bilingual Education & Bilingualism* 22(2).

Ruiz Martín, A. 2017. Mixed system 1: A language strategy for bilingual families. *Estudios de Lingüística Inglesa Aplicada* 17(17).

Smith-Christmas, C. 2018. 'One Cas, Two Cas': Exploring the affective dimensions of family language policy. *Multilingua* 37(2).

Song, J. Y. 2018. Family language policy: Maintaining an endangered language in the home. *Journal of Multilingual & Multicultural Development* 39(3).

Spolsky, B. 2008. Family policy management: Some preliminaries. In A. Stavans & I. Kupferberg (Eds.), *Studies in Language and Language Education: Essays in Honor of Elite Olshtain*. Jerusalem: The Hebrew University Magnes Press.

Spolsky, B. 2012. Family language policy — The critical domain. *Journal of Multilingual and Multicultural Development* 33(1).

Srhir, A. M. 2020. Making children multilingual: Language policy and parental agency in transnational and multilingual Moroccan families in Spain. *Journal of Multilingual & Multicultural Development* 41(1).

Takei, N. & Burdelski, M. 2018. Shifting of "expert" and "novice" roles between/within two languages: Language socialization, identity, and epistemics in family dinnertime conversations. *Multilingua* 37(1).

Tuominen, A. K. 1999. Who decides the home language? A look at multilingual families. *International Journal of the Sociology of Language* 140(1).

Van Mensel, L. 2018. 'Quiere koffie?' The multilingual familylect of transcultural families. *International Journal of Multilingualism* 15(3).

Wilson, S. 2020. Family language policy through the eyes of bilingual children: The case of French heritage speakers in the UK. *Journal of Multilingual & Multicultural Development* 41(2).

Yang, H. Y. & Curdt-Christiansen, X. L. 2020. Conflicting linguistic identities: Language choices of parents and their children in rural migrant workers' families. *Current Issues in Language Planning* (1).

Zhang, L. & Tsung, L. T. H. 2019. Tibetan bilingual education in Qinghai: Government policy vs family language practice. *International Journal of Bilingual Education & Bilingualism* 22(3).

Zheng, Y. Y. & Mei, Z. W. 2021. Two worlds in one city: A sociopolitical perspective on Chinese urban families' language planning. *Current Issues in Language Planning*, Apr.14.

Zhu, H. & Li, W. 2016. Transnational experience, aspiration and family language policy. *Journal of Multilingual & Multicultural Development* 37(7).